# 네트워크 사회의 정치와 민주주의

—정부 · 정당 · 시민사회의 변화와 진망

서강학술총서
020

# 네트워크 사회의 정치와 민주주의

## 정부 · 정당 · 시민사회의 변화와 전망

조희정 지음

서강대학교출판부

서강학술총서 020

네트워크 사회의 정치와 민주주의
— 정부 · 정당 · 시민사회의 변화와 전망

초판발행 | 2010년 9월 15일
지 은 이 | 조희정
발 행 인 | 이종욱
편 집 인 | 우찬제
발 행 처 | 서강대학교 출판부
등록번호 | 1978년 9월 28일 제313-2002-170호

주 소 | 서울특별시 마포구 신수동 1번지
전 화 | (02) 705-8212
팩 스 | (02) 705-8612


ISBN 978-89-7273-171-9 94340
ISBN 978-89-7273-139-9(세트)

값 25,000원



* '서강학술총서'는 SK SUPEX 기금의 후원으로 제작됩니다.

# 책머리에

이 책은 인터넷에서 시작하여 현재의 소셜 네트워크 사회에 이르기까지 ICT를 매개로 나타난 정부 · 정당 · 시민사회에서의 변화를 정치학의 관점에서 정리한 책이다. 즉, 이제까지 우리가 알고 있는 정부 · 정당 · 시민사회의 모습이 정보사회를 배경으로 어떻게 변화하였으며 그 의미는 무엇인가를 알리고자 하는 것이 가장 중요한 저술 목적이다. 시기적으로 보면, 주로 1990년대 초부터 2010년 전반기까지의 변화 내용을 정리한 것이며, 따라서 2010년 후반기에 나타난 구체적인 변화 내용은 누락되었다고 할 수 있다.

정보사회의 모든 것이 매우 빠르게 변화하기 때문에 그 모든 구체적인 사실을 적시하는 것에는 한계가 있을 수밖에 없지만 그럼에도 불구하고 인터넷의 태동부터 현재까지의 과정에서 의미 있는 자료와 해석을 제공하기 위해 최대한 노력하였다. 흔히 알고 있는 권위적인 정부, 권력투쟁에만 몰두하고 있는 정당, 다양하지만 응집되기 어려운 시민사회의 모습은 ICT를 매개로 급속도로 변화하고 있다. 단지 유희의 수단이나 가벼운 인맥 확장을 위한 도구가 아니라 온라인은 하나의 확장된 장(場)으로서 기능하게 되었으며, 그 안에서 이루어지는 의제 설정이나 토론, 실시간으로 이루어지는 다양한 정보교환이 의미 있는 정치적 변화를 이끌어낼 수 있다는 사실은 아무리 강조해도 지나치지 않다. IT 강국은 IT 정치 강국으로 전환되었을 때 비로소 그 의미가 배가될 수 있기 때문이다.

그럼에도 불구하고 저자는 지난 20여 년간의 압축적인 변화가 안정된 정치적 의미를 획득하기까지는 아직 시간이 더 필요하다는 유보적인 입장이며 단지 기술의 가능성만 강조하여 모든 것이 환상적으로 발전할 수 있다는 낙관적 입장도 경계한다. 아울러 정보사회정치 전공자로서 끊임없이 새로운 현상에 대한 알기 쉬운 해석을 제공하는 것도 연구자로서의 의무라고 생각하여 이 책에서 새로운 해석의 관점을 제공하고자 노력하였다.

이러한 문제의식으로 저술한 이 책은 전체 5부로 구성되어 있다. 제1부에서는 서론 격으로 집필 배경과 환경 변화의 내용을 정리하였으며, 제2부에서 4부까지는 정부 · 정당 · 시민사회의 변화 내용을 분석하였다. 마지막으로 제5부에서는 이러한 변화가 민주주의나 정치학에서의 의미를 개괄적으로 정리하여 이해를 돕고자 하였다.

집필 과정에서 많은 이들의 도움을 받았으며, 특히 서강대학교의 지원을 통해 서강학술총서의 하나로 출판된 것에 대해서는 관계자 및 서강대학교에 더할 나위 없이 감사한다. 또한 정치 부문의 변화에 대한 아이디어와 의미에 대한 토론은 정보통신정책연구원(KISDI) 주관 2009년과 2010년의 '디지털 컨버전스 기반 미래 연구'의 정치 분야 연구 과정에 도움을 받은 바 크며, IT 정치연구회에서 수년 동안 진행된 세미나에서의 토론 내용도 많은 도움이 되었다. 공동연구를 진행한 참여연구자들에게 이 기회를 빌려 감사의 마음을 전한다.

2010년 9월

조희정

# 차례

## 제2부 네트워크 정부의 진화와 과제



## 제3부 네트워크 시대 정당의 위기와 발전

## 표 목록

## 그림 목록

# 제1부

# 서론: 정보사회의 환경 변화

정보사회가 진전되면서 우리가 일반적으로 사용하게 된 디지털 기기로는 휴대폰과 디지털 카메라, MP3 플레이어, PC, PMP, 노트북 등이 있으며, 주로 사용하는 온라인 서비스로는 이메일, 포털 뉴스, 커뮤니티, 메신저, 블로그, 게임, 뱅킹, 쇼핑 등이 있다. 사용자마다 이용의 편차는 있겠지만 개인의 정보 생활에 가장 필수적인 아이템은 PC와 이메일[1] 그리고 휴대폰[2] 정도일 것이다. 과거에 굳이 편지나 전화를 매일 사용해야 한다는 의식이 희박했던 것에 비하면 이제는 언제나 정보를 검색할 수 있는 웹이 가능한 PC와 수시로 소식과 정보를 전하는 이메일 그리고 빠른 시간 내에 사람을 연결할 수 있는 휴대폰의 영향력이 매우

1 그러나 한편으로 미래 사회의 주류가 될 넷 세대에게 이메일은 너무 구태의연하기 때문에 예의를 갖춘 감사 편지를 쓸 때만 사용하는 정도이다. 넷 세대에게 이메일은 너무나 형식적이고 전문적이고 지루하다(Don Tapscott 2008: 104).

2 또한 오늘날의 전화기는 다른 많은 기능이 포함된 세련된 디지털 맥가이버칼처럼 진화하였다. 휴대폰은 이제 음성 커뮤니케이션, 블랙베리, 아이팟, 웹브라우저, 송수신 문자, 디지털카메라, 비디오카메라, GPS 기능이 합쳐진 강력한 소형 컴퓨터로 바뀌고 있다(Don Tapscott 2008: 106).

막강해졌다. 이 세 가지 기술은 정보사회 심화의 세 가지 특징을 나타낸다. 즉, PC를 통해 '정보를 습득'(informing)하고, 이메일을 통해 타인과 '대화'(communication)하며, 휴대폰을 통해 사회에 '연결'(network)되는 것을 의미한다.[3]

과거에는 고유 기능 한 가지로만 사용되던 기술이 시간이 흐를수록 개인의 즐거움을 위한 도구로 여러 기능을 부가하고 확장하였으며 사람들 간의 '관계 맺기'를 위해 활용되고 있고 그와 같은 과정에서 소통의 공간과 기회는 무한대로 확장되고 있다. 이는 기술 확대 때문에 나타나는 사회적인 변화일 뿐만 아니라 인간은 홀로 존재하는 것이 아니라 사회적으로 존재할 수밖에 없다는 것을 드러내는 것, 즉 인간은 본질적으로 외롭기 때문에 끊임없이 주변을 궁금해 한다는 속성[4]과도 관련이 있다.[5]

관계에 대한 관심이 높아지고, 기술의 진보를 통해 서로 관계를 맺을 수 있는 기회는 늘어났지만, 관계가 깊어질 수 있는 시간은 그만큼 줄어들었다. 우리 삶의 질은 곧 우리가 맺는 관계의 질에 달려 있다는 것이 중요한데, 앤서니 로빈스(Anthony Robbins)는 사람이란 결국 관계이며 관계는 생명의 규칙처럼 태어나고 성장하고 쇠락한다고 지적하였다. 친밀함 속에서 양질의 시간을 보내고, 가족이나 친구들과 꾸준히 연락을 주고받는다면 이런 관계들은 건강하게 자라날 수 있지만 연락을 끊고 지낸다면

3 이전의 시대를 스크린을 기준으로 평가한 노키아의 단편영화 "Welcome to the 4th Screen"에 의하면, 제1스크린은 모두가 하나의 TV만을 지켜보는 집단 경험의 시대이고, 제2의 스크린은 다수가 TV를 소유한 세계화의 시대, 제3의 스크린은 디지털과 아날로그의 경계가 사라지는 시대이다. 그리하여 제4의 스크린에서는 개인화가 구현되는 외로운 행성의 시대로 규정된다(송인혁 · 이유진 외 2010: 17~26).

4 『소셜노믹스』(*Socialnomics*)의 저자 퀄맨은 이와 같은 상황을 '나는 구글의 검색 결과보다 내 이웃이 무엇을 하는지 더 궁금하다'라고 정확하게 표현하고 있다(Qualman 2009).

5 물론 이러한 견해에 대해서는 인간은 혼자 있고 싶어 하기도 하고 끊임없이 사회관계를 유지하고 싶어 하는 양면성이 있다는 반론도 가능하다.

관계에 녹아 있는 실체와 본질도 사라지게 될 것이라고 강조한다. 서로 다른 두 사람이 만나는 순간, 그들이 몰랐던 제3의 세계가 창조되며 이러한 새로운 세계는 기술 발전으로 인해 그 수가 기하급수적으로 늘어나고 있다는 것을 유념해야 하는 것이다. 기술로 인해 무엇을 할 수 있는지를 알고 이해한다면 우리의 삶을 타인과 좀 더 의미 있는 방식으로 교류하고 공유할 수 있는 것이다.[6]

물론 디지털 채널(channel)과 기기(device)가 급격히 발전하고 확대되는 시기에 살고 있지만 그렇다고 해서 기술 발전이 곧바로 우리 삶의 발전을 촉진한다고 평가하기는 어렵다. 기술 그 자체가 할 수 있는 것은 아무것도 없으며 인간이 기술을 활용할 경우에만 사회 변화가 나타날 수 있다는 사실을 우리는 종종 간과한다. 기술로 구현될 수 있는 환경의 편리함과 삶의 질의 발전은 항상 비례관계로 나타날 수 없는 것이다.

또한 기술 만능 담론이 사회 전체를 압도하는 상황에서 사회 변화는 기술 변화의 흐름보다 항상 늦게 진행 중이다. 정보사회의 광풍이 이 사회를 지배한 지 10년이 넘어가는 2009년 말 현재, 1990년대 후반의 PC통신에서 인터넷으로 삶의 공간이 확대되면서 인간관계 및 놀이와 소통 등 삶의 방식도 급격히 변화하였지만 그럼에도 불구하고 정보사회 이전의 기존의 모든 문제는 미완의 단기적인 봉합과 함께 여전히 풀기 어려운 문제로 남아 있다.

먼저, 정치 분야에서는 디지털 기술을 많이 사용하여도 투표율은 올라갈 기미를 보이지 않고, 정부의 반응성은 국민의 기대에 미치지 못하며, 정당은 오프라인에서만 모습이 보이고 온라인에서는 어디에 있는지 알 수도 없고, 시민사회는 여전히 광장에 모여야만 공론화된 이슈를 제기할

---

**6** Joel Comm(2009: 7~8).

수 있는 상황이다. 나아가 TV나 신문 등 기존 매스미디어의 위력에 눌려 온라인 공간은 폐쇄적이며 공격적이고 자기만족적인 사람들의 외딴 놀이터처럼 취급되기까지 한다.

경제 분야에서는 휴대폰이 넘쳐나고, 각종 기기들이 매일매일 신상품으로 업데이트되고 있지만, 유선 웹과 무선 웹 사이의 망(network) 거리는 멀기만 하고, 기기 요금과 일반 사용 요금에 더하여 부가 사용 요금까지 부담하기는 정말 부담스러운 상황이다. 폼 나는 보보스(BOBOS)[7]나 디제라티(digerati),[8] 디지털 노마드(digital nomad)가 되기 위해 치러야 할 비용은 너무 높기만 하다. 또한 국내 통신시장에 대한 과도한 폐쇄적 보호 정책 덕분에 해외의 일개 스마트폰 하나를 수입하는 데만도 한바탕 전쟁[9]을 겪어야 했던 것이 우리 정보통신 환경의 현실이다.

문화 분야에서는 세대의 간극이 엄청나다. 넷 세대(network generation)에 대한 기성세대의 이해도는 너무 낮은 수준이고 세대간의 간극은 서로에 대한 공포와 무지로 점철되어 있다.[10] 일반적인 주거 공간에 방범을 위해 설치한다는 CCTV는 이제 학생들까지 준범인화 취급을 하며 교육

7 데이비드 브룩스가 제시한 보보스는 '부르주아'(Bourgeois)와 '보헤미안'(Bohemian)의 합성어로서 부르주아의 야망과 성공에 대한 집착 및 보헤미안의 방랑과 저항과 창조성이라는 특성을 함께 갖춘 세대를 의미한다(David Brooks 2001).

8 디제라티는 1992년 1월 「뉴욕타임스」에서 존 마고프(John Markoff)가 표현한 말로서, 디지털(digital)과 지식인(literati)의 합성어이며 디지털 시대의 전문 지식을 갖춘 신흥 계급을 지칭한다.

9 2009년, 애플의 아이폰(iPhone) 수입을 둘러싼 갈등이 그 대표적인 예이다. 그동안 아이폰의 수입 문제를 둘러싼 다양한 해석이 제기되어왔는데 위에서 지적한 바와 같이 국내 통신시장의 폐쇄적인 '정책'의 문제라고 해석할 수도 있으며 한편으로는 기존의 통신 문화와 새로운 변화를 요구하는 통신 문화간의 충돌이라고 해석할 수도 있다.

10 돈 탭스콧은 넷 세대는 디지털 기기를 배우려 하지 않지만 기성세대는 디지털 기기를 배우려 한다는 것이 가장 큰 세대 차이의 내용이라고 지적한다. 즉 기성세대에게 냉장고와 TV의 사용 방법이 배움의 대상이 아닌 것처럼 넷 세대에게 디지털 기기는 그와 같은 자연스러운 존재라는 것이다(Don Tapscott, 2008: 60).

현장에 무섭도록 퍼지고 있다. 이제 모니터에 노출되는 것은 '나' 자신뿐만 아니라 우리 집 대문, 우리 집 현관, 우리 집 안방, 결국은 내 방까지 그 범위가 매우 포괄적으로 확장되고 있다. 사회가 살 만한 곳이 아니라 얼마나 살벌한 곳인가를 곳곳에서 느끼고 있으니 환상적인 디지털 세계란 도대체 어디에 존재하는 곳인지 알 수 없을 지경이다.

굳이 최고의 ICT(Information Communication Technology)[11] 수준을 구현하고 있는 마이크로소프트(MicroSoft, MS)사의 직원들을 대상으로 '행복도' 조사를 한다거나 줄기차게 ICT를 도입하고 확대시키면서도 실제 정치에서의 민주화와는 거리가 먼 중국이나 쿠바의 사례를 분석하지 않더라도, ICT로 인해 자연스럽게 삶이 발전한다는 가설은 거짓이다. ICT와 삶의 발전이 등가관계가 아닌 이유는 우리는 이기심과 이타심을 동시에 가진 인간이며 그러한 인간이 구성한 사회는 정치 · 시장 · 사회로 이루어진 더욱 복잡한 구조로 형성되고 있기 때문이다.

이에 대한 가장 정확한 표현은 정보사회 연구의 대가인 마누엘 카스텔(Manuel Castells)이 제시한 바 있다. 그는 기술은 사회를 결정하지 않으며 사회가 기술 변화의 경로를 일목요연하게 보여주지 못하는 이유는 개인의 창의성이나 기업가주의를 포함한 수많은 요인들이 과학적 발견, 기술 혁신, 사회적 응용 과정에 영향을 미쳐 결과적으로 복잡한 상호작용 패턴이 최종적인 성과를 결정하기 때문이라고 보았다.[12] 따라서 기술은 사회이고, 사회는 그 기술적 도구 없이는 이해되거나 표현될 수 없기 때문에 기술결정론은 설정이 잘못된 문제라고 평가하였다. 기술은 사회를 결정하지 않지만 기술은 사회를 구현한다. 그러나 사회도 기술 혁신을 결정하

---

**11** 정보통신기술은 일반적으로 ICT 또는 IT(information technology)로 통칭하는데, 이 책에서는 정보 '통신' 기술이라는 원래의 의미를 그대로 살려 ICT로 표기한다.

**12** 사회와 기술의 변증법적인 상호작용에 대해서는 브로델 참조.

지 않는 것은 마찬가지이며 단지, 사회는 기술을 이용할 뿐이라는 그의 지적은 이 시점에서 매우 중요하게 강조되어야 할 부분이다.[13]

기술의 실제적 영향력이라는 관점에서 독립 변수로서만의 기술이 아니라 기술 그 자체를 변화시키는 사회의 변화라는 독립변수도 중요하다는 사실이다. 이렇게 기술 자체가 독립변수가 되거나 종속변수가 되는 구조에 대한 구분은 정보사회의 정치를 이해하는 데 있어서 매우 중요한 연구의 출발점이라고 할 수 있다. 이렇게 복잡하게 이루어진 사회에서 삶의 발전을 촉진할 수 있는 결정적인 조건(독립변수)을 찾아내는 것은 거의 불가능에 가깝다. 개인의 만족 · 이성 · 희생, 사회의 자각, 도덕적 정치, 능동적 정당, 양심적인 기업, 똑똑한 정부는 동시에 한꺼번에 구현되기 어렵기 때문이다. 특히 정보사회의 경우는 독립변수였던 ICT가 매개변수가 되기도 하고 종속변수로 변화되기도 하기 때문에 논리적 연결고리를 명확히 하기가 매우 어려운 분야라고 할 수 있다.

이 책은 이러한 불가능성 사이의 질서를 파악하는 것에 중점을 두고 ICT 활용 가능성의 실제를 정리하여 새로운 민주주의 창출의 조건을 제시하는 것을 목적으로 한다. 거시적으로는 신자유주의와 세계화라는 시대적 배경을 전제로 하며, 분야별로는 한계에 다다른 듯한 정치, 규제에 저항하는 시장, 문화의 다양성에 혼란을 느끼는 시민사회가 ICT를 통해 참여하고, 대의하고, 공유하는 움직임을 최대한 생산적으로 분석하는 것이 목적이다.

따라서 이 책의 주요 내용에서는 ICT를 활용한 정부 · 시장 · 시민사회의 변화를 설명한다. 단, 앞서 누누히 강조한 바와 같이 기술적 낙관론이나 비관론의 편향성을 배제하고, 낙관과 비관 사이에서 시각의 '균형성'

**13** Manuel Castells(2000: 26).

을 강조한다. 복잡성을 이해할 수 있는 가장 기본적인 조건은 속성을 폭넓게 이해하고자 하는 균형 있는 시각이기 때문이다.

먼저 제1장에서는 연구 배경으로서 정보사회의 변화의 흐름을 시기적 진화의 특성인 정보제공과 대화로 구분하여 설명한다. 이와 같은 흐름은 분명히 순차적으로 진행되는 것이 아니지만 현재까지의 기술 환경 변화를 특징짓는 하나의 개념으로서 과거로부터 현재까지의 변화를 정리하고 미래의 발전 방향을 가늠하기 위해서는 불가피한 개념화라고 할 수 있다.

다음으로 제2장에서는 네트워크 사회의 이론적 기초라고 할 수 있는 네트워크론의 구조와 동학에 대해 정리하였다. 커넥터(connector), 링크(link), 허브(hub), 노드(node) 등의 단어로만 분절적으로 알려진 네트워크론의 역사적 전개 과정을 전기와 후기로 구분하여 살펴보고 네트워크 사회에서의 가장 중요한 핵심인 '네트워크' 그 자체를 이해하기 위한 이론적 토대를 제시해보았다. 또한 연결의 시대의 또 한 축을 이루고 있는 컨버전스(convergence) 사회에 있어서 정치 개념은 무엇인가를 정리하였다.

제3장에서는 본격적인 연구 내용인 정부와 정당 그리고 시민사회 부문에서 다룰 내용을 간략히 정리한다. 이 부분은 제2장부터 제4장까지의 논의에 대한 소개라고 할 수 있다.

# 제1장
# 정보제공에서 대화의 시대로

## 1. 정보제공의 시대

### 1) 정보(information)의 기원[14]

정보라는 용어가 쓰이기 시작한 것은 정보이론에 대한 클로드 섀넌(Claude Shannon)의 1948년 논문에서였다. 그 전에는 코드 속에 들어있는 지시나 아이디어의 특정 현상을 설명할 때 사람들은 일반적으로 다른 표현을 사용하였다(실제로 1939년에 자신의 새로운 아이디어를 소개한 글에서 섀넌 자신도 '정보'라는 단어 대신에 '지성'[intelligence]이라는 단어를 사용했다). 그 가운데 하나가 '언어'(language)였다. '상징'(symbol)과 '기호'(sign)라는 표현을 사용하는 이들도 있었는데, 이렇듯 정보 시대가 도래하기 전까지 '정보'라는 단어는 주로 뉴스에서 사용되었을 뿐이다(예를 들어 '새로운 정보를 얻었다'고 말할 때처럼).

당시 섀넌은 AT&T에서 일했고, 그의 이론은 신호 처리 과정을 토대로

---

**14** Chris Anderson(2009: 159~160) 참조.

하고 있었는데, 그는 정보를 '잡음'의 반대 의미로 정의하였다. 즉 정보는 일관된 신호, 잡음은 일관되지 않은 신호라는 의미였던 것이다. 그는 잡음으로부터 정보를 추출해내는 방법을 계산해냈는데 이때 정보는 아날로그 형태를 띨 수도 있고, 디지털 형태를 띨 수도 있었다. 그러나 오늘날 우리가 말하는 정보는 보통 디지털 비트(bit)—신호를 해석하는 방법에 따라 '0'과 무한대를 뜻하는 '켜짐'과 '꺼짐' 신호—를 의미한다.

### 2) 웹의 등장

정보제공(informing) 시대의 서막은 인터넷 사용 및 보편화를 촉진시킨 월드와이드웹(WorldWideWeb, WWW 혹은 웹) 등장부터 시작되었다. 그러나 웹 기술의 이전과 이후 그리고 전체적인 정보사회 환경의 진화 과정은 알파넷(ARPARNET)이 등장한 1969년부터 1990년까지 군사적 목적과 전문가 중심의 제1기인 정보제공의 시대, 1991년 WWW 등장부터 2000년까지 급격한 대중화가 이루어지는 제2기의 대화의 시대 그리고 2000년부터 현재까지 네트워크와 융합이 중심이 되는 제3기로서 연결의 시대로 구분할 수 있다.

이러한 일련의 흐름을 정치 변화와 종합하면 [표 1-1]과 같은데, 정보사회의 진행이 웹1.0에서 네트워크로 그리고 홈페이지에서 완전 가상공간으로 그리고 정보제공에서 사용자 맞춤으로 진행되고 있다면, 구체적인 사례로는 가상현실/온라인 커뮤니티, UCC와 소셜 미디어(social media),[15] 컨버전스와 유비쿼터스(ubiquitous) 등으로 나타나고 있다. 그리

15 소셜 미디어란 사람들의 의견 · 생각 · 경험 · 관점을 서로 공유하기 위해 사용하는 온라인 도구나 플랫폼을 의미한다(wikipedia.com). 중요한 것은 이들 소셜 미디어를 통해 연결의 공간인 소셜 네트워크가 되는 데서 그치는 것이 아니라 전력망처럼 사회의 공공재로 작용한다는 점이다(Don Tapscott 2008: 136).

하여 정치적으로 중요한 행위자인 정부 · 정당 · 시민사회는 그러한 구조 변화 속에서 적응과 부적응의 과정을 경험하고 때로 갈등하고 있다.

**[표 1-1] 정보사회의 환경 변화와 정보사회의 정치**

| 구분 | 인터넷(웹1.0) | 웹2.0 | 네트워크 |
|---|---|---|---|
| 시대 구분 | 정보제공의 시대 | 대화의 시대 | 연결의 시대 |
| 특징 | 정보 전달 | 의사소통 | 사용자 맞춤 |
| 주요 공간 | 홈페이지 | 블로그 | 물리 공간의 가상공간화 |
| 사례 | 가상현실 커뮤니티 | 웹2.0 소셜 네트워크 | 컨버전스 · 유비쿼터스 |
| 정치적 적용 | 전자민주주의(전자정부, 온라인 정당, 온라인 사회운동) | | |

현재와 같은 웹 사용이 가능하게 된 기술적 · 개념적 맥락은 다음과 같다.

1957년 구소련에서는 세계 최초의 인공위성 스푸트닉(Sptunik)호를 발사하였다. 제2차 세계대전 종전 후, 미국과 소련을 중심으로 한 극단의 이데올로기 대립이 가속화되던 냉전시대에 미국은 소련의 이러한 호기어린 시도에 경악하고 긴장하였으며, 만일에 있을지도 모를 소련의 공격에 대비하여 국가 전체의 안보망을 튼튼히 해야 할 필요를 느끼게 되었다. 또한 군사적 무장뿐만 아니라 근본적으로 국력을 강화시킬 수 있는 교육 및 연구에 대한 투자 확대의 필요성까지 절감하여 각 학교와 정부부처에 막대한 연구 개발 기금을 투자하였다. 이것이 인터넷 탄생의 시대적 배경이다.

미국 국방성의 고등연구계획국(ARPA, Advanced Research Project Agency)에서는 만일에 있을지도 모르는 소련의 공격에서 살아남을 수 있는 네트워크를 만들기 위해 연구팀을 조직하였는데 여기에는 다수의 기술 전문가와 MIT의 연구원들이 합류하였다. 이들은 유사시에 어느 한 곳이 공격을 받아도 무너지지 않는 국가 연락망을 구축하는 것을 목표로 연구를 진행하여 알파넷(ARPANET)을 개발하였다.

군사적 목적으로만 혹은 전문가들만 사용하던 특수하고 폐쇄적인 인터넷을 일반인들이 이용되게 된 결정적인 계기는 팀 버너스 리(Timothy John Berners Lee)의 웹의 무료 배포를 통해서였다.[16] 2009년으로 탄생 20년을 맞은 웹은 1989년 3월 13일 유럽입자물리연구소(CERN)의 연구원이었던 팀 버너스 리가 기본 개념을 발표하면서 세상에 등장했다. 팀 버너스 리는 '생각과 기술, 사회의 분산적이지만 유기적인 성장을 포괄하기 위한 것'으로서 웹을 고안하였는데[17] 그의 웹 발명으로 인해 그때까지만 해도 TCP/IP와 같은 복잡한 방법을 통해 인터넷을 이용해야 했던 많은 사람들은 매우 간편하게 인터넷[18]을 사용하게 되었고, 접속 방법이 간편해지면서 전문가의 인터넷은 대중화되게 되었다.

실제로 팀 버너스 리는 웹은 기술적인 측면보다 사회적인 측면이 강하다고 역설하였으며, 그가 웹을 설계한 것은 단순히 기술적 유희 때문이 아니라 사람들이 함께 일하는 사회적 효과를 중시했기 때문이라고 강조한다. 그리하여 웹의 목표는 거미줄같이 짜인 세상의 존재를 지원하고 향상시키는 것이라고 밝히고 있다.[19]

특허번호가 없는, 즉 팀 버너스 리가 개인 소유를 포기한 웹은 20세기의 가장 위대한 발명품이다. 웹의 상징성은 기술의 뛰어남에도 있지만 팀

16 웹 이전의 관련 기술 개발의 역사와 웹을 발명하게 된 팀 버너스리의 사상에 대해서는 Tim Berners-Lee(1999) 참조.

17 Tim Berners-Lee(1999: 19).

18 이재현은 인터넷의 다차원적인 특성을 감안하여 '인터넷은 TCP/IP라는 고유한 프로토콜을 기반으로 구축된 전세계적인 네트워크들의 네트워크, 또는 이를 통해 구성되는 전세계적인 사람들과 자원들의 집합체'라고 정의하였다(이재현 2000: 21).

19 Tim Berners-Lee(1999: 170).

버너스 리가 구현하고 있는 공유 정신의 증거로도 평가된다. 즉, 좋은 기술의 저작권을 소유하여 개인의 부를 축적하는 것보다 사회의 혜택을 극대화하는 것이 인터넷의 훌륭한 미덕이라고 평가되는 것이다. 한편, 기술적으로 웹의 등장뿐만 아니라 제도적인 차원에서 미국 정부가 인터넷에 대한 권한을 포기하고 국립과학재단으로 권한을 이양한 것도 인터넷의 보편화의 계기로 작용하였다.

인터넷은 과거 다른 미디어보다 확산적이고 개방적인 구조를 가지고 있으며 그 때문에 다른 미디어에 비해 보급 속도가 매우 빠르다. 미국의 경우에 전 가구당 50% 보급률이 라디오는 28년, 컬러TV는 18년이 걸렸지만 인터넷은 10년 만에 50%에 도달했다. 우리나라에서도 1994년에 인터넷이 보급된 이후 14년 만에 인터넷 사용자는 3,482만 명으로서 전 국민의 72.2%가 인터넷을 이용하고 있다.[20] 이와 같은 놀라운 확산 속도와 함께 중요한 것은 인터넷이 참여 지향적이고 표현 촉진적인 속성을 가지고 있다는 것이다.[21]

또한 인터넷이 중요한 것은 단지 난해한 프로그램을 이해하는 데 도움이 되는 자료를 제공하기 때문이 아니다. 네트워크로 연결된 커뮤니케이션이라는 새로운 현실에 익숙해지는 과정을 통해 우리의 뇌를 발전시킬 수 있는 기회를 제공했기 때문이다. 스티브 존스는 TV 시대에는 불가능했던 인터넷의 양방향성과 정보제공 능력 외에 사회성을 장점으로 제시하고 있는데, 오늘날의 소셜 네트워크 서비스(social network service)의 발

**20** 한국인터넷진흥원(isis.nida.or.kr 검색일 2008년 9월 28일). 이하 사이트의 주소에서는 대부분의 브라우저가 http://를 자동으로 처리하기 때문에 생략한다.

**21** 애플의 CEO 스티브 잡스는 TV와 인터넷의 차이를 등을 기대고 앉는(lean-back) 매체와 앞으로 당겨 앉는(sit-forward) 매체의 차이라고 말했다. 네트워크에 연결된 컴퓨터는 사용자가 몸을 당겨 앉고, 화면에 집중하며 직접 참여하게 한다(Steve Jones 2005: 116).

전에서 볼 수 있는 것처럼 사용자간의 경험의 공유가 새로운 사회로의 변화를 촉진하고 있다는 것이다.[22]

21세기에 인터넷의 기여에 대한 높은 평가는 2010년에 인터넷의 노벨평화상 추진으로 이어졌다. ICT 전문 저널인 『와이어드』(*Wired*)의 이탈리아판은 '소통을 통해 민주주의를 신장시킨' 공로로 '평화의 도구'인 인터넷을 2010년의 노벨평화상 후보로 추천하였는데 이미 2009년 11월에 개설된 '평화를 위한 인터넷'(인터넷 포 피스, internetforpeace.org, [그림 1-1] 참조)에서는 인터넷 공간에서 노벨평화상 후보로 인터넷을 추천하자는 캠페인을 벌여왔다.

**[그림 1-1] 인터넷 포 피스 웹사이트**

* 출처: http://internetforpeace.org

22 그러나 한편으로 레식(Lessig)의 경우는 처음 10년간의 인터넷을 '읽기 전용' 인터넷이라고 평가하였다.

그러나 이에 대해서 정치경제 전문 저널인 『포린 폴리시』(*Foreign Policy*)의 경우는 논평[23]을 통해 인터넷이 노벨평화상을 받으면 안 되는 다섯 가지 이유를 제시하였는데, 첫째, 지구상에 50억 명이 인터넷을 사용하지 않고 있다. 책, 전신, 라디오, 복사기, 주사바늘, 심장 박동 조절장치, 양수기 등 인터넷보다 인류 평화에 기여한 기술을 찾는 것은 어렵지 않다. 둘째, 인터넷의 노벨평화상 수상이 권위주의 국가들의 인터넷 단속 강화를 초래할 수 있다. 셋째, 노벨상의 명성에 걸맞지 않다. 인터넷 세상은 돈의 논리로 움직인다. 넷째, 인터넷의 민주주의 촉진 여부가 결론 나려면 적어도 앞으로 20~30년은 지나야 한다. 다섯째, 세계에 산재한 굵직굵직한 문제를 국가나 정치적 노력이 아닌 인터넷으로 해결하겠다는 것은 안이한 발상이라는 이유가 그것이다.

인터넷의 노벨평화상 여부에 대한 이와 같은 논란은 인터넷의 사회 기여 가능성과 그에 대한 대표적인 반론으로서 기술이 구현하는 직접민주주의의 가능성 및 인터넷의 문화적 특성에 대한 인식에 따라 앞으로도 계속 지속될 이슈라고 할 수 있다.

### 3) 가상현실과 정체성의 변화

#### (1) 가상현실의 다양한 구현과 활용 사례

가상현실은 정보제공의 시대에 사용자가 처음 경험하게 되는 원격 현전(tele presence)을 의미한다. 사용자들은 정보를 제공받는 한편 문화적으로는 가상의 현실을 경험하게 되었다. 이러한 가상현실을 이용한 대표적인 서비스로는 최근까지도 열풍을 일으켰던 세컨드 라이프 서비스가 있다.

---

23 "5 reasons why the Internet shouldn't get the Nobel Peace Prize" (http://neteffect.foreignpolicy.com/posts/2010/02/07/5_reasons_why_the_internet_shouldnt_get_the_nobel_peace_prize 검색일: 2010년 2월 10일).

세컨드 라이프는 현재 분절적으로 이루어지는 가상현실 서비스를 모두 종합해볼 수 있는 좋은 사례이다. 실제 삶이 첫 번째 삶(first life)라면, 가상 공간에서의 삶은 두 번째 삶(second life)라는 의미의 세컨드 라이프는 온라인 공간에서 현실의 생활을 가장 유사하게 재현할 수 있는 서비스로서 미국에서 선풍적인 인기를 끌게 되었다.[24]

2003년 6월 23일에 미국 샌프란시스코의 벤처기업 린든 랩사는 "당신의 세상, 당신의 상상"(Your world, Your Imagination)이라는 슬로건을 걸고 3D 온라인 가상현실 서비스로서 세컨드 라이프 서비스를 시작하였다. 아마도 세컨드 라이프를 온라인 '게임'으로 여기는 사람들은 이 3D 가상현실 화면이 익히 우리가 알아온 게임의 환경과 너무나 유사하다고 생각할 것이다.

세컨드 라이프에서는 자신을 표현하는 분신으로 아바타를 사용하여 생활할 수 있는데, 가입할 때 누구에게나 주어지는 512m$^2$ 정도의 토지에서부터 시작하여 물건을 만들어 팔 수도 있고, 토지를 잘 가꿔서 되팔 수도 있고, 대학 강의, 저자의 직강, 기업의 신상품 소개 쇼, 연애, 심지어 결혼 등을 즐길 수 있다. 단, 누군가 이기고 지거나 자신의 기록을 올리는 단순한 게임은 세컨드 라이프의 일부분에 불과하다.

즉, 세컨드 라이프는 단순히 게임이 아니라 하나의 공간인 것이다.[25] 오히려 게임보다는 현실의 세계와 훨씬 유사한데, 모든 현실에서의 생활이 가능하며[26] 그 안에는 현실에서와 같은 가상화폐가 존재하지만 이

---

**24** 2007년 10월에는 드라마 CSI 뉴욕 시리즈에서 세컨드 라이프가 매우 중요한 소재로 제공되기도 하였다.

**25** 세컨드 라이프 관계자는 게임은 목적과 미션이 있는 반면, 세컨드 라이프에서는 과제도 뚜렷한 목적이 없다는 점에서 게임이 아니라고 규정한다.

**26** 사람들이 세컨드 라이프에 열광하는 것은 바로 이런 모든 것이 (현실과 다르게) 이 공간에서 전지전능하게 모두 이루어질 수 있기 때문일 것이다.

것이 단지 가상세계에서만 통용되는 것이 아니라 실제의 달러로도 환전 가능하여 실제 경제에도 영향을 미칠 수 있다는 해석까지 나타나고 있다.

세컨드 라이프는 2009년 현재까지 7년 이상 운영되고 있는데 그 안에는 전세계 100여 개 국가 주민들이 상주할 정도로 높은 인기를 구가하고 있다. 2008년 말 현재 전체 회원 수는 1,679만 명이며,[27] 회원들이 소유한 땅의 넓이는 17억 6천만$m^2$를 기록했고, 하루에 소비되는 돈은 평균 150만 달러의 규모에 이른다.[28] 미국의 사용자들이 일주일에 평균 10시간 정도를 접속하고 있을 정도로 인기를 누리고 있기도 하다. 사용자 평균 연령은 32세이며, 여성 사용자는 40%에 이르기도 한다.

2007년 일본에서는 3차원 가상공간인 '미트미' 서비스를 시작하였는데, 세컨드 라이프의 환경과 달리 일본 현지화를 통한 서비스를 제공하고 있는 것이 특징이다(미트미 서비스의 메인 화면은 [그림 1-2] 참조).[29] 즉, 간편한 조직과 함께 다양한 볼거리를 제공하며 현실 세계와 같은 계절과 날씨를 운영할 수 있고[30] 도박성 콘텐츠(contents)를 삭제함으로써 사용자층을 넓히는 것을 목표로 하고 있다. 또한 세컨드 라이프에서는 토지를 제공하고 건물이나 아이템은 원칙적으로 모두 이용자가 만들도록 되어 있는 데 비해 미트미에서는 건물이나 공간을 미리 만들어 제공하는 식으로 일본

27 이 수치는 활동하지 않는 사용자(dead user)와 중복 가입을 감안하지 않은 것이다.

28 HSBC의 2007년 조사에 의하면 세컨드 라이프를 즐겨 사용하는 사람은 일주일에 보통 50~60달러를 소비한다.

29 미트미 서비스는 트랜스코스모스와 프롬소프트웨어 그리고 산케이 신문이 공동 설립한 회사인 코코아(CoCore)사가 제작하였다. 한편 호소다 마모루 감독의 애니메이션 「썸머 워즈」(サマウォズ, Summer Wars, 2009년)는 이러한 일본형 가상현실 서비스의 다양한 활용 사례를 매우 현실적으로 보여주고 있다.

30 도쿄에서 벚꽃이 피면 가상공간에서도 벚꽃이 피고 도쿄에 비가 내리면 가상공간에도 비가 내리는 등 실제의 계절과 날씨를 가상공간에 그대로 반영한다.

사용자들의 사용 행태에 맞는 서비스를 제공하고 있다.[31]

[그림 1-2] 일본의 미트미 서비스

* 출처: http://www.meet-me.jp

정치적으로는 선거에 나선 후보들의 사이버 캠프 혹은 국회의원들의 사이버 의정실로 활용되기도 하며 국가 차원에서는 스웨덴,[32] 몰디브 등이 사이버대사관을 개설하였으며,[33] 로이터 등의 언론사는 아예 사이버 지사를 설립하였다. 2007년의 프랑스의 대통령선거 당시 사르코지 후보를 비롯한 후보 모두가 세컨드 라이프에 가상 캠프를 개설하였으

31 김효용(2007: 33).

32 스웨덴은 2007년 1월에 세컨드 라이프 최초로 정부가 공인하는 대사관을 개설한 국가가 되었다. 이 대사관은 스웨덴 외무부 산하의 스웨덴 연구소가 운영하고 있다.

33 물론 이 사이버 대사관에서는 여권이나 비자 발급 업무보다는 국가 정보를 제공하여 홍보하는 기능에 주력하고 있다.

며,[34] 의원의 가상 집무실을 만들어 유권자와 직접 의사소통하는 공간으로 활용하였다.

2008년의 미국 대통령선거에서 후보로 출마한 힐러리 클린턴은 세컨드 라이프에서 선거 유세를 하였으며, 2007년의 스위스 다보스 포럼은 세컨드 라이프 최고경영자를 대상으로 가상세계와 아바타에 대한 토론을 개최하였다. 또한 유권자들을 집으로 초대해 토론을 하거나, 직접 길거리 연설에 나서는 정치인들도 있는데 이들은 사용자들이 많이 모이는 광장이나 카페에 들러 공약을 제시하는 방식으로 세컨드 라이프 서비스를 활용하였다.

[그림 1-3] 힐러리 클린턴의 세컨드 라이프

34 2007년 현재 세컨드 라이프의 회원은 500만 명이었는데 그 가운데 프랑스인의 비중은 13%였다. 참고로 당시 우리나라 회원의 비중은 0.12%로 국가별 회원 순위 35위이며, 우리나라에 진출한 세컨드 라이프 서비스는 2009년 11월 13일 진출 1년 만에 공식적으로 한국 시장에서 철수하였다.

한편으로는 시민들도 세컨드 라이프를 활용하여 집단행동을 하여 주목을 받았다. 2007년 4월에 프랑스 파리의 시민들은 세컨드 라이프를 통해 시의 관광 쇼핑 지역 재개발 계획에 시민 참여를 요구하며 세컨드 라이프에서 쇼핑 지역 공원 조성 아이디어 공모를 실시하여 채택된 아이디어로 시청에 압력을 행사하였다.

(2) 가상현실과 실제 현실과의 문제

그러나 가상공간의 구현이 그 자체로 ICT 정보제공의 결정체라고 낙관적으로 전망하기는 어렵다. 먼저 사회문화적인 문제로는 가상현실 서비스를 통해 새로운 인간관계가 확산되고 콘텐츠 창조자로서의 개인 및 소비자 영향력이 확대되며 상품 매매 및 선거 방식도 변화하여 좀 더 풍부한 정보제공이 열렸다고 평가할 수도 있다. 그러나 한편으로는 가상세계에 중독되어 오프라인의 실제 삶을 거부하는 사회적 고립자를 양산할 수 있으며, 새로운 관계로서 사이버 부부를 실제 부부로 볼 수 있는가의 문제, 그리고 사이버 성매매, 성희롱의 경우에 폭행에 대한 고소가 가능한가 등의 쟁점을 안고 있다.

미성년자의 자유로운 총기 구입이나 콘텐츠 무단 복제(CopyBot Crisis)도 문제이다. 일본 총무성은 2009년 4월에 가상공간의 캐릭터 저작권을 보호하기 위한 가이드라인이 필요하다는 의견을 발표하였는데, 가상공간에서 구입한 아이템이나 아바타 등의 일부를 수정하여 재판매할 경우에 원제작자의 저작권을 침해할 가능성을 방지해야 한다는 것이 가이드라인 수립의 취지이다.[35] 이에 따라 백 명의 크리에이터를 동원하여 이용이 허락된 캐릭터를 자유롭게 재가공하여 매매하게 한 후 이들 캐릭터들이 어

35 「일, 가상공간 캐릭터 저작권 보호」(「전자신문」, 2009년 4월 21일).

떤 유통과정을 거치는지 조사하였다. 이와 같이 ICT산업의 발전 과정에서는 파급효과가 매우 단기간에 광범위하게 나타날 수 있기 때문에 ICT로 인해 발생하는 폐해와 부작용에 대한 제도적 준비가 신속하고 철저하게 이루어질 필요가 있다.

이와 같은 문제를 해결하기 위한 법제도적 이슈로는 가상세계에 대한 규제 문제가 가장 큰 문제라고 할 수 있다. 즉, 게임 아이템 거래에 대한 과세, 콘텐츠에 대한 규율, 범죄조직의 불법 돈세탁,[36] 폭력,[37] 아바타 살해,[38] 무질서, 정치 · 종교적 분쟁과 같은 주민 갈등, 콘텐츠 저작권, 개인정보 노출이라는 문제를 제도적으로 해결해야만 하는데 현실공간의 확장으로서의 가상공간에도 현실과 같은 사이버국가를 설치하거나 사이버대통령을 뽑아야 한다는 의견까지 제시되기도 했다.

## 2. 대화의 시대

공급자 중심의 일방적인 정보제공이 초기의 온라인 공간의 특징이었다면 그 다음 단계에서는 사람들이 모이고, 정보를 공유하는 대화

---

**36** 세컨드 라이프는 블랙 머니의 집결지로서 불법 탈세 등 마피아나 갱단의 은밀한 거래 장소로 활용되기도 한다. 세컨드 라이프의 상위 3개 카지노 업체가 매월 1,500만 달러의 순수익을 거두기도 했는데 2007년 8월 5일에는 도박을 전면적으로 금지하게 되었다.

**37** 소비자의 항의에 의해 세컨드 라이프 점포를 공격당했던 아메리칸 어패럴사는 결국 세컨드 라이프에서 철수하였으며, 2008년 8월에는 세컨드 라이프를 통해 만난 남자친구를 현실세계에서 납치하려던 여자가 체포되는 사건 등이 발생하였다.

**38** 가상세계 '메이플 스토리' 게임에서 갑자기 이혼당한 43세의 피아노 교사인 일본인 여성이 게임 상대방의 아이디를 도용하여 가상세계의 남편 아바타를 살해하여 2008년 10월에 체포되었다. 일본에서는 불법 컴퓨터 접속과 전자 자료 조작 혐의로 체포되어 유죄가 확정될 경우에 최고 징역 5년이나 5천 달러의 벌금을 받게 되어 있다.

(communication)의 시대가 되었다. 여기에서의 대화는 비단 사용자간의 음성 대화를 의미하는 것이 아니라 모든 콘텐츠, 행위자들의 소통을 의미하는 광범위한 의미의 대화이다. 대화의 시대에 핵심어는 사용자가 정보를 받는 것만이 아니라 좀 더 쉽고 편하게 공유할 수 있는 웹2.0의 가치이다.

### 1) 웹2.0 가치의 보편화

#### (1) 참여 · 공유 · 개방

2004년에 처음으로 등장한 웹2.0 개념은 과거의 웹1.0과 달리 이용자의 적극적인 참여를 통해 정보와 지식이 생산되고 공유되는 열린 인터넷을 의미한다. 그러나 본래적인 의미에서 본다면 웹2.0은 웹으로 상징되는 웹1.0의 시대에 비견하여 '상대적인' 의미의 참여 · 공유 · 개방을 의미하는 것이다. 즉, 웹1.0에도 참여 · 공유 · 개방의 정신은 이미 내재되어 있었는데, MIT 대학원생을 위주로 한 다수의 인터넷 개발자들은 미래 사회에는 모두가 네트워크로 연결되어 정보를 공유하고 집단지성이 나타나는 이상사회가 되었으면 좋겠다는 구상으로 인터넷 발전에 기여해왔기 때문이다.

다만 웹1.0이 공급자로서 정해진 구조 속에서 일방향의 행위자가 주로 '정보제공' 단계에 머물러왔다면 이제는 네트워크로 연결된 '사용자 참여'를 중심으로 가치가 재편되고 있다는 사실이 중요하다. 사용자는 단순한 정보 수용자가 아니라 콘텐츠 생산자로 변화하고 그렇게 생성된 콘텐츠를 유통시키는 적극적인 행위자로 변화하고 있는 것이다.

현재까지 웹2.0은 거의 글로벌 수준의 유행어가 되어왔는데,[39] 이 말은

39 인터넷 미디어인 테크크런치(techcrunch)는 '웹2.0의 죽음'(death of web 2.0)이라는 기사

단순한 유행어(jargon)라기보다는 사실적인 관점에서 그 안에 내포되어 있는 참여 · 공유 · 개방의 핵심 정신이 ICT의 발전 방향을 가장 효과적으로 반영하고 있으며, 당위적인 관점에서도 마땅히 기술은 그러한 방향으로 진화되어야 한다는 점에서 대중의 공감을 얻었기 때문에 유행했다고 보는 것이 적절하다.

이미 웹2.0을 구현하기 위한 기술 인프라는 충분히 발전하고 있으며[40] 기술 활용을 통해 사용자들의 인식도 점차로 변화하고 있다. 이제는 몇몇 소수만이 개입하는 독점적 구조가 아닌 다수의 의미 있는 목소리가 풍부해지는 상황이 되고 있는 것이다. 나아가 웹3.0의 시대에는 사용자가 정보를 찾아다니면서 참여를 지향하는 것에서 더욱 진일보하여 사용자에게로 정보가 찾아오는 개인 맞춤형 환경이 구현될 것으로 전망되고 있다.[41]

2004년 당시 구체적으로 제시된 웹2.0은 일곱 가지 원칙을 표방한다. 즉, 플랫폼으로서의 웹,[42] 집단지성의 활용, 데이터 차별화, 소프트웨어 배포 주기의 소멸, 가볍고 단순한 프로그래밍, PC와 같은 단일 디바이스를 넘어선 소프트웨어로서의 웹, 풍부한 사용자 경험 제공이 그것인데,

---

를 통해 웹2.0 을 검색하는 빈도가 2007년 말을 기점으로 낮아지고 있으며, 점점 공허한 용어(void term)로 여겨지고 있다고 평가하였다. 이에 대해 또 다른 인터넷 미디어인 씨넷(cnet news)은 웹2.0에 대한 관심이 낮아지더라도 오픈 소스(open source)처럼 주요 수익원으로 변화할 수 있는 가능성을 보이고 있으며, 이러한 패턴을 감안할 때 팀 오라일리는 다른 수익원을 창출할 수 있는 '그린 에너지'(green energy) 등의 새로운 기술 트렌드로 옮아갈 것이라고 예측하였다(techcrunch.com/2009/02/14/the-death-of-web-20 검색일: 2009년 2월 18일).

**40** 다양한 콘텐츠를 타인과 공유하고 싶지만 느려터진 인터넷과 복잡한 접속 환경뿐이라면 그러한 소망은 구현되기 어렵다.

**41** 웹3.0은 웹의 지능화된 진화라고 할 수 있는 시맨틱(semantic) 웹, 가상현실의 시각화가 가능한 3D 버추얼(virtual) 웹, 미디어 중심의 웹, 인간이 생활하는 공간 어디에든 곳곳에 스며들 수 있는 퍼베이시브(pervasive) 웹 등으로 표현한다.

**42** 웹1.0에서의 웹은 정보제공의 공간이었지만 웹2.0에서의 웹은 플랫폼으로서 마치 기차역의 플랫폼처럼 사용자들이 들러서 콘텐츠를 생산하는 매개 공간이 되었다는 의미이다.

[표 1-2] 국내 웹2.0 주요 서비스

| 유형 | 국내 웹2.0 서비스 |
|---|---|
| 아마존-이베이형 | 알라딘, 예스 24, 인터파크, 옥션, G마켓 |
| 유투브-위키피디아형 | 판도라TV, 엠군, 엠엔캐스트, 아프리카, 큐박스, 위키피디아 한글 |
| 플릭커-딜리셔스-디그형 | 엔비, 북마커, 해피캠퍼스 2.0, 오픈유어북, 피쉬, 한RSS, 미디어몹, 오마이뉴스 |
| 마이스페이스형 | 싸이월드, 버디버디, 다모임, 콩깍지, 윙버스 |
| 테크노라티형 | 태터툴스, 올블로그, 블로그코리아, 이글루스, 온블로그, 티스토리, 블로터 |
| 구글형 | 네이버, 다음, 엠파스, 야후, 네이트, 프리챌 등 각종 포털, 큐박스, 스마트잡, 위자드 |
| 트위터형 | 미투데이, Yozm |

* 출처: 아이뉴스(2006년 11월 14일)를 참조하여 재구성

이러한 원칙이 구체적으로 구현된 대표적인 서비스들은 각각 북마크, 텍스트, 사진(이미지), UCC(동영상) 등의 콘텐츠를 네트워크를 통해 공유함으로써 사회관계와 집단지성을 확장하고 있다. 또한 이러한 웹2.0을 구현할 수 있는 핵심 기술로는 태깅(tagging),[43] 매시업(mash up),[44] RSS(Really Simple Syndication),[45] OPEN API, 폭소노미(folksonomy),[46] Ajax, XML,

43 태그(tag)는 상품에 달려 있는 가격표와 같이 콘텐츠의 주요 핵심어를 꼬리표를 달아서 설명해주는 방식을 의미한다. 태그를 달아두면 본문의 내용과 관계없이 주제별로 검색이 가능한데 이는 일반적인 검색어에서 한 단계 진일보한 검색 혁명으로 평가한다. 또한 작성자가 그 글의 내용에 따른 키워드를 통해 분류하기 때문에 일반적으로 사서나 운영자가 분류하던 전통적인 방식과 달리 검색 결과에서 좀 더 주제에 가까운 데이터를 찾을 수 있다는 장점이 있다.

44 인터넷 서비스의 개방 소스를 조합하여 새로운 서비스를 만드는 기법으로, 정보를 모두 섞어서 새로운 콘텐츠를 만들어 제2의 창작물을 만드는 것을 의미한다. 원래 1960년대에 음악계에서 쓰이던 용어로서 다른 가수의 히트곡 여러 개에서 일정 구절을 따다 섞어서 새로운 노래를 만드는 기법을 의미했지만 최근에는 음악뿐만 아니라 동영상 · 사진 · 프로그램 · 애플리케이션 등의 창조물을 섞어 완전히 새로운 창조물을 만들어낸다는 뜻으로 널리 쓰인다.

45 Really Simple Syndication의 약어로서 관심 있는 블로그의 주소를 등록하면 업데이트된 콘

ATOM 등이 있다.

정치적 의미에서의 웹2.0은 네트워크로 인한 정치 공간의 확장을 의미한다. 즉, 단순히 정보를 수용하는 수동적인 사용자가 아니라 기회를 적극적으로 이용할 줄 아는 개인들이 네트워크 공간에서 정보의 공유를 극대화할 수 있는데 이는 정보가 권력이 되는 실천 과정이라고 할 수 있다. 아울러 과거와 같은 전통적인 의미에서의 의제 설정–시행–평가라는 정책 진행 과정도 변화하여 이제는 정부만이 정책을 제안할 수 있는 단독의 공급자가 아니라 누구나 의제를 설정할 수 있으며, 누구나 쉽고 편리하게 정책을 평가할 수 있게 되어가고 있다는 것을 의미한다.

### (2) 롱테일 법칙과 다수의 권력

한편, 『와이어드』(*Wired*)의 편집장 크리스 앤더슨(Chris Anderson)은 닷컴 버블(.com bubble)을 이기고 살아남은 웹2.0 시기의 기업들의 서비스 특징을 분석하면서 이들 서비스에서 나타나는 롱테일의 법칙에 주목하였다. 긴 꼬리를 의미하는 롱테일이란 현실세계에서는 매출의 80% 이상을 차지하는 것이 20%도 안 되는 인기 상품이라면, 온라인에서는 80%의 잘 알려지지 않은 효자 품목이 매출의 50% 이상을 차지하게 되며 이것이 웹 경제학의 특징이라는 것이다.

일례로 인터넷 서점 아마존(Amazon)에서 팔리는 책이나 아이들 블록 장난감인 레고(Lego)는 인터넷을 이용하여 오프라인에서 전시할 수 없었

---

텐츠 정보를 자동으로 알려주는 매우 간편한 배달 방식이라고 할 수 있다. 따라서 사용자는 RSS를 통해 자신이 관심 있는 정보를 맞춤형으로 받아볼 수 있다.

**46** 웹 콘텐츠의 분류와 검색을 위해 이용자들이 의미와 내용에 따라 생성하는 분류를 의미하는 것으로 '사람들에 의한 분류'(folk+order+nomos)라는 의미이다. 누군가 지식을 가지고 트리(tree) 형식으로 구분하는 디렉터리(directory) 구조에 비해 콘텐츠를 함축적으로 표현하고 키워드를 부여하는 것을 의미한다.

[그림 1-4] 롱테일 법칙

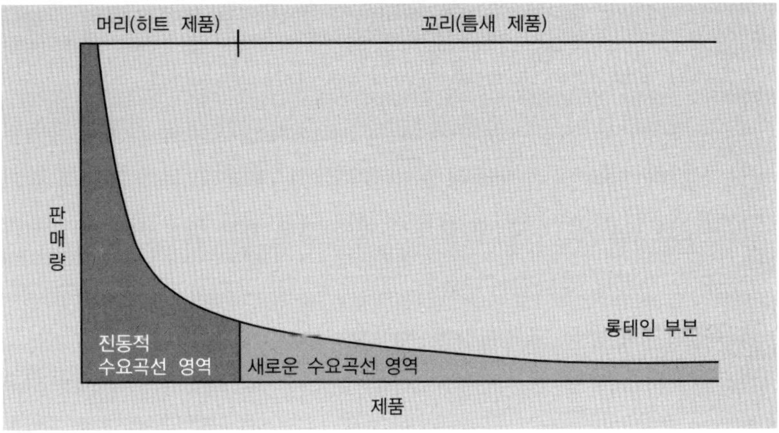


* 출처: 오정연(2006: 3)

던 수천 개의 상품을 진열하여 이들이 효자 상품이 되는 판매 효과를 거두고 있는데 이것이야말로 사회적으로 잘 알려지지 않은 불특정 다수 상품의 힘이라는 것이다. 그 외에도 이베이(eBay), 아이튠스(iTunes), 구글(Google)은 롱테일 효과를 증명하는 대표적인 사례들이다.

20%의 핵심이 나머지 80%를 좌우한다는 파레토 법칙의 역이론이라고 할 수 있는 롱테일 법칙은 네트워크 사회에서의 정치에서도 마찬가지로 적용 가능하다. 즉, 주목받지 못한 다수의 의견이나 콘텐츠가 세상을 움직일 수 있는 위력으로 변화할 수 있는 온라인 공간에서 바로 이 롱테일 효과가 나타나고 있다고 볼 수 있는 것이다. 특히 온라인 공간에서 롱테일 효과가 크게 나타날 수 있는 이유는 정보 유통의 비용이 거의 들지 않기 때문이다.[47]

47 크리스 앤더슨은 2009년의 저서에서 이와 같은 비용 절감의 추세를 공짜 경제(Free Economy)로 개념화함으로써 롱테일 논의를 더욱 발전시켰다(Chris Anderson 2009).

### 2) 교육2.0 프로젝트와 집단지성의 형성

정보의 독점은 권력의 독점을 의미한다. 그러나 정보의 독점이 해체되고 정보의 공유가 촉진되는 현재의 환경에서는 정보 공유를 통해 권력의 독점이 해체되고 다수의 힘이 증가하는 과정에 대한 실천 전략에 주목할 필요가 있다. 이러한 점에서 정부2.0, 기업2.0, 정당2.0 등의 표현과 같이 수많은 2.0 프로젝트 가운데 교육2.0의 실험은 가장 실효성이 높은 대단히 중요한 사례로 평가할 수 있다.

교육2.0은 단순히 교육이라는 특정 분야에서 웹2.0 기술과 가치를 구현했다는 의미에 한정되는 것이 아니라 이러한 정보와 지식 개방에 의해 다수의 정보 이해가 촉진되고 서로간에 대화를 확장할 수 있으며 그 과정 속에서 집단지성을 형성할 수 있는 결정적인 계기를 제공했다는 점에서 매우 의미가 크다고 할 수 있다.

먼저, 교육2.0은 기술적 측면에서 모바일 기술과 기타 Wi-Fi나 블루투스(bluetooth) 등의 무선 장치를 활용하여 이동할 때에도 사용 가능한 개인화된 서비스를 제공하고 경제적으로는 유선 시스템보다 네트워크화된 개인간의 커뮤니케이션을 활용할 수 있어 사용자간에 시너지효과의 극대화를 기대할 수 있다.

즉 사용 기기는 소형화되지만 그에 따른 영향력은 더욱 확대되고, 플레이스테이션(Playstation)이나 엑스박스(X-box)와 같은 멀티미디어 기기를 통해서도 서비스를 구현할 수 있으며, 디지털 카메라나 전자책(eBook), 오디오 파일 등을 통해 컨버전스 정보를 제공할 수도 있다. 또한 비디오 콘텐츠인 UCC나 화상회의를 통한 이용도 가능하다. 한편으로는 웹에 기반을 두면서도 외부 환경과 연결이 가능하다는 특징도 있는데 전통적인 커뮤니케이션 형태를 대체하는 실시간의 시공간을 초월한 정보 이용을 가능하게 할 수 있다는 것도 수요자의 만족을 증대시킨다는 점에서 큰 장점이라고 할 수 있다.

오픈 교육 리소스로는 MIT의 열린 강의(오픈 코스웨어, Open Courseware, 이하 OCW),[48] Hewlett, Wellcome, OECD, UNESCO 등의 OER 프로그램이 있고, 플리커(Flickr), 야후(Yahoo), 구글(Google Channel from Youtube), 위키피디아, 위키버시티(Wikiversity) 등에서 제공하는 CC(Creative Commons) 콘텐츠, 프리비디오렉처(Freevideolectures), 컨버세이션네트워크(The Conversations Network), 톡스(Talks), 티처 투브(Teacher Tube), 포라(FORA TV), 포럼 네트워크(Forum Network) 등이 있다.

[그림 1-5] MIT의 OCW 프로그램

* 출처: http://ocw.mit.edu

48 MIT의 OCW는 가장 선구적인 강의 공개 서비스로서 2002년에 시작하여 2007년 11월말에 등록된 강의 수는 1,900개를 넘는 대규모를 자랑하고 있으며, 2009년까지 1억 명이 수강한 대규모 교육 프로그램이다. 이 가운데 90%가 학생들이 자발적으로 올린 자료라는 점도 특이할 만하며 이용 규모는 현재까지 3,500만 명, 월 평균 140만 명에 이른다. 그러나 이 프로그램은 학위나 수료증을 수여하지 않으며 영상물로 볼 수 있는 강의의 수가 적고 1,000시간 분

이미 미국의 대학교, 커뮤니티 칼리지, 공공도서관, 박물관 등이 교육 2.0의 기술적 기반이 되는 인터넷2(Internet 2)를 채택하고 있는데 그 내용은 100MB의 속도로 이더넷(Ethernet)을 통한 연결이 가능하다는 것이다. 콘텐츠 개방은 2001년부터 계획되어 2007년부터 본격적으로 시행되고 있는데 미국 MIT의 강의 무료 공개에 이어 예일대학교(오픈 예일 코스, Open Yale Course[49])도 열린 강의 운동을 하고 있다. 또한 하버드대학교의 경우 2008년부터 옵트 아웃(opt out) 방식에 의한 학부 논문을 일반인에게 무료로 공개하는 오픈 액세스(open access) 운동[50]을 하고 있으며, 버클리대학교의 경우는 동영상 강의 자료를 웹 캐스팅을 통해 제공[51]하고 있다.

공개강좌 프로그램(ocwconsortium.org)에는 미국의 존스홉킨스대학교 · 미시간대학교 · 유타대학교 · 터프츠대학교 등이 참여하고 있으며, 전세계적으로는 중국[52]과 일본, 스페인 대학들도 이 운동을 벌이고 있다. 한편 일본에서는 교토대학 · 메이지대학 · 가쿠인대학 등이 유투브 사이트에 강의 동영상을 공개하고 있으며 JOCWC(Japan Open Course Ware

량밖에 안 된다는 것이 단점이다. 한편으로는 각국 네티즌들은 MIT의 영어 강의를 자국어로 번역하는 움직임을 활발하게 전개하고 있는 것도 특징적이라고 할 수 있다.

49 오픈 예일 코스는 예일대학교의 주요 강의 내용을 PDF, 실시간 스트리밍 비디오, 오디오 등 다양한 형식의 파일로 제공하며 강의 내용뿐 아니라 강의 시간표나 과제, 시험문제 등도 모두에게 공개한다. 강의 자료는 모두 저작자 표시-비영리-동일 조건 변경 허락 등의 CCL(Creative Commons License)를 적용한다.

50 하버드대학교의 오픈 액세스는 옵트 아웃 시스템으로서 저작권자가 특별히 요청하지 않는 한, 학부 논문을 인터넷에서 자유롭게 제공하고 있다. 물론 저작자들은 여전히 저작권을 갖고 논문을 자유롭게 저널에 게재하거나 유료로 판매할 수 있다.

51 버클리대학교는 2006년 4월부터 학기별 강의 내용을 웹 캐스팅 및 포드캐스팅의 형태로 홈페이지에 공개하고 있으며 2007년 10월 3일부터는 유튜브에서 전체 코스 강의 비디오와 특별한 이벤트를 제공하고 있다.

52 중국에서는 30개 대학이 CORE(China Open Resources for Education)라는 컨소시엄을 구성하여 참여 대학의 강의는 물론이고 MIT 자료를 번역하여 인터넷에 올리고 있으며 스페인에서는 Universia라는 컨소시엄을 운영하고 있다(민경배 2008).

Consortium)를 운영하고 있다. 우리나라에서는 경희대학교 · 고려대학교 · 한양대학교 · 인하대학교 · 부산대학교 · 서울산업대학교 · 한동대학교 · 부경대학교에 이어 2009년 12월 1일 숙명여자대학교가 해외 석학의 강연 동영상을 무료로 볼 수 있는 'SNOW'(snow.or.kr, 정규 강의와 특강 1,000여 개 제공) 서비스를 시작하였다.

이 외에도 아카데믹 어스(Academic Earth)는 하버드대학교 등 미국 내 수백 개 대학의 유명 강좌를 동영상으로 제공 중이고, 팝 테크(Pop! Tech)는 유명 인사들의 최신 강연을 무료로 제공한다. 이 외에도 팝 아이튠스(iTunes), 구글 크롬(Google Chrome), 스텀블 어폰(Stumble Upon), 테드 닷컴(Ted.com), 월드 디지털 라이브러리(World Digital Library)에서도 다수의 강연 자료를 무료로 제공하고 있으며 한국어 번역 자원봉사에 의해 한국어 자막으로도 서구의 강좌를 볼 수 있기도 하다. 이와 같은 교육2.0을 통한 지식 네트워크와 지식 정보의 확산은 정치 영역에서의 정보와 지식 공유 및 확산으로의 발전 방식에 많은 시사점을 제공하는 사례라고 평가할 수 있다.

### 3) UCC와 시민 참여의 확대

사용자 제작 콘텐츠를 의미하는 UCC(User Created Contents)[53]는 1999년에 다음(Daum)커뮤니케이션에 의해 우리나라에서 처음 사용되기 시작한 용어로 일반적으로는 동영상 콘텐츠를 의미한다. UCC는 2000년의 닷컴 붕괴 후 새로운 수익모델로 부상하였으며, 인터넷 사용 인프라의 확대와 더불어 동영상 전송이 용이해지는 2005년 이후부터 인터넷의 주류 문화

53 우리나라에서는 UCC라는 용어가 일반적으로 사용되지만 미국에서는 UGC(User Generated Contents), 일본에서는 CGM(Consumer Generated Media), 중국에서는 시박(視博)이라고 부르는 것이 특이하다.

로 자리 잡기 시작하였는데, 여전히 창작 콘텐츠보다는 다른 사람들이 창작한 것을 그대로 퍼오는 경우가 대다수이기 때문에 UCC(User Copied Contents)라고 부르기도 한다.

UCC는 감정과 욕구를 표현하기 편한 디지털 기기와 인터넷 속도의 향상이라는 기술 환경 발전을 배경으로 더욱 대중적으로 확산되기 시작하였으며, 한편으로는 월드컵 등의 스포츠 이벤트를 계기로 UCC 사용이 확대되기도 하였다. 또한 자기 홍보를 하는 시민(publicity+citizen)을 의미하는 퍼블리즌(publizen)들이 인터넷을 통해 자신의 일상을 알리거나 공유하고자 하는 욕구에 의해서도 사용이 촉진된 경향이 있다.

참여의 차원에서 UCC는 어느 정도의 제작 과정을 거치기 때문에 낮은 수준의 참여라기보다는 높은 의미의 참여 미디어로 평가되고, 일반적인 참여가 소비적인 데 비해 생산적인 참여의 성격을 띠고 있다고 분석된다. 이러한 UCC의 사회적 효과는 자신의 관심사에 대한 자유로운 표출과 관용적 태도가 증가하였고, 지식과 정보를 시각적이고 실제적으로 표현하며 사적인 영역에 대한 무분별한 침해가 나타나기도 하며, 이에 따라 미시적인 개인 행위의 의도하지 않은 사회적 결과를 야기하는 매체로 평가되기도 한다.[54]

2005년에 설립된 유투브(youtube.com)는 2009년 3월 현재 월간 방문자 수 100만 명을 기록하며 웬만한 TV 방송사의 시청자 수와 맞먹는 규모로 성장하였는데, 초기에는 이메일로 동영상이 공유되지 않는 서비스의 한계를 극복하기 위해 고안되었지만 설립 1년 반 만에 구글이 16억 달러에 인수하면서 『타임』지에서 선정한 2006년 발명품으로 평가되기도 하였다. 유투브의 영향력은 2008년 11월 23일 유투브 라이브(kr.youtube.com/

54 배영(2008).

live)를 통해서도 확인할 수 있는데 유투브를 통해 사랑받은 동영상들을 각국에서 이어받아 실황 공연을 개최하고 이를 중계한 전세계적인 대규모 행사였다.[55] 또한 2010년 2월에는 14세 소년 정성하의 기타 연주가 한국인 최초 유투브 조회수 1억이라는 놀라운 기록을 보이기도 하였는데, 이와 같은 사실만 보아도 유투브가 단순히 UCC라는 단일 콘텐츠만을 공유하는 서비스가 아니라 UCC라는 콘텐츠를 기반으로 다수에 대한 정보 공유와 이슈의 확산을 가능하게 하는 서비스임을 알 수 있다.

미국의 2006년 선거 또한 '유투브 정치'로 불리면서 2008년까지 핵심 콘텐츠로 부상하였다.[56] 물론 아직도 중국 · 파키스탄 · 터키 · 태국 · 방글라데시 등 10여 개 국가에서는 유투브의 검열 및 폐쇄를 통해 정치적 UCC 및 자료의 유통을 제한하고 있지만 선거 및 정당 활동에서 매우 적극적으로 활용될 수 있는 또 하나의 유력한 미디어로 평가되고 있다.

---

**55** 송인혁 · 이유진 외(2010: 53~54).

**56** 2010년 현재 인터넷 순위 정보를 제공하는 알렉사(Alexa)에 의하면 유투브는 Google, Yahoo!, Facebook에 이어 전세계 방문자 수의 4위를 차지하고 있다.

# 제2장
# 네트워크 사회의 이론적 기초

네트워크론의 종류와 네트워크에 대한 정의는 매우 다양하며 때로 모호하기까지 하다. 말하자면 네트워크론 자체도 무수한 진화 과정을 거쳐왔는데, 기존 연구에서의 네트워크가 규칙적인 정규 그래프에서 무작위 네트워크로 논점이 변화해왔다면, 이제는 복잡계 네트워크(complex network) 혹은 소셜 네트워크에 대한 논의로 진행되고 있다.

250여 년 전부터 시작된 전기(前期)의 네트워크론은 행위자간 연결의 특징만을 강조하였기 때문에 이 시기의 연구에서 네트워크는 변화하는 것이라기보다는 정적인 상태에 머무는 구조만을 의미할 뿐이었다. 이런 네트워크 개념은 1990년대 중반까지 지속되었는데, 1990년대 후반 바라바시와 와츠의 이론이 제시되면서 네트워크 구조 변화에 대한 문제가 중요한 이슈로 부각되었다. 즉 네트워크 자체의 형성 요인과 변화 요인에 대한 분석이 중요한 연구 주제로 부상하면서 후기 네트워크론을 구성하고 있다.

## 1. 네트워크론의 구조와 동학

### 1) 전기 네트워크론

사회가 존재한 이후로 인간은 관계를 맺어왔으며 그에 따라 오래전부터 네트워크 개념이 이어져왔다. 네트워크에 대한 연구는 조직사회학 분야에서 많은 연구 성과로 나타나고 있지만 그것이 현재의 네트워크 개념과 결정적으로 다른 것은 네트워크 구조에 대한 인식의 차이에서 비롯된다. 즉, 후기 네트워크 이론가인 바라바시나 와츠가 파악하고 있는 네트워크는 이전의 연구자들이 정적이며 변화하지 않는다고 규정한 네트워크 혹은 부분의 단순한 총합으로서의 네트워크가 아니라 동적이고 그 자체가 변화하는 것을 의미한다.

따라서 네트워크론의 형성 과정은 네트워크에 대한 인식을 기점으로 전기와 후기로 구분할 수 있다. 전기 네트워크론의 연구자와 그들의 연구 내용 및 특징을 간략히 정리하면 다음 쪽의 [표 1-3]과 같은데, 이들 연구에서 나타난 네트워크 개념의 공통점과 이후의 네트워크 연구에 바탕이 되는 핵심 개념의 내용을 알아본다.

#### (1) 구조로서의 정적인 네트워크

이 시기의 가장 핵심적인 개념은 구조로서의 정적인 네트워크이다. 네트워크론에서 구조에 대한 시각은 사회학의 접근 방법과 대비되는 지점에서 발생하였다.

**[표 1-3] 전기(前期) 네트워크론의 주요 연구 내용**

| 시기 | 연구자 | 분야 | 내용과 특징 |
|---|---|---|---|
| 1736년 | 오일러<br>(Leonhard Euler) | 수학 | · 오늘날 네트워크론의 기초가 되는 그래프 이론의 창시자.<br>· 도시의 7개 다리 가운데 같은 다리를 두 번 건너지 않고 7곳을 모두 널 수 있는 방법을 실험 → 불가능.<br>· 링크(다리)에 의해 연결된 노드가 그래프를 구성함. 경로의 존재는 래프 속성에서 기인함. 네트워크 속성이 행위자를 제약할 수 있음.<br>· 현실은 정적인 네트워크가 아니라 동적인 네트워크라는 사실을 간과 |
| 1951년 | 라포포트<br>(Anatol Rapoport) | 수학 | · 질병의 확산 과정 연구.<br>· (임의 네트워크와 달리) 짐멜의 주장과 유사한 친분 관계에 있어서 '삼각형 완성'(triadic closure) 개념 완성. 짐멜 개념과의 차이는 관의 다이내믹스를 지적했다는 것.<br>· (대부분의 네트워크론이 정적임에 반해) 관계의 다이내믹스 지적( 데이터와 처리 능력의 한계).<br>· 임의 편향 네트워크(random-biased net) 제시. |
| 1959년 | 에르되스<br>(Paul Erdös) | 수학 | · 레니(Alfred Rényi)와 함께 사회 현상의 중요한 경계값(threshold) 알기 위해 여러 개의 단추에 실의 수를 늘려가며 연결하는 실험을 → 임계점에서 상전이 현상이 발생하는 현상 발견. 즉, 전체적으로 결된 상태가 점진적으로 도달되는 것이 아니라 갑작스럽고 급격한 약에 의해 이루어진다는 것.<br>· 커넥터와 같은 개념인 컴포넌트(connected component) 개념 제시.<br>· (이전까지의 정규 그래프가 아닌) 무작위(임의) 그래프 이론 수립 그렇게 해도 종형 그래프(포와송 분포)가 나타남 ↔ 복잡성을 무작 성과 동일시. 네트워크 형성의 보편적 이론이라고 평가하기는 어려움<br>· 에르되스 지수(Erdös Number)로 유명. |
| 1967년 | 밀그램<br>(Stanley Milgram) | 사회심리학 | · 전혀 모르는 개인이 알기 위해 그 사이에 몇 명이 필요한가를 실험: 도시에서 무작위로 뽑은 5백 명이 멀리 떨어진 도시의 증권 거래인 게 편지를 도달시키기 위해 몇 명을 동원하는지를 실험. 중간 단계에 개인과 이름 정도는 아는 친분관계 이상의 사람만 연결 가능. 물론 종 목표인에게 직접 전달도 가능.<br>· 심리학자 클라인펠트(Judith Kleinfeld)는 밀그램의 표본이 대단히 중되어 있고 성공률도 낮았기 때문에 일반화되기 어렵다고 비판.<br>· 6단계의 분리 발견(정확하게 이 표현을 쓴 것은 1991년의 구아레).<br>· 작은 세계 현상 제시.<br>· 40명의 피실험자를 대상으로 권위자의 지시에 따라 행동할 경우에 통 사람이 무고한 사람에게 어느 정도까지 고통(전기 충격)을 가할 있는가를 실험. 26명이 450볼트까지 지켜봄. 사회적 상호작용의 패 분석. |
| 1973년 | 그라노베터<br>(Mark Granovetter) | 사회학 | · 그룹 구조를 관찰하는 것만으로도 유대관계의 강약을 구분할 수 있 강한 고리는 없애도 되지만 약한 고리는 이를 통해 다른 것과 연결되 일종의 지름길 역할을 하기 때문에 매우 중요하다. → "강한 유대보 약한 유대의 사회적 영향력이 더 강하다."<br>· "약한 유대관계의 힘"(The Strength of Weak Ties).<br>· 인간에게는 경계값(threshold)이 있으며 이는 집단행동의 복잡성과 예측성에 영향을 미친다. |
| 1990년 | 구아레(John Guare) | 문학 | · *Six Degrees of Separation*라는 희곡으로 6단계의 분리 개념 사용. |

네트워크 연구자들은 사회학의 구조주의적 경향을 비판한다.[57] 즉 기존의 조직화 이론이 엄밀히 보았을 때 사회학의 영역이었다면 조직화에 있어서 원인과 원리를 규명하려는 네트워크론은 사회학의 구조주의적 경향을 행위자 관점에서의 분석으로 보완하려는 수학자와 물리학자들의 시도에 의해 연구되어왔다.[58]

초창기의 다리(bridge)들의 경로 분석을 통해 경로의 존재가 그래프의 속성에서 기인한다고 결론 내린 오일러(Leonhard Euler)의 연구에서는 네트워크 속성이 행위자를 제약할 수 있는 가능성을 언급하였지만 현실은 정적인 네트워크가 아니라 동적인 네트워크라는 사실은 간과되었다고 평가할 수 있다.

한편 바라바시가 평가하기에는 에르되스(Paul Erdös)의 가정은 두 가지 점에서 잘못되었는데, 첫째, 노드들의 집합에서 시작하면서 노드가 처음부터 주어져 있다고 가정한다. 그리고 노드의 개수는 고정되어 있고 네트워크는 생애 동안 변하지 않는다는 것이다. 둘째, 모든 노드가 똑같다고 본다. 즉, 노드들은 어느 것이나 같기 때문에 무작위적으로 링크한다는 것이다.[59]

이후 1951년의 라포포트(Anatol Rapoport)나 1959년의 에르되스를 통해

---

57 이에 대해 던컨 와츠는 다음과 같이 언급한다. "사회학은 인간을 배제한 상태에서 인간의 행동을 설명하려는 학문 [……] 심리학이 개인의 성격이나 경험, 심지어 생리와 관련된 행동을 이해하려고 하는 데 반해, 사회학은 사회 환경을 형성하는 정치 · 경제 · 문화 제도 속에서 각자가 담당하는 역할에 따라 인간의 행동, 달리 말하면 작인(作因)이 제한되고 결정된다고 보는 경향이 있다. [……] 그러므로 사회학은 전적으로 구조를 다루는 학문이다"(Watts 2004: 62~63).

58 대부분의 네트워크 이론가들이 물리학 혹은 수학자이다. 다만, 던컨 와츠의 경우는 이력이 특이한 편인데, 그는 대학원에서 물리학을 전공하였고, 현재는 미국 컬럼비아대학교 사회학과 교수로 재직 중이다.

59 Barabási(2002: 136).

서는 네트워크 내에서의 관계의 동역학(dynamics)이나 네트워크 자체의 무작위성이 강조되어 기존의 그래프에 불과하던 네트워크 개념에서 진일보하였지만 역시 네트워크는 단지 조금 더 상대적으로 복잡한 그래프 정도로 인식되어왔다.

### (2) 6단계 관계와 연결 관계의 구조

전기 네트워크론의 두 번째 특징은 연결 분석을 중심으로 한다는 것이다. 즉, 네트워크는 각 노드의 연결을 통해 완성된 구조로 파악되었다. 이 단계에서의 가장 대표적인 연구 성과가 밀그램(Stanley Milgram)의 6단계 분리 실험[60]인데, 오늘날 에르되스 넘버(Erdös Number, 보통 EN이라고 부름)[61]나 케빈 베이컨 넘버(Kevin Bacon Number, 보통 KN이라고 부름)[62]로 응용되기도 한 "6단계만 거치면 목표물에 연결될 수 있다"는 논리가 이때 처음 제시되었다. 즉, 나와 아무리 멀리 떨어져 있는 사람이라고 하여도 6명의 사람만 거치면 알 수 있다는 것이다.

---

**60** 그러나 밀그램 자신은 6단계의 분리라는 표현을 사용하지 않았으며, 이 표현은 20년 이후 1990년 연극연출가 구아레(John Guare)의 희곡 명칭에서 정식으로 사용되었다. 이 외에 잘 알려지지 않은 밀그램의 전기충격 실험은 독재에 대한, 혹은 사회적 부정의에 대한 시민들의 불만 표출 지수를 실험함으로써 사회적 상호작용의 패턴을 분석했다는 평가를 받았다.

**61** 현존하는 수학자 가운데 가장 많은 수의 논문을 발표한 에르되스와 다른 수학자들간의 연결고리를 측정하는 프로젝트에 대해서는 오클랜드대학교의 에르되스 프로젝트(oakland.edu/enp) 참조.

**62** 이를 응용하여 1997년에 차덴과 왓슨(Brett Tjaden, Glenn Wasson)은 영화데이터베이스인(IMDb)의 영화배우들이 케빈 베이컨과 몇 단계로 연결되어 있는가를 알 수 있는 케빈 베이컨의 신탁(Oracle of Bacon)이라는 유명한 웹사이트(oracleofbacon.org)를 개설하였다. 여기에서 BN은 케빈 베이컨과 함께 공연하면 1, 함께 공연한 사람과 함께 공연하면 2가 된다. 그런데 한 가지 흥미로운 사실은 IMDb에 속한 배우 가운데 약 90%가 일정한 BN을 가지고 있다는 것이었다. 이러한 결과에 의하면 굳이 케빈 베이컨이 아니더라도 대부분의 영화배우들의 지수는 유사할 수 있으며 이는 영화계가 매우 작은 세계라는 것을 나타내는 것이라고 할 수 있다.

그러나 이 이론을 통해 내가 유명인을 알게 된다고 하여도 상황은 변하지 않을 수 있다. 즉, 내가 빌 게이츠를 알게 된다고 해도 빌 게이츠에 영향을 줄 수 있다는 확률이 높아지는 것은 아니라는 허무한 결론을 얻게 되는 것이다.[63] 또한 심리학자 클라인펠트(Judith Kleinfeld)는 밀그램의 실험이 사실은 무작위 실험 대상이 아닌 편중된 표본을 사용하였으며, 그 성공률 또한 대단히 낮았다는 사실을 밝힘으로써 이 이론의 일반화에 의구심을 표명하기도 하였다.[64]

[그림 1-6] 케빈베이컨 게임

* 출처: http://oracleofbacon.org

63 와츠는 이에 대해 다음과 같이 표현한다. "이론상으로는 우리가 전세계의 모든 사람과 불과 6단계의 거리에 있다고 해도 여전히 저 밖에는 60억 명의 인구와 최소한 그만큼의 경로가 존재한다. 두 단계를 넘어가면 이미 천 단계와 다를 바 없다"(Watts 2004: 181, 391).

64 Watts(2004: 176~178).

이러한 한계에도 불구하고 밀그램의 이론은 이후의 와츠가 제시한 '작은 세계(small world)이론'의 단초가 되는 이론적 기여를 하였다.

(3) 강력한 연결 동인으로서의 약한 연결(weak tie)의 힘

세 번째 특징은 약한 연결의 힘이다. 이는 그라노베터가 제시한 개념으로써 네트워크 내에서의 그룹 구조를 관찰하여 그룹 내에서의 강한 고리보다는 그룹과 그룹을 연결하는 약한 고리가 네트워크에서의 일종의 지름길 역할을 함으로써 사회적 영향력이 더 크다는 내용이다.[65] 이러한 주장대로라면 우리 사회의 네트워크는 매우 독특한 구조를 갖고 있는 것이 된다. 즉 사회 네트워크는 작은 완전 연결 그래프들의 연합체를 이룬 것과 같고, 그 각각의 내부는 모든 노드가 그 클러스터 내의 모든 노드와 연결되어 있는 모양을 갖고 있는 것이 된다.[66]

1973년에 발표된 「약한 유대 관계의 힘」(The Strength of Weak Ties)이라는 그라노베터의 논문은 기존의 조직사회학의 틀을 깨는 파급력을 보이며 이후의 연구에 큰 영향을 미쳤다. 이후에 와츠와 스트로가츠는 클러스터링(clustering, 군집화)을 수용하는 모델을 제시함으로써 그라노베터가 제시했던 이미지를 공식화하기도 하였다. 또한 그룹간 연결의 중요성에 대한 지적은 네트워크론 내에서, 이전에 에르되스가 제시한 컴포넌트(connected component) 개념이나 이후의 글래드웰이 제시한 커넥터 개념과 유사한 개념으로서 네트워크의 핵심적인 성장 요인을 제시한 것으로

**65** 그라노베터는 약한 연결의 힘이 구직자에게도 나타난다고 보았다. 즉 한 개인이 일자리를 구할 경우, 자신과 늘 같은 정보를 공유하고 친분관계가 높은 강한 연결의 지인보다는 다른 그룹들의 정보도 알고 활발히 활동하지만 나와는 덜 친한 약한 연결의 지인이 더 잘 일자리를 구해줄 수 있다는 것이다.

**66** Barabási(2002: 75).

평가할 수 있다.[67]

이 외에도 에르되스와 밀그램 그리고 그라노베터는 사회 현상의 질적 변화를 야기할 수 있는 경계값(threshold) 개념을 실험에 적용함으로써 이후의 연구자들에게 네트워크의 질적 변화 가능성의 계기를 제공하였다.

### 2) 후기 네트워크론

1990년대 후반, 거의 동시대에 이루어진 바라바시와 와츠의 이론은 서로 보완적인 관계를 통해 구성되었다. 그러나 한편으로는 바라바시의 네트워크는 불평등의 네트워크이며 와츠의 네트워크는 평등주의적인 네트워크라는 큰 차이를 보이고 있다.

#### (1) 평등적 네트워크: 던컨 와츠의 '스몰 월드'

**① 2차원의 네트워크 분석: 네트워크의 동역학과 네트워크상의 동역학**

와츠는 우선 정적인 개념의 네트워크 분석만으로는 네트워크상에서 벌어지고 있는 상황을 설명할 수 없기 때문에 네트워크 구조 이론은 그에 상응하는 행동이론(동역학에 대한 이론)이 필수적으로 수반되어야 한다고 본다.[68] 이러한 행동이론은 네트워크의 동역학(dynamics of network)과 네트워크상의 동역학(dynamics on the network)으로 구분된다.

먼저 네트워크의 동역학은 네트워크 자체의 진화하는 구조를 의미한다. 즉, 네트워크 안에서 유대관계의 연결과 분리가 일어나며 개인적 네트워크의 변화와 함께 사회 네트워크 전체의 변화도 나타난다. 그런 점에서 와츠는 과거의 전통적인 네트워크 분석에서 나타나는 정적인 구조는

67 Malcolm Gladwell(2000).

68 Watts(2004: 67).

끝없이 이어지는 이 과정 중에서 한순간만을 포착한 일종의 스냅사진과 같다고 평가한다.[69] 따라서 네트워크를 더욱 과학적으로 이해하기 위해서는 네트워크의 형성과 진화 과정에 대해 접근해야만 현존하는 구조를 제대로 이해할 수 있게 된다.

다음으로 네트워크상의 동역학은 네트워크를 개인의 군집을 연결하는 고정된 기질로 생각한다는 점에서 전통적인 네트워크 시각과 유사하지만 개인에 대한 인식에서는 차이가 있다. 여기에서의 개인은 항상 뭔가를 하고 있는 개인으로서 정보를 찾고 소문을 퍼뜨리고 결정을 내리는 개인이다. 또한 개인의 행동의 결과에는 그들의 이웃이 무엇을 하는가가 영향을 미치고 따라서 네트워크 구조가 일정한 역할을 하게 된다.[70]

**② 군집화(clustering)와 작은 세계의 네트워크**

와츠와 그의 스승인 스티브 스트로가츠(Steve Strogatz)는 밀그램의 6단계 분리 실험의 한계에 대한 대안으로 군집화 개념을 제시한다. [그림 1-7]이 밀그램의 연구 결과라면 [그림 1-8]은 와츠의 논리에 따른 개념도라고 할 수 있는데, 현실에서의 인간관계는 [그림 1-7]과 같이 순수하게 나눠진 네트워크가 아니라 [그림 1-8]과 같이 아는 사람의 중복, 혹은 누군가의 친구는 자기들끼리도 친구인 네트워크로 나타난다. 이는 그저 친구를 갖는 것이 아닌 친구의 그룹을 갖는 경향을 의미하며 공통의 경험, 지

---

**69** Watts(2004: 71).

**70** Watts(2004: 71). 이를 다른 방식으로 표현한 와츠와 스트로가츠의 네트워크 모델 원칙은 다음과 같다. 첫째, 사회 네트워크는 서로 겹쳐지는 수많은 작은 그룹들로 이어지고 그룹 내부는 촘촘하게 연결되어 있으며 다수의 그룹에 가입한 개인들에 의해 겹쳐진다. 둘째, 사회 네트워크는 정적인 대상이 아니라 계속해서 새로운 관계가 맺어지고 오래된 관계가 끊어지기도 한다. 셋째, 잠재적인 관계가 발생할 확률은 동일하지 않다. 최소한 어느 정도까지는 우리가 오늘 알고 있는 사람에 의해 내일 알게 될 사람이 결정된다. 넷째, 그렇지만 전적으로 내재된 선호도와 개성에 의한 행동을 할 때도 많다(Watts 2004: 94).

역, 관심사에 기초한 군집 네트워크를 의미한다.

[그림 1-7] 순수한 분기 네트워크

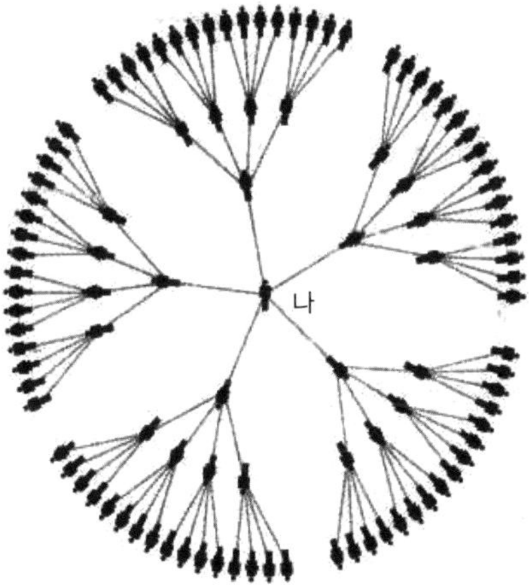


* 출처: Watts(2004: 49)

[그림 1-8] 군집화된 네트워크

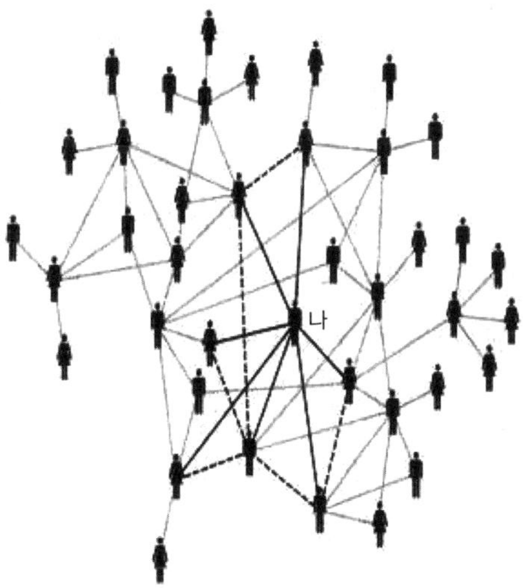


* 출처: Watts(2004: 51)

따라서 어느 한 그룹의 개인이 다른 그룹에 속하게 될 때 교집합이 형성되면서 그룹도 서로 연결되고 이는 네트워크의 작은 세계 문제와 연결되어 나타난다. 군집화의 중복성이 결론적으로는 네트워크를 작은 세계로 인식하게끔 만들어주는 것이다. 물론 여기에서의 본질적인 문제는 '우리가 아는 이 세계는 얼마나 작은가'라기보다는 '우리의 세계뿐만 아니라 모든 세계가 작으려면 어떤 특성이 필요한가'이기 때문에, 와츠는 2000년부터는 거리의 개념으로 그룹을 규정하는 것이 아니라 그룹을 이용하여 거리를 측정하는 것에 관심을 가져 서로 다른 구조의 관계에 관심을 갖게 되었다.[71]

[그림 1-9] 소속 네트워크의 구조

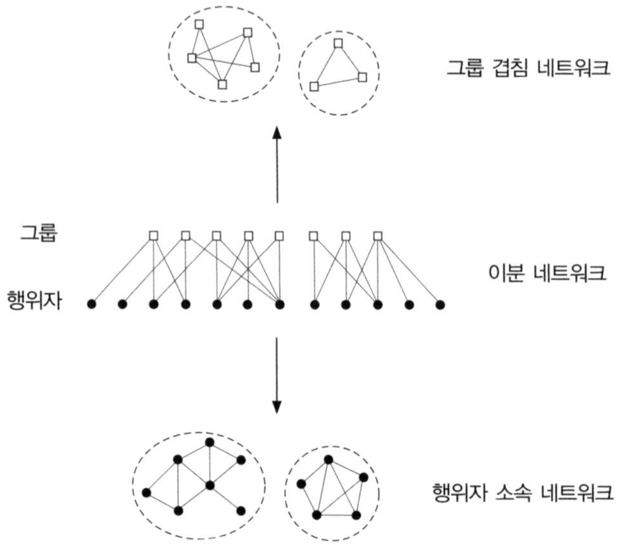


* 출처: Watts(2004: 157)

71 Watts(2004: 53). 와츠는 밀그램의 네트워크와 자신들의 연구의 네트워크의 차이를 '브로드캐스트 검색'과 '지정 검색'과의 차이로 비유한다.

그리하여 그의 주요 관심 분야는 소속 네트워크(affiliation network) 연구로 변화하였는데, 이 소속의 네트워크는 실제 사회적 유대관계의 네트워크가 활동하는 기관이 된다. 즉 어디에도 소속되어 있지 않다면 사람이 연결될 기회는 거의 없는 것이다. 공유하는 소속이 많을수록, 그리고 각각의 소속감이 강할수록 둘은 관련된 맥락의 성격에 따라 친구 · 지인 · 사업상의 동료로서 상호작용을 하게 될 가능성이 높다.[72]

문제는 소속 네트워크의 구조에 대한 이해가 전제되어야 한다는 것이다. 소속 네트워크는 [그림 1-8]과 같이 단순한 개인의 연결의 군집이 아니라 행위자 소속 네트워크와 그룹 겹침 네트워크 사이의 이분 네트워크에 대한 분석을 통해서 정확하게 표현될 수 있다. 전통적인 네트워크 분석에서는 오로지 구조에서만 그룹 구조를 도출하는 기법을 고민했지만 그런 관점은 행위자 소속 네트워크에 대한 지식만 가지고 위의 그룹 겹침 네트워크를 재구성하려는 환원주의적 시도라고 할 수 있다. 그러나 중간의 이분 네트워크의 구성에 대한 분석에서 시작해야 아래와 위 네트워크의 구조를 동시에 이해할 수 있다는 것이 와츠의 평가이다.[73]

### ③ 경계값을 통한 연결의 질적 전환

에르되스가 제시한 컴포넌트(connected component) 개념은 와츠에게 있어서도 중요한 의미를 가지게 된다. 군집화된 네트워크 내에서 군집간 연결이 점진적으로 이루어지는 것이 아니라 경계값에 의해 갑작스럽고 급격한 도약에 의해 이루어진다고 보았기 때문인데 와츠는 우리 사회에서

**72** 온라인 도서 구입 서비스인 아마존에서 책을 구입하면 선택한 책 옆에 "이 책의 독자들은 다음 책들도 구입하였습니다"라며 목록이 제시되는데 이것도 소속 네트워크의 일종이라고 할 수 있다(Watts 2004: 155).

**73** Watts(2004: 157~159).

그러한 경계값은 정보화 · 질병 · 돈 · 혁신 · 유행 · 사회규범 및 그밖에 현대사회에서 중요시되는 대단히 많은 것의 흐름에서 매우 중요한 지표로 작동하고 있다고 평가한다.

그러나 의사결정의 경계값은 개인의 단순한 의사결정에 의해 형성되는 것이 아니라 일정한 외부 효과—정보 · 강압 · 시장 또는 조정에 이르는 모든 외부 효과—가 결정적 역할을 하게 된다. 인간은 사회적 존재이기 때문에 사회의 정보를 무시하기 어렵다는 의미이다. 더구나 개인이 뭔가를 따라하게 되는 것은 그 특정한 선택을 하는 사람의 절대 숫자라기보다는 저것이 아닌 이것을 선택하는 상대적 숫자, 즉 전체에서 차지하는 비율을 따라가는 경향이 크게 나타나고 있다. 여기에서 중요한 것은 모든 사람이 나름대로의 경계값을 가지고 있다는 사실이다. 따라서 개인이 자신의 판단 못지않게 타인의 판단에 의거하여 의사를 결정하는 세계에서는 제품의 품질만으로는 충분치 않은 의외의 결과가 나타나게 되며 이러한 현상의 바탕에는 사소한 원인의 중요성, 그리고 이를 집단적으로 채택하게 되는 경계값을 가진 대중들의 힘이 중요하게 평가된다.

한편으로 경계값 개념은 그라노베터가 제시한 약한 유대 개념과도 연결된다. 즉, 약한 유대관계는 개인들에 의해 만들어지지만 그 존재가 그것을 소유한 개인들뿐만 아니라 개인이 속한 전체 그룹의 지위와 성과에도 영향을 미친다는 점에서 개인 차원의 분석과 그룹 차원의 분석을 이어주는 링크가 된다는 것이다.[74]

---

**74** Watts(2004: 65).

(2) 불평등 네트워크: 바라바시의 '링크'

① **멱함수 분포(power law)의 네트워크**

바라바시와 앨버트는 현실의 많은 네트워크가 노드(K)와 평균 연결선 p(k)의 분포의 관계가 정규 분포가 아닌 멱함수 분포를 나타낸다는 것을 증명하였다. 즉 큰 k값이 나올 가능성이 훨씬 높다는 것이다.

[그림 1-10] 무작위 네트워크와 척도 없는 네트워크

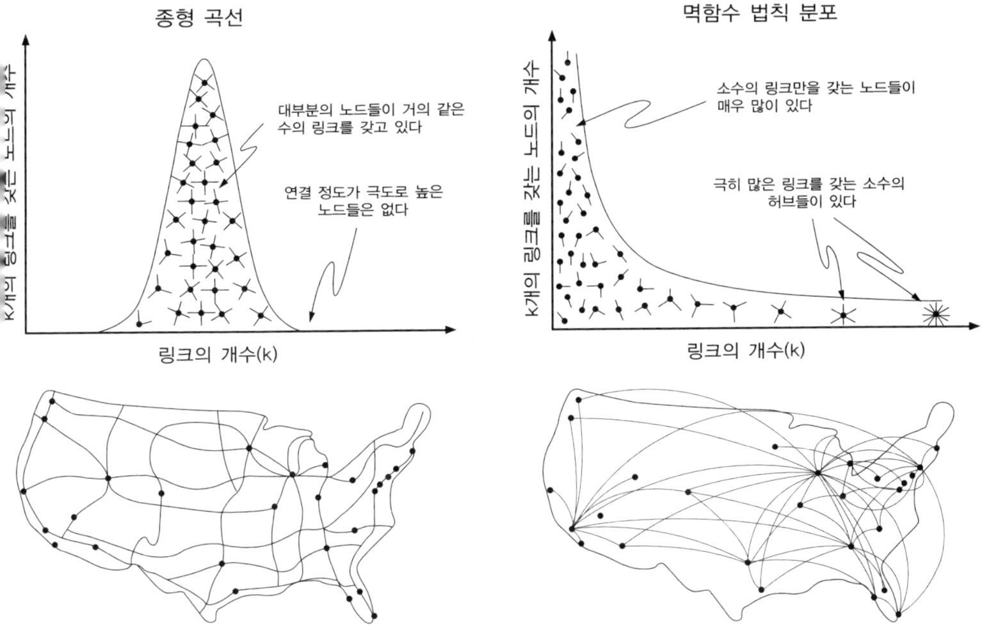


* 출처: Barabási(2002: 118)

멱함수의 두 가지 특징은 정규 분포와 달리 평균값에서 솟아오르는 정점이 없으며, 붕괴되는 속도가 정규분포에 비해 훨씬 느리다는 것이다.

이는 극단적인 사건의 가능성이 훨씬 높다는 것을 의미하기도 한다.

종형 곡선에서는 꼬리[75] 부분이 지수함수적으로 감소하고, 그 속도도 멱함수에 비해 빠르기 때문에 허브가 존재할 수 없다. 이에 비해 멱함수 분포는 훨씬 천천히 감소하므로 허브와 같은 희귀한 사건의 발생 가능성이 높은데, 도로 지도(종형 곡선)와 항공 노선도(멱함수)의 비교로도 우리 생활에서 쉽게 이해할 수 있는 부분이기도 하다.[76]

**② 척도 없는 네트워크와 네트워크의 성장**

이러한 멱함수를 갖는 네트워크는 대부분의 노드가 상대적으로 적은 연결고리를 갖는 반면 소수의 선택된 허브들은 대단히 많은 연결고리를 갖는다. 이는 평범한 임의 그래프와는 대조되는 것으로서 바라바시와 앨버트는 현실의 많은 네트워크가 척도가 없다는 결론을 내렸다. 즉, 선호성 성장모델로서 성장과 선호적 연결이라는 기본 원리를 따르면 척도 없는 네트워크가 등장한다는 것이다.

또한 바라바시가 보기에는 현실 네트워크의 다양성에도 불구하고 그것이 성장한다는 한 가지의 본질적 특성이 나타난다. 이에 더하여 선호적 연결(preferential attachment)이라는 법칙도 존재한다. 선호적 연결을 통해서는 연결선 수가 많은 노드들이 뒤늦게 들어온 노드보다 훨씬 많은 링크를 붙잡게 되는 부익부 현상이 나타나게 된다. 그 가운데서 노드들은 항상 연결을 위해 경쟁하게 되는데 상호 연관된 세계에서 링크는 곧 생존을 의미하기 때문이다.[77]

---

**75** 이후에 크리스 앤더슨이 개념화한 롱테일을 네트워크 이론가들은 두터운 꼬리(fat tail)라고 표현한 것은 흥미로운 일이다.

**76** Barabási(2002: 114~123), Watts(2004: 138).

**77** Barabási(2002: 138, 144, 147, 175).

다만 바라바시와 앨버트는 선호가 대가를 기준으로 형성된다는 사실을 간과했다는 한계를 가지는데, 사회구조의 구성 성분을 도외시했다는 것이다. 와츠는 바라바시 모델에 이와 같은 한계를 지적하면서, 진공 상태의 완전 백지인 개인은 사회에서 존재하지 않기 때문에 개인의 선호를 결정하며 사회 네트워크를 만들어내는 힘으로서 '사회적 정체성' 개념의 도입이 필요하다고 주장한다.[78]

### ③ 허브와 커넥터

말콤 글래드웰이 2000년에 자신의 책 『티핑 포인트』(*The Tipping Point*)에서 처음으로 정의한 커넥터 개념[79]은 바라바시의 연구에서 매우 중요한 개념으로 제시된다. 바라바시는 커넥터를 '모든 계층을 막론하고 친구나 아는 사람을 만드는 데 있어서 극히 예외적인 솜씨[80]를 가진 소수의 사람'으로 정의하고, 사회 네트워크에서 근본적인 속성이자 매우 중요한 부분이라고 의미를 부여한다.[81]

또한 커넥터들의 활발한 활동에 의해 형성된 허브는 바라바시가 분석

---

**78** Watts(2004: 148~149, 152).

**79** 네트워크 이론가가 아닌 저널리스트이지만 글래드웰은 이 책에서 사회의 갑작스러운 집중 현상을 분석하면서 이를 '사회의 균형이 무너지는 것뿐만 아니라 균형이 무너지고 이어서 균형을 유지하던 두 세력 중 한 세력이 절대적인 우위를 차지하게 되는 티핑 포인트'라고 규정한다. 티핑 포인트가 발생하는 조건은 '소수의 법칙, 고착성, 상황의 힘' 등의 세 가지가 작동하기 때문인데, 글래드웰이 여기에서 지적하는 '소수'가 바로 커넥터이다. 그가 제시하는 소수에는 메시지를 전달하는 커넥터뿐만 아니라 '능동적인 지식 축적자'를 의미하는 메이븐(maven)과 탁월한 설득 능력을 가진 세일즈맨(salesman)도 포함된다(Malcolm Gladwell 2000: 8, 49~92).

**80** 바라바시는 이를 적합성(fitness)이라고도 표현한다. 이러한 적합성이 존재하는 경우 일찍 일어나는 새가 항상 승자는 아니다. 또한 노드의 적합성이 높을수록 그것에 대응되는 에너지 수준은 낮기 때문에 이는 곧 약한 연결을 의미한다고도 볼 수 있다(Barabási 2002: 159, 168).

**81** Malcolm Gladwell(2000: 56~79), Barabási(2002: 96).

하는 네트워크가 불평등함을 나타내는 구조이기도 하다. 모두 같은 노드라고 해서 평등하게 네트워크상에 존재하는 것이 아니라 그중에는 많은 링크를 갖는 집중적인 존재로서의 허브가 나타난다는 것이다. 여기에서 허브는 특별하여 전체 네트워크의 구조를 지배하고, 그것을 좁은 세계로 만드는 역할을 한다. 허브는 엄청나게 많은 수의 노드와 링크를 가짐으로써 시스템 내의 두 노드간의 경로를 짧게 만들기 때문이다.[82]

④ **네트워크의 성공과 실패**

한편 척도 없는 네트워크는 능력의 작은 차이나 순전히 임의적인 섭동이라도 고착되어 시간이 흐르면 대단히 큰 불균형을 낳을 수 있다는 것, 그렇기 때문에 장애나 공격에 취약하다는 특징을 지니기도 한다.[83] 그러나 이러한 척도 없는 네트워크에서 가장 많은 연결고리를 가지고 있는 노드가 제일 먼저 장애를 일으킬 경우에 균일한 네트워크보다 훨씬 더 취약할 수 있다는 것에 대해 바라바시는 명쾌한 해결책을 제시한다. 척도 없는 네트워크의 불완전성은 역설적이게도 이 네트워크의 견고함을 유지하는 원인과 동일한 원인 때문이지만 척도 없는 네트워크의 전체 기능에서 연결고리가 가장 많은 노드가 갖는 중요성은 훨씬 결정적이라고 본 것이다.

즉, 네트워크의 견고함은 가장 크고 장애의 경향이 높은 허브가 다른 상대적으로 안전하고 적은 허브로 그 장애를 분산시키는 것에 의해 구현될 수 있다. 이렇게 함으로써 치명적인 피해를 줄이고 시스템 전체가 감수해야 할 타격도 줄어들게 되며 무엇보다 네트워크 자체를 안전하게 유

**82** Barabási(2002: 109).

**83** 바라바시는 이에 대해 "모든 것이 링크되어 있는 상황은 모든 위험이 연결되어 있다는 것과 같은 의미"라고 표현한다(Barabási 2002: 179).

지할 수 있게 된다.[84]

## 2. 네트워크론의 적용과 한계

네트워크론은 사회의 다양한 분야에 적용될 수 있으며, 특히 사회구조에 대한 가시적 이해와 허브나 커넥터의 발견, 그리고 아이디어나 혁신의 사회적 파급 현상 등을 분석하는 데 효용성이 높다. 또한 위기와 유지의 모든 사례를 설명할 수 있다는 장점이 있다.

### 1) 적용 분야

#### (1) 정치 분야

우선, 정치 분야에서는 정치적 혁명이나 사회운동, 선거운동, 테러리스트의 등장과 확산 과정을 분석할 수 있다.[85] 특히 조직화된 운동보다는 약한 고리를 갖는 다수의 다양한 커넥터의 활동이 확산되는 과정에 매우 유용한 분석틀을 제공한다.

한편으로는 정치적 위기로서 9·11과 같은 급작스러운 사태의 복구 메커니즘이 분산적으로 이루어져 네트워크를 유지하는 데 기여했음을 연구하기도 한다.[86] 또한 정치인 네트워크[87]나 사회의 파워 엘리트 권력 지도[88]

84 Barabási(2002: 183~200), Watts(2004: 250~251).

85 조희정 · 강장묵(2008), Barabási(2002: 355~356).

86 Barabási(2002: 200), Watts(2004: 381~387).

87 사이람의 프로젝트 「17대 국회의원 네트워크 분석」(2004년), 「18대 국회의원 네트워크 분석」(2008년 8월)(cyram.com 참조); 박한우(2006).

88 사이람의 프로젝트 「정보통신 분야 인물 SNA」, 「대한민국 파워 엘리트 대해부」(2005년 9월), 「대구 리딩 그룹 인적 네트워크 대해부」(2006년 6월), 「김앤장을 말한다」(2006년 11월),

등을 일목요연하게 보여줄 수 있다는 장점이 있다. 더 나아가서는 네트워크의 진화모델로서 복잡계 이론을 국제정치 분야에 적용한 연구도 활발하게 진행되고 있다.[89]

### (2) 정치경제 분야

정치경제 분야에서 상시적인 구조를 대상으로 네트워크론을 적용한 사례로는 은행과 기업을 연결하는 소유 지분 관계 분석이라든가 주요 기업 이사들의 맞물린 네트워크 분석 그리고 기업 출자 연결망 분석 등이 있다. 반면 국제적인 경제 위기 발생에 대한 네트워크 관점에서의 원인 분석으로는 1997년 아시아 경제 위기가 가장 많이 연구 대상으로 제시되고 있다.[90]

특히, 던컨 와츠는 그의 책에서 도요타의 자회사인 아이신 세이키에서의 급작스러운 사고 발생이 중앙 처리 위계 체계가 아닌 개인의 자율 대처에 의해 해결된 사례를 상세히 소개하고 있는데 이는 코즈 이론으로 강화된 계층 구조를 대체할 수 있는 하나의 모델로서 기업의 네트워크 구조의 분석 가능성을 제시하는 연구라고 평가할 수 있다. 즉 피오레와 세이블이 제시한 '유연전문화' 모델이 네트워크론을 통해 좀 더 정교화된 것이라고 볼 수 있는데, 기업의 네트워크 구조란 정보 처리의 팀 구조를 완성하는 것으로서 개인의 자율적 역할 가능성을 조정하는 메타 팀(meta team)의 배치 등으로 구체화될 수 있다.

---

「북한 파워 그룹 대해부」(2006년 12월), 「IT CEO 인맥 분석」(2007년 9월)(cyram.com 참조).

**89** 김상배(2005); 김상배(2006); 민병원(2002); 민병원(2005); 민병원(2006a); 민병원(2006b); 민병원(2006c); 민병원 · 김승현 · 서대성(2008) 참조.

**90** Barabási(2002: 340), Watts(2004: 392).

[그림 1-11] 미국 재계의 네트워크

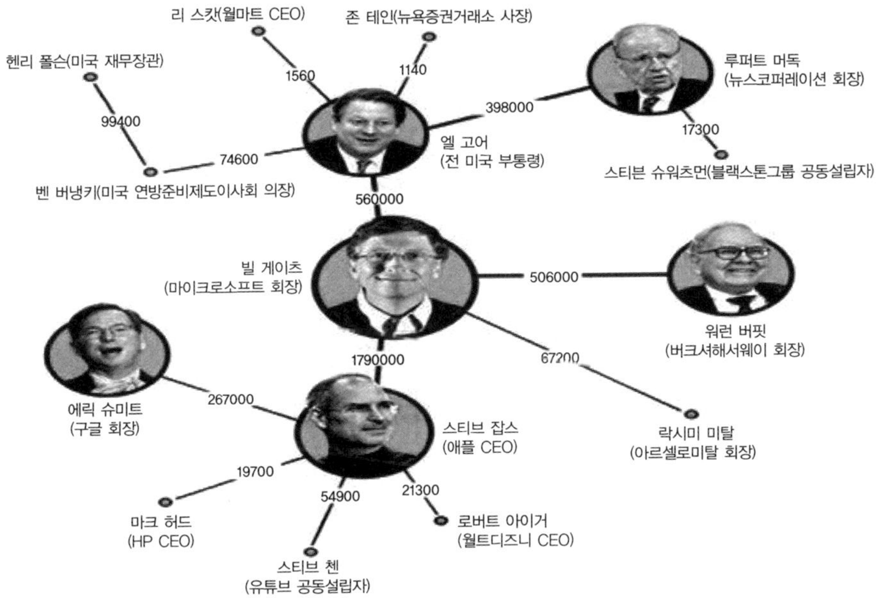


* 출처: 「조선일보」(2007. 11. 16)

(3) 사회문화와 자연과학 분야

정치와 경제 분야 외에 사회나 자연과학 분야에는 매우 다양한 네트워크론의 적용이 가능하다. 와츠가 네트워크론에 관심을 가지게 된 귀뚜라미 울음소리의 동기화 현상에서부터 여러 사람들이 치는 박수소리, 혁신적인 아이디어의 확산 과정, 그리고 질병 확산 혹은 대장균의 물질대사 네트워크, 인터넷 바이러스 확산, 세포조직 등의 매우 광범위한 분야의 연구에 네트워크론이 적용되었다.

## 2) 네트워크론의 함의와 한계

### (1) 함의

척도 없는 네트워크든 작은 세계든 네트워크론에서의 핵심은 구조와 행위자의 변화이다. 귀뚜라미 울음부터 에이즈(AIDS)의 확산 그리고 테러리스트 조직화나 정책에 있어서 정치인의 영향 분석에 이르기까지 네트워크론은 모든 조직적 행위의 원인과 원리의 분석에 적용된다.

최근 들어 네트워크론이 유행하게 된 결정적인 이유는 무엇보다 ICT 발전을 통해 네트워크 분석에 필요한 자료들의 디지털화가 가능해졌다는 것에서 기인한다.[91] 즉, 1950년대만 하더라도 전기 네트워크론의 유명한 연구자들이 네트워크의 특성을 검증할 만한 실험을 할 수 있는 명료한 데이터와 정보처리 방식이 보편화되지 않은 것에 비해 현재는 매우 많은 명료한 데이터들을 얼마든지 얻을 수 있고, 아무리 많은 데이터라도 처리할 수 있는 좋은 프로그램[92]들이 많이 있기 때문이다.

그러나 이러한 기술적 요인 외에 네트워크론의 발전은 최근 들어 사회의 복잡성의 증가에 따른 예측성에 대한 학문적 관심이 증가되었다는 본질적인 요인에서 비롯되었다고 할 수 있다. 그럼에도 불구하고 이에 대해 네트워크 이론가들은 이론의 한계성을 모두 공통적으로 지적한다.[93] 이

---

**91** Watts(2004: 11).

**92** 소셜 네트워크 분석에 사용되는 대표적인 프로그램 및 특징은 다음과 같다(박한우 2008).

| 목적과 용도 | 프로그램 | 특징 |
|---|---|---|
| 수집된 데이터를 이용한 네트워크 시각화와 통계적 분석 | UciNet | 가장 대중적이며 여러 통계적 분석을 제공 |
| | Pajek | 분석 대상이 많은 연구의 시각화에 유용 |
| | NetMiner | 한국어 지원이 뛰어나며 통합 분석 가능 |
| 네트워크분석을 위한 웹사이트 링크 데이터의 수집과 parsing | LexiURL | 여러 종류의 동시 링크 분석에 특화됨 |
| | SocSciBot | 웹사이트에 포함된 아웃링크 분석에 초점 |
| | IssueCrawler | 동시아웃링크를 이용한 온라인 이슈 파악 |
| | Mozdeh | 블로그 RSS 피드의 수집과 분석 |

**93** "복잡하게 연결된 세계에서는 제아무리 완벽한 정책이라도 타이타닉호 갑판의 의자들을 재

러한 극단적인 회의론에도 불구하고 네트워크론이 현실에 기여하는 바는 다음과 같다.

① **구조 구성 및 변화에 대한 과학적 분석**

네트워크 이론가들은 기본적으로 구조는 부분의 합이 아니라는 관점에서 시스템 상호의존성에 대한 이해가 매우 중요함을 강조한다.[94] 여기에서 구조로서의 네트워크는 순수한 구조, 즉 그 특성이 시간의 흐름에 관계없이 불변하는 것이 아닌 구성요소가 변화하고 그 변화에 따라 네트워크 자체도 진화하는 구조라는 특성을 가진다. 따라서 현재의 사회 변화는 모두 네트워크에 달려 있다고도 평가할 수 있는데, 네트워크를 바라보는 이러한 시각의 변화가 네트워크 이론의 가장 큰 특징이라고 볼 수 있다. 이러한 시각 변화를 바탕으로 네트워크 분석은 네트워크의 동역학과 네트워크상의 동역학을 동시에 분석하는 과정으로 진행되어야 한다.

② **행위자의 상관관계 분석을 통한 연결성 강조**

'사회적인 문제가 발생할 경우에 처음의 장애가 뒤이어 일어날 장애의 가능성을 한층 높이고 그렇게 다시 장애가 발생하면 이후의 장애 가능성이 더 높아지는 식의 상황에 대한 이해'[95]는 사회 내에서의 모든 갈등과 변화의 근원을 기본적으로 '연결'된 것으로 접근하게끔 한다.

이러한 연결에서는 물론 활발한 활동을 하는 커넥터와 많은 노드와 링

---

배치하는 것에 지나지 않을 수 있다"(Watts 2004: 26).

**94** 바라바시 또한 환원주의의 오류를 지적하면서 이와 같은 이해의 필요성에 대해 다음과 같이 표현한다. "우리는 세계를 분해해놓고 그것을 어떻게 결합해야 할지 모르고 있다"(Barabási 2002: 19). 즉, 자연은 레고 블록과 같은 퍼즐의 조합이 아니라는 것이다.

**95** Watts(2004: 30).

크를 가지는 허브 그리고 집단 내에 존재하는 군집이 핵심적인 존재이다. 그러나 이들의 존재가치 또한 연결에서 나온다는 것이 더욱 중요한 문제일 것이다. 더구나 기존의 집단 구성원리와 같은 강한 연결이 아닌 집단 간의 약한 연결이 네트워크의 힘을 더 강하게 만든다는 점에서 연결에 대한 새로운 시각을 제시하고 있다고 할 수 있다.

**③ 네트워크 구성체로서의 노드의 중요성**

네트워크의 가장 기본적인 구성체는 노드이다. 후기 네트워크 이론가들의 네트워크 분석에서는 이러한 노드의 선호나 자율적 능력이 네트워크에 미치는 영향이 매우 중요한 것으로 평가되는데, 이는 일상적인 역량 강화의 중요성 그리고 네트워크 구성요소로서 노드의 존재감을 강조한 것으로 평가할 수 있다. 이들이 가지는 경계값이 네트워크의 질적 변화를 촉진하며, 이들의 지정검색 능력이 위기 대처능력을 발휘하여 네트워크의 견고함에 기여하기 때문이다. 따라서 이를 정치학에 적용할 경우에 국가를 구성하는 시민 혹은 국제 체제를 구성하는 국가의 역할에 대한 기여를 강조한 것으로도 평가할 수 있다는 점에서 네트워크 분석의 이론적 기여가 나타난다고 할 수 있다.

(2) 한계: 이론의 미완과 연계의 가능성

『넥서스』의 저자이자 『네이처』의 편집장이었던 뷰캐넌(Mark Buchanan)은 와츠와 스트로가츠의 네트워크에는 역사라는 결정적인 성분이 빠졌을 뿐만 아니라, 전체 연결고리 중에서 압도적으로 많은 부분을 차지하고 있는 드문 몇 개의 요소, 즉 커넥터가 없다고 한다. 따라서 그들의 네트워크들은 고리들이 대체로 평등하게 분포된다는 점에서 평등주의적이라고 평가한다.[96]

반면 바라바시와 앨버트의 네트워크에서는 고도로 연결된 허브, 또는 커넥터들이 네트워크를 장악하고 있어서 부익부의 역사적 메커니즘은 예외 없이 커넥터를 낳고 커넥터는 많은 연결고리를 가졌다는 점에서 자연스럽게 그라노베터의 교량과 비슷한 역할을 수행하게 된다. 단순히 먼 거리를 이어주는 연결고리보다 훨씬 복잡한 형태를 띠기는 하지만, 상당히 멀리 떨어진 네트워크 내의 지역들을 이어준다는 면에서는 다르지 않다. 평등주의적인 작은 네트워크와는 정반대로, 이 네트워크들은 연결고리의 대부분을 몇 안 되는 요소들이 독점하고 있다는 점에서 불평등주의적이라고 평가한다.[97]

현재 네트워크의 평등성과 불평등성은 불평등성을 기준으로 수렴되는 경향을 보이고 있다. 그럼에도 불구하고 이러한 수렴 경향 속에서 바라바시와 와츠 모두 네트워크론은 아직 진행 중인, 그리하여 완결되지 않은 이론이라고 평가한다. 이러한 이론의 불완전성은 많은 사례에 대한 경험분석에 의해 보완될 것으로 볼 수 있는데, 한편으로는 사회적 자본론과의 연계에 의해서 극복될 수 있는 여지가 있다.

네트워크 안에서 군집이 형성되어 있다는 사실은 만약 군집이 없었다면 발생하지 않았을 사회적 자본(social capital)을 육성하는 경향을 갖는다.[98] 따라서 네트워크론과 사회적 자본론의 연계가 이루어질 수 있는데, 여기에서 사회적 자본은 법적 구속력을 지니는 규칙이나 규제에 의존하지 않고 조직 차원에서 한 팀이 되어 움직일 수 있는 능력, 즉 네트워크의 또 다른 동인(動因)으로 작용하기 때문이다. 이는 급변하는 사회에서 갑자기 발생하는 장애에 대한 가장 효율적인 해결책을 제시하는 것이기도 하

**96** Buchanan(2003: 192).
**97** Buchanan(2003: 192~193).
**98** Buchanan(2003: 327~330).

다. 따라서 콜맨(Coleman)이 제시하고 퍼트남(Putnam)으로 인해 잘 알려진 사회적 자본의 교량형 자본(bridging capital)과 결속형 자본(bonding capital)이 네트워크 분석에 기여하는 바를 분석한다면 더욱 효율적인 연구 성과를 기대할 수 있을 것이다.

## 3. 컨버전스 시대의 정치 개념[99]

네트워크 이론과 함께 현재의 '연결'로의 변화 촉진은 기술의 컨버전스로 야기되는 사회의 융합화로 나타난다. 컨버전스 시대의 정치 개념에서는 이와 같은 융합화의 촉진을 연구하는 내용과 융합 속에서 정치 개념의 중요성에 대해 설명한다.

### 1) 기존 개념의 특징

#### (1) 기술적 개념: 기능 중심의 정의

기술적 측면의 컨버전스라는 용어는 1978년 MIT 미디어랩(MediaLab)의 네그로폰테가 방송 · 컴퓨터 · 출판 등의 융합을 '미디어 컨버전스'라고 지칭한 것에서 유래하였으며 2000년 이후에는 각종 컨버전스 제품과 기술이 등장하면서 새로운 트렌드로 정착하게 되었다.[100] 네그로폰테는 컴퓨터와 인쇄 · 출판, 그리고 방송 · 영상의 융합을 세 개의 원이 점점 더 중첩되는 다이어그램으로 컨버전스 개념을 표현하였으며, 통신과 가전 부문이 제외되어 있음에도 불구하고 본질적인 기술적 내용은 오늘날의

**99** 류석진 · 조희정(2009) 참조.
**100** 박은주(2006: 5), KIPA(2007: 1).

의미와 크게 다르지 않다고 볼 수 있다.[101]

[표 1-4] 컨버전스 개념의 범위

| 구분 | Yoffie(1997) | Muller(1999) | KISDI(2005) | Wirth(2005) | OFCOM(2008) |
|---|---|---|---|---|---|
| 제도 | 규제 완화 | | 규제 환경 | • 규제 완화<br>• 자유화<br>• 글로벌화 | 플랫폼간 경쟁 증대 |
| 시장 | 기업의<br>혁신 노력 | • 조정과 표준화<br>• 기업 | 시장 | • 시너지 모색<br>• 낙오에 대한 두려움<br>• 새로운 채널 모색<br>• 기술 표준화 | 기존 산업의 위기 |
| 소비자 | | 소비자 | | | • 이용자의 선택권<br>• 일상생활에서의 중요성<br>• 기술의 복잡성 증대 |
| 기술 | 기술 | 기술 | 기술 | 기술 혁신:<br>디지털, 인터넷 | 무선의 중요성 증대 |

* 출처: 황주성(2008: 13)

이러한 의미에서 기술적 컨버전스는 '단일 기능의 지능적 융합', '정보 융합이나 네트워크 융합과 같이 디지털 기술을 기반으로 통신 · 가전 · 컴퓨터 등이 서로 융합된 새로운 형태의 제품과 서비스를 생성하는 것', '디지털화, 네트워크 고도화, 신기술간 융합을 기반으로 소비자, 기업, 정부의 상호작용을 통해 전체 산업에 걸쳐 기능 통합, 영역 확대, 새로운 가치 창출이 일어나는 현상'으로 정의된다.[102]

**101** 황주성(2008: 9).

**102** 류석상(2005: 1), 이재영(2006: 4).

한편으로는 1978년 MIT의 솔라 풀(Ithiel de Sola Pool)은『기술의 자유』(*Freedom of Technology*)라는 저서에서 좀 더 상대적으로 포괄적인 의미로서 컨버전스를 '미디어간, 즉 우편 · 전화 · 전신과 같은 일대일 커뮤니케이션과 출판 · 라디오 · 텔레비전과 같은 대중매체간의 경계가 모호해지는 것'으로 정의하였다.[103]

이어 1997년 요피(Yooffie)는 '과거에는 별개의 제품으로 제공되던 기능이 디지털 기술의 적용으로 하나로 통합되는 것'으로 정의하였으며, 유럽연합(European Commission, 1997)에서는 '서로 다른 네트워크 플랫폼(platform)[104]이 근본적으로 유사한 서비스를 제공하거나 전화, TV, PC와 같은 소비자 단말이 통합되는 현상'으로 정의하였고, OECD(2004)에서는 '유사한 종류의 서비스를 각기 다른 네트워크가 전송하거나 유사한 종류의 서비스를 다른 종류의 단말기가 받거나, 새로운 서비스가 나타나는 현상'으로 정의하였다.

또한 정보통신정책연구원(2005)에서는 '정보통신 기술의 발달과 서비스의 개발, 규제 완화 및 경쟁의 활성화로 인해 통신 네트워크와 방송 네트워크의 구분이 없어지고 통신 서비스와 방송 서비스의 구분이 어려워지며, 통신 단말기와 방송 단말기의 구분이 무의미해지는 등 기존의 통신과 방송의 경계가 허물어지고 있는 현상'으로 정의하여 기술적 의미를 시장과 방송 영역으로 확대하는 정의를 제시하였다.

---

**103** Henry Jenkins(2006: 28).

**104** 플랫폼은 정치적인 의미에서는 정당의 강령이나 원칙으로 해석될 수 있지만, 소프트웨어나 하드웨어에 적용될 때에는 소프트웨어가 작동할 수 있도록 하는 일종의 프레임워크(framework)로서, 그릇에 비유할 수 있다. 성공적인 플랫폼을 갖춘 조직을 통해서는 민첩성과 유연성, 넓은 포용력, 효율성의 증대 및 전체적인 가치의 증대라는 효과를 기대할 수 있다(김태우 2008: 193, 197).

[그림 1-12] 기능적 의미의 컨버전스 개념 변화

| 디지털화에 따른 기기 간 기능의 통합 | 異種네트워크 간 융합 동일 콘텐츠 전달 | 신기술간의 융합을 통한 새로운 산업 등장 |
| --- | --- | --- |
| • EU('97)<br>–상이한 네트워크를 통해 유사한 서비스를 제공할 수 있는 능력<br>–전화, PC, TV 기능이 통합되는 현상<br>• Harvard Univ.('97)<br>–디지털 기술이 접목되며 통신, 가정, 컴퓨너 등의 기기들이 서로 유사한 기능을 가지게 되는 현상 | • Anderson Henten 외('03)<br>–디지털 컨버전스는 Content/Service, Transport, Equipment/Hardware 간의 융합<br>• OECD('03)<br>–상이한 네트워크를 통해 동일한 음성, 영상, 데이터 등을 전달<br>–상이한 기기들이 동일한 구성의 서비스 제공<br>–기존의 서비스와는 다른 새로운 서비스 제공 | • Stiglitz('03)<br>–새로운 기술의 등장, 기존 기술 대체 (Technology Substitution)<br>• 서로 다른 기술의 융합 (Technology Integration)으로 새로운 산업 등장 |

* 출처: 이재영(2006: 4)

② **사용자 중심 정의로의 확대**

이와 같은 기술적 개념은 기능 중심적인 편향을 보이고 있는데, 황주성(2008)은 초기의 컨버전스 개념이 통합에 중점을 두었다면, 최근으로 올수록 경계의 소멸 또는 플랫폼을 넘나드는 콘텐츠에 주목하는 등 보다 융합 본래의 의미에 근접하고 있다고 평가하였는데, 그러한 점에서 최근의 오프콤(Ofcom)과 젠킨스의 정의를 특징적으로 제시하였다.[105]

젠킨스(2006)는 컨버전스를 '단순한 기술이 아니라 소비자로 하여금 새로운 정보를 찾아내고 흩어진 미디어 콘텐츠간의 연결을 만들어내도록

**105** 황주성(2008: 11).

촉진하는 문화적 변화', '콘텐츠가 서로 다른 미디어 플랫폼간에 흐르고, 서로 다른 미디어 산업간에 협력이 나타나며, 미디어 이용자가 자신들이 원하는 미디어 경험을 위해 어디든지 갈 수 있는 미디어 이주 형태를 보이는 상황'이라고 정의하였고, 오프콤에서는 '이용자가 단말의 플랫폼 혹은 단말기를 통해 구득할 수 있는 역량'(the ability of consumers to obtain)으로 정의함으로써 컨버전스의 사회적 파급력이나 기술 수용자로서 소비자의 위치를 특히 강조하고 있다.[106]

미디어의 성격을 중심으로 진화 과정을 분석할 경우에도 대중 미디어와 틈새 미디어에 이어 개인 미디어가 고성장한다는 분석을 통해 사용자 중심성이 강조되고 있다.[107] 즉, 산업사회에서의 TV나 인쇄물이 대중 미디어에 해당한다면, 정보사회에서는 틈새 미디어로서 셋탑 박스나 PC 등이 증가하였지만 컨버전스 사회로 진화할수록 PC와 휴대폰을 중심으로 한 개인 미디어의 성장이 두드러지게 나타난다는 것이다.

이와 같은 개인 미디어의 성장은 자유 · 참여 · 역동성 · 상호연결을 특성으로 하며, 개인맞춤형, 상호작용적인 라이프스타일 미디어로 변화하여 사용자의 능동성이 고도화된다는 특징을 보인다. 또한 대중 미디어는 '원 소스 멀티 유즈'(one-source multi-use)를 추구하는 반면 개인맞춤형 미디어는 '멀티 소스 퍼스널 유즈'(multi-source personalized-use)를 추구함으로써 시장의 재편과 사회의 변화를 촉진한다고 볼 수 있다.[108]

### 2) 기존 개념의 한계

이러한 기능 중심적이고 이용자와 사회를 강조하는 개념만으로는 정치

**106** 젠킨스(2006: 17), Ofcom(2008).

**107** 이성호(2009: 7).

**108** 이성호(2009: 8).

영역에서의 컨버전스 개념을 엄밀히 규정하기 어렵다. 따라서 기존의 컨버전스 개념에서 나타난 특징을 바탕으로 정치 영역에서 컨버전스가 의미를 가지기 위한 문제를 제기하면 다음과 같다.

(1) 컨버전스의 복합성

첫째, 컨버전스는 복합적으로 구성된다. 기술 단독으로 형성되는 변화가 아닌 기술, (정부 · 정당 · 시민 · 기업 등의) 행위자, 정책의 다이내믹스에 의해 형성된다는 점에서 단순히 기술만의 논의에 머무를 수 없는 구조를 가지고 있는 것이다.[109] [표 1–5]에 제시한 바와 같이 컨버전스의 동인은

[표 1–5] 컨버전스의 동인(動因)

<table>
<tr><th>차원</th><th colspan="2">개념</th></tr>
<tr><td>기술</td><td colspan="2">• 디지털화<br>• 유비쿼터스 네트워크로의 진화<br>• ICT와 이종(異種) 기술간의 융합<br>• 지능화 · 스마트화 · 초소형화</td></tr>
<tr><td>정책</td><td colspan="2">• 시장경제의 자율성 강화<br>• 정책의 유연성 증대(수직적 정책에서 수평적인 규제체계로의 변화)<br>• 협력적 거버넌스의 확장</td></tr>
<tr><td rowspan="2">행위자</td><td>개인</td><td>• 고도화된 서비스 욕구 증대<br>• 편리한 삶 추구<br>• 개인화 및 다양화<br>• 표현 욕구의 증가</td></tr>
<tr><td>기업</td><td>• 기존 수요의 포화 및 성장 정체<br>• 신규시장 창출 필요<br>• 기존 사업의 고부가가치화<br>• 변모하는 수요자의 필요 충족</td></tr>
</table>

* 출처: 이재영(2006: 3)의 그림을 재구성

단지 기술에 한정되는 것이 아니며 그렇기 때문에 더욱 정치적인 문제가 중요하다는 것이다.

즉, 기술 차원에서의 기술 진화가 이루어지는 과정에 정책적으로는 시장의 참여를 촉진할 수 있는 ICT 탈규제적인 정책이 진행되고 이들 정책이 얼마나 민주성과 효율성을 담보할 수 있느냐에 따라 개인과 기업이 합의하는 수준은 달라지게 된다. 특히, 개인은 서비스의 확장과 알권리와 참여할 권리를 기본으로 하면서 컨버전스 기술을 정보 공공재(public goods)의 입장에서 접근하고, 반면 시장은 수익의 극대화와 신규 시장 창출이라는 현실적 과제에 대한 정부의 탈규제 정책을 요구하게 된다.

그러나 각국이 처한 정치사회적 경로 의존과 기술 환경에 따라 개인과 기업의 요구를 수렴하는 범위는 제한될 수밖에 없으며, 그 때문에 정치가 중요한 역할을 할 수밖에 없다.

#### (2) 컨버전스의 포괄성

둘째, 컨버전스는 구체적인 기술이 아니라 전체적인 속성 변화를 의미한다. 기술 · 서비스 · 콘텐츠 혹은 산업이든 컨버전스의 본질적인 속성은 '디지털'의 '연결'에 따른 '속성 변화'에 있다. 즉, 디지털 기술을 매개로 하여 어떤 것이 새로운 것과 연결되어 속성이 변화하고 더 나은 것이 되는 현상을 일컫는 것으로 대체적으로는 디지털 분야의 기술 환경이 진화하는 트렌드(trend)를 표현하는 '수사'(修辭)라고 할 수 있다.

과거의 디지털이나 인터넷 · 유비쿼터스 등이 구체적인 기술 대상을 지칭한 것에 비해 컨버전스는 기술 진화 과정에서 나타나는 속성을 묘사했다는 점에서 가장 큰 차이가 있으며, 따라서 컨버전스에 대해서는 다층적

**109** 이재영(2006: 3).

인 개념화와 그에 따른 본질적인 속성에 대한 탐구가 필수적이라고 할 수 있다.

(3) 컨버전스의 융합성

셋째, 개념의 엄밀성 차원에서, 전통적 혹은 기계적인 의미의 단순한 복합과 컨버전스의 차이를 분명히 하는 것이 중요한데, 복합은 DVR+VCR 콤보와 같이 두 가지 기능을 단순히 결합하는 것을 의미하는 데 비해, 컨버전스는 카메라 폰으로 화상 통화를 하는 것처럼 결합을 통해 새로운 사용가치를 창출한다는 점에서 복합보다는 한 차원 높은 수준의 진보를 의미한다고 정의할 수 있다.

물론 복합과 유사한 개념으로서 하이브리드(hybrid)나 퓨전(fusion)과 같은 개념을 제시할 수 있는데, 한편으로는 이러한 개념을 단순한 결합 이전에 컨버전스화 되어가는 과정의 과도기적 개념으로 구분할 수도 있다. 즉, 복합 · 퓨전 · 하이브리드 개념에 비해 컨버전스는 융합에 의한 '질적' 차이를 강조한다는 점이 특징이라고 할 수 있다.

(4) 컨버전스의 파급성

넷째, 컨버전스의 사회적 파급력을 모두 포괄해야 한다. 젠킨스는 크로스오버, 에듀테인먼트, 인포테인먼트, 컨버전스 컬처를 컨버전스 현상으로 규정한 바 있는데, 이는 일군의 기술적 변화가 결국 사회의 변화와 문화의 변화에까지 영향을 미친다는 것을 의미한다.[110]

이미 사회의 많은 부분, 특히 문화적인 영역에서는 컨버전스의 파급력이 확대되고 있는 상황에서 어쩌면 정치적 변화는 가장 늦은 변화라고 할

**110** 젠킨스(2006), 최병삼(2007: 2).

수도 있다. 그러나 포괄적인 파급력을 발휘하기 위한 조건으로서 정치적 변화의 지체는 가장 큰 장애물이자 해결해야 할 문제 중의 하나라고 할 수 있다.

#### (5) 컨버전스의 개별성(공동체성)

다섯째, 컨버전스 문화에서는 개인 중심으로 컨버전스의 진화가 이루어진다. 이는 맞춤형 · 쌍방향성 등의 특징으로서 이용자의 필요(needs)에 대응한다는 것을 의미하며, 이는 기존의 공급자 중심의 매크로 마케팅(macro-marketing)이 아닌 개인 중심의 마이크로 마케팅(micro-marketing)을 의미하기도 한다.

소셜 미디어 연구가인 퀄맨은 컨버전스 컬쳐의 일부분을 구성하는 중요 요소로서 소셜 미디어를 제시하면서 소셜 미디어의 속성으로 방어와 자기 과시를 지적하였다.[111] 그러나 온라인 공간에서 개인의 속성은 방어와 자기 과시라는 즉자적인 반응에 더하여 정의감이라는 공동체성도 포함한다.

즉 컨버전스 사회에서의 개인은 자신에 대한 평판에 관심 있는 개인일 뿐만 아니라 '우리'나 '사회'에도 관심 있는 개인이라는 것이다. '개똥녀 사건', '간호사의 신생아 학대 사건', '급식 사건' 등과 같은 콘텐츠가 온라인에서 반응을 얻는 이유는 그것이 자극적 소재이거나 감성적 콘텐츠이기 때문이기도 하지만 한편으로는 사회적으로 용인되고 있는 보편의 도덕에 반하고, 사회의 질서를 부정하는 사건이기 때문이다.

따라서 컨버전스 사회의 도래로 인해 개인의 힘이 커지고 소비자 생산 콘텐츠의 위력이 커지는 것도 사실이지만, 그 개인이 완벽히 개별성에 매

---

**111** Qualman(2009).

몰된 자기중심적인 개인이 아니라 일정 정도 공동체성을 담보한 개인이라는 점도 컨버전스의 특징으로 포함되어져야 하는 부분이다.

#### (6) 컨버전스의 동시성

마지막으로 강조되어야 하는 점은 컨버전스의 동시성이다. 이는 컨버전스 자체에 내재되어 있는 기술들의 동시적인 활용이 사회에서 보편화되는 현상을 의미한다. 이미 방송과 통신의 융합이라는 형태로 나타나고 있기도 하지만 정치적으로는 의제나 참여가 동시적으로 융합되면서 사회의 의제 변화와 구조 변화를 촉진할 수 있는 특성을 의미한다. 복합적이고, 포괄적이고, 융합적이면서 사회에 대한 파급력도 있는 컨버전스의 특성은 동시적으로 진행되는 성향이 큰 것이다.

### 3) 컨버전스 시대의 정치 개념

앞서 제시한 기존 개념의 한계로서 지적한 컨버전스의 복합성 · 포괄성 · 융합성 · 파급성 · 동시성을 중심으로 하여 정치 영역에서는 컨버전스의 정의를 재정의할 수 있다. 일단 컨버전스의 의미와 범위는 디지털 컨버전스를 기초 개념으로 한다.[112] 그 가운데 디지털 컨버전스는 '모든 것이 디지털로 수렴한다'(everything is converging on digital)는 네그로폰테와 솔라 풀의 정의에서 시작한다. 이런 의미에서 컨버전스는 web과 web 2.0 그리고 네트워크 사회를 거쳐 변화해온 것으로 디지털로의 수렴이라는 측면에서는 공통점을 가지고 있다.

다음으로 정치 영역에서 컨버전스의 의미는 이러한 컨버전스의 결과가

112 우리나라에서는 컨버전스의 번역어를 '융합'으로 쓰고 있지만, 수렴이라는 의미도 강하고 다의적으로 해석될 수 있는 여지도 있기 때문에 '컨버전스'라는 용어를 그대로 사용하기로 한다.

정치적 · 사회적으로 어떻게 표출되고 조정될 것인가의 문제가 핵심적이다. 즉, 기술적 · 산업적 변화에 따라 나타나게 될 '정치적 인간,' '매개하는 제도', '국가'의 모습은 무엇인가, 오래된 정치의 문제, 즉 어떤 의제를 설정하고, 누구를 대의하며, 어떻게 조정하여 결정하여 집행할 것인가에 대하여 재조명을 하는 의미로 구성된다. 이는 컨버전스가 가져오리라고 예측되는 변화로 제시되는 '선택의 자유', '참여의 확대', '다양성', '창의성' 등 네 가지의 가치가 현재의 대의민주주의에 주는 함의는 무엇인가를 모색하는 것이라고 할 수 있다.

컨버전스가 심화되면서 일어날 수 있는 정치적 변화의 첫 번째로 들 수 있는 것이 의제(issue)의 컨버전스이다. 과거의 계급 · 민족 등의 거대 담론이 지배하던 공간이 다양한 생활 이슈가 수렴되면서 새로운 갈등의 축으로 등장할 수 있다. 마치 경제 영역에서 소품종 대량생산 체제에서 다품종 소량생산 체제로 변화되는 것과 같은 양상이라고 할 수 있다. '큰 이슈 대규모 동원 체제'에서 '작지만 많은 이슈 소집단 동원 체제'로 변화할 가능성이 높다.

둘째, 네트워크의 컨버전스이다. 과거 정치의 주요 매개 집단이었던 정당이 더 이상 사회를 제대로 반영하지 못하고 있는 상황에서, 시민단체나 팬클럽 등의 다양한 네트워크들이 의제별로 이합집산을 하면서, 안정적이었던 정당 체제와는 달리 유동적인 운동 네트워크로 등장할 가능성이 높다. 여기에서 네트워크는 구성요소 단위만이 중요한 것이 아니라 단위 간 상호작용에 의해 네트워크를 구성하는 전체 시스템이 변화하는 것에도 주목한다.[113]

113 네트워크 효과의 가장 큰 특징은 네트워크가 성장하면 네트워크 전체의 가치가 기하급수적으로 늘어난다는 것이다. 이 외에도 네트워크 특징으로는 분산성(decentralization)과 창발성(emergence)을 들 수 있다(김태우 2008: 169~172).

셋째, 다양한 갈등을 최종적으로 조정해야 하는 정부는 새롭게 제기되는 다양한 의제와 그에 동원되는 다양한 운동 네트워크를 관리 · 통합하는 데 있어서 일정한 능력의 한계를 절감할 수밖에 없게 되는 상황에 봉착할 가능성이 높다. 이에 대한 정부의 적절한 역할 재조정과 작동방식의 변경이 필수적이다.

**정치 영역에서의 컨버전스 개념**

"기술 · 서비스 · 산업 등이 디지털을 매개로 수렴되거나 분화됨으로 인해 정치 행위자의 제도적 개입 · 조정과 시민 · 소비자의 참여를 둘러싼 기존의 조직과 행동양식이 통합되거나 재구조화되는 현상."

종합적으로 볼 때 정치 영역에서는 기본적으로 컨버전스를 기기 · 산업 · 콘텐츠 등이 디지털로 수렴되는 현상이라고 정의하면서도 이로 인해 나타날 정치적 현상은 꼭 컨버전스라는 형태로 제시되지 않을 수 있다는 점을 강조한다. 오히려 디지털 컨버전스의 정치적 결과가 다양한 형태로 나타날 수 있다고 본다. 세계적 차원에서 구현되고 있는 기술이나 산업, 경제적 차원에서의 디지털 컨버전스 현상이, 개별 국가에서 동일한 정치적 결과를 가져오는 것이 아니라, 개별 국가의 역사적 전통, 대응 방식 등에 따라 매우 다양하게 나타날 수 있다는 점이다.

# 제3장
# 네트워크 사회와 정부 · 정당 · 시민사회

## 1. 정부 대응성의 확장

네트워크 사회의 정부는 정부와 ICT의 본격적인 만남이라고 할 수 있는 전자정부(electronic government, e-gov)로부터 정부2.0(government 2.0, gov. 2.0) 서비스로 진화하고 있으며 휴대폰을 활용한 정부 서비스인 M-Gov.(mobile government)와 IPTV를 활용한 T-Gov.(television government)도 논의되고 있다.[114] 이렇게 기술 발전 추세가 지속된다면 모든 것이 연결된 환경에서 정부와 시민 혹은 기업이 모두 편리하게 온라인 공공 서비스를 이용할 수 있는 네트워크 정부라는 이상(理想)의 실현도 멀지 않았다고 볼 수 있다.

한편으로 전자정부는 ICT의 부가가치를 공공 영역에서 극대화함으로

**114** 2009년 11월 현재 서울시 · 인천시 · 부산시 · 강남구 · 강서구 등의 많은 지방자치단체에서 IPTV를 활용한 T-Gov. 서비스를 준비하고 있다. IPTV를 통해서는 지역의 교통 · 문화 · 관광 · 교양 정보를 제공하며 나아가 민원 신청, 세금 납부와 같은 행정 서비스도 시행할 예정이다.

써 경기 침체를 극복하고 정보사회를 발전시키겠다는 초기의 '경제적' 목적에 더하여 정부 내의 효율성을 향상시키고 국민에 대한 서비스를 강화해야 한다는 '정치적' 목적이 강조되고 있다.[115]

네트워크 확대와 정치적 목적을 강조하는 전자정부의 두 가지 변화 경향은 정부의 의지와 능력 확장으로 더욱 가속화되고 있지만 전자정부 서비스의 변화 방향이 정당이나 의회를 통하지 않은 대국민 접점을 지나치게 확대하는 경향으로 인해 대의민주주의의 가치와 상충되는 측면도 있다는 우려를 낳고 있다. 즉, 과거의 정당이나 의회가 하던 대의(代議) 역할이 정부와 시민간의 직접 연결에 의해 약화되거나 실종될 수 있는 것에 대해 직접민주주의 구현이 가까워지고 있다는 입장과 대의제 민주주의의 약화에 대해 우려하는 입장이 갈등하고 있는 것이다.

아울러 전자정부 서비스는 정부의 지나친 기술 적용 확대로 인한 정부의 정보 독점과 개인정보 침해 가능성, 빈번한 해킹, 전방위적인 감시 확대의 문제라는 이슈 및 막대한 비용 투입에도 불구하고 '이용 활성화'에 성공하지 못했다는 비판에 직면하고 있다.[116] 무엇보다 1993년부터 15년여 동안 이루어진 정부 영역에의 기술 도입이라는 변화가 원래의 목적인 '작고 효율적인 정부를 통한 국민 삶의 질 향상'이라는 모습을 실제로 구현하였는가는 현재 진행되고 있는 전자정부에 대한 가장 근원적인 문제제기라고 할 수 있다.

---

**115** 새로운 전자정부 서비스를 제공할 때의 문제점이 기술적인 것보다 정치적이고 조직적인 것이 대부분이라는 점을 고려할 때 이러한 정치적 목적의 중요성은 앞으로 더욱 커질 것이다.

**116** OECD(2003)에 의하면 ICT가 정책 과정에의 시민 참여를 촉진하기 위한 강력한 수단으로 역할하고 있음에도 불구하고, 기술 자체가 해결책이 될 수는 없으며 기존의 참여 제도들과 함께 통합적으로 사용되어야 한다. 즉, 온라인상의 시민 참여를 촉진하는 데 있어서 기술뿐만 아니라 문화 · 조직 · 제도 등에 대한 고려가 필요하다는 것이다(김상묵 외 2004: 867; 윤종현 2007: 288에서 재인용).

제2부의 네트워크 사회의 정부에서는 정부의 발전 과정을 정보제공, 정보 해결, 정보 수렴을 중심으로 분석하는데, 먼저 제1장에서는 일반적인 전자정부의 기원과 발전 과정 및 우리나라의 전자정부를 개략적으로 검토함으로써 정보사회에서 나타나는 정부 변화의 원인과 목적 및 정책의 내용을 검토하고, 2008년부터 본격화되고 있는 정부-국민간 '열린 정부'의 구현이라는 정부2.0 서비스로의 확대 경향을 분석한다. 이러한 경향을 통해 정부와 시민간의 네트워크가 매우 중요한 요소로 부각되고 있으며 과거에는 보통선거권이나 시민권 확립이라는 형식적 민주주의 요소만이 중요했지만 네트워크 사회에서의 정부는 실질적인 민주주의 구현으로서 시민의 관여(empowerment)가 매우 중요하게 되었다는 것을 강조한다.

이어서 제2장에서는 정부와 시민이 직접 만나는 대표적인 G4C (Government for Citizen) 서비스인 전자정부의 온라인 국민 참여 서비스를 서비스 진화 단계를 기준으로 제시하면서 시민의 관여도를 높이는 정부 서비스 발전 방향을 정리하였다.

가장 먼저 정보제공형 서비스로서 시민들의 모든 생활에 대한 다채널의 서비스 안내를 하는 콜센터와 시민의 알권리를 충족시킴으로써 정부의 투명성 제고를 목적으로 하는 정보 공개 서비스를 소개하고, 다음으로 정보 해결형 서비스로서 생활 서비스 제공으로 국민의 편의성을 높이는 민원 처리 서비스를 알아본다. 다음으로 정보 수렴형 서비스로는 시민이 스스로 정책 제안자가 됨으로써 공공 영역에 관여성을 높여 정부-시민간 거버넌스의 가능성까지 기대할 수 있는 정책 제안 서비스를 검토한다.

이와 같은 대민 서비스를 통해 정부의 속성이 변화하고 정부-시민간 관계가 변하고 있다는 것의 정치학적 의미를 검토한다. 아울러 국민의 참여를 양적인 측면과 질적인 측면에서의 의미로 구분하여 분석하고 이들 서비스 각각에서 네트워크 정부로의 발전 경향이 강하게 나타나고 있음을 서비스의 진화 과정과 해외 사례에 대한 고찰을 통해 알아본다.

끝으로 제3장에서는 온라인 국민 참여 서비스 평가모델을 기준으로 참여를 촉진하고 전자정부가 발전하기 위해서 해결해야 할 과제와 조건을 제시한다.

각 장에서는 국내의 대표적인 사례뿐만 아니라 해외에서 시행되고 있는 정부 서비스 사례를 제시하여 전자정부가 단지 정부의 전산화에 머무는 것이 아닌 전세계적인 사회 변화의 흐름이며 2009년 현재의 상황에서는 우리나라보다 해외의 정부가 훨씬 더 반응성 높은 서비스를 구현하며 네트워크 사회의 정부로 재구성되고 있음을 강조한다.

## 2. 정당 대표성의 위기

정당은 '공공 이익의 실현을 목표로 권력 취득을 추구하는 사람들이 모인 집단'이다. 즉, 정당의 핵심은 공공 이익의 실현과 권력 취득에 있다. 물론 이외에도 현대사회로 접어들면서 정당의 여러 기능이 지적되고 있지만 정당의 본래 목적은 네트워크 사회에서도 역시 중요한 부분이다.

오래전 정당에 대해서는 공공 이익 실현과는 거리가 먼, 분열만을 조장하는 파당으로 폄하되었지만 제2차 세계대전 후 정당은 이전의 계급이나 종교 기반에서 탈피하여 광범위한 대중적 지지를 확보하기 위해 이슈의 제한성을 두지 않는 포괄 정당(catch-all party)으로의 변화를 지향하게 되었다. 그러나 탈근대 사회로의 변화 속에서 정당은 투표율 하락과 당원 감소, 유권자 성향의 다양화라는 위기에 직면해 있으며, 대의제의 중요 행위자로서 정당에 대한 시민의 기대감도 소멸할 정도의 위기에 처해 있다.

반면 사회 환경은 네트워크의 속성과 정도의 발전에 의해 진화하고 있다. 그것이 무늬만 바꾼 화장발이든 진정한 발전을 의미하는 것이든 변화가 일어나고 있음은 확실한데, 그 가운데 정당의 변화는 정부보다 더욱 더디게 나타나고 있다. 이에 대해 ICT로 인해 정당이 필요 없는 직접민주주의가 구현될 것이라는 주장과 오프라인에서 자원을 많이 가진 정당이 여전히 온라인에서도 권력을 획득할 것이며 따라서 ICT는 정당의 강화에 도움이 된다는 입장이 나눠진다. 혹은 현대사회는 고대 아테네와 같은 소규모의 사회가 아니기 때문에 직접민주주의는 절대 실현 불가능한 이상향이며 그것보다는 대의제를 강화하는 것만이 가능할 뿐이라는 입장도 있다.

네트워크를 중심으로 보면, 네트워크 속성 자체가 위계적이지 않고 수평성이 강하기 때문에 조직 구성 또한 수평적으로 이루어져야 한다. 그리고 네트워크가 아무리 수평적으로 강화된다고 해도 사회에서 필연적으로 발생할 수밖에 없는 네트워크간 갈등을 조정하기 위해서는 네트워크 속에서 커넥터[117]와 같은 역할을 하는 존재가 필요하며 그것을 정당이 대체하는 것이 가장 현실적인 대안이다. 정부와 시민간의 효과적인 매개자로서 정당이 정치적 요구의 선순환 과정을 구성할 수 있다면 그것이 바로 네트워크 사회에서의 정당 그리고 대의제의 발전이라고 할 수 있다.

따라서 현대 정치의 매개자로서 정당은 정보사회의 변화를 정확히 인지하고 본래의 정당 기능에 맞추어 그러한 변화를 매개하고 변화를 이끄

**117** 네트워크에서의 커넥터란 노드와 노드를 연결하는 존재로서, 연결 능력이 강한 실과 같은 존재를 의미한다. 우리가 일상생활에서 '발이 넓다'는 의미로 즐겨 표현하는 인맥이 넓은 사람 그리고 강한 유대의 사회관계를 꾸준히 유지하는 특출한 사람을 현실계의 커넥터라고 부를 수 있다.

는 정치적 매개자로 거듭나야 하는 상황에 봉착하였다. 정보사회 네트워크의 핵심 요소가 노드 · 커넥터 · 허브라면 커넥터로서 시민과 정부를 매개하는 정당의 의지와 능력이 더욱 중요해지고 있다는 의미이다.

우리나라에서는 정보사회로의 진입이 가속화되면서 2002년의 '노사모'와 2004년의 탄핵 국면을 기점으로 정당과 정치인들이 온라인 정치 활동을 적극적으로 전개하였다. 정당은 사이버 파티(cyber party)를 구축하고, 사이버 정당위원회를 설립하였으며, 정치인들의 홈페이지 개설 붐을 이루기도 하였다(심지어 시험적이지만 사이버 국회의원을 뽑기도 하였다). 그러나 정당은 여전히 네트워크 사회로의 변화에 조응하는 조직과 운영 원리의 변화를 보여주지 못하고 있으며 이는 2008년의 촛불 정국에서 정당이 철저히 배척받게 되는 극단적인 현상으로 표출되었다.

제3부에서는 이러한 정당이 처한 위기의 배경이 되는 환경의 변화와 위기 발생의 원인을 분석하고 정당 발전을 추구할 수 있는 네트워크형 기반을 모색한다.

먼저, 제1장에서는 역사적인 관점에서 정당의 위기와 대응 과정을 간략히 개괄하고 해외와 국내 정당의 온라인 활동의 특징을 알아본다. 이 부분에서는 정당이 역사적으로 사회의 변화 요구에 부단히 적응하면서 나타난 정당의 형태 변화와 네트워크 사회에 접어들어서 제기되는 사회 요구의 변화 내용을 정리한다.

이어서 제2장에서는 선거 방식의 변화와 정당의 대외적 활동으로서 가장 중요한 선거운동의 변화 과정을 고찰한다. 전자투표라는 획기적인 방식부터 온라인 선거 캠페인에 이르기까지 본격적으로 적용되고 있는 수많은 사례들에서 단계별로 나타나는 특징을 정리하여 네트워크 사회에서의 선거 환경과 선거운동의 모습을 그려본다.

마지막으로 제3장에서는 네트워크 사회에서 대의제 발전을 도모하기 위해 정당이 해야 할 역할에 대해 정리한다. 물론 현재의 상태에서는 정당이 본래 역할만 수행함으로써 발전할 수 있는 것이 아니라 네트워크 사회에 적합한 능력도 갖추어야 하는 상황이지만 한편으로는 이러한 정당의 역할과 능력 변화가 대의제 변화에 미치는 영향을 알아보는 것도 제3부의 목적이다.

## 3. 시민사회의 참여 문화 확대

네트워크 사회에서 시민사회는 가장 역동적으로 변화하고 있는 부분이다. 정부나 정당 등의 제도적인 영역에 비해 상대적으로 자유롭게 다양한 방식으로 기술을 활용할 수 있는 시민사회 영역의 경우에는 수준 높은 기술 수단을 활용하여 개인의 관여도를 증가시키고 있으며 그에 따라 정치적 의제를 양산하여 정치 지형에 강력한 영향을 미치기도 한다.

이러한 시민사회의 진화 과정 역시 정부나 정당과 마찬가지로 정보 습득, 대화, 연결의 과정을 거친다. 1단계인 '정보 습득'의 전형은 포털의 정보제공이나 검색 서비스 활용을 예로 들 수 있으며, 2단계의 '대화'는 게시판 토론과 커뮤니티 활용 사례가 대표적이라고 할 수 있다. 3단계의 '연결'은 미니홈피를 거쳐 페이스북 · 유투브 · 트위터와 같은 소셜 네트워크 서비스 활용으로 활성화되고 있다. 이와 같은 진화의 과정을 거친다면 컨버전스와 같은 기술 융합에 의한 고도의 기술 활용이나 유비쿼터스나 시맨틱과 같은 개인맞춤형 기술 활용의 시대에 대한 가능성도 기대할 수 있다.

그러나 시민사회 영역이 제도 영역에 비해 상대적으로 자유롭다는 것이 무조건적인 긍정적 시나리오 예측의 근거가 되기는 어려운 것이 현실이다. 네트워크 사회에서 시민의 권리를 정보 습득, 대화, 연결을 중심으로 구분한다면, 먼저 정보 습득의 차원에서의 시민권[118]은 제한적인 정보 접근권으로 인해 자유롭게 구현되지 못한다는 점이 문제이다. 즉, 경제적 · 법적 · 문화적 한계로 인해 기본권으로서의 정보 접근권이 구현되고 있지 못하다. 결국은 법적인 한계에서 비롯되는 것이지만 통신시장의 독점과 폐쇄성으로 인해 발생하는 정보 이용 비용의 증가와 정책적 고려에서 소외된 수많은 정보 활용의 격차(divide)로 인해 자유로운 정보 접근 및 활용은 요원한 상태이기 때문이다.

두 번째로 대화 차원의 시민권에서는 대화를 활성화시킬 수 있는 표현의 자유 제한과 익명의 다수에 의해 발생하는 왜곡된 평판 체계 문제가 지속되고 있다. 자유로운 대화를 가로막는 표현의 자유에 대한 지나친 법제도적 규제와 익명의 다수가 표현하는 왜곡된 평판 체계에서의 책임성 실종 문제는 네트워크 공간의 정보 생산과 유통을 가로막는 요인으로 작동하고 있다. 능동적 시민이 된다는 것은 소통적 행위자가 된다는 의미임에도 불구하고 소통의 수단이 되는 미디어에 의한 규제가 소통을 가로막고 능동적인 시민권의 구현에 장애가 되고 있다.[119]

---

**118** 1789년 프랑스 인권 선언 후 시민권은 국가에 의해 침해되지 않는 사적 자유는 물론 국가에 대한 청구권 · 참정권을 포괄하는 의미로 사용됨으로써 공민권과 동의어가 되었다. 세계화 이후 시민권이 다시 주목을 받기 시작한 이유는 우선 시민권의 가치에 대한 열의가 역사적으로 부재했었다는 사실에 대한 반작용 그리고 시민권에 대한 의식을 자극하는 다양한 사회운동들, 즉 아래로부터의 시민권이라는 사상이 등장하면서부터이다(Stephen Coleman 2001).

**119** 콜맨은 뉴미디어에 의해 시민적 소통에 세 가지 변화가 야기되었다고 보았다. 첫째, 시민들이 좀 더 동등하게 정치 및 기타 공공기관에 관여하여 지금까지 축적된 정보를 공적으로 감시할 수 있게 되었다. 둘째, 시민들이 서로 상호작용하고 다른 공동체들 및 권위적인 기존의 엘리트와 상호작용할 수 있는 직접적인 공공 논의를 발전시킨다. 셋째, 민주적 대의제에 위임된 권한의 성격에 변화를 가져오기 때문에 대표자들이 그들의 직무를 수행하는 방식에서 변화를 가져온다는 것이다(Stephen Coleman 2001).

다음으로 연결 차원에서 시민권은 지적재산권, 개인정보 관리의 어려움, 감시나 감청 등의 문제에 직면하고 있다. 즉, 단시간에 빠르게 유통되는 정보의 속성상 개인이 자신과 관련 있는 정보를 치밀하게 통제하지 않으면 세상에 거의 무방비로 노출되어 있는 것이나 마찬가지인 것이 네트워크 사회이며, 지적재산권 제도의 혼동 속에 자신이 생산한 정보에 대한 정당한 소유권의 발동은 어렵고, 설상가상으로 국가는 언제든 '필요할 때'에는 이메일 압수 수색이나 CCTV 확대를 통한 감시가 가능하다고 말하고 있기 때문이다.

이와 같은 대표적인 이슈를 모두 포함하면서도 여전히 시민사회는 네트워크 사회의 속성을 증폭시키며 발전하고 있다. 그러나 기술 활용으로 인한 사회 발전의 장밋빛 시나리오만큼 중요한 것은 정보의 보편적 활용과 사회의 민주적 발전이라는 가치가 상식적으로 용인되어야 한다는 사실이다.

네트워크 사회의 시민권의 구현을 실천한 사례로서는 국내외 사회운동을 들 수 있다. 인터넷이라는 매체가 모든 활동 영역에 있어서 소통과 조직의 중심 역할을 하게 된 이후로 사회운동이나 정치 과정에서 알리고, 모으고, 조직하고, 지배하고, 대항하고, 행동하기 위한 특권적인 도구로써 사용되고 있고 앞으로도 그러할 것이라고 예견한 카스텔은 인터넷이 사회운동에서 필수불가결한 이유로서 다음의 세 가지를 제시한다.[120]

첫째, 정보사회의 사회운동은 본래 문화적 가치를 둘러싸고 결집되어진다. 사회 관습과 제도에서 중요한 코드를 변화시키려는 투쟁은 새로운 사회 변화 과정에서 핵심적인 노력이다. 이러한 맥락에서 가치의 소통,

**120** Manuel Castells(2001: 5장) 참조.

의미를 둘러싼 동원 등이 중요하게 되었다. 문화운동은 커뮤니케이션 시스템—인터넷과 미디어—을 둘러싸고 이루어졌다. 왜냐하면 그것이 바로 이러한 운동이 그들의 가치를 지키고자 하는 사람들에게 닿을 수 있는 중요한 방법이기 때문이다.

둘째, 그들은 산업시대로부터 이어져온 수직 통합된 조직의 위기로 인한 단절을 복구해야만 한다. 인터넷은 구시대적 수직 통합 조직에 대항한 새로운 사회운동을 표현하고 조직하는 데 있어서 핵심적 매개체가 되었다. 이러한 운동은 주어진 시공간에서 동시에 일어나고 미디어 세계를 통해 그들의 효과를 만들어내고 여론에 끼치는 영향력에 의해 제도와 조직에 영향을 끼치게 되는데 반(反)세계화 운동이 전형적인 예이다. 반세계화 운동은 상임 본부나 전문적 조직체, 센터, 명령 구조, 프로그램 등을 갖추고 있지 않으며 다만 어떠한 상징적인 저항으로 인해 하나로 모인, 전세계에 걸친 수백 수천의 개인과 조직이 있을 뿐이다. 이렇게 하나로 뭉친 다음에는 다시 각자 자신의 특별한 이슈에 맞추어 뿔뿔이 흩어진다. 이러한 사회운동의 새로운 점은 그들의 네트워킹이 인터넷을 통한다는 것이다. 반세계화 운동은 단순한 네트워크가 아니라 전자 네트워크이며 인터넷에 기반한 운동을 의미한다.

셋째, 사회운동의 세계화라는 특징을 잘 이해해야 한다. 이는 반세계화 운동보다 독특한, 그리고 훨씬 더 중요한 현상이다. 주요한 사회운동을 살펴보면 그들은 각자 자신의 지역적 환경을 바탕으로 하면서 또한 전세계적으로 영향력을 확대하는 데 그 목적을 두고 있다. 지역 그룹들에 의지함으로써 얻게 되는 정통성과 지지를 필요로 하지만 그들은 지역에만 남아 있을 수 없다. '지역적으로 사고하고 지구적으로 행동하라!'(think local and act global!)라는 정신을 구현하고 있는 인터넷은 조직 업무상의 도구라기보다 커뮤니케이션 매개로서 사회적 변화까지도 조정하는 수단으로 작용하게 되었다.

제4부에서는 이제까지 진행된 시민사회의 다양한 기술 활용과 진화를 정보 습득, 대화, 연결의 축을 중심으로 정리하고 앞서 정부나 정당에서 제시한 것처럼 시민사회가 더욱 발전하기 위해 갖춰야 하는 제도적이고 문화적인 조건과 대안을 제시한다.

먼저 제1장에서는 네트워크 시민사회의 형성 과정을 정보 습득으로서의 포털과 검색, 대화로서의 커뮤니티와 가상현실 그리고 연결로서의 소셜 네트워크 형성과 사회 자본의 문제로 분류하여 분석한다.

다음으로 제2장에서는 시민사회의 일반적인 문화가 집단적이고 정치적으로 표출되는 국내외의 온라인 네트워크 사회운동을 분석한다. 우리나라 사회운동의 경우는 2000년의 시민단체의 낙천낙선운동부터 2008년의 미국산 쇠고기 수입 반대 촛불집회까지, 그리고 국제적으로는 1999년의 반(反)WTO 대안세계화운동부터 현재까지 사회운동의 특징을 알아본다.

제3장에서는 이와 같은 ICT 활용 사례에서 나타난 시민과 사회운동의 특성과 네트워크 시민사회를 촉진할 수 있는 발전의 조건을 제시한다.

마지막으로 제5부에서는 결론과 전망으로서 네트워크 사회의 정치와 민주주의에 대해 논의한다. 먼저 네트워크 사회의 특징은 시민이 주체로 부상하며 연결과 관계 방식이 확장되는 네트워크로 구성되는 시민사회라고 할 수 있는데, 이러한 특징이 새로운 민주주의의 형성에 어떤 영향을 미칠 것인가를 고찰하며 향후 정치 변화를 위한 과제를 제시한다.

부가적으로, 이 책에서는 네트워크 사회의 정치 분야에서 중요한 주제로 다룰 수 있는 거버넌스, 사이버 워(Cyber War), 개인정보 보호 및 법제도에 대한 독립적인 논의는 전개하지 않았다. 이 주제들은 그 자체가 하나의 연구 주제로서 너무나 광범위한 논의를 진행해야 하기 때문에 논지의 집중성을 위해 배제하였다. 다만 본문의 내용이나 각주를 통해 그러한 논의의 제한성을 극복하고자 했음을 밝혀둔다.

# 제2부
# 네트워크 정부의 진화와 과제

# 제1장
# 전자정부의 등장과 발전 과정

## 1. 전자정부의 등장 배경

전자정부란 'ICT를 활용하여 행정기관의 사무를 전자화함으로써 행정기관 상호간 또는 국민에 대한 행정업무를 효율적으로 수행하는 정부'를 의미한다(전자정부법, 2001). 정부가 제시한 전자정부의 목적은 정부 내 백 오피스(back office)에서의 행정 효율성 향상과 프론트 오피스(front office)에서의 대민 서비스 활성화를 통해 작고 효율적인 반응성 높은 정부를 구축하여 국민의 삶의 질을 향상시키는 것이다.[1]

전자정부는 기존의 단순한 행정 정보화와 달리 사용자 중심의 서비스를 강조한다. 따라서 전자정부의 진화에 영향을 미치는 중요한 요인은 시민사회의 성숙도와 사회적 다원성이며 전자정부의 발전은 사회의 발전

1 전자정부에 대한 종합적인 안내서로는 권기현, 『전자정부론: 전자정부와 국정관리』(박영사, 2007); 김성태, 『新전자정부론: 이론과 전략』(법문사, 2007); 안문석, 『한국전자정부론』(박영사, 2008); 정충식, 『전자정부론』(서울경제경영, 2007); 최영훈 외, 『전자정부론』(대영문화사, 2006) 참조.

정도와 함께 진행된다고 볼 수 있는데 전자정부는 단순한 기술적 정부의 구현이 아닌 사회 · 문화 · 정치의 반영물이기 때문이다.[2]

세계 최초의 전자정부 비전(vision)은 1993년 미국 클린턴(Clinton) 대통령 시절에 제안되었는데, 당시 미국의 경기 침체를 돌파할 수 있는 시장 창출의 효율적인 수단[3]으로써 공공 영역에의 ICT 적용을 주장한 것이 전자정부의 시초라고 할 수 있다.[4] 이후 2002년에 부시 정부가 전자정부법(*The E-government Act of 2002*, Public Law No: 107~347)을 체계화하였는데, 당시의 전자정부는 온라인 뱅킹(online banking) 모델을 이상적인 정부 모형으로 상정하였기 때문에 은행과 같은 서비스 모델을 중심으로 하여 이후로 모든 정부의 '정책'을 '서비스'(service)라고 표현하게 되었다. 이와 같은 서비스라는 용어를 기업이 아닌 정부에서 사용한다는 것은 일면 대단히 낯설고 어색하게 보일 수도 있지만 기업과 시민을 고객으로 설정하고 국가 정책을 제공하는 것을 서비스로 규정한 전자정부의 의도는 이전의 지배하는 정부에서 대단히 진일보한 자세라고 평가할 수 있다.

전자정부의 등장은 1991년의 웹의 등장으로 인터넷 대중화의 기반이 마련되고 ICT가 급속히 발전했다는 기술적 배경에 더하여 1980년대 초의 신자유주의 흐름에 의해 전후 케인즈(Keynes)주의를 중심으로 한 강한

---

**2** 김성태(2007: 22).

**3** 클린턴 행정부는 전자정부 사업을 통해 1993~1998년까지 연방 예산을 1,370억 달러를 절약하였으며 연방공무원 35만 명을 감축하였다.

**4** 흔히 ICT의 부가가치는 시장을 통해 창출될 수 있다고 믿지만 일단 공공 영역에 ICT가 적용되면 국내외 시장 창출이라는 간접적 효과뿐만 아니라 중앙과 지방정부의 모든 차원에서 ICT를 적용하기 때문에 정부 자체가 ICT의 커다란 시장이 될 수 있다는 것도 중요한 사실이다. 우리나라 대기업에서 전산 기능을 담당하던 조직들이 삼성 SDS, LG CNS, 현대정보기술, 쌍용정보통신, 포스데이터, 대우정보시스템 등 SI(System Integration) 업체로 거듭나게 된 것도 이와 같은 효과 때문에 가능한 것이다. 이밖에 해외 주요 SI 회사로는 액센츄어(전 앤더슨 컨설팅), 프라이스 워터하우스, HP, 컴팩, 어네스트 영, EDS, 딜로이트 컨설팅 등이 있다.

국가가 '정부의 실패'로 규정되고 작고 효율적인 정부가 대안으로 제시된 이론적 배경과 관련이 있다. 특히 1980년대 후반에 영미 국가들을 중심으로 등장한 정부 운영 및 개혁에 관한 이론으로서 신공공관리론(New Public Management)은 정부관료제의 운영 체제가 경쟁 원리에 기반한 시장 체제를 모방하고 계층제적 통제를 대체함으로써 정부관료제의 효율성을 높이자는 것으로 전자정부 등장의 배경이 되었다.

신공공관리 이론가인 가이 피터스[5]는 미래의 정부모델로써 저비용 고효율을 달성할 수 있는 기업가적 정부(Enterpreneurial Government), '실행, 결과, 책임'을 중시하는 새로운 행정으로서 경쟁 원리 도입, 개입을 줄이는 최소한의 정부(Less Government), 세부 운영은 위탁에 맡기고 방향만 잡을 수 있는 더 많은 거버넌스(More Governance)를 갖춘 네 가지 정부의 조건을 제시하였는데, 이와 같이 베버의 관료제 모델에 기반한 행정 국가로서 정부의 모습은 전자정부를 계기로 하여 하나의 전환을 거친 모습으로 변화하게 되었으며 이에 대한 국정 관리의 실천 방향은 거버넌스이론으로 이어지고 있다.

기술적으로는 ICT 발전과 이론적으로는 신공공관리론 등장이라는 두 가지 배경이 전자정부 정책의 합리화 근거로 작용하게 되면서 1990년대 초반, 미국에 이어 유럽과 일본이 전자정부를 받아들임으로써 전자정부는 하나의 패션과 같이 전세계를 휩쓸게 되었다. 현재까지도 이어지고 있는 이러한 정부 변화의 흐름은 실질적인 정부 혁신을 통해 반응성 높은 정부를 구축한다기보다는 마치 새로운 정부 혁신 가운데 하나를 시행하고 있는 듯한 느낌이 강하다. 즉, 정부가 주도적으로 서비스를 제시하고 시행하기 때문에 시민의 수요에 대한 반응성이 높다기보다는 정부의 위

---

**5** 신공공관리론의 자세한 내용은 B. Guy Peters(1996) 참조.

기 탈출을 위한 하나의 수단으로서의 '정책'에 가깝다는 인상이 강하기 때문이다.

전자정부의 등장 배경부터 내재되어 있던 이러한 공급자 중심의 성향은 이후 전자정부가 안정적으로 자리 잡기까지 지나친 공급자 중심의 시각이라는 비판의 대상이 되어왔다. 즉, 시민 입장에서 수요를 체감할 수 있는 서비스 중심이라기보다는 지나친 몸집 불리기에 치중하여 작고 효율적인 정부와는 거리도 멀게 되었으며, 효능감 또한 기대에 못 미치고 있다는 것이다.

한편으로는 강한 정부에서 정부의 실패로 귀결되는 과정에서 정부의 위기를 촉진했던 정보화가 정부의 위기 탈출의 계기가 되고 있다는 것도 대단한 아이러니이다. 세계화와 정보화의 시대에 카지노 자본주의(Casino Capitalism), 신자유주의, 정보화는 국민국가의 주권을 위협하는 존재로 평가되었는데,[6] 이제는 정보화가 국가의 주권과 정부의 능력을 강화할 수 있는 하나의 계기로 전면에 등장했기 때문이다.

ICT가 목적이 되었든 수단이 되었든 정부는 ICT의 도입을 필연으로 받아들이고 있지만, 단순한 정부의 '변화'가 아니라 진정한 정부의 '진화'를 위해서는 여전히 백오피스에서의 관료제 변화가 프론트 오피스에서의 대민 서비스 향상만큼 중요하다는 측면이 간과되고 있는 것 또한 사실이다. 정부 자체가 좀 더 효율적으로 변화하지 않는다면 아무리 많은 서비스를 확대해도 문제는 그대로 남아 있게 마련이다. 단순히 기술을 적용하여 무늬만 전자화되고 있다는 기술결정론적이고 수단적인 측면만 강조되어서는 전자정부 본래의 의미를 살리기 어렵다. 그래서 여전히 전자정부는 완성형이 아닌 진행형인 정부의 실험으로 평가되는 것이다.

---

**6** 류석진(2008: 320).

## 2. 전자정부의 발전 과정

전자정부 서비스의 공과를 파악하기 위해서는 우선, 정보사회 패러다임이 웹, 웹2.0, 그리고 소셜 네트워크 및 컨버전스로 변화하는 과정에서 전자정부 서비스가 발전된 기술 수준을 적절히 반영하면서 정부 서비스의 수요자인 기업이나 국민의 활용성을 높일 수 있는 최적의 조건을 구현하고 있는가, 구현되지 못한다면 그 이유는 무엇인가에 대한 실증적인 검토를 해야 한다.

이보다 앞서, 환경에 대한 파악으로서 전자정부의 발전 단계를 알아볼 필요가 있는데, 전자정부 평가에서 가장 보편적으로 인용하고 있는 대표적인 전자정부 발전 단계 모델로는 UN(2006)의 초기 구현(Emerging), 발전(Enhanced), 상호작용(Interactive), 전자거래(Transactional), 네트워크(Networked) 단계라는 5단계 모델과, 가트너 그룹(Gartner 2000)의 정보제공(information), 양방향 서비스(interaction), 온라인 거래(transaction), 서비스 통합(seamless)의 4단계 모델이 있다.[7] 그러나 이와 같은 단계론은 하나의 모형일 뿐 현실적으로는 한 단계가 종결된 후에 그 다음 단계가 나타나는 식의 순차적인 진행이 나타나는 것이 아니라 각국이 처한 정치문화 환경과 시대적 상황에 따라 몇 단계 정도는 중첩적으로 나타나기도 한다.

결국 전자정부의 발전 단계를 크게 두 단계로 구분한다면, 일방적인 정보제공에 머무는 서비스의 초기 구현 및 발전 단계와 쌍방향의 의사소통이 가능하고 신뢰를 바탕으로 전자거래까지 할 수 있는 상호작용과 전자

7 UN(2006: 16), C. Baum, A. D. Maio(2000). 이 외에도 전자정부 발전 단계 구분에 대한 참고자료로는 Snellen(1990), Venkatraman(1991), 이석재 · 임수경(1999), Kauver(1998), 호주국립감사원(1999), 스위스 행정개혁위원회(2001), Deloitte Research(2001), Accenture(2001), OECD(2003), IBM(2004) 등이 있다.

거래 단계로 구분할 수 있다. 즉, 전자정부의 발전은 정부가 시민에 대해 일방적인 공급자로 남는가 아니면 시민과 거버넌스나 파트너십(partnership)을 형성하며 공공 영역으로 좀 더 적극적으로 시민을 받아들이는가를 기준으로 구분할 수 있다.

1993년부터 시작된 전자정부 서비스가 2000년대 초반까지는 사이트 개설 등을 통해 정보를 제공하고 이를 위해 공공 영역의 자료를 데이터화하는 등 시스템 구축에 중점을 두었다면, 2000년 중반 이후로 어느 정도 시스템이 구축된 기반 위에서 참여 · 공유 · 개방이라는 웹2.0의 가치를 반영하여 시민과 상호작용하고 시민의 관여도를 높여 시민과의 파트너십 형성을 목표로 하는 매우 반응성 높은 전자정부를 모색하게 되었다.

### 1) 초기의 전자정부: 공급자로서의 정부

초기 단계의 전자정부 구현은 주로 홈페이지라는 공간의 제공, 웹을 통한 공공 정보제공에 역점을 두며, 그 외에 게시판으로 요청되는 간단한 민원 처리를 수행한다. 1990년대 중반부터 2000년대 초반까지 대부분의 국가에서 채택한 형태가 이것인데, 당시에는 전자정부의 구현 여부를 홈페이지 개설 여부로 평가하는 정도가 고작이었다.

매해 200여 개 회원국의 전자정부 현황을 평가하는 UN의 연구 결과에 의하면 2000년대 초반까지도 홈페이지를 개설하지 못한 정부의 비중이 매우 높게 나타났으며, 전자정부에 두각을 나타내는 국가는 10여 개 정도에 지나지 않았다. 그러나 2000년대 중반 이후부터는 정부-시민간 연계와 네트워크화 정도가 매우 중요한 평가 척도로 자리 잡았으며, 이와 같은 경향을 반영하듯이 2008년의 UN 전자정부 연구 보고서[8]의 부제는

8 UN 경제사회국에서는 2002년부터 매년 12월에 회원국을 대상으로 ICT를 활용하여 전자정

'전자정부에서 연결된 거버넌스로'(*From E-government and connected governance*)이다.[9]

따라서 초기 구현 단계의 전자정부는 정부 조직 차원에서 민원 처리를 위한 전산 시스템이 별도로 구축되어 있지 않고 부서별 전산실에서 오직 기술로서만 업무를 담당하는 정도이며 따라서 전자정부의 본래 목적 중의 하나인 백오피스 측면에서의 조직 혁신이 이루어지는 단계라고 보기는 어렵다. 이는 단순히 홈페이지 개설을 위한 것일 뿐 정부의 조직 혁신까지 필요하다는 자각은 이루어지지 못한 단계로서 오로지 정부의 홍보를 위한 수단에 멈춰져 있는 수준이라고 할 수 있다.[10]

그러한 이유로 초기 구현 단계와 서비스 발전 단계에서는 홈페이지에 얼마나 많은 정보를 담아내느냐가 중요하였다. 당시의 비판적인 사용자들은 전자정부 사이트가 마치 보물지도와 같아서 보물이 어디에 있는지 도통 발견하기 어려운 구조로 되어 있다고 사용상의 어려움을 불평하였는데 이와 같은 어려움은 정부가 공급자 중심의 시각으로 다량의 정보제공에만 중점을 두었기 때문에 발생하는 것이다. 즉, 정보의 검색이나 활용 가능성에 역점을 두기보다는 정부는 이렇게 많은 정보를 가지고 있고, 정보의 양만큼 정부는 일을 많이 한다는 것을 일방적으로 과시하는 선에 머물러 있었다.

진정한 전자정부는 사용자가 사이트에 들어가 어느 부처에 문의해야 하는가를 고민할 필요가 없는 매우 편리한 사용자 환경(User Interface, UI)

부 서비스의 전달 수준을 비교 · 평가하고, 세계 전자정부 발전을 모니터할 수 있는 방법을 제시하고 있다.

9 unpan.org/egovkb/global_reports/08report.htm 참조.

10 홈페이지 중심 전자정부 서비스의 한계에 대해서는 김석주(2000), Gartner Research(2001), 김구(2002), 윤상오(2003), 정연정(2003), 김종호 · 김강민(2004) 참조.

을 제공해야 함에도 불구하고 초기 단계의 전자정부에서는 기술적 요건만 구비하는 데 치중하여 효능감이나 사용 편의성에 대한 고려가 매우 부족했다.

### 2) 전자정부의 진화: 시민과의 상호작용 및 파트너십

초기 단계보다 발전된 단계의 전자정부는 시민과의 상호작용이나 파트너십의 형성에 중점을 둔다. 우선, 상호작용 단계에서는 각종 민원 양식의 전자적 제공이 가능하고 정부 조직 차원에서는 업무 재설계(Business Process Reengineering/Information Strategy Planning, BPR/ISP)[11]가 본격화되며 부처간 상호 협력 진전, 그리고 고도화된 인프라가 구축된다. 더 나아가 공공서비스 거래 단계는 각종 민원의 온라인 처리가 가능하며 조세 및 수수료 등의 전자 납부가 가능하다. 일례로, 우리나라에서 이사할 때 더 이상 전출하는 동사무소와 전입하는 동사무소를 찾아가서 신고할 필요도 없어졌고, 여권을 발급받을 때 가져가야 했던 주민등록등본 · 병적증명서 · 호적등본 등 구비서류들도 사라졌으며, 대부분의 서류를 한 장의 서류 제출만으로 해결할 수 있게 된 것도 전자정부의 진화 때문에 가능한 것이라고 할 수 있다.

발전 단계의 또 하나의 흐름을 구성하고 있는 것은 전자정부2.0(Government 2.0, Gov. 2.0) 서비스 개념이다. Gov. 2.0은 G2G, G2B, G4C 서비스간 상호작용으로 인해 통합이 이루어지고(개방), 정부에 대한 사용자들 의견의 피드백(feedback)이 가능하여 쌍방향 커뮤니케이션이 이루어지며(공유), 시공간을 초월하여 사용자 참여가 가능한 정부 서비스를 의미

---

**11** 2000년대 중반 우리나라의 대부분의 전자정부 서비스 구축 사업을 시행하는 SI 업체들은 우선 해당 사업의 예상 프로세스와 조직 개혁 그리고 서비스의 기대 효과를 가늠하기 위해 정교화된 BPR/ISP 평가를 먼저 수행해야 했다.

한다(참여). 전자정부 분야에서는 웹2.0의 가치를 수용하여 Gov. 2.0 개념이 제시되었는데, 지식과 콘텐츠를 중심으로 이루어진 Gov. 2.0의 핵심 가치 및 주요 서비스 예시는 [표 2-1]과 같다.

[표 2-1] Gov. 2.0의 주요 특징과 내용

| 구분 | 내용 |
|---|---|
| 참여 (Participation) | • 수요자 중심의 분류 및 정보제공 서비스: 개인 맞춤 서비스(personalized service, customized service).<br>• 정책 참여(블로그나 위키 기반의 정책 제안).<br>• 서비스에 대한 피드백 평가. |
| 공유 (Share) | • 기관별 정보가 아닌 부처간 통합 정보제공.<br>• 정부 포털 구축.<br>• 플랫폼으로서의 정부. |
| 개방 (Openness) | • 오픈 소스.<br>• 정부 정보 공개. |

한편, 전자정부 컨설팅업체인 가트너 그룹(Gartner Group)은 웹2.0이 정부 서비스에 적용될 수 있는 구체적인 유형을 네 가지로 제시하였는데, Better online services(사례/판례 관리, 관리 업무를 줄이기 위한 RSS 접목), Better Integration(지형 정보를 이용한 토지와 건물 등록, 차량 등록자 거주지와 지도를 매핑[mapping]하여 교통량 관리 및 사고 보고 등에 이용, 세금 신고 때 은행계좌 정보, 자동차 리스 정보, 보험료 납부 실적에 대한 정보제공), Re-intermediation(은행의 세금 납부 실적 관리, 이민 갈 때 여행사와 서비스 연동, 협회에 등록하면 자동으로 정부에 등록되게 통합 지원, 노동조합, 가상 커뮤니티 등록 정보와 연계된 구인구직), Constituent Participation(블로그나 위키 기반의 서비스 활용, 서비스 피드백과 블로그를 통한 사용자 평가, 폭소노미를 이용한 콘텐츠 태깅) 등이 그것이다.

Gov. 2.0의 다음 단계는 궁극적으로 전자정부의 최종 귀착점으로 볼 수 있는 네트워크 정부인데, 정부의 가장 이상적인 서비스를 구현하는 네트워크 정부에서는 부처나 기관 사이에 경계가 없는(seamless) 통합된 정보 서비스, 시민들에 대한 개인맞춤형 정보 등을 실시간으로 제공할 수 있으며 정부-시민간의 연계가 더욱 공고하게 구성된다는 특징이 나타난다.

## 3. 우리나라의 전자정부

우리나라의 전자정부는 2001년의 전자정부법('전자정부구현을위한행정업무등의전자화촉진에관한법률') 제정을 계기로 공식화되었는데, 최초로 행정전산화가 추진된 것은 대통령의 지시로 정보화가 시작된 1975년까지 거슬러 올라갈 수 있다. 1987년에는 행정전산망 종합 계획이 확정되어 국가기간전산망 사업을 통해 주민 · 토지 · 자동차의 기본적인 행정 정보를 전산화하여 초보적인 수준의 전자정부 서비스를 구현하였다. 1996년부터 '전자정부' 개념을 도입하였지만[12] 전체적인 국가 정책 차원에서 비전과 철학을 제시하는 전자정부의 틀이 체계적으로 완성된 것은 본격적으로 법이 제정되어 시행되기 시작한 2001년으로 평가한다.

우리나라의 전자정부는 ICT 강국으로서의 자부심과 함께 지속적으로 발전해왔는데, 정보화 정책의 초기 단계에서 정부의 슬로건은 '산업화는 뒤졌지만 정보화는 앞서 가자'일 정도로 의욕적인 정부 주도형 정책을 추

**12** 우리나라에서 '전자정부'라는 용어는 1996년 당시의 정보통신부가 제시한 정보화 촉진 기본 계획의 10대 과제 중의 하나로서 '작지만 효율적인 전자정부 구현'이 포함되면서 정부의 공식 문서에 처음으로 등장하였다.

진해왔다.[13] 이와 같은 국가 주도의 발전론적 관점은 이후의 모든 전자정부 서비스의 전체 체계를 지배하고 있다.

일례로 우리나라에서 ICT 정책의 기본 개념은 '촉진'을 중심으로 정부 주도하에 진행되며 대부분의 ICT 공공기관 명칭은 '진흥'(development)을 포함하고 있다.[14] 이는 정책의 양적이고 발전 국가적인 특성이라고 평가할 수 있는데, 모든 것이 개발과 진흥과 촉진의 대상이라는 점을 내포하고 있는 단적인 특성이라고 볼 수 있다. 물론 정책의 기조는 진정한 '진흥'을 구현하기 위해 개발보다는 '활용'으로 전환되었지만 그럼에도 불구하고 2008년 말 공공기관 통폐합 정책에 의해 새롭게 탄생한 기관들의 명칭 역시 여전히 '진흥'을 채택하고 있다는 점 또한 눈여겨볼 만한 사항이다.

어쨌든 정부는 2001년 전자정부법 제정 이후 2007년까지 대부분의 전자정부 세부 서비스를 구축하였으며, 특히 시민을 위한 G4C(Government for Citizen) 서비스도 G2G(Government to Government), G2B(Government to Business) 만큼 비중 있게 다루어지고 있음이 중요하다. G4C 서비스의 경우는 초창기 전자정부 서비스에서는 다른 분야의 서비스처럼 G2C, 즉 시민에 대한 정부의 서비스(Government to Citizen)로 명칭이 정해졌지만 이후 시민을 '위한' 서비스라는 개념이 강조되면서 G4C 서비스로 표현하게 되었다.

---

13 이러한 정책 추진의 성과는 전자정부 세계 지표에서 수위를 차지한 것으로 가시적으로 나타났는데, UN 전자정부 준비지수에서는 5위(2004년, 2005년), 6위(2007년, 2008년), 미국 브라운대학 전자정부 평가에서는 1위(2007년)를 기록했다.

14 한국정보화진흥원 · 한국인터넷진흥원 · 정보통신산업진흥원 · 한국전파진흥원 · 한국데이터베이스진흥원 · 한국콘텐츠진흥원 등이 그것이며, ICT 분야 외의 공공기관에도 진흥이 포함되어 있는 기관은 100개가 훨씬 넘는다.

[표 2-2] 전자정부 사업 추진 연혁

| 구분 | 주요 추진 내용 |
|---|---|
| 초창기<br>(1960~1970년대) | • 경제기획원 조사통계 업무에 컴퓨터 도입(1967년).<br>• 행정전산화 5개년 기본 계획 수립(1978년 총무처). |
| 기반 조성기<br>(1980~1990년대) | • 국가기간전산망 사업추진 방침 결정(1983년).<br>• 컴퓨터 프로그램 보호법, 전산망 보급 확장과 이용 촉진에 관한 법률 등 기반 확보(1986년).<br>• 초고속 정보통신 기반 구축 기본 계획 발표(1993년).<br>• 정보화 촉진 기본법 제정(1995년).<br>• 국가경쟁력 강화를 위한 정보화 전략 발표(1996년).<br>• 정보화사업 평가제도 도입(1997년). |
| 본격 추진기<br>(2000년대) | • 정보 대표 홈페이지 개통, 정보화 책임관(CIO) 지정 운영에 대한 훈령 제정(1998년).<br>• 전자정부 종합실천계획 수립, 통계종합 정보시스템 서비스 개시(1999년).<br>• 전자정부 구현을 위한 행정업무 등의 전자화 촉진에 관한 법률 제정(2001년).<br>• 전자정부 11대 과제 선정 및 전자정부특별위원회 운영 개시(2001년).<br>• 전자정부 로드맵 31대 과제 확정(2003년) 및 추진(2003~2007년).<br>• 전자정부법(구, 전자정부 구현을 위한 행정업무 등의 전자화 촉진에 관한 법률) 개정(2007년).<br>• 차세대 전자정부 수립(2007년). |

* 출처: 행정안전부 · 한국정보화진흥원(2008: 21)

정부 웹사이트를 기준으로 보면 2008년 현재 한 부처당 평균 38개의 사이트가 있고, 43개의 정부부처 웹사이트 수는 1,634개에 이른다.[15] 이외에 정부 블로그 40여 개까지 합친다면 그 규모에 있어서는 2009년 현재 약 2천 개 이상의 정부 채널이 온라인에서 제공되고 있다고 할 수 있다. 물론 이러한 다양한 서비스의 제공에도 불구하고 국민이 얼마나 정부 사이트를 알고 얼마나 자주 효율적으로 정부 서비스를 이용하고 있는가는 별개의 문제이다.

15 2008년 10월 30일의 국회 예산결산특별위 한나라당 황영철 의원의 정부부처 웹사이트 운영 현황 자료 분석 결과 참조(「파이낸셜뉴스」, 2008. 11. 30).

2008년에 이명박 정부에서는 '이제 문제는 ICT의 촉진이 아니라 활용'이라고 선언하여 전체적인 체계 정비와 서비스 활용의 본격화 단계에 접어들었다. 이명박 정부의 최초의 정보화 계획으로서 2008년 11월에 수립된 국가정보화기본계획은 1995년에 제정되어 10년 이상 국가정보화의 기초가 되었던 정보화촉진법을 국가정보화 기본법으로 전면 개정하여 공식적으로 정보화 정책의 가치를 '촉진'에서 '활용'으로 변화시켰다. 즉, 어느 정도의 인프라가 갖추어졌으므로 사용자의 활용률을 높이는 것이 중요한 정책적 과제라는 것이다. 앞서 지적한 것처럼 전자정부의 목적이 행정 효율성 향상과 대민 서비스 활성화라면 이러한 전자정부의 전체적인 정책 방향성은 바람직하다.

**[표 2-3] 우리나라의 전자정부 지원 사업 예산 투자 규모**

(단위: 억 원)

| 연도 | 2003~2007년 | 2008년 | 2009년 | 2010년 이후 | 합계 |
|---|---|---|---|---|---|
| 투자액 | 9,245 | 1,450 | 1,052 | 3,500 | 15,247 |

* 출처: 국회예산정책처(2009: 14)

그러나 공급자 입장에서의 정책 추진 성과와 수요자인 국민 입장에서의 참여 정도는 언제나 비례관계로 진행되는 것이 아니다. 일례로 국민 참여 서비스에는 포함되어 있지만 여전히 정치적 갈등 속에서 거버넌스를 통해 현실화되지 못하고 있는 전자투표 서비스나, 민원 요청의 규모에 비해 상대적으로 정책 제안 건수가 적은 원인, 그리고 10년 동안 2조 원 이상[16]의 비용을 투입한 국가 정책인 전자정부 사업의 실질적인 정책 효

16 단일 전자정부 사업의 투자 내역은 [표 2-3]과 같이 2003년부터 2010년 정도까지 1조 5천억 원 정도이다. 그러나 2001년과 2002년의 사업 비용이 누락되었기 때문에 단순 추정치만으로도 2조 원이 넘는다는 것을 알 수 있다.

과에 대한 평가가 이루어지지 않는다면 '활용'이라는 정책의 당위성조차 큰 의미를 가지기는 어렵다.

# 제2장
# 온라인 국민 참여 서비스의 진화

제2장에서는 많은 전자정부 서비스 가운데 G4C 서비스를 중심으로 온라인 국민 참여 서비스의 국내외 주요 사례와 정치적 의미를 평가한다. 온라인 국민 참여의 가장 큰 특징은 참여를 위한 비용을 감소시킴으로써 참여를 용이하게 한다는 것이다. 여기에서는 이러한 원칙을 기준으로 하여 국민이 효능감을 가장 가깝게 실감하고 정부에 대한 신뢰도에도 영향을 미칠 수 있는 가장 효과적인 기제로서 G4C 서비스를 단계적인 서비스 확대 요소를 중심으로 정보제공, 정보 공개, 민원 처리, 정책 제안으로 구분하여 분석한다.

## 1. 정보제공형 서비스: 콜센터와 정보 공개

### 1) 정부 채널의 확대: 콜센터[17]

커뮤니케이션 채널로서 전화는 보편적으로 사용되고 있고 누구나 손쉽게 이용할 수 있다는 장점을 가지고 있다. 게다가 최근 ICT와 결합되면서 전화는 그 어느 때보다도 더 편리하고 더 많은 기능을 수행할 수 있게 되었다. 이 때문에 민간 기업은 물론이고 공공기관까지도 콜센터를 통해 고객 서비스를 제공하려고 시도하고 있다.

콜센터는 컴퓨터를 이용하기 어려운 노인 계층이나 장애인 등을 위해 직접 상담원이 음성안내를 하는 서비스인데, 콜센터 구축이나 전화 통화 처리에 디지털 기술을 활용하기 때문에 전자정부의 대표적인 시민 참여 서비스로 분류된다. 또한 시민이 전자정부 서비스의 종류와 소재를 알기 위해 접하는 정부와 시민 만남의 첫 번째 창구로서도 정부 콜센터 서비스는 매우 중요한 서비스이다.

일반적인 의미의 콜센터는 1960년대 기업에서 시작하였으며, 주로 전화를 통해 소비자의 불만을 접수하고 처리하는 기능에 주력하였다(콜센터의 진화 과정은 [표 2-4] 참고). 그러나 1990년대 ICT가 발달하면서부터는 채널을 더욱 확대하여 인터넷이나 화상 통화, 전문가 상담 등으로 고도화되었으며, 단순한 불만의 처리가 아니라 공공기관의 정보를 알리고 상담을 하는 등으로 서비스가 진화하는 특징을 보이고 있다.

특히 미국과 캐나다에서는 채널의 확장을 통해 국민들의 불만을 실시간으로 해결하는 것에 중점을 두고 있으며, 이러한 효과를 거두기 위해 첨단의 ICT 기술을 활용하고 있기도 하다. 채널의 확대는 정부의 서비스 확장과 시민과의 접점 확대라는 특징을 반영하는 것으로 미래 사회에서는 정부의 다채널 혹은 다기능 처리가 더욱 확대될 것으로 전망할 수 있다.

---

**17** 콜센터에 대한 세부 분석 자료는 윤영민 · 김동욱 · 조희정(2007), 국가경영연구원(2009. 6) 참조.

[표 2-4] 콜센터의 변화 과정

| 시기 | 대표적 형태 | 특징 |
|---|---|---|
| 1960년대 | Ford사의 800 서비스 (무료전화) | • 소비자 연맹의 소송에 의해 연방법원이 자동차 회사인 포드사에 문제 있는 차에 대한 불만을 접수하는 창구 개설을 명령하여 시작됨(수동적 반응에서 시작).<br>• 주요 장점: 비용 절감.<br>• 중앙 집중화된 운영 방식.<br>• 응답 내용이 간단하고 단순하기 때문에 고도의 지식을 필요로 하지 않음.<br>• 초보적인 커뮤니케이션 기술 활용. |
| 1970년대 | 전화 | • 소비자 선호가 대중시장, 상품, 서비스보다 개인화되는 경향으로 변화.<br>• ACD(Automatic Call Distributor) 기술 적용으로 대량 통화 처리 가능.<br>• 전문 지식을 갖춘 상담사는 여전히 적은 상태.<br>• 고객과 기업의 관계 개선에 기여하는 역할이 강조됨. |
| 1980년대 | GE사의 Answer Center | • 콜센터 시장의 급격한 확대(기업 콜센터가 늘어나고 상담사 고용 인력이 증가).<br>• 불만뿐만 아니라 고도화된 고객 요구를 적극적으로 수용하는 방식으로 변화. |
| 1990년대 | 이메일, 팩스, 우편, 무선전화, 웹 | • ICT 적용.<br>• 주요 장점: 접속 편리성, 친밀감, 개인정보화.<br>• 기업 가치 제고와 차별화 전략으로 활용됨.<br>• 높은 수준의 커뮤니케이션 기술 필요.<br>• 비용 절감(cost centre)에서 수익 창출(profit center)로 기능 변화.<br>• CRM(Customer Relationship Management)과 연동되는 추세.<br>• 공공 부문에서 민간 부문의 콜센터를 벤치마킹하여 도입하기 시작. |
| 현재 | 음성안내, 콜백 | • 다양한 채널을 활용하여 개인맞춤 서비스 제공.<br>• 전문적인 컨설턴트로서의 상담사 역할 중요.<br>• 웹 콜센터가 증가하는 추세(VOIP[Voice over IP]기법 도입). |

* 출처: Ambriola, A., Bertagnini, S, Pratesi, L(2007: 158~159); Bagnara, S(2000. 11)를 재구성(국가경영연구원 2009. 6: 93에서 재인용).

이러한 특징으로 인해 초기의 정부기관 콜센터의 명칭은 전화 응대를 강조한 퍼블릭 콜센터(public call center)였지만, 채널이 다양화되고 서비스가 고도화된 이후로는 '만남'을 강조하는 컨택 센터(contact center)라는 명칭이 보편적으로 사용되고 있다. 즉, 콜센터가 전화를 통한 서비스를 의미한다면, 컨택 센터는 우편, 이메일, 팩스, SMS, 채팅 등 모든 접촉 채널을 포함하는 광의의 개념이라고 할 수 있다.

### (1) 해외의 콜센터 서비스 사례

해외의 콜센터로 대표적인 것은 프랑스 · 캐나다 · 미국 · 영국의 콜센터이다. 이들 콜센터는 앞서 지적한 것처럼 단순히 전화 응대에 머무는 것이 아니라 실질적으로 세금 정보 안내나 구직 안내 등을 통해 국민의 생활 편의성과 정부에 대한 효능감을 높이는 데 주력하고 있다(해외의 콜센터 현황에 대해서는 [표 2-5] 참조). 특히, 정부를 처음 대하는 첫 번째 창구로서의 의미를 적극적으로 활용하여 전문가 상담이나 화상 상담 등 여러 가지 다양한 방법으로 서비스를 제공하고 있다.

전세계적으로 콜센터의 확대는 앞으로도 지속될 전망이지만 우리나라의 경우에는 단지 안내에만 머물러 있기 때문에 좀 더 고도화된 서비스가 필요하다고 볼 수 있다. 우선 해외의 우수한 사례로서 프랑스 · 캐나다 · 미국 · 영국의 콜센터의 운영 현황과 특징을 알아본다.

[표 2-5] 해외의 정부 콜센터 현황

| 국가 | 명칭(웹사이트) | 특징 |
|---|---|---|
| 미국 | National Contact Center of the Federal Consumer Information Centre(info.gov) | • 지방정부의 콜센터. |
| 호주 | Rural Transaction Center (htpp://www.dotrs.gov.au/rtc/index.htm) | • 농촌 지역 거주민들에게 이메일이나 전화로 서비스 제공. |
| | 빅토리아주의 MAXI(maxi.com.au) | • 공공 키오스크에서 인터넷이나 전화로 서비스. |
| | Service Tasmania (servicetasmania.tas.gov.au) | • 주정부에 웹을 비롯한 여러 다양한 방법을 통해 접속.<br>• 연방정부부터 지방정부까지 모두 커버 가능. |
| 캐나다 | 우정국 콜센터 (canadapost.ca) | • 8개의 분산 독립형 콜센터를 3개의 통합 거점형 센터로 통합하여 운영.<br>• 전화, 이메일, 팩스 등 다양한 채널을 통해 배송 및 전자상거래 운영.<br>• 단일 시스템을 이용한 일관적이고 지속적인 응대가 가능한 상담 서비스 제공.<br>• 서비스 품질 향상 및 세일즈 역량 강화로 지속적으로 매출 증대. |
| 프랑스 | Allô (service-public.fr/accueil/renseignement_3939_oct2004.html) | • 2004년 9월 서비스 시작(개통 첫날 10만 명의 시민이 이용).<br>• 정부 콜센터(간편하고 현대적인 정부 이미지 창출/공무원의 업무 집중도 향상을 목적으로 함).<br>• 단일 전화번호(3939번)로 정부의 모든 서비스 안내(주: 우리나라와 가장 유사한 형태).<br>• 서비스 시간: 오전 8시~오후 7시(월~금), 오전 9시~오후 2시(토).<br>• 시민의 질문을 3분 이내 처리하는 것을 원칙으로 함. |
| 이탈리아 | SuperAbile(superabile.it) | • 장애인을 위한 콜센터. |
| | Canavese CallDtc (literally Call the District) (canavese.to.it/pa/calldtc/default.asp) | • 지방정부 콜센터. |
| | Pubblicamente (pubblicamente.it) | • 지방행정 안내 콜센터. |
| 미국 | 뉴욕 311 | • 뉴욕시가 추진.<br>• 911 서비스에 신고되는 비긴급 전화를 줄여 범죄, 방재 등에 신속 대응하기 위한 목적으로 신설.<br>• 365일 24시간 서비스 운영.<br>• 외국어 통역 서비스 실시. |
| 영국 | Hertfordshire주의회 콜센터 (hertscc.gov.uk) | • 다중 채널의 컨택 센터로 운영.<br>• 다각도의 고객 정보를 실시간 제공. |
| | Hull시 콜센터 (hullc.gov.uk) | • 전자정부 CRM의 채널 전략의 일환으로 도입.<br>• 통합 상담 DB 활용.<br>• 자동화된 스크립트를 사용하여 표준 상담 시행. |
| | Bedfordshire 지방의회 콜센터 (bedfordshire.gov.uk) | • 서비스에 대한 정기적인 평가.<br>• 콜센터 오픈 후 상담사의 10초 이내 응대율이 이전의 57%에서 95% 이상으로 향상됨.<br>• 연간 4억 원 내외의 비용 절감 효과 기대.<br>• 개별맞춤 상호작용센터 지향. |
| EU | EUEurope Direct (europa.eu.int/europedirect) | • 2000년 5월 서비스 시작.<br>• EU에 대해 시민들이 궁금해 하는 질문에 대한 해답을 제공하는 서비스.<br>• 회원국의 시민이면 모두 무료로 이용 가능.<br>• 11개국 언어로 무료 통화 서비스 제공.<br>• 오전 9시에서 오후 6시 30분까지 서비스(월~금).<br>• 연 예산 170만 유로(2003년 현재).<br>• 매월 4,500~5,000건의 문의 처리. |

출처: 국민권익위원회(2006. 10); 한국정보화진흥원(2004: 10~11); 한국정보화진흥원(2004. 7: 59~81); Ambriola, A., Bertagnini, S, Pratesi, L. (2007: 160); *eGovernment News* 03/07/15, 04/04/26을 재구성(국가경영연구원 2009. 6: 95~96 재인용).

① **프랑스의 '알로 3939 서비스'** (Allô Service Public 3939)

2000년 프랑스의 정부 부처간 행정정보 서비스 센터(Centre interministériel de renseignements administratifs, CIRA)[18]는 인터넷에서 시민들을 대상으로 행정 절차에 관련된 정보를 제공하기 위해 정부 통합정보 웹사이트(service-public.fr)를 개설하였다. 2003년에는 3939로 통합된 번호를 통해 행정 정보서비스를 실시하였는데 2003년 한 해 동안 200만 건의 방문 건수를 기록하였으며, 프랑스 국가개혁청에 따르면 3939 서비스 시스템은 매일 1만 건의 통화와 매월 25만 건의 전화를 받을 수 있는 정도의 성능으로서 2007년 1년 동안에는 120만 명이 사용하였다.

이와 같은 통합 번호를 운영한 목적은 이용자의 단순한 행정 문의에 빠른 시간 안에 답변하기 위한 것으로서 당시 목표는 다양한 주제의 질문에 대해 벨소리가 다섯 번 울리기 전, 3분 내에 대답하는 것이었다.[19] 즉, 전자정부 정책의 일부로서 콜센터를 통해 간편하고 현대적인 정부 이미지를 창출하고 공무원의 업무 집중도 향상을 이룬다는 것으로 현재까지도 비교적 오랫동안 안정적으로 시행되고 있는 정부 서비스라고 평가할 수 있다.

'알로 3939'의 답변 분야는 공문서(자동차등록증 · 운전면허증 · 신분증 · 여권 · 결혼증명서 등), 선거, 외국인의 권리와 국적 취득 문제, 이익 단체에 관련된 법률, 노동과 고용(노동법, 취업, 해고, 자진 퇴사, 휴가 등), 친권(이혼, 별

18 1956년에 설립된 이 센터의 목적은 행정 정보를 전화로 제공하고, 이용자가 행정 관련 서류 및 절차를 진행하는 것을 쉽게 하는 것이었다. 또한 정부부처간 업무를 수행했기 때문에 행정정보 서비스 센터는 총리실 산하로 운영되었다. 2006년 12월 행정정보 서비스 센터에 직접 고용된 정규직은 40명이었고 각기 다른 정부 부처에 소속된 직원이 80명이다. 이들 기관에는 전화교환원 외에도 법률 전문가들이 고용되어 시민들에게 정보 서비스를 제공한다는 점이 우리나라의 콜센터와 다른 특징이다.

19 servicedoc.info/spip.php?page=article&id_article=2077(검색일: 2009. 4. 30).

거, 동거, 상속, 증여 등), 주거 및 도시 환경, 공공부조 및 가족 부양, 보건 및 사회보장, 은행 및 보험, 공직, 세관, 국세청, 교육, 농업과 환경 등이다. 특이 사항은 3939 서비스는 일반 정보를 제공할 뿐 사용자의 개인정보에 관련된 사항을 제공하지 않는다는 것이다.

운영 시간 및 요금은 월요일에서 금요일 오전 8시에서 오후 7시까지, 그리고 토요일은 오전 9시에서 오후 2시까지이며[20] 프랑스 본토에서는 3939번으로(유선전화에서 걸 때, 시내 통화료 부담), 프랑스 본토 이외의 외국에서는 +33 1 73 60 3939(해당 지역에서 지역 전화통화료, 국제통화료 부담)이다.

비교적 오랜 시간 그리고 거의 유일하게 전국적 정부 서비스를 제공하고 있는 해외 사례로서 프랑스의 '알로 3939'는 그 모태라고 할 수 있는 CIRA의 40년에 이르는 오랜 시행 기간이라는 경험을 토대로 발전하였다. 특히 일반 전화교환원 외에 각 기관 및 법률 전문가를 배치하여 상담의 전문성을 높이는 운영 형태를 통해 시민 편의성과 신뢰를 높일 수 있는 매우 효과적인 방법이라고 평가할 수 있다. 1단계의 단순 민원 상담과 2단계의 전문가 상담 연계 방식이 안정적으로 시행될 경우, 시민의 만족감은 더욱 증대될 가능성이 높다.

CIRA의 주도적 역할 하에 '알로 3939' 서비스와 정부 주요 기관의 연계가 단계적으로 확장되어가고 있는 것도 기관간 연계와 통합을 목표로 하는 우리나라에서 참고할 만한 대목이다. 즉, 시민이 주로 찾는 기관을 중심으로 단계적으로 기관을 연계하고 확장할 경우에 시민의 편의성과 만족도가 높아질 수 있으며, 이는 '알로 3939'의 2단계 응대에서 주로 시민들이 찾는 CIRA와 조세 서비스센터의 상담이 이루어진다는 것을 통해

**20** 초기에는 평일 오전 8시부터 오후 7시까지, 토요일 오전 9시부터 오후 2시까지 운영되었는데, 이후 사용량이 증가하면서 이용 시간도 확대하게 되었다.

서도 확인할 수 있다. 아울러 기존의 지방 센터 조직을 중앙 조직으로 통합하여 확장된 인력으로 서비스 고도화를 제공하고 있는 점도 특징적이며, 시민이 편하게 정부에 대한 정보를 모두 검색할 수 있는 정부통합정보를 웹사이트를 통해 제공하는 방식은 시민의 편의성을 높이고, 비용을 절감할 수 있는 효율적인 방법으로서 미국과 프랑스의 사례에서 돋보이는 부분이다.

② **캐나다의 '서비스 캐나다'** (Service Canada)

캐나다의 콜센터는 국민의 사용 편의성을 높이고, 불필요한 업무 중복을 절감하는 것을 목적으로 한다. 2005년 9월에 시작된 '서비스 캐나다'는 정부 서비스를 국민이 어떤 채널을 통해 정부에 대해 알고 싶더라도 더 쉽고 편하게 원하는 정부의 정보를 전달하기 시행된 서비스로서 2009년 현재까지 4년째 시행되고 있다.

'서비스 캐나다'의 규모는 2006년 9월 기준으로 캐나다 전국에 587개의 직접 방문이 가능한 서비스 센터[21]와 인터넷[22]을 통해 서비스한다.[23] 2007년 3월 현재 캐나다에는 327개의 총괄 서비스가 가능한 서비스 캐나다 센터가 있으며, 260개의 원거리에 있는 서비스 캐나다 커뮤니티 사무실이 있다. 즉, (유무선) 무료 전화,[24] 인터넷,[25] 우편 혹은 개인의 직접 방

**21** 2007년을 기준으로 전체 캐나다인의 95%가 자신이 사는 지역의 50km 반경 내에서 이 서비스에 접근 가능하다.

**22** 서비스 캐나다의 웹사이트(servicecanada.gc.ca)에서는 관련 실무 자료와 백서, 발전 전략, 목표 등의 정보를 매우 구체적으로 제공하고 있다.

**23** 특히 2006~2007년 동안에는 171개의 전화와 인터넷 서비스 창구가 개설되었다(Service Canada 2008: 1).

**24** 전화번호는 1 800 622-6232로 영어 번호로는 1 800 O-Canada이다.

**25** 특히, 무선인터넷을 통해 이 서비스를 이용하는 캐나다인의 규모는 약 25만 명 정도이다.

문을 통해서도[26] 원스탑 개인 서비스를 받을 수 있게 하는 것이 목표인 다채널 민원 정보제공 서비스라고 할 수 있다.

기본적인 서비스의 비전은 더 나은 서비스를 통해 캐나다인들이 더 많은 이득을 보게 한다는 것이고 그러기 위해서는 안전하고, 우수한 정보를 통해 개인맞춤의 원스탑 서비스를 제공한다는 것이다. 따라서 서비스의 기본 개념은 정보 전달에 있으며, 그 방법이 콜센터 일반과 같이 전화로 한정되어 있지 않은 열린 채널의 개념이라고 할 수 있다.

서비스는 캐나다 사용 언어의 특성상 영어와 프랑스어로 제공되지만 점차 소수 계층을 위한 언어 서비스를 확대하여 캔논어 · 만다린어 · 타밀어 · 힌두어 · 아랍어 · 펀잡어 등의 서비스를 제공한다. 특히 매주 '서비스 캐나다' 세 팀 중의 두 팀은 각 지역으로 조사를 가는데 다양한 언어 사용자들이 편하게 연금, 고용, 노후 플랜을 짤 수 있도록 지원하는 일종의 출장 서비스까지 시행하고 있다.

운영 시간은 평일 오전 8시 30분에서 오후 4시 30분까지이고[27] 외국에서 여행하는 많은 캐나다인들도 무료로 이 전화를 사용할 수 있다. 서비스의 범위는 여권 발급부터 사회보장번호 발급에 이르는 매우 광범위한 범위까지 제공되며, 세금 납부자들에게 2006년 1년 동안에만 50개의 프로그램과 서비스를 안내하여 2억 9천 2백만 달러를 절약하였다.

'서비스 캐나다'의 서비스 체계는 고용보험 프로그램(Employment Insurance Program, EI), 고용 프로그램(Employment Program, EP), 연금 플랜(Canada Pension Plan, CPP), CPP Disability, Guaranteed Income Supplement(GIS), 사회보장번호(Social Insurance Number, SIN), 노년 보호

**26** 서비스 캐나다 사무실의 정식 명칭은 Service Canada Centre이다.

**27** 몇몇 지역은 오전 8시부터 오후 8시까지 시간을 늘려 운영하기도 하며, 특히 2006년부터는 토론토 시내의 경우는 토요일과 일요일까지 서비스를 확대하고 있다.

프로그램(Old Age Security Program, OAS) 그리고 학생 대출 프로그램(Cana Student Loans Program, CSLP)과의 연계 서비스를 제공한다.

2007년 말 현재까지 제공되는 서비스의 종류는 77개이며, 이러한 서비스 연계는 '서비스 캐나다'의 중요한 운영 방식으로 평가된다. 전체 135개의 특수번호 가운데 단계적으로 17개 번호를 통합하였으며 이로써, 국민들은 단일 번호를 통해 연락이 가능하고, 신속히 반응하는 서비스를 받게 되었으며, 불필요한 중복 응답을 듣지 않아도 되게 되었다.

2007년 3월부터는 국가 단위의 홍보를 시행하여 TV · 라디오 · 인터넷을 통한 적극적인 홍보를 전개하였다. 홍보의 메시지는 매우 분명하고 간단하였는데 국민들이 '서비스 캐나다'를 통해 얻고자 하는 편익을 제공하겠다는 것이었다(Service Canada, 2008: 8). 그 결과 2004~2005년의 2년 동안 이 네트워크 콜센터에서는 상담사가 1백만 명 이상의 통화를 처리할 수 있게 되었으며, 실제로는 연평균 5천 6백만 통화를 받고 있다.[28] 이러한 통화율은 전체 정부로 들어오는 통화량의 80%에 달하는 높은 비중을 차지한다. 이전의 조사에서 국민들의 80%가 정보를 어디에서 구해야 할지 모르겠다고 응답한 것에 비하면 매우 큰 효과가 나타난 것이다.

'서비스 캐나다'는 국민이 사용하는 다양한 모든 채널을 통한 정보 접근이 가능하게 한다는 원칙을 강조한다. 즉, 정부가 제공하는 방식에 국민이 맞추는 것이 아닌 국민이 편하게 사용할 수 있는 모든 채널에 정부의 정보를 원스탑으로 제공하는 열린 행정을 구현하고 있는 것이라고 볼 수 있다. 특히 이와 같이 다양한 채널을 제공하면서, 오프라인에서의 면대면(face to face) 방식의 친절한 대면 서비스를 강조하고 있는 것도 특징이라고 할 수 있다. 즉 다양한 창구만 열어놓고 기술 편의를 제공했다고

**28** 전체적인 '서비스 캐나다' 상담원은 1만 7천 명이다.

그치는 것이 아닌, 국민에게 적극적으로 다가가서 문제를 해결하는 것을 서비스의 원칙으로 훌륭히 구현하고 있는 것이다.

또한 일반적인 지역과 함께 특히 소외된 지역에의 서비스 제공을 강조하며, 운영 방식에 있어서는 기관간 통합 네트워크 구축 및 다양한 채널을 제공하고, 운영 평가에 있어서는 서비스 표준 수립 및 과학적인 사용자의 수요 조사 및 분석 등이 제시되고 있다. 즉 사용자를 계층화하고 그들의 특성별로 현재 사용하고 있는 정부 서비스, 앞으로 필요로 하는 수요의 내용과 빈도를 정확하게 분석하여 이를 서비스에 지속적으로 반영한다는 과학적 관리 방식이 특징적이다.

### ③ 미국의 컨택 센터

미국에서는 오바마 정부의 등장 이후 시민을 위한 서비스에서 시민에게 다가가는 서비스로의 정책 변화가 매우 적극적으로 이루어지고 있다. 이러한 정책 기조 하에 콜센터 역시 컨택 센터로 확립되고 있으며, 그러한 활동의 중심에는 FIC와 G3C[29]가 있다. 전체적인 시민 서비스는 시민 서비스 정부 웹페이지(citizenservices.gov)를 통해 정보를 제공하고 있는데 '시민을 연결하고, 정보를 공유하며, 시민에게 봉사한다'(Linking people, sharing knowledge, serving citizens)는 이 웹페이지의 부제는 현재 미국 정부의 대민 서비스의 특징이라고도 할 수 있다.

29 G3C는 미국 General Services Administration의 지원으로, 30개 기관의 50여 명에 달하는 각 주의 컨택 센터 책임자들로 구성된 미국 유일의 공공기관 컨택 센터 협의체이며, 이들 위원회에서는 주로 모범 사례, 연구 및 개인적인 경험을 공유한다. 특히 최근의 기술적 발전 성과라고 할 수 있는 웹을 통한 협동(web collaboration), 웹 대화(web chat) 그리고 웹2.0 개념 등을 기반으로 신기술을 활용하여 비용을 절감할 수 있는 방안에 대해 알아보기도 한다.

㉮ **연방정보센터**(Federal Information Center, FIC)**의 정보제공**

FIC(usaservices.gov)는 1970년에 총무처 산하에 설치되었으며 민간 위탁을 통해 운영 중이다. 이곳에서는 무료 전화번호 800-333-4636을 통해 오전 8시에서 오후8시까지(동부 시간 기준, 휴일 제외) 시민이 연방기관의 프로그램 및 서비스에 대한 정보를 알 수 있도록 단일 접속 창구 역할을 하고 있으며 전국적으로 연간 2백만여 건의 상담을 실시하고 있다. 또한 웹페이지를 통해서는 오전 8시부터 오후 8시까지(휴일 제외) 정부 서비스 전문가와의 실시간 채팅을 실시하고 있다.

**[그림 2-1] 미국의 연방정보센터**

* 출처: http://www.usaservices.gov

전화 · 이메일 · 채팅 등을 통해 이루어지는 FIC의 활동에서 특히 중요한 것은 웹페이지를 통해 과거에 주로 제기되었던 시민의 질문을 모아 2,520건의 정부 서비스에 대한 데이터베이스(DB)를 만들고 이를 검색할 수 있도록 했다는 것이다. 이러한 DB 제공은 시민들이 정보를 얻는 비용을 절약하고 편리하게 접근할 수 있다는 장점이 있으며 전화 서비스와 연동되어 시행된다.

또한 DB에는 2006년 9월부터 여러 기관의 정보를 모아 서비스하고 있는데 주요 상위 20개 정보의 종류는 연금, 여권, 지방 행정, 사회안전 정책, 세금 환급, 주택 구입, 시민권, 무역, 국제 여행, 노동부 업무 등이다. FIC의 웹 DB는 현재 상담 DB의 활용도가 낮은 우리나라에 시사하는 바가 큰 정책이라고 할 수 있다.

㉯ 311 **서비스**

미국에서는 1996년부터 2007년 현재까지 49개 도시에서 311 서비스를 시행하고 있으며,[30] 앞으로 5개 도시로 서비스를 더 확대할 예정이다. 311 서비스는 볼티모어 경찰서에서 비긴급 상황에 대한 무료 신고 전화로 도입한 후 연방통신위원회(FCC)에 의해 전국적으로 시행되었다. 즉, 범죄 · 화재 · 의료 긴급전화(emergency call)인 911에 요구되는 많은 통화 가운데 비긴급 전화(non-emergency call)를 311로 분산시킨 것으로서 간단하고 직접적인 커뮤니케이션을 목표로 한다(DGS, 2000. 11: 5).[31]

뉴욕의 경우 311 서비스는 365일 24시간 운영되며 외국어 통역 서비스도 실시하는데, 지역별 운영 시간은 동일하지 않다. 시행 과정에서 각 도시는 911로 걸려오는 통화 가운데 311에 적합한 통화를 전환하기 위해

**30** 긴급전화인 911 서비스는 이보다 훨씬 오래전인 1968년부터 시행되었는데 911 서비스에 대한 요구량이 증가하면서 1996년 7월 23일에 클린턴 대통령은 긴급전화와 비긴급 전화를 구분할 필요가 있다는 논의를 법무부에 제시하였다(Lorraine Mazerolle, 2001: 4).

**31** 1970년대 후반과 1980년대 초에는 기존의 911 서비스를 통해 범죄가 줄어들거나 체포율이 높아지지 않았다는 911 서비스의 실제 효용에 대한 논란이 적극적으로 제기되었다(Lorraine Mazerolle, 2001: 1).

파일럿 테스트와 단계적인 통화 전환을 시행하였다. 응급 전화인 911 서비스와 철저한 이원화를 시도한 것이다.

311 서비스의 주요 내용은 교통 · 청소 등 생활 관련 신고 접수를 처리하는 것이며, 시민들은 어디에 전화할지 고민할 필요 없이 311, 911이라는 번호만 알면 정부 서비스에 접근 가능하다. 또한 도시별로 서비스 계획을 독자적으로 수립하여 시행하고 있지만 311 서비스 본래의 목적에 부합할 수 있도록 유기적으로 연결되어 있다. 그리고 뉴욕의 경우는 365일 24시간 서비스를 제공하는 지역도 있어 서비스의 운영이 매우 적극적으로 이루어지고 있다는 것을 알 수 있다.

311 서비스 운영 후 기존 콜센터와 대비하여 응답 시간과 통화 포기율이 50% 감소하는 등 보다 효율적이면서도 양질의 서비스를 제공할 수 있게 되었고, 정보 정책을 수립할 때 참조할 수 있는 시민의 요구 사항과 동향에 대한 통계 정보를 제공하여 시의 전반적인 서비스 역량을 향상시키는 효과를 가져오고 있다(한국정보화진흥원, 2004). 또한 911 통화 적체량이 크게 줄어들었고, 더불어 311 서비스의 이용률이 크게 증가하였으며, 시민의 만족도가 상승하고 있는 것으로도 평가되었다. 이러한 평가에는 1 통화당 응답 시간, 대기 시간, 통화 포기율, 생활 정보 안내 서비스 확대, 제공 서비스 내용별 비율 등 여러 지표가 활용되었다는 것도 특징으로 볼 수 있다.

④ **영국의 컨택 센터**(Contact Center)

영국의 콜센터는 1989년에는 13개 부처에만 설치되었는데, 1990년대 중반부터 각 기관별로 적극적으로 설치하기 시작하여, 2005년에는 198개의 센터로 늘어났으며, 상담사의 규모만 1만 5천 명이고, 45개 센터의 경우는 민간에 위탁하여 운영되고 있다.

영국의 정부 민원안내 콜센터 담당 부처인 NAO(National Audit Office)에서는 2003년에 전화를 통한 콜센터 서비스뿐만 아니라 특히 노인층에 초점을 맞춰 국민이 편하게 이용할 수 있는 모든 전자적 서비스(e-service)에 대한 보고서를 발간하였다.[32] 이 보고서에서는 노인층은 젊은 사람들보다 의료나 사회보험 등의 수요가 대단히 높고, 여타 연령층에 비해 소득이 적으며, 은퇴 등의 급작스러운 생활 변화를 경험하고, 도서관이나 공공시설에서 시간을 보내는 경우가 많다는 특징을 제시하였다.

영국의 전자정부를 추진하고 있는 이엔보이(e-Envoy)에서는 다양한 국민 접촉 채널의 발선을 매우 중요하게 강조하고 있는데, 정부와 각 부처의 목적은 국민의 수요에 대한 응대, 교육 제공, 정보의 효율적 활용으로 구분할 수 있으며, 여기에 따라 국민은 저소득층, 실업자, 여성 및 은퇴자로 구분할 수 있는데, 저소득층에게는 복지를 제공하고, 실업자에게는 복지 및 고용 지원을 하며, 여성과 은퇴자에게는 고용 지원과 교육 서비스를 제공할 수 있다.

이러한 서비스를 제공할 수 있는 채널로서는 저소득층에게는 인터넷과 PC, 콜센터가 가능하고, 실업자의 구직을 지원하기 위해서는 인터넷과 PC, 콜센터, 이동전화 서비스, 디지털 TV, 면대면 상담이 가능하다고 제시하고 있다. 또한 여성 및 은퇴자를 위해서는 콜센터와 디지털 TV 등의 채널이 효과적이며, 각 채널에 따라 현재의 서비스 수준과 미래의 목표를 제시하고 있다.

다양한 서비스 채널에 대한 정책적 고려는 IDA의 연구 사례에서도 볼 수 있으며, 유럽연합 차원에서도 중점적으로 추진되는 분야이기도 하다.[33] IDA의 보고서에서는 채널을 기기를 기준으로 구분하지 않고, 직접

**32** NAO(2003. 2. 13).

**33** IDA(2004).

성과 접근성, 속도, 보안과 프라이버시, 유용성에 따라 구분해야 한다고 보고 있다. 즉, 채널의 특징을 파악하여 계층별로 적절하게 사용해야 한다는 것이다. 이러한 기준으로 보면 각 채널의 특징은 [표 2-6]과 같이 평가할 수 있다.

**[표 2-6] 콜센터의 채널별 특성 비교**

| 채널 | 직접성 (directness) | | | 접근성과 수용성 (accessibility & inclusion) | | | 속도 (speed) | | | 보안과 프라이버시 (security & privacy) | | | 유용성 (availability) | | |
|---|---|---|---|---|---|---|---|---|---|---|---|---|---|---|---|
| | 높음 | 중간 | 낮음 | 높음 | 중간 | 낮음 | 높음 | 중간 | 낮음 | 높음 | 중간 | 낮음 | 높음 | 중간 | 낮음 |
| **카운터** | √ | | | √ | | | | √ | | √ | | | | | √ |
| **메일** | | | √ | √ | | | | | √ | | √ | | | | √ |
| **상담사** | √ | | | √ | | | √ | | | | √ | | | | √ |
| **자동응답** | | | √ | √ | | | √ | | | | √ | | √ | | |
| **웹사이트** | | | √ | | √ | | √ | | | | √ | | √ | | |
| **iDTV** | | √ | | | | √ | √ | | | | √ | | √ | | |

* 출처: IDA(2004: 27).

영국의 컨택 센터는 다음과 같은 열 가지 목표를 강조한다.

1) 컨택 센터의 운영자는 기업의 콜센터 사례를 참고하여 목표를 분명하게 제시해야 한다.
2) 서비스의 마케팅과 기술적 운영을 전담할 수 있는 프로젝트 팀이 구성되어야 한다.
3) 여타의 가능한 접촉 방법 등과 차별화된 서비스를 제공해야 한다.
4) 콜센터 시설뿐만 아니라 심지어 집에서도 제공 가능한 서비스 제공 방법을 선택해야 한다.

5) 국민의 계층에 따라 요구를 이해하고 이에 걸맞는 적절한 응대 서비스를 제공해야 한다.
6) 국민 요구의 본질을 이해해야 한다.
7) 국민의 요구를 사람과 서비스 제공 과정과 시스템에 적절히 적용할 수 있도록 이해해야 한다.
8) 컨택 센터의 모든 종사자는 국민의 요구에 초점을 맞춰 우수한 의사소통을 할 수 있도록 잘 훈련되어야 한다.
9) 서비스 상태에 대한 모니터링이 이루어져야 한다.
10) 국민의 요구가 변화하는 등 서비스 환경의 변화에 맞는 평가가 이루어져야 하고 이에 따라 기술적 발전도 이루어야 한다.

영국에는 인구의 15%에 해당하는 850만 명의 장애인이 있다. 따라서 이들에 대한 정부 서비스의 제공도 중요하기 때문에 전화를 이용한 서비스만이 아닌 장애 종류에 적합한 다양한 서비스 채널을 제공해야 한다는 지침을 정하였다. 이러한 사실은 1995년의 장애인법(*Disability Discrimination Act*)에서도 규정하고 있는 부분으로서 법조문에서는 모든 장애인은 장애의 종류에 적합한 정부 서비스를 받을 권리가 있다고 제시되어 있으며, 이 법에 따라 1999년 10월부터 컨택 센터 서비스를 제공하고 있다.

### (2) 우리나라의 콜센터

우리 정부에서도 여러 부처와 기관이 콜센터를 설치하여 운영하고 있으며, 대표적인 공공기관 콜센터만도 23여 개에 달한다. 그 가운데 정부민원에 대한 '대표' 안내 센터로서 정부민원안내콜센터는 국민이 전국 어디서나 하나의 전화번호만 기억하고 있으면 정부 관련 모든 민원에 관해 안내와 상담을 받을 수 있도록 하며, 그렇게 함으로써 궁극적으로 민원 서비스 이용의 편의성을 향상시키고, 행정 업무의 효율성을 증대시켜 민원 서비스 혁신을 완성하고자 한다.

정부민원안내콜센터는 첫째, 전국 단일 전화번호 110번을 통해 정부 서비스에 대한 접근 편의성을 향상시키고, 둘째, 자동응답시스템(ARS)을 통한 기계적 안내가 아닌 상담원의 직접 응대(personal touch)를 통해 친절한 서비스를 구현하며, 셋째, 정형 민원, 즉 단순 문의 사항에 대해서는 상담원이 직접 상담 및 안내하고, 끝으로 전문적인 질의 사항에 대해서는 기존의 민원 창구와 연계하여 서비스를 제공한다.

정부는 이 서비스를 통해 국민이 언제나, 어디서나, 누구든지, 또한 소관 행정기관에 관계없이 본인의 민원에 대해 편리하게 안내 또는 상담을 받을 수 있으며, 각 부서의 해당 민원 업무 담당자는 전화 안내 응대에 드는 시간과 부담을 경감하여, 결과적으로 행정 효율성이 증대될 수 있으리라고 기대하고 있다.

현재 우리나라에서 시민들이 가장 많이 사용하는 정부 콜센터는 국민권익위원회에서 운영하는 정부민원안내콜센터 110 서비스, 서울시가 운영하는 다산콜센터 120 서비스 등이 대표적이다. 2007년 5월부터 본격적으로 시작한 110 서비스의 경우, 지역번호 없이 110으로 연결하는 서비스인데, 주요 상담 내용은 중앙행정기관 · 광역 및 기초자치단체 등 모든 정부 관련 업무이며 이 가운데 단순 사항은 직접 안내하고, 생활 및 고충 민원의 경우는 해당 기관으로 중계한다.

서울시에서 운영하는 120 다산콜센터(120.seoul.go.kr)는 2007년 1월에 시범 운영을 한 것에 이어 9월 12일에 정식 오픈하였는데, 2009년 2월 28일까지 이용한 총 상담 건수는 4,752,827건으로서 하루 평균 약 1만 5천 콜이 이용되고 있다. 특히 120 다산콜센터는 110 콜센터와 달리 시간 제약 없이 365일 24시간 이용 가능하다는 점이 특징인데, 전체 상담 양 가운데 야간 상담은 총 753,792건으로서 하루 평균 2,746콜에 달하고 있다.[34] 이 외에 문자 상담[35]이나 청각장애인을 위해 화상을 통한 수화 상담까지 제공되고 있으며, 콜센터 웹페이지를 통해서는 서울특별시 인터넷 방송(tv.seoul.go.kr)도 함께 제공된다.

120 콜센터에서 주로 제공되는 정보는 시정 일반과 교통에 관련된 정보가 많은데 이는 시민들의 생활 편의를 위한 단순 정보제공이 많이 이루어지고 있음을 의미하기도 한다(주로 제공되는 정보의 주요 내용은 [표 2-7] 참조).

또한 상담 유형은 교통이 37.9%로서 압도적인 이용량을 보이고 있으며 그 외 수도 관련 상담이 많은 것도 특징이라고 할 수 있다. 이는 대도시의 특성상 교통 정보에 대한 시민들의 수요가 매우 높다는 특징으로 분석할 수 있다. 이러한 경향은 24시간 통화가 이루어지는 야간 통화에서 더욱 두드러지게 나타난다.

그러나 120 콜센터는 '2009년 누적 통화량 1,200만 건 돌파'라는 양적 효과에도 불구하고 민원인이 신원 비공개를 요청하여도 개인정보를 공개하는 것 때문에 논란의 대상이 되기도 하였다.[36]

한편 중앙정부에서 관리하는 110 정부콜센터 서비스를 통해서는 농촌이나 지방에 거주하거나 인터넷 활용이 어려운 노년층 등 민원 제기의 사각지대를 해소하는 데 상당 부분 기여했다고 평가되고 있는데, 실제로 상담원들과 인터뷰한 바에 의하면 110 콜센터 이용자의 대부분이 노년층이라고 밝힌 점이 특이하다. 즉 여타 콜센터와 달리 기계적인 자동응답이

34 서울특별시(2009. 3: 57, 61).

35 문자 상담은 2009년 3월 9일부터 실시하고 있으며 문자 전송 건당 별도의 정보이용료 없이 20원의 이용요금이 부과된다.

36 '120 다산콜' 믿고 제보했더니… '대략 난감'(「경향신문」, 2010년 2월 9일).

[표 2-7] 120 다산콜센터의 주요 제공 정보

| 구분 | 주요 제공 내용시정 |
|---|---|
| 시정 일반 | • 공공기관 전화번호를 알고 싶을 때<br>• 시프트에 입주하고 싶을 때<br>• 무료 법률 자문을 받고 싶을 때<br>• 조상 땅을 찾고 싶을 때<br>• 서울광장을 이용하고 싶을 때<br>• 불량식품을 신고하고 싶을 때<br>• 여권 발급을 신고하고 싶을 때<br>• 화장장 시설 이용이 궁금할 때<br>• 대부업 등록방법이 궁금할 때<br>• 자원봉사를 하고 싶을 때<br>• 공인중개사 자격증 발급을 받고 싶을 때<br>• 인감증명서 발급이 궁금할 때<br>• 방학 대학생 아르바이트를 하고 싶을 때<br>• 시장 보기 전에 야채 도매가격이 궁금할 때<br>• 한강 유람선 이용 방법이 궁금할 때<br>• 출생신고, 혼인신고, 전입신고 방법이 궁금할 때<br>• 세금이 잘못 나온 것 같을 때 |
| 수도 | • 수도가 고장났을 때<br>• 수도요금이 과다하게 나왔을 때<br>• 수도요금 자동납부를 신청하고 싶을 때<br>• 이사 정산 방법이 궁금할 때 |
| 교통 | • 막차시간이 궁금할 때<br>• 택시가 승차를 거부할 때<br>• 신호등이 고장 났을 때<br>• 택시 카드 결제가 안 될 때<br>• 자동차세 선납할인을 받고 싶을 때<br>• 방치된 차량을 발견했을 때<br>• 경유차 매연저감장치 부착을 하고 싶을 때<br>• 화물차 유류보조를 받고 싶을 때<br>• 버스전용차로 위반으로 과태료가 부과되었을 때<br>• 지하철 운행시간이 궁금할 때<br>• 버스, 택시, 지하철에 물건을 두고 내렸을 때<br>• 버스가 어디쯤 오고 있는지 궁금할 때<br>• 불법 주차 때문에 곤란한 상황일 때<br>• 휴일 도로사정(교통상황)이 궁금할 때 |
| 문화행사 | • 오늘 저녁 서울광장 무료공연이 궁금할 때<br>• 주말에 가족 나들이를 가고 싶을 때<br>• 서울시 문화행사가 궁금할 때<br>• 하이서울페스티벌 행사가 궁금할 때 |
| 기타 | • 휴일에 문을 연 약국이 궁금할 때<br>• 행정기관 예산 낭비 현장을 발견했을 때<br>• 길 잃은 어린이나 노인을 보았을 때<br>• 매연을 내뿜는 차량을 발견했을 때<br>• 데이트 장소가 마땅치 않을 때<br>• 유기견을 발견했을 때<br>• 불우이웃을 돕고 싶을 때<br>• 관공서 위치를 알고 싶을 때<br>• AI에 걸린 조류를 발견했을 때<br>• 휠체어를 빌려 타고 싶을 때<br>• 공공시설물이 고장 났을 때 |

* 출처: 서울특별시(2009. 3: 64).

아닌 상담원의 직접 응대를 통해 정부 서비스에 대한 친밀감을 높이고, 전화 연결이 되지 않을 경우에는 해당 기관의 담당자가 추후에 민원인에게 직접 전화로 회신해주는 콜백(call back) 서비스도 제공하는 등 친근한 정부, 신속하게 반응하고 있는 정부의 이미지에 한걸음 다가섰다는 평가를 받고 있다. 또한 과거에 빈번히 발생했던 전화돌림 현상이나 부정확한 응답 혹은 해당 기관을 모르는 시민들의 불편함이 상당 부분 해소되고 있다.

**2) 정부의 투명성 제고: 정보 공개 서비스**

비단 정보사회가 아니더라도 정보는 곧 힘이며, 정보의 독점은 권력의 독점을 의미한다. 정보 공개 서비스는 정부가 보유하고 있는 공공 정보를 디지털화하여 공개를 요청하는 기관이나 시민에게 제공하고 이러한 과정을 통해 정부의 행정 투명성을 높이는 것을 목적으로 한다.

이와 같은 정보 공개의 실시는 정부에 대한 알권리를 충족시킨다는 점에서 민주주의 가치가 높은 서비스라고 할 수 있다. 그러나 해외의 정보 공개 서비스가 점차적으로 단순한 정보 공개만이 아닌 정부의 정보에 대한 시민의 활용성 확장을 중심으로 서비스를 대대적으로 개편하고 있는 반면 우리나라의 정보 공개 서비스는 여전히 공개와 비공개 기준을 중심으로 정부와 시민이 갈등하는 측면까지 나타나고 있어 정보 공개에 대한 시각에서 매우 큰 편차를 보이고 있다.

네트워크 사회가 진행될수록 시민의 알권리에 대한 의식은 높아질 수 있는데, 환경 변화에 적절히 대응하기 위해서는 정부의 정보가 더 많이 공개되어야 하며 나아가 정부의 정보를 시민들이 활용하여 또 다른 정보사회의 부가가치를 창출할 수 있도록 시각의 전환이 필요하다는 것을 알 수 있는 사례가 바로 정보 공개 서비스이다.

(1) 해외의 정보 공개 서비스 사례

**① 미국의 데이터 거브(data.gov)**[37]

2009년 초부터 정부 정보 공개의 새로운 방식으로 주목받은 미국의 데이터 거브서비스는 연방정부 차원의 범정부기관 데이터 통합 저장소로서 단순히 정보 공개에만 머무는 것이 아니라 시민의 정부 정보 활용 촉진을 목적으로 한다. 따라서 이 서비스에서는 정보 유통이 권장되며 시민들에게 좀 더 정부의 정보가 보편적으로 확산될 수 있도록 정부 정보의 표준화를 선도한다.

서비스의 추진 배경은 오바마 정부에서 선언한 '열린 정부' 구현을 위한 국정 운영 방침인데, 오바마 대통령은 국정 업무 첫날 '정보의 투명성과 시민 참여, 협업 체계를 마련하라'는 행정명령을[38] 전체 기관장에게 발송하였고, 2009년 3월에는 대통령의 지시에 따라 미국 연방정부가 정부기관 전체 차원의 연방 데이터 저장소 구축 계획안 발표하게 되었다. 데이터 거브는 워싱턴 DC의 CTO(Chief Technology Officer)였던 비벡 쿤드라(Vivek Kundra)가 연방 CIO(Chief Information Officer)로 임명되면서 대통령의 의지를 받아들여 발표한 첫 사업 중 하나로서 2009년 5월부터 정식 서비스되었다.

---

**37** 백악관의 혁신 사례 사이트(whitehouse.gov/open/innovations)에는 다양한 분야별로 열린 정부 혁신 사례(Open Government Innovations Gallery)가 제시되어 있다. 데이터 거브는 그 가운데 열린 정부의 대표적인 혁신 사례로 선정되어 있다. 또한 정부의 정보 공개 서비스에 대해서는 한국정보화진흥원(2009) 참조.

**38** 투명한 열린 정부 구현을 위한 행정명령(Memorandum on Transparency and Open Government), 2009년 1월 21일 발표.

[그림 2-2] 미국의 데이터 거브 서비스

* 출처: http://www.data.gov

미국 정부의 정보 공개 8원칙은 다음과 같다.[39]

1) 완전성(Complete): 모든 공공 데이터는 사용할 수 있다. 공공 데이터는 개인정보 보호, 보안 혹은 면책 범위에 귀속되지 않는 주제를 뜻한다.

2) 중요성(Primary): 데이터는 단순 모음 혹은 수정된 형태가 아니라 최상위 수준의 적절성을 가진 원천 소스로서 수집된다.

3) 시의성(Timely): 데이터 가치를 유지하기 위해 최대한 신속하게 제공한다.

4) 접근성(Accessible): 데이터 사용 목적과 사용자 성격에 제한 없이 사용할 수 있도록 한다.

39 미국 백악관 홈페이지의 열린 정부 데이터 원칙[Open Government Data Principles] 참조.

5) 시스템화(Machine processable): 데이터는 자동화된 프로세스를 따라 논리적으로 구조화되어야 한다.

6) 평등(Non-discriminatory): 데이터는 사용자 기록을 요구하지 않고 누구에게나 개방돼 있다.

7) 비독점(Non-proprietary): 데이터는 독점적 사용을 요구하지 않는 포맷으로 가용되어야 한다.

8) 무료 라이선스(License-free): 데이터는 어떤 저작권 · 소유권 · 상표 등록 등에 저촉되지 않는다. 다만 타당성 있는 개인정보 보호, 보안, 면책 범위에 속할 때는 예외로 할 수 있다.

이와 같은 원칙에 의거하여 데이터 거브 서비스에서는 정부가 수집한 데이터를 다양한 파일 형태로 제공하여 필요한 시민은 누구나 이들 원 자료를 활용하여 별도의 서비스를 만들어 상업적으로 이용 가능하게 하는 등 정부 데이터 이용 활성화 촉진 정책을 실시하고 있다.

[그림 2-3] 데이터 거브의 정보 공개 원리

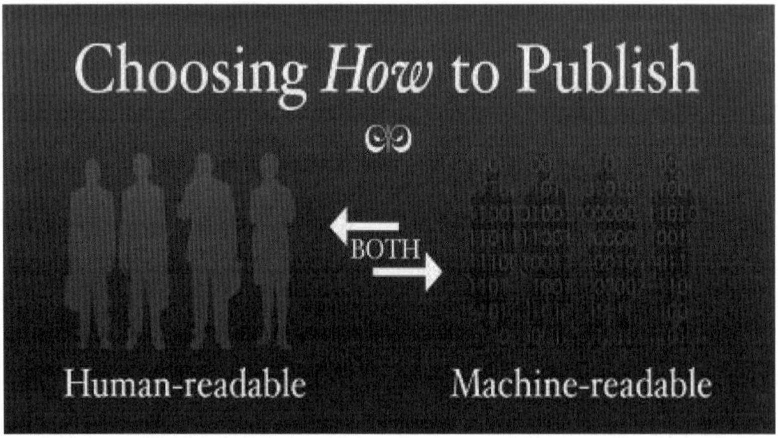

또한 민감한 정보를 제외한 정부 DB에 대한 공공의 접근을 확대하고 파일 원본 형태를 공개함으로써 시민들의 정책 이해와 정부 정보에 대한 신뢰를 제고하는 데 큰 기여를 하고 있다. 데이터는 기초 데이터(Raw Data), 툴 데이터(Tool Data), 지리 데이터(Geo Data)의 세 가지로 구분하고 43개 미국 연방정부 기관의 데이터를 목록별로 정리하여 시민들로 하여금 제목 · 기관 · 키워드별로 검색이 가능하게끔 한다.

디지털 형태로 제공되는 정부 데이터는 사용자들이 스프레드시트(spreadsheet)로 받을 수 있는 텍스트(text) 형식, 웹서비스를 제작하는 언어인 XML(Extensible Markup Language) 형식, 지형정보 모델링이 가능한 KML(Keyhole Markup Language, 지형정보 모델링) 형식 등 다양한 형태로 제공되고 데이터 목록은 연방정부기관으로 링크되어 있어서 한 번의 클릭만으로 이용이 가능하다. 또한 시민들의 의견을 피드백 받아 서비스의 문제점, 개선 사항, 사이트 보완 의견을 수렴하여 반영하며 향후에는 클라우드 컴퓨팅(cloud computing)으로 전환 예정이기도 하다.

데이터 거브의 중요성 및 의의는 첫째, 정부2.0의 대표적인 사례로서 단순한 정보 공개에 그치는 것이 아닌 열린 정보를 제공함으로써 시민이 정부의 정보를 적극적으로 활용하게끔 유도한다는 것이다. 즉 플랫폼으로서의 정부의 역할을 한다는 것이 매우 중요한 특징이다. 정부는 디지털 정보를 제공하는 원래의 소스로서 그 소스를 활용하여 시민들이 정보를 생산하게 하는 매개체로서 역할을 한다. 예를 들어 Google Public Data나 Data Visualization Tool, Wolfram Alpha, Google Squared 등의 정보 가공 툴(tool)을 통해 데이터 거브가 제공하는 통계 자료 분석이 가능하여 정부기관이 단지 웹사이트를 통해 정부의 정보를 공개하는 것에 그치는 것이 아니라 시민이 적극적으로 이용할 수 있는 웹 서비스를 제공한다는 의미가 있다.

[표 2-8] 데이터 거브 제공 데이터의 주제별 분류

| 구분 | 주제별 분류 |
|---|---|
| 내용 | 출산 · 사망 · 결혼 · 이혼(Births, Deaths, Marriahes, and Divorces) |
| | 기업(Business, Enterprise) |
| | 건설 · 주택(Construction and Housing) |
| | 교육(Education) |
| | 에너지 · 공익설비(Energy and Utilities) |
| | 재정 · 고용(Federal Government, Finances and Employment) |
| | 지리 · 환경(Geography and Environment) |
| | 건강 · 영양(Health and Nutrition) |
| | 수입 · 지출 · 빈곤 · 부유(Income, Expenditures, Poverty and Wealth) |
| | 정부 · 커뮤니케이션(Information and Communications) |
| | 국제 통계(International Statistics) |
| | 노동 · 고용 · 소득(Labor Force, Employment and Earnings) |
| | 법 · 법원 · 교정(Law Enforcement, Courts and Prisons) |
| | 국가보안 · 보훈(National Security and Veterans Affairs) |
| | 기타(Other) |
| | 인구(Population) |
| | 물가(Prices) |
| | 과학기술(Science and Technology) |
| | 사회보장보험 · 복지(Social Insurance and Human Services) |
| | 도매 · 소매(Wholesale and Retail Trade) |

* 출처: 문정욱(2009. 9: 103)

둘째, 이렇게 정보를 제공하여 활용이 가능하기 위해서는 정부 정보의 표준화가 이루어져야 한다. 즉 각 부처별로 상이한 정보 형태를 제공하거나 이용 불가능한 정보 혹은 저작권이 엄격하게 적용되는 정보일 경우에는 단순 열람에서 그칠 뿐 정보를 활용하기란 대단히 어렵다. 오바마 정부가 취하고자 하는 접근 방식은 정부의 기반 데이터를 표준 포맷으로 이용할 수 있도록 하는 것으로서 정부의 모든 부처간에 정보 표준화를 이루는 또 다른 전제조건을 구현하는 것에 그 의미가 있다.

셋째, SDK(Service Development Kit)로서의 정부 역할 변화라는 의미가 있다. 모바일, 특히 아이폰(iPhone) 이용 확대에 따라 애플리케이션(application)에 대한 대중적 관심이 증대되는 현재의 상황에서 정부가 정부 SW 개발 도구(Government Service Development Kit, Government SDK)로 기능하는 대표적인 사례가 바로 데이터 거브이다. 정부기관도 일반 기업처럼 SDK와 API를 이용하여 애플리케이션을 만들 수 있다는 것인데, 이에 대해 지트레인(Jonathan Zittrain)은 최초로 플랫폼을 만든 주체도 생각지 못했던 이용 방식을 통해 나중에 개방성(Generativity)이 발현될 수 있다는 효과를 지적한 바 있다.

마지막으로 정부의 정보를 활용한 시민의 새로운 아이디어 수렴이 가능하여 정부와 시민간 소통을 촉진시킬 수 있으며 이를 통해 정부/기업/시민간 거버넌스의 구현 가능성까지 기대할 수 있다는 의미가 있다.

② **데이터** SF(dataSF.org, **미국 샌프란시스코 시**)

데이터 SF는 샌프란시스코 시의 정부 데이터 제공 서비스로서 시 정부의 데이터에 시민이 쉽게 접근할 수 있도록 한다는 '열린 샌프란시스코'(open city)로서의 개념을 실현한 서비스이다. 오바마의 신년 연설의 "오픈 데이터, 오픈 스탠더드, 오픈 소스"라는 핵심 요지를 이어받아 추진하였으며 좋은 정보를 정부가 독점하지 않으며 시민과 공유한다는 정책적 원칙을 구현하고 있다. 정부2.0의 실천 전략으로도 의미가 있는 샌프란시스코 시의 사례는 향후 다른 시의 정보 공개 전략모델에도 큰 영향을 미칠 것으로 평가되고 있다.

[그림 2-4] 데이터 SF 서비스

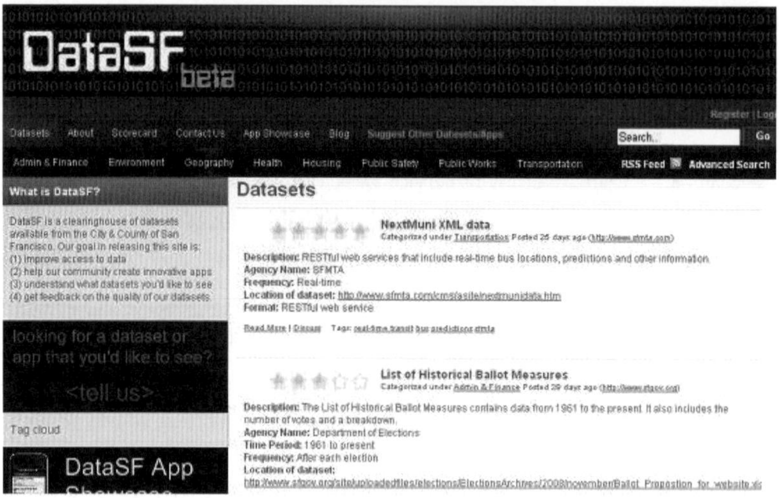


* 출처: http://dataSF.org

2009년 6월부터 본격화된 데이터 SF 서비스는 오픈 소스 소프트웨어를 사용하며, 시민과 정부의 협력뿐만 아니라 시민과 시민이 토론하고 공유하는 것을 정부가 독려하는 참여모델에 의해 진행된다. 또한 시 당국이 제작하는 모든 데이터는 무료로 사용하기 쉽도록 하고 일반 검색, 키워드 검색, 카테고리 분류, 순위 데이터도 제공된다. 순위의 경우는 1~5까지 제공되는 데이터에 대한 점수 평가가 가능하고, 시민 커뮤니티 미팅, 온라인 피드백이 가능한데 데이터 셋의 오류나 시민의 건의사항을 수렴하여 데이터를 정정할 수 있다.

데이터 SF의 의미는 첫째, 모바일 애플리케이션의 종류가 매우 많아서 시민들의 실용적인 활용에 기여할 수 있고, 그에 따른 시민들의 정부에 대한 신뢰나 만족도 향상에 기여할 수 있으며, 둘째, 기존의 홈페이지에 의한 일방적인 정보제공 방식이 아니라 시민의 관여도를 멀티미디어와 모바일 등을 통해 네트워크형 정책으로 전환시킨 혁신적인 정책 사례이

[표 2-9] 데이터 SF의 다양한 서비스

| 서비스 | 주요 내용 |
|---|---|
| 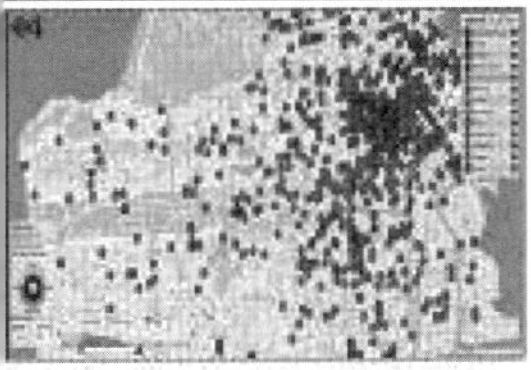 | Crimespotting(sanfrancisco.crimespotting.org): 도시 내 범죄 정보 지도 서비스. 범죄 종류를 매우 세분화하고 기간도 구분하여 지역별로 자세한 범죄 현황 제공. |
| 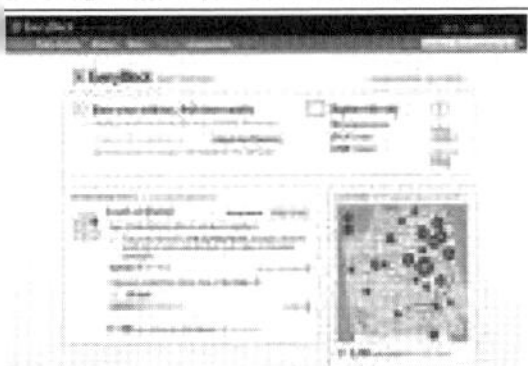 | EveryBlock(sf.everyblock.com): 도시 내 모든 구역에 대한 지도 서비스. |
| 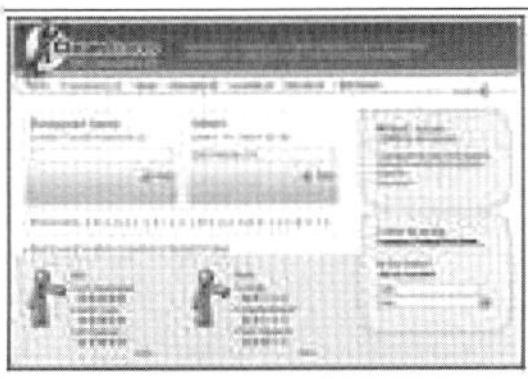 | CleanScore(cleanscores.com): 도시 내 청결 구역 지수 서비스. |
|  | EcoFinder(ecofinderapp.com): 도시 내 모든 환경 정보에 대한 애플리케이션 서비스. |
|  | The Original Parking Locator: 도시 내 주차 장소를 기억할 수 있게 하는 애플리케이션 서비스. |
|  | MomMap(mommaps.com): 학부모들이 도시 내 자녀의 위치를 확인할 수 있는 모바일 애플리케이션 서비스. |

* 출처: http://dataSF.org

다. 셋째, 오픈소스 도입으로 정보 독점이 아닌 정보 공유의 정부 정책을 실천하는 서비스이며, 마지막으로 기술적으로는 검색과 태그(tag) 서비스 제공 등 사용 환경(User Interface)이 매우 높은 수준인 것이 장점이라고 할 수 있다.

(2) 우리나라의 정보 공개 서비스(open.go.kr)

우리나라에서는 1996년 12월 31일에 「공공기관의 정보공개에 관한 법률」이 공포되어 1998년 1월 1일부터 시행되었는데, 당시에는 세계에서 열세 번째, 아시아에서는 첫 번째로 정보 공개 관련 법률을 제정한 것이었다. 2009년 현재 전 세계적으로는 약 70개 국가들이 정보공개법을 제정 · 시행하고 있으며 최근에는 독일(2005년)과 중국(2007년)이 관련법을 제정하였다.[40]

본격적인 온라인 정보공개 시스템은 2006년 4월부터 시작되었다. 물론 인터넷 서비스가 실시되기 이전에도 정부기관에 직접 찾아가 정보 공개를 요구할 수 있었지만 온라인 정보 공개 서비스가 실시된 이후 1998년에 2만 6천 건에 달하던 정보 공개 요청 건수가 2006년에는 15만 건에 이르는 등 매우 큰 증가량을 보여 시민들의 정보 공개 수요가 증가하고 있음을 알 수 있다.[41]

---

**40** 행정안전부(2009).

**41** 정보 공개 시스템 외에 국민의 청구가 없더라도 사전에 적극적으로 공공 정보를 제공하는 정부 사이트들이 구축되어 운영되고 있다는 점도 매우 중요한데, 정책 연구 용역 정보를 제공하는 '프리즘'(prism.go.kr), 공공기관의 경영 정보를 제공하는 '알리오'(alio.go.kr), 지역행정종합정보공개 서비스인 '내고장 살림'(laiis.go.kr), 지방 공기업의 경영 정보 공개 시스템인 '클린 아이'(cleaneye.go.kr), 교육 관련 기관의 정보를 제공하는 '대학 알리미'(academyinfo.go.kr)와 '학교 알리미'(schoolinfo.go.kr) 등이 그것이다.

[그림 2-5] 우리나라의 정보 공개 시스템

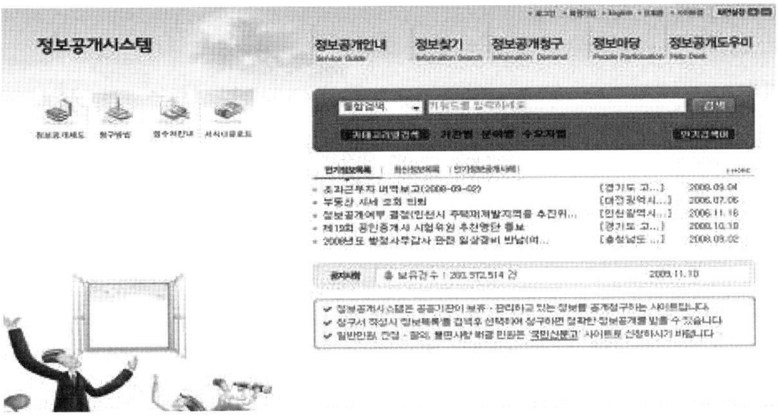


* 출처: http://www.open.go.kr[42]

총 67억 원이 투입된 정보 공개 시스템은 2009년 11월 현재 2억 6천만여 건의 공공 정보를 보유하고 있다. 정보 공개 서비스의 기본 개념은 국민의 알권리를 보장한다는 것이기 때문에 아무리 사소한 정보라도 국가의 기밀이 아닌 이상 공개해야 한다고 규정하고 있으며, 정보 공개 결과물은 서류 인쇄물뿐만 아니라 디지털 파일, 사진, 마이크로필름 등 매우 다양한 형태로 제공된다. 정보 공개 요청에 대한 응답은 10일 이내에 받아볼 수 있으며, 2008년 현재 월평균 7만여 명이 이용하고 있어 온라인 국민 참여 서비스 가운데 가장 이용률이 높은 서비스이다.

이용률이 높은 분야나 기관을 보면 중앙기관에 비해 행정 서비스를 직접 국민에게 제공하는 지방자치단체 · 중앙행정기관 중에서는 노동부 · 법무부 · 경찰청 등에 대한 수요가 많다. 또한 기관 가운데에는 경기도 · 노동부 · 서울시 · 법무부 · 경찰청 · 병무청 등이 가장 많이 정보 공개를

42 사이트는 동일하지만 노무현 정부 당시 이 서비스의 이름은 '열린 정부'로서 2009년 현재 명칭인 '정보 공개 시스템'보다는 서비스 본래의 개설 취지에 더 적합했다고 할 수 있다.

요구하는 곳이며, 분야별로는 건설 및 교통 관련 정보 공개 요구가 30% 정도이고 그 다음이 행정 일반이나 부동산에 대한 정보를 많이 이용하고 있다.

2008년을 기준으로 전체 정보 공개 건수 가운데 공개율은 91%라고 평가되고 있지만 이 91%의 공개율에 대한 많은 논란이 제기되고 있는 것 또한 사실이다. 우리나라 정보공개법에 의거한 연도별 비공개 정보의 사유와 비중은 [표 2-10]과 같은데, 이 외에도 서비스 내 검색 시스템의 비효율성, 중요 정보는 비공개하고 개인정보는 무분별하게 공개하는 것에 대한 불만과 비공개 결정에 대한 사용자의 이의 신청 비율도 높으며, 해당 공무원이 자의적으로 비공개를 결정하였으나 법원이 공개라고 판결한 경우 공무원에 대한 처벌을 할 수 없다는 법적인 흠결에 대한 비난 여론이 높은 실정이다.

무엇보다 공공 정보에 대한 국민의 알권리가 실질적으로 지켜지고 있는가가 문제의 핵심인데, [표 2-10]에 제시되어 있는 비공개의 여덟 가지 원칙 가운데 대외비는 부처 내부 규칙에 불과하기 때문에 공개 거부 사유로 인정될 수 없다는 판례가 있기도 하다. 정부의 이러한 관성적인 비공개 관행에 대한 시민단체의 비판과 시민의 이의가 가장 크게 제기된 사건으로는 1997년의 IMF 긴급구조자금 관련(서한 및 양해각서 등의) 정보 공개 요구, 2007년의 임대아파트 분양 원가 공개 요구, 2008년의 미국산 쇠고기 수입 과정에서의 정보 공개 요구 등이 있었다.

IMF의 경우는 기관 웹사이트에 한국 정부의 도움으로 1997년 IMF 자금 지원에 대한 자료를 모두 공개한다고 밝히고 있는 반면,[43] 우리나라

43 미국과 한국의 공개 정보의 종류를 조사한 바에 의하면 공공 소유 골프장 이용자 명단, 성범죄로 처벌받은 교직원 명단, 선출직 공무원의 납세 기록을 미국은 공개한 반면, 우리나라에서는 공개하지 않았다(「KBS」, 2008. 2. 18).

**[표 2-10] 정보 공개 서비스의 연도별 비공개 사유별 현황**

* 단위:건, ( ):%

| 구분 | 비공개 건수 | 법령상 비밀·비공개 | 국방 등 국익 침해 | 국민의 생명 등 공익 침해 | 재판 관련 정보 등 | 공정한 업무 수행 지장 등 | 개인 사생활 침해 | 법인 등 영업상 비밀 침해 | 특정인의 이익 불이익 | 기타 부존재 등 |
|---|---|---|---|---|---|---|---|---|---|---|
| 2008년 | 20,412 | 5,253 | 98 | 242 | 964 | 1,186 | 2,439 | 942 | 633 | 8,655 |
| | (100) | (26) | - | (1) | (5) | (6) | (12) | (4) | (3) | (43) |
| 2007년 | 18,180 | 4,149 | 103 | 186 | 851 | 1,111 | 2,888 | 913 | 486 | 7,493 |
| | (100) | (23) | (1) | (1) | (4) | (6) | (16) | (5) | (3) | (41) |
| 2006년 | 12,571 | 1,843 | 61 | 130 | 870 | 793 | 2,411 | 708 | 423 | 5,332 |
| | (100) | (15) | (1) | (1) | (7) | (6) | (19) | (6) | (3) | (42) |
| 2005년 | 11,412 | 1,111 | 64 | 159 | 790 | 926 | 2,221 | 969 | 401 | 4,771 |
| | (100) | (10) | (1) | (1) | (7) | (8) | (19) | (8) | (4) | (42) |
| 2004년 | 9,686 | 1,052 | 62 | 121 | 747 | 1153 | 1,790 | 675 | 425 | 3,661 |
| | (100) | (11) | (1) | (1) | (8) | (12) | (18) | (7) | (4) | (38) |
| 2003년 | 7,816 | 952 | 65 | 130 | 591 | 527 | 1,427 | 444 | 370 | 2,908 |
| | (100) | (12) | (1) | (2) | (7) | (7) | (18) | (6) | (5) | (37) |
| 2002년 | 5,781 | 876 | 41 | 129 | 306 | 397 | 1,149 | 395 | 308 | 2,180 |
| | (100) | (15) | (1) | (2) | (5) | (7) | (20) | (7) | (5) | (38) |
| 2001년 | 7,323 | 2,386 | 125 | 107 | 290 | 429 | 1,086 | 492 | 259 | 2,149 |
| | (100) | (33) | (2) | (1) | (4) | (6) | (15) | (7) | (3) | (29) |
| 2000년 | 4,402 | 469 | 22 | 84 | 294 | 369 | 842 | 283 | 194 | 1,845 |
| | (100) | (11) | (1) | (2) | (7) | (8) | (19) | (6) | (4) | (42) |
| 1999년 | 2,899 | 280 | 13 | 77 | 155 | 287 | 556 | 280 | 104 | 1,139 |
| | (100) | (10) | - | (3) | (5) | (10) | (19) | (10) | (4) | (39) |
| 1998년 | 1,347 | 119 | 5 | 63 | 85 | 118 | 202 | 104 | 83 | 568 |
| | (100) | (9) | - | (5) | (6) | (9) | (15) | (8) | (6) | (42) |

출처: 행정안전부(2009)

정부는 절대 비공개로 한다는 태도를 취하여서 크게 문제가 되었다.

결국 정부는 이후에 관련 자료를 공개하였는데, 이와 같이 정보 공개 요구 과정 및 절차의 어려움, 비공개 시에 소송을 제기할 수 있지만 소송의 비용을 개인이 부담해야 하며, 결과가 나오더라도 불복하는 공공기관의 문제 등이 있기 때문에 주무 기관인 행정안전부에서는 형식적인 공개가 아닌 만족도를 높일 수 있는 방안을 모색해야 한다는 비판이 많이 제기되고 있다.[44]

1998년 정보공개법 실시 이후부터 비공개에 불복한 개인들의 소송 건수는 391건이었는데, 이를 조사한 KBS의 연구 결과에 의하면 원고 승 79건(20%), 원고 일부 승 128건(33%)으로서 과반수 이상이 이의 제기를 한 사람들의 승리, 곧 공공기관의 패배로 나타났다. 소송 1건당 평균 소송 일수는 491일로서 보통 1년 3개월이 걸렸는데, 진정한 정보 공개 처리 가능 일수가 10일인지 아니면 1년 3개월인지 알 수 없는 것이 현실이다.[45]

즉, 여전히 정보 공개 서비스에서는 완벽한 정보 공개 의지나 원칙이 있다기보다는 형식적인 서비스 제공에 머물러 있는 단계이며,[46] 이와 같은 서비스의 형식성은 서비스 본래의 너무나 훌륭한 취지에도 불구하고 백오피스에서의 제도 개혁이 이루어지지 않음으로써 발생하는 폐해라고 평가할 수 있다. 정부 내 정보 공유뿐만 아니라 정부가 시민에게 제공하는 정보의 투명성과 공유의 필요성이야말로 미래 정부의 핵심 요소 중의 하나이기 때문이다.

44 정보 공개 서비스의 비공개성을 비판한 참고자료로는 KBS 시사기획 「쌈」, 「그건 몰라도 돼! 정보 공개율 91%의 허상」(2008년 2월 18일) ; 「세계일보」 기획 「뒤로 가는 정보공개」(2009년 2월 8일) 참조.

45 「KBS」(2008년 2월 18일).

46 비공개 사유 가운데 기타 부존재, 즉 정보 자체가 존재하지 않는 정보가 40%나 된다는 것은 모든 정보의 디지털화를 전제로 하는 전자정부의 원칙에 역행하는 행정 시스템의 허술함을 반영하는 것이다.

(3) 시민사회의 정보 공개 시스템

유네스코 한국위원회가 주최한 '2009 디지털 유산 어워드'의 3개 수상 사이트 가운데 하나인 '투명사회를 위한 정보공개센터'는 2008년부터 활동을 시작하였으며, 시민 참여를 통해 정부 공공 기록을 공개하고 공유함으로써 웹2.0 정신을 충실하게 구현하고 있는 사이트로 평가된다. 이 사이트에서는 정보공개청구 제도를 통해 정부가 보유하고 있는 각종 세세한 정보들을 수집하여 제공하고 있는데, 국민의 알권리를 온라인을 통해 구현한다는 점에서 또 다른 정보 공개 자원으로 눈여겨볼 만한 곳이다.

[그림 2-6] 투명 사회를 위한 정보공개센터

* 출처: http://www.opengirok.or.kr

### 3) 서비스 채널과 종류 확대: 블로그, 모바일, 포털 서비스와의 연계

정보제공형 서비스의 세 번째 종류로는 정부 블로그[47] 서비스를 들 수 있다. 정부 블로그는 우리나라의 블로그 활용 문화의 특성상 포털 플랫폼과 연계되어 시행되고 있는데 시기적으로는 2008년부터 시행이 적극적으로 이루어지고 있다. 그러나 주요 정부부처의 40여 개의 블로그가 개설되어 있는 2009년 6월 현재 블로그를 통한 사용자와의 커뮤니케이션 기능을 하고 있다기보다는 일방적인 각 부처별 정책 홍보 및 정책에 대한 정보 유통 확대의 공간으로 활용되고 있다는 점이 특징이다.[48] 일례로 보건복지부 블로그인 '따스아리'(blog.daum.net/mohwpr)에 잘못된 포스팅을 시정한 지적에 대해서는 아무 반응이 나타나지 않은 바 있고, 노동부 블로그인 '손에 잡히는 혁신'(blog.daum.net/nosanuri)은 2007년 9월 이후 게시물 없이 방치되어 있다.[49]

그나마 활성화되어 있는 문화체육관광부 블로그(blog.naver.com/hellopolicy,blog.daum.net/hellopolicy)는 2008년 9월 포털 내에 개설되었는데 개설 4개월 만에 100만 명이 사용할 정도로 인기를 끌었다. 제공되는 정보의 내용은 국민들의 일상생활에 필요한 생활 공감형 정부 정책으로서 유가환급금, 연말정산, 영유아 무료 건강검진, 청년 취업 프로그램 등을 쉽게 풀어서 설명하는 것이다. 가장 많은 인기를 누린 콘텐츠는 2008년 12월 8일에 게재된 '벌점 때문에 운전면허가 정지될 위기라면?'이라는 포스트로서 조회수가 4만 8천 건에 이르고 댓글도 60건이 달려 다음(Daum) 블로거 뉴스 코너에 베스트 뉴스 1위를 기록하기도 하였다.

블로그 서비스와 함께 최근에는 모바일 정부 정보 서비스도 시행되고 있는데, 2006년 4월부터 정부통합전산센터가 제공하고 있는 'M-GOV'

47 일반적으로 현재까지 등장한 블로그는 온라인 일기, 주제별 블로그, 여론 블로그(advocacy blog), 링크 블로그로 구분할 수 있는데(Paul Gillin 2007: 33), 이와 같이 여론 블로그에 대응하는 정부 블로그의 특성을 살리는 것이 정책적으로 매우 중요하다.

48 온라인 정책 홍보는 2005년에 공정거래위원회가 정부기관 가운데 처음으로 블로그를 운영하면서 강화되기 시작하였다.

49 "소통 없는 MB 정부, 블로그도 '일방통행'"(「오마이뉴스」, 2009년 2월 27일).

서비스의 경우에 주로 재난재해문자서비스(소방방재청), 휴대폰 미아찾기(경찰청), 학부모 안내메시지(교육청) 등의 내용을 제공하며 2008년 1분기의 월평균 이용 건수 150만 건, 2분기 300만 건 등 이용량이 급증함에 따라 이용요금을 이제까지의 정부통합전산센터가 아닌 이용 기관이 직접 부담하는 것으로 변화하기도 하였다.

또한 2009년 3월 18일부터 시행되는 주민등록법 시행령 및 시행규칙 개정령에 의하면 다른 사람이 본인의 주민등록표 등본 · 초본을 발급받은 경우에 발급 사실을 본인 신청에 의해 우편, SMS 등으로 통보받을 수 있다. 또한 본인의 주민등록등본 발급 때 가족들의 주민등록번호 뒷자리는 나타나지 않게 발급받을 수 있다. 이는 국민 생활 편의와 개인정보 보호 강화를 위한 정책으로서 국민에 대한 정부의 반응성과 국민의 권리에 대한 고려를 높이는 방안이라고 평가할 수 있다.

정부 서비스의 기존 포털 서비스와의 연결도 새로운 정보제공 방식인데, 노동부는 2008년 12월 NHN(주)과 MOU를 체결하여 포털 네이버를 통해 상호 콘텐츠를 공유하고, 검색 기능 강화 및 온라인 홍보 효과성 등을 높일 계획이라고 밝혔다. 이로써 노동부 홈페이지에서 통합 자료를 검색할 때 네이버 자료가 표출되고, 네이버에서 노동 관련 내용을 검색할 때 노동부 자료가 표출되면서 정보 습득 채널이 더욱 확대되었다. 노동부는 또한 홈페이지 개편을 통해 메인화면부터 이용자들이 쉽고 편리하게 접근할 수 있는 인터페이스 구성을 하고 정부부처 최초로 포털 형식을 도입하여 '노동 전문 포털'로 정보 통합 검색기능을 강화하였다. 특히 국민과의 쌍방향 커뮤니케이션을 강화하기 위해 각 게시판별로 댓글 기능을 강화했으며, 정책토론방, 온라인설문 등을 마련했다.[50]

---

**50** 「아시아경제신문」(2008년 12월 11일).

## 2. 정보 해결형 서비스: 민원 처리

공공 정보의 내용과 소재를 알리는 콜센터와 공공 정보를 디지털화하여 공개하는 정보 공개 서비스 다음 단계는 시민의 생활에서 발생하는 다양한 민원을 해결하는 것이다. 이러한 유(類)의 민원 처리 서비스는 시민이 정부를 체감할 수 있고 정부에 대한 효능감을 높일 수 있는 가장 중요한 서비스이기 때문에 전세계적으로 많은 국가들이 민원 처리 서비스에 가장 큰 비중을 두고 있기도 하다.

현재 모든 전자정부 서비스 포털은 대한민국 전자정부(korea.go.kr)에 마련되어 있으며 이곳에서의 검색을 통해 '민원24'(minwon.go.kr)를 방문하여 다양한 민원 서류를 사용자가 직접 무료로 프린트할 수 있으며[51] 이는 공공 서류로서의 효력도 가지고 있다. 또한 국민들은 단순히 수동적으로 민원 서류를 발급받는 등의 정보 수용자로서만이 아니라 자신의 정책 제안을 적극적으로 제시하는 정보제공자로서 변화하고 있다.

정부민원포털에서는 주민등록 등(초)본, 자동차등록 원부 등(초)본 발급이 온라인으로 가능하며, 건축물대장 초본 발급(열람) 신청, 장애인증명서 발급, 식품영업 신고증, 허가증 재교부 등을 온라인으로 서비스 받을 수 있다. 이 서비스에서는 신청 민원 300종, 발급 민원 500종이 온라인화됨으로써 온라인 처리가 가능한 전체 약 5천 종의 민원 가운데 35%에 달하는 1,800여 종의 정보를 제공한다.[52]

과거에는 온라인으로 발급된 서류의 복제 가능성 등의 보안 문제가 국정감사에서 지적되기도 했지만, 이제는 기존의 복사 방지 장치나 발급 문

---

**51** 단, 보안 문제 때문에 사무실 내에서 사용하는 공유 프린터에서는 프린트가 불가능하다.

**52** 그럼에도 불구하고 2008년 말 현재 인터넷 발급이 아닌 순수 방문 발급률은 76%에 달한다(국회예산정책처 2009: 29).

서 진위 지장인 가능 기능에 더하여 발급 시점 지장인 기능을 추가하여 정보 보안과 복사 방지를 강화하고 있다. 주무 부처인 행정안전부에 의하면 이와 같은 온라인 민원 기능률이 25%에 달하면, 연간 사회적 비용을 5,998억 원가량 절감할 것이라고 예측하고 있다.

우선 가장 많은 정보와 참여가 이루어지고 있는 곳은 '국민신문고'로서 이는 인터넷상에 구현된 현대판 신문고라고 할 수 있는데, 여기에는 시민들이 생활하면서 접하게 되는 수많은 민원을 손쉽게 처리할 수 있는 서비스와 이런 것은 정책으로 만들어주었으면 좋겠다고 제안할 수 있는 정책 참여 서비스 등이 제공된다.[53]

좀 더 구체적으로는 법령 · 제도 · 절차 등 행정 업무에 관한 질의 또는 상담 형식을 통한 설명이나 해석의 요구, 정부 시책이나 행정 제도 및 운영의 개선에 관한 건의, 행정기관의 위법 혹은 부당하거나 소극적인 처분 및 불합리한 행정 제도로 인해 국민의 권리를 침해하거나 국민에게 불편 또는 부담을 주는 사항의 해결 요구, 그 밖의 행정기관에 대해 특정한 행위를 요구하는 사항에 대해 민원 제출이 가능하다.

민원 처리 절차는 우선 신청서를 작성하며, 여기에는 성명, 주민(외국인) 등록번호, 연락처, 주소, 민원 내용 공개 여부, 결과 통보 방식, 민원 제

53 기존에 제공되고 있던 청와대의 국민참여마당과 신문고는 고충 민원과 제안에 대한 범정부 종합 창구 역할을 하고자 하였지만, 고충 민원과 제안 처리 과정에 대한 정보화가 미흡하였고, 각 부처와 기관으로 접수되어 처리되는 고충 민원과 제안에 대한 통합 관리 체계의 부재로 인해 비효율적으로 처리되었다. 이에 따라 정부는 행정기관의 신뢰도가 저해되고 있다는 문제의식을 토대로 하여, 국민의 원활한 정책 참여와 고충 민원 및 제안에 대한 안정적이고 신뢰성 있는 온라인 국민 참여를 보장하는 단일 창구로서 참여마당신문고(epeople.go.kr)를 구축하였다(추병주 · 정상기 · 정윤수 2007: 82). 청와대에 국민참여마당과 신문고로 민원 창구가 개설된 초기의 모습은 국민 요구의 범람으로 인해 기술적인 과부하를 초래했을 뿐만 아니라 각 부처에서 담당할 사안을 마치 대통령이 모두 해결해줄 수 있을 듯한 인상을 심어줌으로써 원래의 목적에서 벗어나는 반행정부적 발상처럼 되어버렸다.

목, 민원 내용이 포함된다. 다음으로는 민원 처리 기관을 선택하게 되는데, 선택하지 않을 경우에 국민권익위원회에서 접수 후에 적정한 기관으로 민원을 분류하게 된다.

이런 과정을 거쳐 접수가 되면 신청 완료가 된 것으로 이메일과 휴대전화의 문자메시지 등을 통해 접수 여부를 민원인에게 알린다. 그 후, 관련 법령에 따라 민원 기관에서 처리하며, 민원 처리가 완료되었을 때에는 민원 신청인이 선택한 결과 통보 방식(서신, 이메일, 휴대전화 문자메시지)으로 통보하고, 민원 처리 결과에 대한 민원인의 만족도를 조사하여 완료되게 된다. 일반적으로 민원은 7일 이내에 처리된다.

2006년부터 본격적으로 서비스하고 있는 국민신문고는 따로따로 해당 기관을 검색할 필요 없이 전체 기관을 통합하여 구축해놓았기 때문에 모든 민원 신청을 한 번에 할 수 있다는 것이 장점이다. 또한 관할 외 민원의 경우에 해당 기관으로 실시간 이송과 이첩을 통해 처리 기간 단축 및 행정 능률 향상을 도모하였으며, 국민이 해당 기관을 모를 경우에는 민원과 국민 제안을 처리할 수 있는 최적의 기관으로 자동 분류함으로써 민원인의 편의를 제공한다. 제기한 민원의 처리 결과에 불만족하여 다시 제기하거나 고질적으로 반복되는 민원은 국민권익위원회의 객관적인 조사·처리 절차를 통해 민원의 근본적인 문제 해결 방안을 모색하는 등 행정의 신뢰를 제고할 수 있게 되어 있다.

온라인 국민 참여 과제 가운데 가장 큰 규모로서 140여억 원의 구축 비용이 사용된 국민신문고 서비스에서 민원 신청은 2009년 3월 현재 월평균 5만여 명이 서비스를 이용하고 있다. 서비스 시행 결과 여러 기관이 협조하여 처리해야 하는 복합 민원의 처리 기간도 44일에서 22일로 단축되어 행정기관의 업무 부담이 감소되었고 그간 처리가 어려웠던 반복 민원도 1,927건을 처리하여 단일 창구의 가시적 효과가 나타났다. 본격적으로 서비스를 제공하게 된 2006년 이후에 복합 민원의 처리 기간은 2005년 평균 36.1일에서 2008년에는 9.2일로 크게 단축되었고, 일반 민원은 2005년 평균 12일에서 2008년에는 6.9일로 약 단축되었다.

또한 민원 처리의 전 과정이 국민신문고를 통해 언제 어디서나 손쉽게 조회가 가능하고, 이메일과 SMS를 통해 실시간으로 안내됨으로써 민원 행정에 대한 대국민 신뢰도가 향상되었다. 그러한 성과에 힘입어 2005년에는 30%에 불과하던 민원 처리 만족도는 2008년에 51.2%로 향상되었다. 또한 국제적인 성과로는 2008년 10월에 e-Challenge 2008(유럽 전자정부 및 ICT 컨퍼런스)에서 국민 소통과 갈등 관리 해결을 위한 최고의 모범 사례로 인정받아 최우수상을 수상하기도 하였다.

국민권익위원회는 향후 과제로서 빈번하게 제기되는 법령 질의, 절차 문의 등은 민원 처리 사례(FAQ)로 작성하여 유사 사례를 자동으로 확인할 수 있는 시스템 기능을 고도화할 예정이며, 누적되는 민원 처리 사례의 경우는 민간 포털에도 제공하여 검색이 용이하게 정보를 제공할 예정이다. 이를 통해서는 민원인에게 민원 처리 결과에 대한 충분한 예측 정보를 제공할 수 있을 것으로 예상된다. 그리고 민원 처리에 대한 만족도를 평가할 때 '불만족'으로 평가된 민원에 대해서는 업무 담당자가 의무적으로 추가 답변을 하게끔 하고, 이에 대해 다시 만족도를 평가할 수 있게 하여 국민들이 민원 처리에 대한 불만을 가지지 않도록 노력한다고 한다.[54]

54 국민권익위원회(2009: 177).

## 3. 정보 수렴형 서비스: 정책제안

현재 국민들이 정부를 상대로 정책을 제안할 수 있는 서비스는 기관별로 매우 다양하다. 대표적으로 국민 제안이 이루어지는 곳은 앞서 설명한 국민신문고의 '국민제안' 코너와 국민제안패널이고, 지방정부 차원에서는 서울시의 천만상상 오아시스(oasis.seoul.go.kr) 등이 유명하며 최근에는 정책 공모가 활발히 이루어지고 있다.[55]

### 1) 국민신문고의 '국민제안'

먼저, 국민신문고의 '국민제안' 코너는 시민의 제안을 실시할 가능성 · 창의성 · 효율성 및 효과성, 적용 범위, 계속성, 직접적인 경비 절감의 추정 금액 등의 심사 기준에 의거하여 심사하여 채택하고 포상한다. 만약 우수 제안으로 선정되면 행정안전부 장관에게 추천되어, 중앙우수제안 심사위원회, 전문가 의견 청취 등을 통해 최종적으로 선정하여 행정안전부 장관이 정하는 기준에 의하여 서훈 · 표창 · 부상금[56]을 시상한다.

2006년 5월 국민제안 규정 제정 이후 지속적으로 우수 제안에 대한 심사가 이루어지고 있는데 채택된 제안들을 살펴보면 그렇게 어렵거나 복잡한 제안이 아니라 우리가 생활하면서 능히 그렇게 생각할 법한 문제들에 대한 시민들의 참신한 아이디어가 돋보이는 제안들임을 알 수 있다(연도별 우수 제안의 내용에 대해서는 [표 2-11] 참조).

55 정부부처 최초의 국민 제안은 1999년 7월 당시 해양수산부가 홈페이지(momaf.go.kr)에 개설한 '사이버국민제안'이 최초이며, 지방정부 가운데에서는 서울시 강남구가 2001년 9월부터 주민 의견 수렴 및 중요 정책 결정을 시행하였다.

56 관련 규정에 의하면 최소 50만 원부터 최대 8백만 원까지 포상금 지급이 가능하다.

[표 2-11] 국민신문고의 우수 제안(2006~2009년)

| 시상 내역 | 2006년 | 포상 |
|---|---|---|
| 금상 | **[국민임대주택 제도 개선]**<br>이혼한 여성의 경우에, 자식의 호주가 이혼 남편으로 되어 있어 주택 청약을 할 때 40m² 이하만 가능하지만 40m² 이상도 가능하도록 개선. | 총리표창<br>300만 원, 손목시계 |
| 은상 | **[특허 연차등록료 납부 안내 방법 개선]**<br>특허연차료 납부 안내를 엽서로 통보받으면 우체국 통상환으로 바꾸어 등기로 발송하여 수수료 추가 부담 → 무통장 입금서로 통보하여 수수료 경감 | 장관표창<br>200만 원, 손목시계 |
| 동상 | **[3자녀 이상 가정에 건강보험료 경감]**<br>지역가입자 건강보험료는 자녀 수가 많을수록 더 높은 보험료를 부과하고 있어 다자녀 가정에 부담 → 3자녀 이상 가정에는 건강보험료 경감 | 장관표창<br>100만 원, 손목시계 |
| 동상 | **[주거환경 개선 사업지구 정비 방안]**<br>고밀화 해소 대책으로 합벽 또는 맞벽 건축 실시 등으로 주차장, 휴게 공간 마련 | 장관표창<br>100만 원, 손목시계 |
| **시상 내역** | **2007년** | **포상** |
| 상반기 | **[휴대전화 보급용 CPR(심폐소생술) 응급처치 동영상 제작 보급]** | |
| | **[외국환상계 신고 절차 간소화]** | |
| | **[국가복지 정보시스템에서 실종아 찾기 배너 연계 방안]** | |
| 금상 | **[부동산 신고 거래 방식 개선]** | 국무총리표창<br>300만 원 |
| 은상 | **[전동 휠체어 제작 보급시 형광표지판 부착]** | 장관표창, 200만 원 |
| 동상 | **[인터넷 빌링 전기할인요금 기부]**<br>**[임대 사업자에 대한 국민주택기금 대출 제도 개선]** | 장관표창, 100만 원 |
| **시상 내역** | **2008년** | **포상** |
| 금상 | **[한국영화 영어 자막 영화관]** | 대통령 표창<br>500만원 |
| 은상 | **[공용 차량 유류 70% 주유 실시]**, **[장애 체험장]** | 국무총리표창<br>300만 원 |
| 기타 | 상반기 접수 8,703건 가운데 162건 채택<br>이 외에 60건 이상의 제안에 대해 시상 | |
| | **2009년 상반기** | |
| 수상 | **[화물 돌출 위험 표시판]**(국토해양부)<br>**[세차용 고압세척기를 과수원 살수 조피작업기로 변형 사용]**(농촌진흥청)<br>**[여행 목적지까지 기상 상황을 실시간으로 차량용 네비게이션으로 통보]**<br>**[위생 상태가 좋은 음식점 공개]** | |
| 기타 | 전체 9,591건 가운데 273건 채택<br>해당 부처는 국토해양부(31건), 행정안전부(21건), 농촌진흥청(63건), 조달청(16건) 등 | |

이들 우수 제안은 누구나 생각할 수 있는 매우 쉬운 내용이며 이러한 시민 스스로의 의견이 정책으로 채택됨으로써 사회가 좀 더 나아질 수 있는 효과가 있다. 자신의 제안을 올리면 그 아이디어가 다른 사람에게 평가받을 수 있을 뿐만 아니라 정부에서도 하나하나 검토하여 좋은 아이디어를 채택하고 있기 때문에 단순한 물질적 보상 이상의 정책적 효과도 매우 큰 서비스라고 평가할 수 있다.

### 2) 국민제안패널(reco.or.kr)

2008년 5월 15일부터 행정안전부와 「매일경제」가 공동으로 운영하는 '국민제안패널: 경제활력찾기운동'은 단순한 공모가 아니라 기업과 국민패널의 제안을 수렴하여 정책으로 채택하는 독특한 민관 거버넌스형 구조로 이루어져 있다. 즉, 1만 명의 국민제안패널과 5백 명의 기업 패널이 상시적으로 제안을 하면 우수한 제안을 시상하고 채택하며 국민신문고의 중앙 우수 제안으로 등록되는 형식으로 진행되고 있다.

제안이 올라오면 이용자들은 평가를 할 수 있게 되어 있는데, 평가를 할 때는 1~10점 내로 평가를 하며, 표현되는 점수는 100점 만점을 기준으로 보여진다. 단, 해당 아이디어/꼬리 등록자는 평가를 할 수 없으며, 1인 1회 평가 원칙이 적용된다. 점수가 높은 순으로 제안 글 옆에는 채택, 정부 검토, 불채택의 아이콘이 표시되는데, 2009년 3월 현재 내수 활성화, 정치/사회, 의료/제약, 농업/수산, 생활/환경, 문화/관광, 유통/건설, 주택/금융, 교육/취업, 보건/복지, 교통/자원 분야로 구분하여 우수 제안을 게시하고 있다. 특히 2009년 3월에는 21일부터 31일까지 내수 활성화 아이디어를 공모하였는데, 최우수 제안은 기획재정부 장관상과 국토해양부 장관상을 받으며 각각 상금 100만 원을 수여하였다.

국민제안패널의 경우에 2009년 3월 현재 우수 제안은 다음과 같다.

**[표 2-12] 국민제안패널의 분야별 우수 제안**

| 분야 | 제안 | 분야 | 제안 |
|---|---|---|---|
| 내수 활성화 | 정부 일자리 창출에 따른 포괄 인력<br>경차 구입시 소득공제 혜택 부여<br>실업난 해소로 내수 활성화 | 문화/관광 | 관광산업 활성화<br>관광한국 브랜드 상품 개발<br>외국인 운영 여행사 활성화 |
| 정치/사회 | 만20세 이상이면 여성도 군입대<br>특별사면 시행<br>대북 관계의 결단 촉구 | 유통/건설 | 개발부담금 납부 시기 조정<br>공공용지의 환매권에 대한 해결 방안<br>단순기능공에 대한 관리 방안 |
| 의료/제약 | 중학생부터 건강검진 활성화<br>보험금 심사시 민간 전문가 참여 확대<br>헌혈하는 사람에게 보상 | 주택/금융 | 복잡한 금융권 이용 고령자 우대<br>은행시간 종료 후 자동세금수납기<br>상가선세주택 |
| 농업/수산 | 주말농장 활성화<br>비닐하우스 대신 유리 하우스<br>기업농 건립으로 농촌 경기 활성화 | 교육/취업 | 의무교육기관에서 법률교육<br>기업경쟁력 향상<br>공교육 개선 |
| 생활/환경 | 깨끗한 환경 개선을 위한 과태료 부과<br>각 회사 포인트 카드 단일화<br>공공시설 이용시 경로자 우대 | 보건/복지 | 탁아제도 현실화<br>직장 내 보육시설 설립 확대<br>장애인 혜택 확대 |
| 교통/자원 | 에너지 복권<br>번호판 없는 오토바이 신고 포상제<br>지하철 열차 내 선풍기 설치 | | |

2008년 10월부터 1개월간 진행된 국민제안에 제출된 아이디어는 7,320건으로서 경택시와 여성전용 택시, 자녀 등하교 상황 통보, 양성 평등에 어긋나는 아파트 등기제도 개선, 지하 매설물 공사 자재의 현장 조달, 우편물의 이사한 새 주소 배달(이상 대통령상 300만 원 상금), 단순 건축물 표시 변경시 설계도면 첨부 면제, 마트의 일회용 비닐봉투를 쓰레기 종량제 봉투로 대체, 국제결혼을 한 여성의 재입국 절차 면제, 학생들의 저소득 증명서 제출 면제, 국민임대주택에 중증 장애인 우선 입주(이상 국무총리상 100만 원 상금) 등 77건을 선정하여 제안자 100명에게 대통령상과 국무총

리상, 장관상을 수여하였다.

이 가운데 정부 정책으로 공식적으로 채택된 제안은 관용차 50만 대에 기름 70% 채우기(2008년 6월), 에너지 고효율 건물 용적률 및 높이 제한 완화(2008년 6월), 자전거 법규 개선안(2008년 7월) 등이 있으며 이 외에도 채택된 제안은 각 부처에 공식 통보되는 절차를 밟게 된다.

### 3) 정책 공모

현재 가장 많은 참여가 이루어진 것은 행정안전부의 OK 주민서비스(oklife.go.kr)가 2008년 12월부터 2009년 2월까지 공모한 '생생경제, 국민 아이디어 공모'이다. 이 공모의 목적은 현재의 경제 위기 상황을 극복하기 위해 생활 공감 정책의 연장선상에서 정부와 국민이 유익한 정책을 발굴하여 경제 정책으로 시책화한다는 것이다.

공모 분야는 일자리 창출, 녹색 성장, 주택/건설 경기활성화, 국내외 민간 투자 활성화, 지역경제 활성화, 기타(금융, 세제, 문화체육, 농수산, 해외 자원 및 시장 개척 등) 총 6개 분야이며 이 공모에는 개인이나 단체, 재외동포, 주한외국인 등 누구나 참여 가능하도록 되어 있다.[57] 심사 결과[58] 입선부터 대상 1천만 원까지 다양한 포상을 하고, 우수 제안의 경우는 '국민이 만든 국정 과제'로 중점 관리하게 된다.

40여 일의 공모 결과 9,223건의 아이디어가 접수되었는데 주제별로 가장 많은 제안의 종류는 일자리 창출, 세제 금융 등 기타, 녹색성장에 관한 순서로 주로 경제 부문에 대한 제안이 많이 제출되었다(제안의 주제와 비중

57 단, 재외 동포 및 주한 외국인이 외국어로 제안할 경우에는 한국어로 된 요약본을 따로 받으며 시상 부문에는 해당되지 않지만 우수제안으로 채택될 때에는 추가로 별도 시상을 한다.

58 심사 진행 방식은 내부 심사 → 부처별 심사 1~4차 → 전문가 심사 1~3차 → 부처별 중점 제안 심사 → 최종 심사회의를 통해 Top 100 과제를 선정한다.

**[그림 2-7] 생생경제, 국민아이디어 공모 주제와 비중**

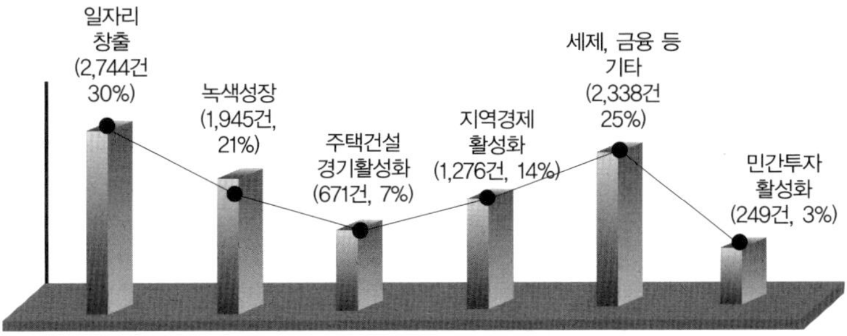


* 출처: 행정안전부 OK 주민서비스(http://oklife.go.kr)

에 대해서는 [그림 2-7] 참조).

이 가운데 대통령상은 KTX 역세권 특성화 개발로 '전국을 하나의 도시로' 제안이 수상하였고, 그 외에 지자체 996개 해외 자매 도시를 통한 중소기업 해외 진출 촉진, 공공시설 여유 공간에 민간 태양광 발전, 가축 분뇨를 활용한 농가형 소규모 바이오가스 발전, '4대강 풍경 찾기'를 통한 국가 브랜드 강화, 생명과 환경의 가치를 일깨우는 에코트리 프로젝트, 저탄소 녹색성장 정부 인증 시스템 도입 등의 93개 제안이 총리상 및 관계 부처 장관상을 수상하였다.

OK 주민서비스에서는 '생생경제, 국민 아이디어 공모' 외에도 2008년 10월 23일부터 11월 22일까지 제1회 아이디어 공모를 실시하였는데 경제, 사회, 복지, 교육, 문화 · 체육, 사회 안전 등 국민생활 모든 분야의 규제 완화 및 제도 개선 내용에 대해 국민들의 아이디어를 공모하였다.

이상과 같은 국민들의 정책 제안 공모는 더욱 확대되고 있으며, 정책 채택률 또한 매우 높다. 정부가 국민의 제안을 적극적으로 수렴하는 자세는 높이 평가할 만하며 과거와 달리 신속하게 반응하는 국민 중심의 정부라는 평가를 할 수도 있지만, 한편으로는 '공모'라는 형식의 물질적 보상이 적절한가의 문제와 상시적으로 좀 더 보편적인 정책제안 수렴모델을 제시할 필요가 있다는 것은 남아 있는 과제라고 할 수 있다.

# 제3장
# 국민 참여 서비스의 의미와 발전 조건

## 1. 국민 참여 서비스 평가[59]

### 1) 기존 이론에서의 참여 동인(動因)

이제까지 단계별 국민 참여 서비스 분석을 통해 전자정부 서비스의 개요와 효과를 알아보았다. 기존의 온라인 국민 참여에 대한 연구는 초기 단계의 참여 유형 제시에만 머물러 있거나 지나치게 경험적인 사례에 초점을 맞추는 연구 혹은 참여의 중요성에 대한 당위적인 강조에 머물러 있는 연구가 대부분이다. 또한 연구 주제에 있어서는 시민운동 관점에서의 참여나 정치적 선거 캠페인 등의 한정된 주제 혹은 비행정적(non-administration) 주제에 머물러 있는 것이 대부분이다.

더구나 공공 분야의 온라인 참여에 대한 해외의 연구 사례도 매우 드물다. 이른바 '미들맨 패러독스'(Middle-Man Paradox)라는, 대의민주주의에서의 국민의 대표자가 자신의 기득권에 대한 침해 가능성 때문에 국민 참

---

**59** 윤영민 외(2007)를 참조하여 재구성함.

여 서비스를 반기지 않는 현실로 인해 공공 영역의 온라인 참여 서비스는 전자정부 등의 여러 사업에서 활발히 이루어질 수 있음에도 불구하고, 정작 국민의 참여를 직접적으로 촉진시킬 수 있는 서비스의 활성화는 매우 미진한 단계에 머물러 있다.

버바(S. Verba)는 시민 참여를 '공권력이 부여되지 않은 일반 시민들이 공적 권한이 부여된 사람들의 행위에 영향을 미칠 의도로 정책 결정 과정에 참여하는 것'이라고 정의하였고, 네이글(Nagel)은 '사회의 보통 구성원인 시민이 정책 결정에 영향을 미치고자 하는 행동'이라고 하였으며, 짐머만(Zimmerman)은 '시민의 선호와 가치를 행정 서비스에 반영하려는 행동'이라고 정의하였다. 또한 밀브레스와 고엘(Milbrath · Goel)은 '정부에 대한 영향력 행사 또는 지지를 위한 시민의 활동'이라 하고, 커닝햄의 경우는 '지역사회의 일반 시민이 그 지역사회의 공공 사무와 관련된 결정에 대해 권력을 행사하는 과정'이라고 정의하였다. 이와 같은 정의를 종합하여 윤종현은 온라인 시민 참여란 '일반 시민이 정부 부문의 ICT를 사용하여 정부 정책에 대한 선호와 가치를 정책 과정에 직 · 간접적으로 반영하려는 활동'이라고 정의하였다.[60]

전통적 의미에서의 참여 이론(Participation Model)은 크게 다섯 가지로 구분될 수 있는데 첫째, 버바와 나이(Nie)가 1972년에 제시한 사회경제적 참여모델(Socio-Economic Participation Model, 이하 SEPM)로서, 비용을 중심으로 분석한 이론인데, 이 이론에서는 비용이 낮을수록 참여가 용이하다고 본다.[61] 이 모델을 온라인 국민 참여 서비스에 적용할 경우, 국민신문고의 모든 서비스는 정책 참여 난이도도 비슷하고 소요되는 비용 또한 적

**60** 윤종현(2007: 289).
**61** Verba, Nie(1972).

기 때문에 모든 서비스에 대한 정책 참여가 높게 나타나야 한다. 즉, 온라인 국민 참여 서비스는 비용이 같기 때문에 사회경제적 요인 등이 참여의 정도에 영향을 주지 말아야 한다는 가설도 제시할 수 있다.

둘째, 합리적 선택 참여모델(Rational Choice Participation Model, 이하 RCPM)로서, 인센티브(incentives)를 중심으로 논의하는 것이다. 인센티브에는 승진이나 출세, 물리적 보상 등의 정치사회적 인센티브나 심리적 만족감 등의 심리적 인센티브가 있지만 이 모델에서 강조하는 인센티브란 주로 물질적 인센티브에 한정된다.[62] 또한 공익으로서의 집합적 인센티브(collective incentive)와 특수한 개인의 인센티브(specific incentive) 가운데 개인적 인센티브만을 강조하는 경향이 있다. 따라서 온라인 국민 참여 서비스와 관련하여 이 모델이 제시할 수 있는 가설은, '인센티브가 많이 부여될수록 참여의 정도가 높다'는 것이다. 그러나 합리적 선택모델은 물질적 · 개인적 인센티브만을 강조하는 경향이 높기 때문에 심리적 인센티브, 즉 만족도를 측정해야 한다는 문제가 남는다.

셋째, 사회적 자본 참여모델(Social Capital Participation Model, 이하 SCPM)로서, 사회적 관계를 중시하는 이론이다. 퍼트남(Putnam) 등이 강조한 사회적 자본에 의한 참여모델을 온라인 국민 참여 서비스에 적용할 경우 사회적 관계가 풍부한 사람이 참여할 가능성이 높다는 가설을 제시할 수 있다. 이는 사용자의 참여에 사용자의 사회적 관계가 주는 영향 및 사용자가 다른 사람의 참여를 유도하였는가에 대한 측정으로 분석할 수 있는 부분이다. 또한 사회적 자본에 영향을 받는 참여 유형을 분석할 필요가 있으며, 이러한 가설에 의하면 개인적 차원에서의 국민 제안이나 정책 토론

---

62 온라인 국민 참여 서비스의 인센티브로는 마일리지나 포인트, 혹은 상품권, 추천, 정책 채택, 물질적 보상 등이 있다.

서비스보다는 시민참여클럽 서비스에 대한 참여도가 높아야 한다.

넷째, 기술 참여모델(ICT and Participation Model, 이하 ICTPM)로서, ICT로 인한 접근(communality, access)과 연결(connectivity)의 향상이 참여를 촉진시킬 수 있다는 이론이다. 이는 대부분의 온라인 참여 연구자들이나 기술 결정론자들이 강조하는 모델로서, 이를 온라인 참여에 적용하기 위해서는 접근성으로서 인터넷을 통해 서로 비슷한 생각을 가진 사람들을 발견하고 서로 힘이 되는 현상에 대한 분석이 가능하다.

다섯째, 활동적 시민 참여모델(Active Citizen Participation Model, 이하 ACPM)로서, 다른 온라인 활동을 많이 하는 사람이 정치참여도도 높다는 이론이다. 이를 논증하기 위해서는 우선 사용자들의 디지털 참여도를 평가해야 하며, 아울러 사용자 가운데 활동적 시민을 가려낼 수 있어야 한다. 만약 활동적인 시민이 참여도가 높다면 국민 신문고의 서비스 가운데 시민참여클럽에서의 참여도가 가장 높게 나타나야 한다. 이와 같은 다섯 가지 전통적인 참여모델의 간략한 특징과 온라인 참여모델에의 적용 가설은 [표 2-13]과 같이 정리할 수 있다.

**[표 2-13] 전통적 참여 이론의 특징과 온라인 참여모델에의 적용 가능성**

| 구분 | 사회경제적 참여모델(SEPM) | 합리적 선택 참여모델(RCPM) | 사회적 자본 참여모델(SCPM) | 기술 참여모델(ICTPM) | 활동적 시민 참여모델(ACPM) |
|---|---|---|---|---|---|
| 중심 | 참여 비용 | 인센티브 | 사회적 관계 | ICT | 활동성 |
| 특징 | 참여 비용이 낮을수록 참여도가 높다 | 개인적 · 물질적 인센티브가 높으면 참여도가 높다 | 사회적 관계가 잘 이루어지면 참여도가 높다 | 기술 활용도가 높을수록 참여도가 높다 | 활동적 시민일수록 참여도가 높다 |
| 온라인 참여 적용 가설 | 참여 비용이 낮은 온라인 참여 서비스의 참여도는 언제나 높다 | 개인적 · 물질적 인센티브가 높으면 참여도가 높다(단, 심리적 인센티브에 대한 연구 보완) | 사회적 관계가 풍부할수록 참여도가 높다 | 기술 활용도가 높을수록 참여도가 높다 | 온라인 활동을 많이 할수록 참여도가 높다 |

대안적인 시민 참여모델로서는 효능 참여모델(Efficancy Participation Model, 이하 EPM)을 제시할 수도 있다. EPM은 온라인 참여를 분석할 수 있는 가장 효율적인 분석모델로서, 사용자가 비용이 거의 없는 온라인 서비스를 일단 가볍게 사용 시도해본 후 해당 서비스에서 효능감을 느끼게 되는 경우에 더 많은 참여를 하게 된다는 이론이다. 이는 참여에 있어서 물질적 비용을 중심으로 논의하는 SEPM에 대한 비판에서 출발한 이론으로서 참여 과정을 학습 과정으로 상정하고 학습 과정에서 긍정적 피드백(positive feedback)이 이루어질 경우에는 사용자의 참여가 더욱 강화되며(reenforcement), 부정적인 피드백(negative feedback)이 이루어질 경우에는 이후의 과정에서 아예 참여 자체를 거부하게 되는 영원한 참여 거부(exit)가 나타난다는 것이다.

### 2) 대안으로서의 효능감 모델

전자정부를 통한 온라인 국민 참여 서비스의 핵심 개념은 혁신과 만족이다. 기술 서비스의 발전을 통해 기존의 지체되고 무반응적인 민원 행정 영역을 좀 더 신속하고 정확하고 반응적인 서비스로 완성시킬 수 있는 혁신과 일방적이고 위계적이던 대국민 서비스를 쌍방향적이고 상호 의사소통할 수 있는 만족감 높은 서비스로 변화시키는 것이 전자정부의 궁극적인 목적이라고 할 수 있다.[63]

문제는 결국 공공 영역의 국민에 대한 반응성이 미흡하다는 것에 있으며, 기술 서비스의 구축만으로 혁신이나 국민의 만족이 증진되기는 어렵

---

63 OECD에서는 온라인 시민 참여를 소극적 참여와 적극적 참여로 구분하고 있으며, 이 가운데 적극적 참여는 시민이 주도적으로 의사 결정과 정책 결정에 적극적으로 참여하는 형태로, 정부와 시민이 상호 파트너십 위에서 쌍방향으로 의사를 교환하는 것이라고 정의하고 있다 (OECD 2001: 28).

다는 것에 있다. 즉, 서비스를 구축하고 국민이 참여하기를 기다리기 전에 국민의 곁으로 다가가야 한다는 가장 기본적인 의식의 부재가 현재의 전자정부 서비스의 본질적인 문제의 근원이다. '전자정부의 목표는 시스템의 구축이 아니라 전자적인 서비스의 이용 활성화'에 있기 때문이다.

정부2.0의 지표가 [표 2-14]에 나타난 바와 같이 다섯 가지로 구분될 수 있다면 ○는 일반적으로 해당 서비스가 구비하고 있는 속성으로 평가할 수 있으며 ●는 해당 서비스가 특히 강점을 가지는 속성으로 정의할 수 있다. 즉, 각 서비스의 이용 현황을 행정 효율성 향상 측면의 평가 지표인 대응성 · 공개성 · 공유성[64]과 대민 서비스 활성화의 측정 지표인 접근성 · 효능감을 중심으로 정리하고 문제점과 발전의 조건을 제시하면 [표 2-14]와 같이 정리할 수 있다.

**[표 2-14] 온라인 국민 참여 서비스에서의 행정 효율성과 대국민 서비스 활성화 효과**

| 대분류 | 분야 | 콜센터 | 정보 공개 | 민원 신청 | 정책제안 |
|---|---|---|---|---|---|
| 행정 효율성 | 대응성 | ● | ○ | ● | ● |
| | 공개성 | | ● | | |
| | 공유성 | ○ | | ○ | |
| 서비스 활성화 | 접근성 | ● | ○ | ○ | ○ |
| | 효능감 | ● | ○ | ○ | ● |

서비스에서 부분적으로 강하게 나타나는 항목은 서비스의 구현 목적과 조응한다. 즉 신속하게 민원에 대응한다거나 정부의 정보를 최대한 공개

64 웹2.0의 기본 지표로서 '참여, 개방, 공유' 가운데 공유와 개방은 각각 공유성과 공개성이라는 행정 효율성 지표로 환원할 수 있으며, 참여는 대민 서비스 활성화 지표에 포함되어 있다. 따라서 여기에서의 평가 지표는 전자정부 본래의 목적을 기준으로 한 평가지표이자 웹2.0 수준을 평가하는 지표라고 볼 수 있다.

한다는 것, 그리고 국민 제안을 받아들이고 정책에 실제로 반영하고자 하는 노력 및 인터넷만이 아니라도 접촉 창구를 다각화하여 편의성을 높이고자 하는 노력은 어느 정도 구현되고 있다.

그러나 2009년 현재에도 웹2.0의 모든 속성을 최대한으로 만족시키는 전자정부 서비스는 없다. 물론 부분적으로는 대응성과 접근성 그리고 효능감이 높은 콜센터, 공개성이 높은 정보 공개, 대응성이 높은 민원 신청, 대응성과 효능감이 높은 정책 제안 등의 특징이 나타나고 있긴 하지만 이 전체를 아우를 수 있는 국민 참여 서비스는 구현되지 못하고 있는 것이다.

각 서비스의 장점은 여타 다른 지표로까지 확대되어야 하는데 이것이 우리나라 전자정부가 직면하고 있는 남은 과제가 될 것이다. 따라서 전체적으로는 다양한 채널 개발이 필연적으로 이루어질 수밖에 없으며, 세부적으로는 콜센터의 경우 찾아가는 정부와 적극적인 개인맞춤형 정보제공을 해야 하며, 정보 공개는 비공개보다는 공개를 지향하여 공공 정보의 활성화 단계까지 이르러야 하며 아울러 최근의 모바일 참여의 확산에 따라 공공 애플리케이션(public application) 개발을 통한 서비스 발굴에 주력해야 한다.

민원 신청 서비스의 경우에 시민이 더욱 활용하기 쉽도록 홍보와 시스템 간편화가 이루어져야 하고, 보안 시스템 또한 철저히 마련되어야 하며, 정책 제안 서비스는 경제 분야에 치중하는 것만이 아닌 좀 더 넓은 분야로 확대되고,[65] 정책의 실제 채택 후 국민이 제안한 정책의 실제 효과에 대한 피드백이 이루어져야 한다. 즉, 정책 반영과 정책 효과 창출에 더

65 그러나 정치적인 관점에서 정치 분야로 국민 제안이 확대될 때의 대의제 민주주의에서 중요한 역할을 하는 의회나 정당과의 갈등 가능성이 나타날 수도 있다는 점을 정책적으로 고려해야 한다.

욱 주력해야 하는 것이다.

## 2. 네트워크 정부 구현의 과제

데이비드 오스본과 테드 게블러는 그들의 저서 『정부 재창조』(*Reinventing Government*)에서 공공 서비스 부문의 공급자들이 일반 시민의 욕구에 부합할 수 있는 최상의 방법은 자원(증명서, 현금 보조, 여타의 자금 지원 체계)의 통제권을 개인에게 넘겨서 그들이 선택권(아이들이 어느 학교에 진학할 것인지에 대한 선택, 여가 시설에 대한 선택, 심지어 치안 서비스에 대한 선택까지)을 행사하도록 하는 것이라고 정부의 미래상을 다소 급진적으로 제시한 바 있다.[66]

이에 대해 더글라스 홈즈는 시민들은 공공 부문에 대한 서비스를 바로 지금, 여기에서 이용하기를 원한다는 점을 강조하면서 여기에서 '바로 지금'이란 하루 24시간 내내, 일주일 내내를 의미하며 '바로 여기'란 집 · 학교 · 직장과 손바닥을 의미한다고 강조한다. 홈즈의 지적처럼 온라인을 통한 공공 서비스의 제공 비용은 다른 서비스 채널에 비해 높지 않으며, 장과 사이트에 시민이 접근하는 데 소요되는 한계비용 또한 거의 없다고 보았을 때, 인터넷은 이용자들의 생활을 편리하게 할 뿐만 아니라 정부에 대한 사람들의 사고방식까지 변화시킬 수 있다.

즉, 제도화된 것보다는 현대적인 것으로, 관료적인 것보다는 효율적인 것으로, 문제의 핵심에서 벗어난 무엇보다는 분명한 메시지를 함축한 무엇으로, 좋지 않은 이미지보다는 훌륭하고 멋진 이미지로 변화시킬 수 있

**66** David Osborne, Ted Gaebler(2003).

으며 그 변화에 부응하는 주체로서 정부의 역할은 매우 중요하다고 볼 수 있다.[67]

환경 측면에서 정보사회는 현재 다양한 이슈의 분산으로 네트워크 구조가 확장되고 있다. 또한 정보의 중요성과 정보의 부가가치 창출 구조가 확대됨에 따라 정부 영역에서도 정보를 적극적으로 수용해야 하게 되었다.

정치적 반응에 있어서는 활동적이고 적극적인 시민의 정보 생산 권력이 확대되고 있기 때문에 정부의 효율적인 반응은 매우 중요한 문제가 되었다. 아울러 시민이 제기하는 이슈의 본질과 특성이 변화하고 있기 때문에 정부가 이러한 변화의 속성을 이해하고 시민의 요구를 적극적으로 수용하지 못한다면 사회의 균열은 더욱 심화될 가능성이 매우 높아진 것이다(시민사회의 변화에 대해서는 이 책의 제4부 참조).

그리하여 구체적으로 남는 것은 정책적 과제라고 할 수 있다. 다음은 제2부의 결론으로서 네트워크 사회의 정부가 직면하고 있는 과제와 대안을 정리해본다.

### 1) 정부 영역의 수단 · 방식 · 의제의 변화[68]

산업사회 · 정보사회 · 네트워크 사회에서 정부의 역할은 수단 · 방식과 의제에 있어서 차이를 보이는데, 특히 네트워크 사회에 들어와서는 이 세 부문에 있어서 수렴 · 혼합 · 변형 · 분화 · 재구성의 과정을 통과한다(정부 변화 과정에 대한 총괄적 정리는 [표 2-15] 참조).

---

**67** Douglas Holmes(2001: 38).

**68** 류석진 · 조희정(2009: 40~45, 55~58)을 참조하여 재구성.

[표 2-15] 시대 변화와 정부 영역의 수단 · 방식 · 의제

| 구분 | 산업사회 | 정보사회 | 네트워크 사회 |
| --- | --- | --- | --- |
| 수단 | • 제도(수직적 정부) | • 전자정부(단허브 정부 중심 네트워크) | • 네트워크(다허브 네트워크) |
| 방식 | • 대의민주주의<br>• 권력의 흐름(하향식)<br>• 위계적 거버넌스<br>• 명령과 통제 | • 하향식<br>• 위계적/자율적 거버넌스 | • 흐름의 권력<br>• 협력적 거버넌스(위계적+자율적 거버넌스, 소통적 거버넌스, 공사 파트너십, 공동 관리)<br>• 수평적 상호작용<br>• 경계의 소멸 |
| 의제 | • 대표성과 책임성 | • 효율성과 민주성<br>• 대의민주주의+제한적 참여민주주의 | • 참여와 협력<br>• 참여민주주의 |

그러나 통과의 과정은 순차적으로 이루어지는 것이 아니라 중첩적으로 진행되며 또한 제도적 대응이 미흡할 경우에 사회적 갈등의 원인을 만들기도 한다. 일례로 정보사회에서 네트워크 사회로 변화하는 현재 모바일 활용 단계에서조차 많은 제도적 제약에 부딪혀 원활한 네트워크 환경이 이루어지지 못하고 있는 것이 그 대표적인 사례라고 볼 수도 있는데, 이와 같이 정부의 역할 변화의 원리를 파악하는 것만큼 사회적 이행 과정에서 나타날 수 있는 균열에 대한 정책적 보완도 필수불가결한 과제라는 것은 유념해야 한다.

(1) 수단: 제도에서 네트워크로

산업사회의 정부가 베버식 관료제 정부의 전형으로서 하향식 위계질서를 중심으로 대표성을 강조하고 행정 기능의 수행에 주력하였다면 정보사회의 정부는 단허브(單hub) 정부 중심 네트워크라고 할 수 있는 전자정부를 수단으로 하여 정부의 효율성과 민주성을 강조하기 시작하였다. 전자정부의 시작은 온라인 뱅킹 개념에서 시작되었는데, 바로 기업과 같이

시민을 고객으로 생각하겠다는 정부의 발상이 정부의 다양한 정책을 서비스로 표현하면서 전자정부로 구체화된 것이다.

네트워크 사회의 정부는 수단으로서의 네트워크가 더욱 강조되는 정부라고 할 수 있는데, 이는 정부만 강조하는 공급자 중심 관점의 단허브 네트워크가 아니라 네트워크 내 모든 행위자가 중심이 될 수 있는 다허브 네트워크라는 차이를 보인다.

첫째, 네트워크의 힘은 세상의 혁명적 변화를 예고한다.[69] 적절한 수단을 사용했을 때 그룹 행동이 갖는 힘이 극대화될 수 있다는 의미이다. 개인과 그룹 사이, 그룹 내 개인들 사이 그리고 그룹과 그룹 사이의 관계를 합치면 놀랄 만큼 복잡한 네트워크가 형성된다.[70] 이러한 네트워크 사회에서는 가치와 특성을 잘 활용하는 사회가 발전할 수 있으며, 그렇지 못한 사회에서는 갈등이 발생하고, 심지어 사회 붕괴로까지 귀결될 수 있다.

물론 이와 같은 원리는 정부와 시민에 모두 적용된다. 즉, 이제까지 나타난 시민사회에서의 네트워크화된 집단행동의 위력은 정부 네트워크가 효과적으로 조직될 경우에 기대할 수 있는 효과라고도 할 수 있는 것이다. 이미 2008년부터 주요 선진국에서 정부 관료의 블로그나 소셜 네트워크 서비스를 통한 시민과의 소통을 강조하고 있는 사례들은 이와 같은 네트워크 효과에 정부가 주목하고 있음을 나타내는 것이다.

둘째, 네트워크는 단순히 연결성이 높은 네트워크에 머무는 것이 아니라 소셜 네트워크로서 사회성이 강하다. 즉 현재의 마이스페이스(MySpace)나 트위터와 같은 소셜 네트워크 서비스처럼 정부도 소셜 네트

---

69 이에 대해 서키는 "세상 모든 '사이'를 혁명한다"는 의미에서 'Inter Revolution'이라는 인상적인 표현을 쓴 바 있다(Clay Shirky, 2008: 15).

70 Clay Shirky(2008: 23).

워크를 수단으로 정부의 정보 공개와 시민의 의견 수렴을 노력하고 있다.

소셜 네트워크의 의미는 그룹 활동의 구질서를 뒤집어놓는다는 효과가 있다. 즉 "모인 다음 공유하자"에서 "공유한 다음 모이자"로 바꿔버리는 것이다.[71] 이와 같은 원리는 정부 서비스에서도 그대로 적용될 수 있는데, 일단 하나의 정부 서비스를 이용하여 연결된 시민들은 점점 더 그 응집성이 높아져 정부에 대한 관심과 신뢰를 높이는 데 기여하게 되는 것이다.

셋째, 네트워크는 소셜 네트워크를 기반으로 하면서 '소통'의 가치를 강조하는 효과로 나타난다. 정부 서비스는 소통 채널의 다변화 과정을 겪어 현재는 활발한 정책 발표와 소셜 미디어를 구성하는 것으로 나타나고 있다. 정부2.0으로 표현된 이와 같은 서비스들은 이제는 한층 진일보하여 시민과 실시간으로 소통할 수 있는 채널을 개설하고, 플랫폼으로서의 정부 역할을 강화하며, 모바일과 웹을 연결하거나 3D 서비스와 가상세계를 구현한 다양한 수단을 활용하고 있다. 그러나 서비스의 이용이 원활하지 못하다는 한계를 안고 있기도 하다.

#### (2) 방식: 권력의 흐름에서 흐름의 권력으로

네트워크 사회에서 정부가 작동하는 방식은 산업사회에서와 같은 정부 중심의 통치가 더 이상 허용되지 않으며 시민과 함께하는 협치(governance)를 추구한다. 권력의 구조는 위계적 양상에서 혼계로 바뀌고, 권력 실현 방식도 강요 · 복종이 아닌 설득 · 순응으로 변화하며 권력의 속성은 경성 정치권력보다 연성 문화 권력이 중요시 된다.

이른바 구조적 전환이 이루어져 권력의 흐름(flows of power)보다는 흐름의 권력(power of flows)이 보다 강하게 나타나는 것이다. 즉 사회적 관계의

---

**71** 서키, 2008: 46.

형태가 사회적 내용을 상당 부분 규정짓는 유동형 사회가 등장하여 권력은 더 이상 제도적인 것이 아니라 네트워크에 내재한 것으로 변화한다.[72]

전통적으로 정부 권력은 소수의 위계적인 구조 속에서 통치자와 피통치자의 이분법적으로 구분되었고 그 안에서는 명령과 통제가 일반적인 것으로 평가되어왔다. 대표의 선출과 민주적 책임성으로 근간으로 한 대의민주주의적 질서 속에서 제한적인 제도적 참여(선거)를 통한 의무적 시민의 모습만이 요구되었다.

즉, 공공정책 의사결정 과정의 주체는 정부였으며, 시민들은 정부가 산출하는 공공서비스의 소비자였다. 공공정책을 둘러싼 의사결정 과정은 공직자들의 몫이었고, 정부의 공공정책은 정기적으로 치러지는 시민들의 공직 선거에 의해 정당화되었으며, 시민들의 의사결정 과정에의 참여는 로비 및 이익집단 활동 등과 같은 조직을 통한 간접적 참여 형태를 띠고 있었다.

따라서 정책결정 과정은 수직적 조직 네트워크를 바탕으로 제도화된 소수 엘리트의 중앙집권적 형태를 띠었다. 정부-시민간의 상호작용은 대체로 권위적 관계로 구성되는 위계적 거버넌스(hierarchical governance)로 특징지어진다.[73] 위계적 거버넌스에서는 공사 구분이 분명하고 정부는 법적 규제와 통제를 통해 사회적 영향력을 행사하며 시민사회와 구분된다.

그러나 투표율 하락으로 인한 선거 참여율 저하로 인해 대의민주주의의 위기를 타개할 수 있는 비제도적 정치참여가 모색되기 시작하였고, 정책의 효용성 및 적실성 또한 실제 효과가 줄어들게 되었다. 더구나 시장

72 이재열 · 송호근(2007: 290).

73 Kooiman(2003: 231).

과 · 세계화 · 정보화로 인해 정부의 실패에 대한 시장의 힘과, 경계를 초월하여 국가를 압박하는 세력이 성장하고 또한 정보화로 인해 권력 구조와 조직 관리 방식의 다양화가 나타나게 되었다.

시민권의 성장과 자율성이 늘어나고 정보사회로 들어서면 명령과 통제의 대상인 시민들의 요구가 적극적으로 나타나게 된다. 탈물질 사회의 다양한 가치관을 습득하고, 자기 표현에 익숙하며, 온라인 공간의 정보 습득으로 인해 인지의 수준이 높아진 시민들은 자율적 거버넌스의 형성을 요구하게 되고, 그에 따라 네트워크 사회로 접어들면 창조적 시민의 등장으로 인해 기존의 전통적인 지배와 피지배 관계가 아닌 협력과 균형 관계로의 변화를 요구하게 되는 것이다.

이렇게 변화하게 된 시민의 요구에 반응하는 정부의 대응성은 거버넌스 방식으로 재구성되어 위계적 거버넌스가 아닌 협력적 거버넌스의 활성화에 주력하게 되고 수평적 상호작용에 주목하게 되고 과거의 산업사회와 같은 권력의 흐름이라는 위계성이 중요하다기보다는 경계가 더욱 융합되는 상태에서 흐름의 권력의 중요성이 대두하게 된다.

정보사회에서는 위계적 거버넌스와 자율적 거버넌스가 혼재하고 있었지만 그래도 위계적 거버넌스 중심의 권력 방식이라는 큰 틀에서 벗어날 수는 없었다. 즉 여전히 공급자인 정부와 수요자로서의 시민이라는 대당 구조는 시민의 자율성을 상대적 의미의 자율성으로 제한하고 있었던 것이다. 정보사회의 정부는 여전히 정보를 제공하고 정책을 결정하고 시행하는 주요 행위자로서 네트워크 사회에서 예측되는 것과 같은 공사간의 구분이 모호해지거나 경계가 소멸하는 현상과는 거리가 먼 것이었다.

그러나 네트워크 사회에서는 위계적 거버넌스와 자율적 거버넌스를 융합한 협력적 거버넌스, 시민과의 소통성을 강화하는 소통적 거버넌스, 사회의 다양한 행위자들을 포함하여 명실공히 진정한 거버넌스라고 할 수 있는 공사 파트너십이나 공동 관리의 거버넌스가 가능해질 수 있다. 즉 정치 권력의 재구조화라는 측면에서 국가 · 지역적인 차원의 새롭고 유연하고 동태적인 시민 관여를 확대할 수 있는 거버넌스로 진행된다.

거버넌스의 성장은 행위자의 의지와 능력이 신장되어 있음을 전제로 하며 온라인과 오프라인에서의 참여가 융합되고 가속화되는 현상, 정부 주도의 대의적 · 제도적 정치에서 시민 중심의 직접적 · 제도 외적인 정치 참여 방식으로의 변화, 다양한 의제의 폭발을 배경으로 한다.

그러나 이러한 배경에는 포퓰리즘(populism)의 확산, 고비용－저효율의 정책 과정 및 정치적 갈등의 침예화라는 위험 요인도 내재되어 있기 때문에 정부의 협력적 거버넌스의 구성은 많은 조건을 요구할 수도 있다. 따라서 위험 요인의 완화 혹은 해결을 위해서는 일상적인 정부와 주요 정치 행위자간의 소통적 거버넌스가 활성화되어야 하며, 공사 파트너십을 효율적으로 달성할 수 있는 방안이 모색되어 정부의 효율성이 증가되어야 한다.

### (3) 의제: 대표성에서 협력으로

산업사회의 정부의 의제가 '대표성과 책임성'에 있고, 정보사회에서의 정부의 의제가 '효율성과 민주성'이라면 네트워크 사회에서 정부의 의제는 '참여와 협력'이다. 즉, 협력적 거버넌스를 구축하고 원활하게 작동시키기 위해서는 다양한 행위자의 참여를 도모하고, 협력 방안을 모색하는 정부의 능력과 역할이 매우 중요해진다. 정부 의제의 변화 과정은 환경의 변화와 시민의 변화를 전제로 정부의 대응성을 높이고 역할과 권한을 지키는 과정이라고 볼 수 있다.

그 과정에서 정부의 역할 축소론, 작은 정부론 등이 제기되기도 하였지만 네트워크 사회에서의 정부는 더 이상 그러한 단층적인 역할 구분론의 구도에 제한되어서는 안 된다. 즉 환경 변화에 유연하게 대처하고 시민이나 정부 외의 중요 정치 행위자들의 다양한 요구를 최적으로 수렴할 수 있는 정부의 여러 대응 방안을 활성화하여 대응력을 높이고 유일하게 공공성을 담보하는 가장 중요한 정치 행위자로 거듭날 필요가 있는 것이다.

즉 네트워크 사회에서는 정부의 협력적 거버넌스의 결정 요인이 다차원적인 층위에서 유동적이고 상황적으로 전개되기 때문에, 전체 국민을 대상으로 하는 중앙정부의 의제와 상대적으로 규모가 적고 이익의 직접적 혜택에 대한 반응성이 높으면서도 아직은 자율성이 부족한 지방정부의 의제에 대한 다차원적 접근이 필요하며, 다변화 사회의 요구를 적극적으로 수렴하여 반응성을 높인다는 점에서 참여와 협력을 의제로 하는 '유연한 정부'(Flexible Government)로 변화될 필요가 있다. 유연한 정부는 기술 수단을 통해 소통 방식을 활성화하고, 사회에 나타나는 의제에 대한 반응성이 높으며, 대의제와 직접민주주의의 큰 틀을 융합시킬 수 있는 정부의 형태가 될 것이다.

### 2) 구체적인 과제와 대안

#### (1) 시민의 서비스 이용 활성화: 참여의 조건에 대한 적극적인 모색

전자정부 컨설팅 업체인 액센추어사는 차세대 전자정부의 핵심을 '정부와 시민간의 신뢰를 구축하는 것'이라고 제시하면서 정보사회에서 지식사회로 변화하는 현재의 시점에서는 공급자 중심에서 사용자가 직접 서비스를 창출하는 방식이 이루어져야 한다고 강조하였다.[74]

계속 강조한 것처럼 전자정부에서는 기술 발전을 도모하는 만큼 국민의 사용도를 높이기 위한 방안의 모색도 매우 절실하다. 또한 전자정부에

74 Accenture(2006).

대한 가장 절실한 요구는 출생, 결혼, 사망, 이사, 취학, 사업 시작, 파산 선고, 범죄에 대한 기소와 같은 생활 이벤트와 주제별로 매끈하고 틈새 없는 서비스를 제공하는 정부의 모습이다.

서울시의 '다산 120 콜센터'는 365일 24시간 서비스이나 지속적인 사용자 편의 서비스 제고를 통해 접근성과 효능감이 비약적으로 높게 나타나고 있는데, 이러한 사례뿐만 아니라 정책 제안의 인센티브를 물질적 보상뿐만 아니라 실제 정책으로 채택하는 식의 다각적인 인센티브는 매우 중요한 참여의 조건을 시사한다. 즉, 정확한 심사 과정과 실제 정책으로의 채택이 국민에게 주는 만족도와 효능감 그리고 그로 인한 참여의 촉진과 민주주의적 발전은 온라인 국민 참여 서비스의 이상적 모델을 보여주는 것이라고 할 수 있다.

이제까지의 전자정부 정책은 참여 · 공유 · 개방의 가치 가운데 참여보다는 공유와 개방에 대해 주력해온 경향이 강하게 나타나고 있다. 전국민의 보편적인 참여 혹은 참여의 확대를 위해서는 제한된 인센티브의 부여보다는 정책 발전을 위한 본질적 노력을 해야 한다. 즉 위계보다는 수평적 의사소통과 보편적 참여 그리고 좀 더 편리한 시스템 통합과 공유를 위한 노력에 주력해야 할 것이다.

또한 시민들이 정부조직의 복잡성으로 인한 혼란을 겪지 않게 하기 위해서 정부 각 부처와 기관의 정보 시스템은 각각의 서비스를 통합된 방식으로 제공할 수 있도록 연결되어야 한다. 자동차면허 등록 갱신을 원하거나 운전면허 시험 예약을 원하는 사람들이 이러한 서비스를 제공하는 부서의 이름을 알아야 할 필요성을 느끼게 해서는 안 된다.

단지 정부 포털에 접속하여 일상생활이라는 선택 항목에 속해 있는 '나의 자동차'라는 부분을 클릭만 하면 모든 것을 해결할 수 있어야 한다. 포털은 특정 부류의 사람들—노동자, 사업가, 학생, 군인, 고양이 소유자—

을 위한 특정 영역을 나타낼 수 있고, 사람들이 다양한 수단—집 또는 사무실의 개인용 컴퓨터, 공공장소의 키오스크, 인터넷이 가능한 콜센터, 원스톱 숍, 디지털 TV, 3세대 무선전화기, 정보기기, 게임용 조작 테이블—으로 접근할 수 있어야 하는 것이다.[75]

### (2) 플랫폼으로서의 정부 역할 강화: 퍼블릭 애플리케이션 서비스 제공

퍼블릭 애플리케이션 서비스[76]는 애플(Apple)의 앱스토어(Application Store)와 같은 서비스를 공공 영역에서 벤치마킹한 서비스로서 각종 생활정보 및 부처별 대표 서비스를 애플리케이션화하여 무료로 배포하는 서비스이다. 즉, 현재의 전자정부 포털이나 각 부처의 홈페이지에 묻혀 있는 수많은 정부 서비스 가운데 활용도가 높은 서비스를 우선적으로 애플리케이션화하여 모바일이나 웹 환경에서 자유롭게 사용할 수 있도록 집중적으로 서비스하고 점차적으로 정부 전체의 서비스를 애플리케이션화하는 것이 주요 내용이다.

이미 워싱턴 DC에서는 '민주주의를 위한 애플리케이션(Apps for Democracy) 프로젝트'[77]를 통해 시민들의 의견을 적극적으로 수렴하여 애플사와 연계한 애플리케이션 서비스를 제공하고 있는데, 다양한 서비스를 자유자재로 활용할 수 있는 스마트폰의 이용률이 확대되고 있는 현 시점에서는 모바일과 웹을 연결할 수 있는 애플리케이션 서비스의 중요성이 더욱 증가하고 있기 때문에 향후 매우 주목받을 수 있는 정부 서비스로 평가할 수 있다.

---

**75** Douglas Holmes(2001: 42~43).

**76** 한국정보화진흥원(2009. 11: 59~61) 참조.

**77** 워싱턴 DC에서 시민들이 제안하여 현재 제공되고 있는 공공 애플리케이션 서비스로는 카풀 맺기, 자전거 도로 정보, 시민 위키, 도시 위험 정보, DC 역사 투어 가이드 등이 있다.

애플사는 2008년 7월부터 앱스토어 서비스를 시작하여 2009년 기준으로 8만 5천 개 애플리케이션을 개발하고 전체 20억 건의 다운로드를 기록한 바 있다. 애플사뿐만 아니라 구글의 안드로이드, 노키아의 오비(Ovi), 마이크로소프트사의 스카이마켓 등을 통해 활성화되고 있는 애플리케이션 관련 시장은 오픈 소스 등을 통해 개발 방법[78]을 공개하고, 특히 개발자에게 일정 정도 수익을 보장[79]함으로써 더욱 많은 개인의 참여를 독려하고 있는 모바일 기반의 개방형 시스템(Open System)이다.

예를 들어, 'SDK 공개 → 누구나 애플리케이션 개발 → 개발자에게 판매 수익의 일부를 분배 → 앱 스토어 활성화 → 아이폰이나 아이팟의 판매 확대'라는 애플의 새로운 비즈니스 모델의 선순환 구조를 공공 영역에 적용할 경우, '정부 애플리케이션 기술 공개 → 국민 누구나 공공 애플리케이션 개발 → 정책 수익의 일부를 분배하거나 이익금을 사회 소외계층에게 기부하도록 배분 → 퍼블릭 앱 스토어 활성화 → 모바일 문화 확대 및 국민의 편익 증가'라는 선순환 모델을 구축할 수 있는 것이다.

[표 2-16] 정부-시민간 소통 채널의 변화 과정

| 정보화 이전 | 1990년대 후반 | 웹2.0과 네트워크 시대 |
|---|---|---|
| 시민 감사청구제 | 온라인 포럼 | 정책 블로그 |
| 시민 옴부즈만 제도 | 정책 제안 | UCC 정책 발표 |
| 시민 조례 발의제 | 온라인 민원 | 소셜 미디어 |

* 출처: 김희연(2009: 30); 이원태 · 홍순식(2008)을 참조하여 재구성

78 대표적인 개발 방법 공개로는 애플의 소프트웨어 개발 킷(Software Development Kit, SDK)이 있다.

79 애플사는 애플리케이션 개발자에게 판매 수익의 70%를 지불하는 파격적인 비즈니스 모델을 채택하였다.

또한 시장의 활성화, 시민의 적극적인 참여, 민원 수준에 가까운 시민 활용 정보의 활성화에 크게 기여할 수 있을 것이며 시민들의 창의적인 공공 서비스 아이디어를 수렴할 수도 있고, 매우 간편하고 내용 파악이 편리한 비주얼(visual) 서비스를 강화함으로써 콘텐츠의 선택과 집중을 구현하여 사용성을 높이고 좀 더 많은 시민의 서비스 혜택을 줄 수 있는, 공공영역에 적용하기 매우 편리한 서비스이다.[80]

이미 시행되고 있는 G4C 서비스의 활용성을 높이기 위해서는 플랫폼으로서의 정부 기능을 강화하고, 각종 ICT로 장치를 다양화하며, 사용자가 위치한 공간이나 시간에 제한 없이 편리하고 신속하게 활용할 수 있도록 해야 한다. 한편으로는 무선뿐만 아니라 유선에서도 이용할 수 있도록 퍼블릭 위젯(Widget)[81] 서비스나 대시보드(Dashboard) 등의 서비스를 활성화하여 웹 환경에서 편리하게 정부 서비스의 새로운 소식과 사용자 맞춤 서비스를 제공할 수 있도록 응용 서비스를 시행할 수도 있다.

따라서 현재 제공되는 대표적인 G4C 서비스 가운데 주민등록등본 교부, 병역 · 교육 정보제공, 다양한 정책 제안 등의 핵심 이용 서비스를 애플리케이션화하여 사용자가 모바일에서도 편리하게 이용할 수 있도록 하고, 나아가 사용자의 공공 서비스에 대한 관심을 높이며, 오픈 소스를 사용하여 사용자 스스로 좀 더 업그레이드된 공공 서비스를 디자인하여 배포할 수 있는 열린 공간을 제공하는 완전한 시민 참여 효과를 기대할 수 있다.

---

**80** 그럼에도 불구하고 앱스토어에서 인기 순위 1위이던 버스 도착 정보 서비스인 '서울 버스'의 경우는 2009년 12월 중순 정보 도용을 이유로 경기도가 서비스를 차단하여 수많은 네티즌의 반발을 불러일으키는 해프닝도 있었다. 이에 도지사가 나서서 사과하고 무조건 서비스를 허용하였는데, 이와 같은 사례는 철도 출발 도착 시간을 알리는 '아이코레일'의 경우에도 마찬가지로 문제가 되었다(「참여와 개방 '거버먼트 2.0' 어떻게 볼 것인가」, 「디지털타임스」, 2010년 1월 19일).

**81** 자주 이용하는 서비스를 작은 아이콘 형태로 만들어 웹브라우저를 통하지 않고도 구동시키는 작은 프로그램.

현재 우리나라의 정부가 모바일 애플리케이션 서비스를 도입하고자 한다면 다음과 같은 분야에서 효과를 기대할 수 있을 것이다.

첫째, 정부의 공공성을 효율적으로 확대할 수 있는 애플리케이션(Apps for Government)으로서, 앞서 제시한 활용도가 높은 정부 서비스를 애플리케이션으로 제작하는 것이다.

둘째, 공공성 자체에 대한 교육과 접근성을 확장할 수 있는 애플리케이션(Apps for Public)이다. 특히 현대와 같인 공공성에 대한 불신과 무지, 개인주의화가 만연하고 있는 사회에서 공공성을 친숙하게 접할 수 있는 공공성을 겸비한 애플리케이션 개발은 많은 시민들에게 공공성에 대한 이해를 높일 수 있는 효율적인 방안이 될 수 있다. 즉, 심시티(Simcity)[82]와 같은 도시 건설 프로젝트를 통해 도시나 국가를 운영하는 데 필요한 각종 제도와 규칙의 이해를 할 수 있게 된다면 장기적인 관점에서는 젊은 세대에 대한 교육 효과까지 기대할 수 있고, 일반 시민이 가지고 있는 공공성에 대한 심리적 장벽을 게임을 통해 효과적으로 극복할 수도 있다.

셋째, 생활에서 쉽고 편리하게 이용할 수 있는 애플리케이션(Apps for Life)이다. 자녀를 둔 부모, 공공 서비스를 이용할 시간이 없는 직장인, 정부 서비스를 잘 알지 못하는 학생, 지역 서비스의 수혜자가 되어야 하는 지역 주민 등을 대상으로 한 지도와 연동된 애플리케이션이 등장하고 있는 현재 상황에서 이들 생활형 서비스를 제공하게 된다면 정부에 대한 국민의 만족도는 매우 높아질 수 있으며 모바일 문화의 자연스러운 확대 효

**82** 심시티는 맥시스에서 만든 도시 건설형 경영 시뮬레이션 게임으로서 현재까지 초기 버전 이후 심시티 소사이어티까지 발표되었다. 사용자는 주거지역(R) · 상업지역(C) · 공업지역(I)을 적절히 분배해서 작은 마을을 만드는 것으로 게임은 시작이 되는데 때에 따라 폭풍 · 화재 · 폭동 등의 재난이 일어나서 이에 대한 사용자의 효과적인 위기 해결 능력이 요구되기도 하는 실천력과 정치력이 많이 요구되는 게임이라고 평가할 수 있다.

과까지도 기대할 수 있게 된다.

넷째, 다른 웹 기술이나 유비쿼터스 기술과 효과적으로 연동될 수 있는 애플리케이션(Apps for Convergence)이다. 이미 기술 융합 현상은 급속도로 진행되고 있기 때문에, 단지 모바일에서만 이용할 수 있는 것이 아닌 융합형 애플리케이션의 개발 또한 매우 중요한 문제라고 할 수 있다. 미래 사회의 기술이 모바일에만 국한된 것은 아니기 때문에 기존의 첨단 ICT를 융합하여 좀 더 활용도를 높일 수 있는 방안에 대해 고민할 필요가 있는 것이다.

마지막으로, 언제나 존재할 수밖에 없는 소외 계층을 위한 애플리케이션(Apps for Everybody) 개발이 필요하다. 노인이나 장애인을 포함한 모바일 소외 계층에 대한 서비스 확대는 현재의 제한적인 기술적 혜택을 극복하기 위해 매우 중요한 과제이며 기술 복지 및 정보 인권 구현을 위해서도 정부가 배려해야 하는 가치 있는 분야라고 할 수 있다.

#### (3) 부처간 정보 공유의 결여: 퍼블릭 서비스 교육 센터[83]

현재 제공되고 있는 다양한 정부의 공공 서비스는 웹1.0과 같은 홈페이지 기반 서비스의 경우에 개점휴업 상태가 많고, 웹2.0과 같은 고도의 서비스의 경우 지나치게 많은 채널로 인해 사용자가 잘 모르거나 번거로운 인증의 문제 등으로 인해 많은 정보 축적 및 게시 효과가 없는 경우가 대부분이다.

그러나 이와 같은 문제와 함께 최근의 정부 서비스에서 지적되고 있는 또 다른 핵심은 신전문가주의(New Professionalism) 완성의 필요성이다. 즉, 해당 업무를 수행하고 있는 공무원조차도 정부의 서비스에 대한 필요

**83** 한국정보화진흥원(2009. 11: 63~66) 참조.

성에의 인식과 타 부처 정보에 대한 정보 습득 및 다양한 콘텐츠 활용법에 익숙하지 않아 정보의 활용뿐만 아니라 정부 서비스에서의 서비스 고도화나 (다양한 서비스를 파악한 공무원들에 의한) 집단지성 창출 효과가 매우 미흡하다는 것이다.

이에 대해 더글라스 홈즈는 '공공 행정은 공무원간의 정보 공유, 팀워크를 통한 업무 수행, 지식 근로자로 변신시키는 문화 창출 노력 등이 거의 이루어지지 않아 고객 중심의 행정을 실현하지 못하고 있다. 정치적 의제를 만들어내는 사람, 즉 정치가 · 언론 · 압력단체조차도 정부를 새롭게 창조하는 변화 요구를 정확히 인식하지 못한 채 개인적인 대립, 좌우의 대립 및 시시비비 등의 구시대적인 정치 방식을 답습하고 있다'고 비판하였다.[84]

우리나라의 정부에서도 드림코리아 위키 정책 백과[85]와 같은 서비스를 통해 집단지성 방식으로 정책 아이디어를 창출하는 서비스를 시도하고 있지만 집단지성 프로젝트의 다섯 가지 성공 원칙인 핵심,[86] 기여, 관계 맺기, 협업, 창의성의 구현에는 미흡하다고 볼 수 있다. 즉 집단지성을 절대적인 선택의 문제가 아니라 정도의 문제라고 보았을 때, 지금 우리의 정부와 시민에게 필요한 것은 집단지성의 창출 이전에 구비되어야 하는 가장 기본적인 정부정책에 대한 인지조차 매우 부족하다는 것이다.

따라서 이제까지의 공무원의 업무 방식을 진일보시킨 정책 재교육 센

---

**84** Douglas Holmes(2001: 18).

**85** dreamkorea.org. 미래기획위원회에서 만든 위키 기반의 정책 공유 서비스로서, 국민들이 참여하여 다양한 정책 아이디어를 보태는 집단지성 창출 방식을 적용한 서비스이다. 이 서비스에는 개개인이 가지고 있는 우리 동네에 대한 기억과 문화를 공유하는 '우리동네 생활공감백과', 한국의 미래에 대한 정책 보고서를 공개한 '미래비전백과' 등으로 구성되어 있다.

**86** Charles Leadbeater(2009: 113~127).

터가 매우 절실하다. 이는 시민들이 핵심적으로 이용하는 정부 서비스를 교육2.0(Education 2.0)의 개념 하에 재구축하는 것이다.

이와 같은 교육 툴(tool)을 활용하여 정부의 서비스에 대한 다양한 정책 재교육 서비스를 구축하는 것이 공공 서비스 교육 서비스의 핵심 개념이다. 무엇보다 이 서비스를 통해 공무원은 다양한 정부 정책에 대한 정보를 습득하고, 시민은 그러한 공무원을 통해 정책을 소개받음으로써 정책을 인지하고 정책에 대한 다양한 의견을 제시하여 쌍방향 의사소통을 할 수 있다. 또한 홈페이지에서 동영상 정보에 이르는 다양한 콘텐츠가 개발됨으로써 공공 콘텐츠 개발 등 관련 시장의 확대도 기대할 수 있다.

(4) 시스템 안정성과 기술적 장애요인 제거

기술적 측면에서는 모든 네트워크 서비스의 고질적인 병폐인 보안과 기술 편의성이 문제가 될 수 있다. 정부 서비스는 일반적인 인터넷 서비스 사이트보다 보안에 대한 규정이 더욱 까다롭다. 그래서 사용자들은 정부 서비스를 사용하기 위해서는 반드시 공인인증서를 설치해야 하고, 보안을 위한 Active X를 설치해야 하는 번거로움을 겪게 된다. 이와 같이 기술적으로 번거로운 절차는 사용자의 접근성을 가로막는 요인으로 작용하게 되는데, 기본적으로 해외에서는 폐기한 지 오래지만 우리나라의 경우 전자서명법에 근거한 공인인증서의 경우는 전자금융거래법 2조 3항 3호에서 "인증 방법에 대하여 필요한 기준을 정할 수 있다"고만 되어 있을 뿐, 하위 법률 시행령이나 시행 규칙에도 강제 조항이 없기 때문에 더욱 문제가 된다.[87]

87 다만 '전자금융 내부 규정'이라는 금융감독원 내부 규정문 제7조에서 "모든 전자금융거래는 전자서명법에 의해 공인인증서를 사용해야 한다"면서 공인인증서 사용을 강요하고 있고, 이 규정에 따라 모든 금융 거래 사이트들이 공인인증서를 사용하고 있는 상황이다(이정현

또한 여전히 정부기관의 사이트는 익스플로어 환경에서 편리하게 작동하는 MS 표준을 유지하고 있어서 국제적으로도 그러한 민간 기업의 정부 기술 영역 독점이 문제가 되며, 한편으로는 최근의 익스플로어 8 버전의 한국 내 전자정부 서비스 이용에서 심각한 문제가 발생하여 이슈화되기도 하였다.

이러한 기술적 편의성과 안전성은 모든 인터넷 서비스에 공통으로 통용되는 구현 조건이지만 정부 서비스의 경우는 효능감 참여모델에서 보는 바와 같이 한 번 문제가 발생하면 다시는 사용하지 않게 되는 효과도 나타날 수 있기 때문에 특히 유의해야 할 부분이다.

2009: 18).

제3부

# 네트워크 시대 정당의 위기와 발전

# 제1장 정당의 위기와 대응

## 1. 정당의 변화 과정[1]

정당은 의회주의의 역사와 분리하여 생각할 수 없다. 따라서 정당의 기원은 의회주의의 본령이라고 할 수 있는 영국의 토리(Tory Party)와 휘그(Whig Party)로 보는 것이 일반적이며, 근대적인 정당모델로는 미국의 민주당과 공화당이 전형이라고 할 수 있다. 오늘날 민주주의 국가에서 보편적이고 긍정적으로 받아들여지고 있는 정당정치에 비해 근대 초기에는 정당에 대한 인식이 매우 부정적으로 표출되었다. 영국 토리당의 정치인이었던 볼링브로크(Bolingbroke)는 '정당에 의한 통치는 [……] 항상 파벌 정부를 결과하게 마련이다. [……] 정당은 정치적 해악이다. 그리고 파벌은 모든 정당들 중에서 최악의 것이다'[2]라면서 정당을 파벌과 동일시하여 매우 부정적으로 인식하였다. 대표적인 민주주의 국가이자 정당정치의

1 류석진 · 조희정(2009: 62~65)을 참조하여 재구성.

2 권영설(1998: 33), 신정현(2004: 410).

또 다른 본령이라고 할 수 있는 미국에서도 『연방주의 교서』(*The Federalist Paper*)를 통해 정당을 파벌과 동일시하여 국가의 공적 기능을 마비시키는 것으로 평가하였다.[3]

그러나 의회제도가 발전하면서 현실 정치에서 국민 주권의 원리가 정당정치를 통해 합리적으로 실현되었으며, 정당의 매개를 통해 국민의 정치참여가 현실화됨에 따라 점차로 정당은 그 존재성을 인정 내지 승인받게 되었다. 이렇게 존재를 인정받게 된 정당은 역사가 흐르면서 정치적 주요 기능을 수행하게 되었다. 서구 정당의 진화 과정에 대해서는 대체적으로 간부 정당, 대중 정당, 포괄 정당, 카르텔 정당, 포스트 카르텔 정당으로 보는 견해가 지배적이며 각 정당 형태의 특징과 해당 사례는 [표 3-1]과 같다.

정당 형태의 변화 과정에서 각 변화의 결정적인 계기는 매우 다르게 나타나는데, 간부 정당에서 대중 정당으로 변화한 계기는 선거권 확대이고, 대중 정당이 포괄적으로 변화한 계기는 사회의 다양화이다. 또한 카르텔 정당으로 변화한 것은 국고 보조와 후견주의 때문이며, 포스트 카르텔 정당의 경우는 시민사회와의 연계와 침투에 있었다. 그러나 어떤 원인에 의해서든 정당의 최종 목적은 선거에서의 승리와 존재의 유지에 있었으며, 대리인으로서 사회와 국가를 매개하는 것에 있었다는 것이 중요하다.

또한 정당이 처한 사회 환경을 기준으로 보면, 지난 20여 년간 정당정치의 쇠퇴에도 불구하고 정당들이 선거 전문가 정당으로 진화하여 선거 캠페인을 중심으로 정당의 역할과 기능이 재구성되고 있다는 사실도 중요하다. 아울러 정당이 이른바 대안 조직, 시민단체, 시민운동, 이익 집단

3 심지어 현재까지도 사우디아라비아와 요르단과 같은 왕정 국가에서는 정당 결성을 금지하고 있기도 하다.

**[표 3-1] 서구 정당의 진화 과정**

| 형태 | 특성 | 이행 요인 | 비고 |
|---|---|---|---|
| 정당 | • 가장 먼저 출현(19세기)<br>• 정당 내부의 엘리트에 의해 출현<br>• 전통적 기반의 리더 지지<br>• 몇몇 지도자가 중앙당의 운영 자금 마련<br>• 선거 비용은 후보 스스로 마련<br>• 공천 방식은 자천 혹은 타천으로 이루어지거나, 중앙당의 밀실에서 결정<br>• 폐쇄적인 네트워크<br>• 대중 의견을 수렴하고 대중 지지를 동원하기 위한 대규모 조직이 부재하거나 미미<br>• 강한 이념성이나 정당 기율 혹은 정책적 통일성이 적음<br>• 국가와 시민사회의 경계가 불분명 | • 참정권을 얻는 데 필요한 재산상의 기준이 폐지되고 보통선거권 확산<br>• 참정권을 획득하여 신규로 진입한 유권자가 새로운 형태의 정당 구성 | • 유럽의 초기 정당<br>• 예: 영국의 토리와 휘그 등의 19세기 자유주의 정당대중 정당 |
| 정당 | • 1880~1960년대<br>• 정당 외부에서 출현<br>• 대표성 있는 사회 그룹 지지<br>• 선거 비용 등 각종 정당 운영과 선거에 필요한 경비를 당원이 내는 당비로 조달<br>• 당원들이 후보 공천권 행사<br>• 강한 정당 기율<br>• 정당이 유일한 커뮤니케이션 채널<br>• 정당은 시민사회에 속함 | • 대중 정당의 성공이 곧 대중 정당의 대중성을 약화시키는 요인으로 작용<br>• 선거에서의 성공은 원내 정당의 확대를 낳았고, 그 결과 원내 정당은 당원으로부터 자율성 추구('과두제의 철칙')<br>• 산업화가 고도화되면서 계층 이동이 빈번해지고 이에 따라 집단의 정체성과 연대성 약화 | • 20세기 중엽까지 유럽 좌파 정당의 대부분, 영국 노동당<br>• 대중 정당은 사회 집단 대리인으로서 사회와 국가를 연계하는(linking) 정당(카츠 · 마이어)<br>• 예: 사회주의 정당포괄 정당 |
| 정당 | • 1945년부터<br>• 간부 혹은 대중 정당과 공존<br>• 통치 기술 지지<br>• 사회적 동질성과 연대성을 강조하는 대중 정당과 달리 모든 유권자를 지지자로 동원<br>• 당을 지지하는 유권자에게 후보 공천권과 같은 정당의 운영 권한 개방<br>• 정당 운영에 소요되는 자금을 일반 유권자가 후원<br>• 비정당 채널과 경쟁 | • 후기산업사회로 진입, 교육 수준 향상, 통신과 교통 발달, 그리고 삶의 수준이 향상됨에 따라 정당 · 노조와 같은 단체에 대한 유권자의 의존성 심화<br>• 당원 인원 감소와 유권자의 정치적 무관심 증대로 인해 당의 재정 악화 | • 20세기 초부터 미국 정당, 1960년대 이후 서구 정당<br>• 시민사회와 국가 사이에서 매개자(broker)의 역할을 하는 정당(카츠 · 마이어)<br>• 깊이가 깊지는 않지만 폭넓은 지지를 동원하는 데 효과적이며 선거에서 즉각적인 효력 발휘(키르히하이머) • 예: 미국 정당 |
| 정당 | • 1970년대부터<br>• 국가의 지원, 당원 감소, 선거운동에서의 미디어 증가에 의해 출현<br>• 약화된 당의 재정을 국고 보조를 통해 해결, 정당과 국가의 긴밀한 결합(정당은 국가의 일부분)<br>• 국고 보조와 후견주의 확대를 위해 경쟁 정당간 상호 협력과 그에 따른 정당간 경쟁성 약화<br>• 국가가 채널을 규제하고 정당은 그 특권을 획득 | | • 정당이 국가기관의 하나가 되어 있는 한, 사회로부터 국가로의 이동은 계속(카츠 · 마이어)<br>• 예: 독일 · 오스트리아 · 스칸디나비아의 정당 |
| 트<br>정당<br>인터넷<br>당) | • 1990년대 후반부터<br>• 정치참여 형태 변화, 인터넷의 발전에 의해 출현<br>• 유권자와 직접 연계<br>• 그동안 유리되었던 시민사회를 다시 정당과 연계시키기 위한 전략 사용<br>• 공천 과정 민주화, 당 지도부 선출 민주화 등으로 당의 의사결정에 시민의 참여 폭을 넓혀 나가고, 사회와 연계를 강화하기 위해 이미 조직되어 있는 각종 단체나 집단과의 연계를 강화하는 전략 사용<br>• 기본적으로 재정 지출은 여전히 국가에 의존<br>• 웹 기반 커뮤니케이션 채널 | | • 예: 영국 · 미국의 정당 |

Helen Margetts(2001 : 9)를 참조하여 재구성

과 역할을 나누거나 경쟁하는 공존의 시대로 접어들고 있다는 사실도 염두에 둘 필요가 있다.

즉, 이러한 변화 과정을 통해 알 수 있는 것은 현대 정치 환경의 다양한 변화에도 불구하고 정당은 언제나 정치적 매개자로 기능하고 있었으며, 그 역할의 강약에 따라 형태 변화를 거듭하며 현재까지 존재하게 되었다는 것이다. 또한 국고 보조 등 재정적 측면에서의 정당의 존립 기반이나 선거에서의 승리라는 가장 큰 목적과 더불어 시민사회와의 연계와 시민의 요구를 대변하는 정당의 기능은 어떤 사회에서든 거부할 수 없는 정당 본래의 역할이라는 것이 중요하다.

한편, 우리나라의 정당은 중첩되었지만 변화가 순차적으로 나타나는 편인 서구의 정당과 달리 해방 직후 정당의 출현 시점부터 간부 정당과 대중 정당이 거의 동시에 등장했다는 점이 특징적이다. 이후 우리의 현대 정당사에서는 다양한 정당 유형이 혼재된 상태로 전개되었는데, 87년 민주화 이후에는 대체적으로 카르텔 정당으로 수렴되는 것으로 나타나고 있다.[4]

아울러, 정당 쇠퇴 혹은 정당의 위기와 관련된 현상은 서구보다 우리나라에서 더욱 두드러지게 나타나고 있다는 주장과 위기를 겪는 것이 아니

4 강원택(2009)은 우리의 정당정치를 유형화하거나 특성을 정의하는 인식론적 범주가 이와 같이 서구 정당정치의 틀에 고정됨으로써 한국 정당의 상이한 역사적 경로나 맥락의 차이를 소홀히 하게 되는 점에 대해 강력히 우려를 제시한다. 즉 우리나라의 역사적이고 맥락적인 측면에 대한 내재적인 분석이 선행되어야 한다는 지적이다(강원택 2009: 120~121). 첫째, 모든 나라에서 사회 내의 모든 정치적 주체가 순차적이고 일방향적인 진화 과정을 경험할 수 없다는 것은 매우 중요한 사실이기 때문에 이와 같은 지적은 적합하며, 둘째, 우리나라의 정치과정론에서의 내생적인 정당론의 필요성을 지적했다는 점에서 매우 의미 있는 지적으로 평가할 수 있다. 마지막으로 강원택은 우리나라의 정당이 시민사회에서 국가로 옮겨가는 것이 아니라 국가에서 출발하여 시민사회로 옮겨가는 태생적인 독특함을 지적하는데 이와 같은 정당의 태생적인 한계가 현재에도 정당의 변화를 제한하는 중요한 요인이라고 볼 수 있다.

라 아예 취약한 상태로 존재할 뿐이라는, 즉 정당의 제도화 수준이 낮고 정당정치의 유동성이 클 뿐만 아니라 시민과 정당간의 연계도 매우 취약한 모습을 보이고 있다는 지적이 동시에 제기되고 있다.[5]

## 2. 정당의 온라인 활동

정당의 최고의 존재 목적은 선거에서의 승리이다. 그러나 일정 시점에 치러지는 선거에서 승리하기 위해서는 일상 정치에서 시민과 정부를 매개하는 정치적 대리인으로서의 역할을 충실히 이행해야 한다. 또한 여론을 동원하고 표출할 수 있어야 하며 시민에 대한 상시적인 정치 교육과 정치 엘리트의 충원도 정당의 몫이다. 즉, 정당은 전통적으로 의제 설정, 이해 집약, 중개, 동원, 정치 엘리트의 충원과 시민 교육 등의 다양한 기능을 수행해왔다. 투표율 저하와 정치 불신 등의 극심한 정당 위기와 퇴조에도 불구하고 이러한 고유 기능으로 인해 정당의 존속이 가능하였다.

그러나 네트워크상의 노드를 점거하고 있는 시민과 조직의 이해와 요구가 지속적으로 분출되면서 정당에 의해 주도되어온 의제 설정, 이해 집약, 중개, 동원, 엘리트 충원, 시민 교육의 기능들이 (정당을 포함하는) 정치적 주체간 경쟁에 의해 분산되고 있다. 정당의 독점적 지위가 해체되면서 정당의 기능과 그 기능을 수행하는 메커니즘에 대한 재정립이 필요한 시점이 도래한 것이다.

앞의 [표 3-1]에 제시한 바와 같이 현단계의 포스트 카르텔 정당 환경에서 시민에 대한 연계 강화는 정당의 지지 기반 확대 및 존재 근거를 강

5 강원택(2009: 120).

화하기 위해 더욱 중요한 문제로 부각되었다. 카르텔 정당과 포스트 카르텔 정당으로의 변화 요인이 모두 후기 산업사회로의 진입에 따른 대중의 무관심 증대와 정당의 재정 악화라는 점을 고려한다면, 궁극적으로는 대중의 관심을 도모할 수 있고 당의 재정을 강화할 수 있는 또 다른 기제로서 정당의 온라인 활용의 확대는 필연적인 전략이라고 평가할 수 있다.

이러한 정당의 온라인 활동은 제2부 정부의 온라인 활동 분석에서와 같이 활동 단계를 구분할 수 있다. 즉, 정부가 정보를 안내하고 공개하는 수준(1단계)에서 시민들의 민원을 해결하고(2단계) 궁극적으로는 시민의 의견을 정책에 실질적으로 반영하는 단계(3단계)로 진화한다면, 정당 역시 정당의 활동을 알리고 홍보하는 채널 확보 수준(1단계)에서 정당 내의 당원을 결속시키는 네트워크 형성의 수준(2단계) 그리고 당비를 효율적으로 납부할 수 있는 시스템 구축의 단계를 거쳐 궁극적으로는 완전한 온라인 정당이 만들어져 모든 것이 온라인에서 해결될 수 있는 단계(3단계)로 활동 단계를 구분할 수 있다.

온라인 정당의 단계는 오프라인에서의 정당이 소멸하고 모든 정당이 온라인에서만 활동하는 것을 의미하는 것은 아니다. 또한 온라인 채널을 완벽하게 구축한다고 해서 직접적으로 당선에 연결된다고 확언하기는 어렵다. 다만, 정당의 온라인 활용은 온라인 공간에서 정치적 활용이 증대되는 것을 의미하며 나아가 이러한 온라인 정치 활동을 통해 많은 사람들이 정치 공간에 참여함으로써 정당의 매개성을 활성화할 수 있으며 온라인 공간이 민주주의 변화의 추동력이 될 수 있음을 말해주는 하나의 사례로서 의미를 가지며 무엇보다 선거 결과에서의 승리에 귀결되는 것만이 아닌 선거 과정에서의 채널 확대를 통해 시민과의 소통을 유지하고 일상적인 토대를 강화한다는 의미를 가진다는 것이 중요하다.

다음에서는 정당의 온라인 활용 단계별로 채널, 네트워크, 당비 납부,

인터넷 정당의 의미와 주요 사례를 검토한다.

### 1) 홍보 채널로 활용: 정보제공형 홈페이지 중심

1990년대 후반부터 2000년대 초반까지 국내외 대부분의 정당들은 정당의 대외적인 홍보 채널로서 홈페이지를 구축하였다. 피파 노리스의 2000년 연구 결과에 의하면 당시에는 세계적으로 1,000여 개의 정당이 온라인 활동을 하고 있으며, 이 가운데 EU 회원국인 15개 국가의 134개 정당을 분석한 결과, 이들의 온라인화 정도는 사회적 발달과 기술 발전 정도에 의해 영향을 받지만 민주화의 정도에는 영향을 받지 않는 것으로 나타났다.[6]

정당이 온라인 활동을 전개함으로써 나타나는 효과에 대해서는 기존 정치에서의 고비용의 진입 한계를 극복할 수 있도록 소수 정당에게 기회를 제공한다는 것과 그리하여 정당간 경쟁 구도가 강화될 수 있다는 견해가 있다. 또한 정당과 시민사회와의 연계가 활성화되고 그만큼 정당의 응답성과 책임성이 요구된다는 지적도 가능하다.[7]

홈페이지건 다른 온라인 채널이건 정당의 온라인 활동에서 가장 발전된 모습을 보이는 것은 미국이다. 미국은 1992년 대통령선거부터 홈페이지를 활용하기 시작하였는데, 미국 정당의 홈페이지 활용의 특징은 첫째, 중앙당과 지구당과의 연계를 강조하고, 둘째, 타깃팅(targeting) 선거 전략

6 네덜란드와 스웨덴의 정당을 분석한 또 다른 연구에 의하면 중앙집권적인 정당 운영의 양태가 ICT 활용에도 반영되어 중앙당이 인터넷과 같은 새로운 커뮤니케이션 체계를 총괄하고 그 활용성이 높은 반면, 지방 차원에서는 그 활용성이 떨어지고 오히려 중앙으로부터 정보 유입에 크게 의존함으로써 또 다른 중앙당의 지방 조직에 대한 통제의 수단과 같이 인식되는 것으로 나타났다. 이는 한 정당 내에서의 조직간 세력 구도가 ICT의 활용에서도 반영되고 있음을 보여주는 것이다(Nixon · Johansson 1999: 146~147; 곽진영 2001: 142에서 재인용).

7 곽진영(2001: 137).

에 주력하며, 셋째, 토론 광장이나 포럼 등의 쌍방향 채널보다는 선거 마케팅을 선호한다는 것이다.[8]

우리나라 정당의 경우 2001년 당시 한나라당과 새천년민주당의 홈페이지를 분석한 곽진영(2001)의 연구[9] 결과에 의하면 당시 우리나라의 정당들은 온라인 공간 활용의 장점을 충분히 살리지 못하고 있으며, 시민사회에 대한 정치 선전에만 몰두한 나머지 정당과 시민간의 쌍방향적 논의는 매우 부족한 것으로 나타났다. 김용철(2004)의 연구에 의하면 이러한 경향은 2004년까지 이어지고 있었는데, 일례로 정당 홈페이지의 콘텐츠는 상호작용형보다는 정보제공형이 압도적으로 많았다.[10]

두 번째로는, 기존에 자원을 많이 가진 정당이 온라인에서도 상대적으로 힘이 있는 것으로 나타났는데 이와 같은 결과는 온라인 공간에서의 정당의 영향에 대한 정상화 가설(Normalization Hypothesis)[11]을 뒷받침하는 것이라고 볼 수 있다.

세 번째 특징은 정보 격차(digital divide)에 의해 참여자의 폭이 넓지 않게 나타났으며, 민주주의 발전에 대한 영향도 당시까지는 명시적으로 분명하게 나타나지 않는 것으로 평가되었다.

일본 정당 역시 우리나라와 유사한 모습이 나타나고 있는데, 일본 정당의 온라인화 과정을 분석한 고선규(2003b)의 연구에 의하면 일본의 정당

**8** 김용철(2004: 82~84).

**9** 이와 유사하게 우리나라 정당의 홈페이지 활용을 분석한 연구로는 라도삼(2000), 정연정(2003), 김용철(2004) 참조.

**10** 김용철(2004: 74).

**11** 기존 사회구조에 대한 온라인의 영향을 평가하는 가설로는 변화가 없을 것이라는 혹은 기존의 자원을 보유한 세력이 온라인에서도 여전히 영향력이 있다는 정상화 가설과 새로운 정치세력의 진출 기회를 보장하며 사회구조를 변화시킨다는 변화 가설(Change Hypothesis)이 대표적이다. 이러한 정상화 가설과 변화 가설에 대한 정리는 조정관(2004: 12~16) 참조.

은 의원이나 후보자의 개인 후원회 조직에 당선을 의존하는 경우가 많기 때문에 홈페이지 활용의 필요가 그만큼 적은 것으로 평가되었다.

일본 정당은 1995년의 신당 사키가케를 필두로 홈페이지를 통한 홍보를 전개하였다. 이 무렵에 자민당도 지방선거에서의 패배를 계기로 홈페이지 제작을 시작하였는데, 자민당의 적극적인 정당 정보화 추진은 무당파층을 공략하는 것이 제1목적이었다. 1998년에는 ICT의 적극적인 보급을 통해 정당 본부와 전국 지부를 연결하는 인트라넷을 구축하여 정당 내부의 연락 사항이나 결재 이외에도 정당의 운영 관리, 당원 명부 관리, 지지 단체 정보 관리 등의 업무를 전자화하였다.

같은 시기에 민주당도 홈페이지 활동을 전개하였는데 자민당처럼 정치자금을 모금할 뿐만 아니라 한걸음 더 나아가 정치자금의 수입과 지출 내용을 상세히 공개하고 있다는 특징을 보이고 있다. 창가학회에 기반을 두고 있는 공명당의 경우는 당기관지를 데이터베이스화하여 검색이 가능한 시스템을 구축하기도 하였는데, 일본 정당의 온라인 활동에서 나타나는 특징은 무당파층을 공략하기 위해 젊은 층 중심의 전략을 구사한다는 것과 일본에 특히 많이 보급되어 있는 모바일 기기의 활용도가 다른 국가의 정당에 비해 대단히 높다는 것이다.[12]

### 2) 당 내외 네트워크 구축

당 내외 네트워크를 구축하는 것은 개념적으로 홈페이지 활용의 심화 단계에 해당하며 시기적으로는 2004년 이후의 소셜 네트워크 서비스의 확대와 맥을 같이한다. 그런 의미에서 독일의 사민당 사례는 일찍이 당 내외의 네트워크 강화를 목적으로 했다는 점에서 상대적으로 좀 더 심화

**12** 고선규(2003b: 426~430).

된 정당의 온라인 활용 단계로 평가할 수 있다.

독일 정당의 온라인 활동[13]의 선두 주자는 1995년부터 독일 최초로 온라인 활동을 시작한 사민당(Sozialdemokratische Partei Deutschlands, SPD, spd.de)이다. 사민당은 같은 해 가을부터 인터넷을 통해 연방의회 활동을 생방송하였고, 1995년부터는 사이버지구당(VOV: Virtuelle Ortsverein, virtual local branch라는 의미, vov.de)을 운영하여 지구당 없는 지역의 의사소통망을 구축하였으며, 2001년 6월부터는 당내 네트워크 강화를 위한 '사민당 온라인'(SPD-online)[14]을 구축하여 당원간 의사소통망을 구축하였다.

홈페이지(www.spd.de)에서는 방문자가 가장 많이 읽은 기사 목록을 첫 페이지에 수록하여, 어떤 정책이나 정치적 이슈에 관심이 있는가에 관한 파악을 용이하게 하며, 2007년부터 커뮤니티인 meineSPD.net을 운영하여 사진이나 영상을 수록하는 기능을 첨부하는 한편, 참여자가 개별 블로그나 그룹에 참가하여 활동할 수 있도록 유도한다. 또한 트위터(@spdde)와 페이스북, 플리커 등에 계정을 두고 정책을 홍보하는 등 온라인 활동에 매우 적극적이다.

한편 2001년 폴리틱 디지털(Politik-Digital)의 인터넷 정당 평가에서 1위를 차지한 기독민주연합(cdu.de, Christlich Demokratische Union Deutschlands, CDU)의 경우는 사민당보다 4년 늦은 1999년 10월부터 온라인 활동을 시작하였으며, 2000년에는 사이버 전당대회를 개최하기도 하였다. 메르켈이 속한 기독민주연합은 동독 개발에서의 친환경적 전략 채택을 위한 '환경정책' 및 양육비 보조 확보를 위한 '가족정책'을 주요 정책 의제로 내세우고 있다. 특히 포털과 정당 사이트로 구분하여 홈페이지

**13** 정병기(2003); 「독일의 인터넷, 보완매체 혹은 대안적 매체」(「대자보」, 2008년 2월 19일. jabo.co.kr 검색일: 2009. 3. 15) 참조.

**14** 초기의 URL은 spd-online.de이었지만 현재는 meinespd.net로 연결되어 있다.

[그림 3-1] 독일 사민당의 홈페이지

* 출처: http://www.spd.de

(www.cdu.de)를 운영하여 포털의 경우에는 추진 정책의 일반적 내용이나 소속 정치인의 언론 인터뷰, 현안에 관한 의견 등을 주로 제시하는 반면, 정당 홈페이지에서는 테마별로 구분된 주요 의제를 텍스트 형식으로 제공한다. 기독민주연합에서도 소셜네트워크를 적극적으로 활용하고 있는데, 이메일이나 RSS를 통한 뉴스레터 전달 이외에도 당수인 헤르만 그뢰에(Hermann Gröhe), 총리인 앙겔라 메르켈(Angela Merkel)과 CDU 관련 페이스북, 그뢰에와 정당 명의의 트위터(@cdu_news), 그리고 유튜브에 CDU.TV가 개설되어 정치 일정이나 홍보에 활용되고 있다.

아울러 녹색당(gruene-jugend.de, Die Grünen, Bündnis 90 / Die Grünen)도 인터넷을 활용하고 있다. 환경정책 중심으로서 녹색당은 교육개혁과 원자력발전소 폐지를 주요 의제로 제시하고 있다. 2010년 9월 11일 베를린에서 예정되어 있는, 개인 정보 및 사생활 보호를 지지하는 집회인 '불안

대신에 자유'(Freiheit statt Angst)에 관한 자세한 정보를 제공하며, 정당 홈페이지(www.gruene.de) 외에, 당내 의원들의 활동에 관한 홈페이지(www.gruene-bundestag.de)가 운영되고 있다. 녹색당은 소속 의원들 모두 트위터 계정을 소유하고 있으며, 해당 주소를 홈페이지에 게시하여 방문자가 쉽게 찾아갈 수 있도록 설정하고 있다. 또한 Meine Kampagne라는 메뉴를 별도로 두어, 개개인이 자신이 추구하는 정치적 목표를 기록하는 방식으로 대중의 의견을 수렴하고 정치적 참여를 유도한다. 아울러 트위터(@Die_Gruenen) 및 유튜브의 Kanal Grün을 통해 정당 홍보를 추진하며, 기부 메뉴에서는 제공 방식이나 사용처에 관한 예시뿐만 아니라, 트위터나 페이스북 등 여타 네트워크 로고를 선택하면 기부 장려 문구(예컨대 트위터의 경우, Haste mal zehn Euro?Jetzt Schwarz-Gelbärgern und GRÜN stark machen! http://tinyurl.com/l4lws5[via @Die_Gruenen])를 해당 계정을 통해 널리 전달되는 방식이 제공되어 더 많은 사람들의 참여를 유도하는 특징을 보이고 있다.

이와 같은 독일 정당의 온라인 활동의 특징은 다음과 같다. 첫째, 당원간 네트워크에 대한 강조이다. 이는 초기의 폐쇄적 조직 운영에서 유래된 것으로 당원간 의사소통망 구축과 당내 체제 개선의 주력으로 이어지고 있다. 현재 사민당의 경우는 정당 포털과 같은 전략을 채택하고 있는데[15] 외부의 페이스북, 유투브, 트위터, 플릭커 등 유명 소셜 네트워크 서비스를 모두 링크시키면서 당내 네트워크 구축을 함께 병행하여 운영하고 있다. 이와 같은 사실은 당의 외부 홍보나 활동만이 아니라 당내 네트워크의 중요성을 강조한다는 점에서 매우 바람직한 전략이라고 평가할 수 있다.

---

**15** 적어도 독일의 웹상에서는 사민당의 온라인 전략이 가장 개방적이고 훌륭하다고 평가할 수 있다.

둘째, 1995년부터 인터넷을 활용하기 시작하여 1998년 선거 이후에는 지속적으로 인터넷 선거운동을 전개하였으며 2005년에는 블로그 캠페인도 전개하였지만 블로거의 당파성이 너무 강했기 때문에 대중적 성공을 거두기 어려웠다. 이와 같은 당파성 또한 인터넷 정치의 특징이다.

독일의 사민당과 같은 전략을 구사하는 사례로 덴마크의 사민당이 있는데, 이 사이트에서는 유권자와 시민을 위한 서비스와 당원을 위한 서비스를 분명하게 구분하고 있다. 그러나 영국의 노동당이나 자유민주당, 스코틀랜드 민족당(SNP, Scottish National Party) 등은 당원 자격을 위한 새로운 참여 채널을 개방하고 있다는 차이점이 나타난다.[16] 한편 영국의 경우는 노동당(labour.org.uk)보다는 보수당(conservatives.com)이 훨씬 소셜 네트워크 서비스에 가까운 웹 서비스를 하고 있다.

### 3) 당비 납부 · 정치자금 모금

우리나라에서는 민주당이 2008년부터 정당 사상 처음으로 휴대전화 당비 납부 시스템을 구축하여 운영하고 있다. 단, 이 시스템은 휴대전화 이용자가 정액요금제를 쓰고 있을 경우에는 당비 납부가 불가능하다는 문제가 있다. 한나라당의 경우는 2009년 12월 현재 홈페이지에서 당비 납부 신청서를 다운받아서 해당 시도당에 제출한 후에 휴대전화로 당비를 납부할 수 있는 시스템을 운영 중으로 민주당 방식보다는 상대적으로 절차가 번거롭다.

한편 정치자금 모금은 홍보 · 자원봉사와 함께 온라인 선거운동의 핵심 목표로서[17] 맥케인이나 하워드 딘 등 미국의 사례를 통해 더욱더 그 중요

---

**16** R. Gibson, P. Nixon(2003: 2장) 참조.

**17** 조정관(2004: 84).

[그림 3-2] 민주당의 휴대전화 당비 납부 방법

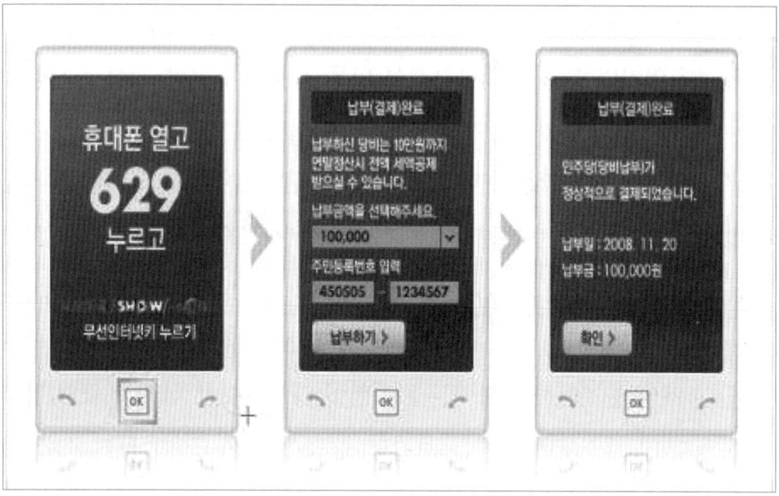


* 출처: http://www.minjoo.kr/pages/partyPay.jsp#pay01

성이 커지고 있는 부분이다. 인터넷이나 모바일을 통한 당비 납부나 정치자금 모금의 용이성은 특히 기존의 정치 공간에 진출하기 어려운 군소 정당의 기반을 강화하는데 매우 효율적으로 동원될 수 있는 방식이기 때문이다.

최근에는 오바마 효과로 나타난 소액 다수 헌금의 위력이 강조되면서 헌금의 액수만큼 다수의 유권자를 모을 수 있는 효과적인 전략이 더욱 강조되고 있는데, 한 온라인에서의 정치자금의 모금은 정치 부패를 일소하고, 유권자의 지지를 결집시키며, 모금 비용을 낮춘다는 점에서 정치적으로 매우 바람직한 방법이라고 평가할 수 있다.[18]

---

**18** 조정관(2004: 84).

### 4) 인터넷 정당

인터넷 정당의 대표적인 사례로는 우리나라의 개혁국민정당(개혁당, kppr.or.kr)을 들 수 있다. 우리나라 최초의 인터넷 정당[19]으로서 개혁당은 2002년 8월 28일 '정치혁명과 국민통합을 위한 개혁적 국민정당 추진위원회' 구성과 함께 시작되었다. 추진위원회 출발 3주 만에 2만여 명이 넘는[20] 국민들이 창당 기금을 납부하고 발기인이 되었으며, 11월 16일에는 3만 2천 명이 넘게 참여한 창당대회를 개최하였으며 초대 대표는 유시민이 맡았다.

부패 청산, 국민 통합, 참여민주주의, 인터넷 정당의 실현을 4대 목표로 한 개혁당은 2002년 11월 25일 김원웅 국회의원의 입당에 따라 원내정당이 되었으며, 전 당원의 창당 기금 납부, 직접 투표를 통한 정책 결정, 인터넷을 통한 당원[21]들의 의견 수렴, 저비용 고효율의 정치 활동, 순수집단 지도체제 등 새로운 시도를 실천하는 획기적인 사례로 주목을 받았다.

2003년 4월의 보궐선거에서 유시민 후보가 개혁당 공천으로 출마하여 당선되었지만 이후 열린우리당의 창당에 참여하기로 하면서 해산하였다.[22] 개혁당 참여자들은 개혁당을 '고래를 삼킨 새우', '개미들의 유쾌한 정치 반란'으로 불렀는데, 이 표현은 시민사회의 자발성과 기존 정치세력에 대한 도전이라는 의미를 동시에 내포한 것이었다.[23]

---

**19** 이보다 앞서 2002년 9월 15일에는 '정치를 재미나게 접근해보자'는 취지로 인터넷 정당 '정정당당'의 추진위원회가 구성되었다. 그러나 '정정당당'은 개혁당과 같이 정당법에 근거한 정당이 아니라 '시민단체'로 등록되어 정당의 형태를 취한다는 점에서 차이가 있다.

**20** 2만 명은 당시 민주노동당의 당원보다 많은 규모이다(강원택 2007: 151).

**21** 개혁당의 당원은 매월 1만 원 이상의 당비를 납부해야 당원 자격을 유지할 수 있다.

**22** 그러나 홈페이지는 여전히 남아 있다.

**23** 강원택(2007: 152~153).

### 5) 의회의 온라인 활용 사례[24]

정당과 함께 또 다른 매개 주체인 의회의 활동도 매우 중요한데, 최근 들어 의회의 온라인 활용은 동시성의 확산이라는 특징을 보이고 있다.

먼저 스위스의 경우에 스위스 의회의 웹사이트는 국민에게 공개적이며 접근하기 쉽도록 구축하는 데 우선순위를 두고 있다. 이전에 스위스 의회는 의회에서의 토론을 텔레비전으로 방영하는 것을 반대해왔는데 정치에 민감한 시청자들조차도 연설자와 논의되고 있는 사항에 대한 설명이 없다면 따라가기 힘들기 때문이라는 이유에서였다.

그럼에도 불구하고 연방의회는 연방의회가 무슨 일을 하는지 보기 원하는 대중, 지방정부와 언론이 더 높은 투명성을 요구하는 것을 반영하여 방영되는 토론에 대해 추가적인 정보가 텍스트 형식으로 제공되는 경우로 한정하여 생방송을 승인하였다. 이와 같은 목적을 구현하기 위해 빠르고 값싸게 투명성을 제고하는 유일한 방법은 인터넷을 이용하는 것이었다.

1999년 스위스에서는 'Live +'라고 불리는 시스템이 컴퓨터 스크린상에 추가적인 정보 창을 동시에 제공하는 패칭이라고 알려진 기술을 통해 상하원에서의 토론을 스트리밍 비디오와 사운드로 방영되기 시작하였다. 이 서비스에서 사이트의 사용자들은 의원, 의회위원회의 구성과 업무, 논의되는 이슈에 대한 추가 정보를 요구할 수 있다. 특정 주제를 어느 정도 깊게 조사할지는 이용자에게 달려 있는데, 이는 한 법안이 시작된 이후 의회 활동에 관한 모든 정보를 포함하는 데이터베이스를 이용할 수 있기 때문이다.

스코틀랜드 의회의 경우는 '이 피티셔너'(E-Petitioner)라고 불리는 서

24 Douglas Holmes(2001: 367~369), 류석진 · 조희정(2009: 59~60) 참조.

비스를 제공한다. 이 서비스를 통해 시민들은 웹사이트에서 공식적인 공공 청원을 제기하고, 온라인 토론장을 설치하여 지지자들의 서명을 독려할 수 있다. 의회가 받아들인 최초의 전자 청원은 세계 야생 기금(The World Wildlife Fund)이 해양 공원을 스코틀랜드의 국립공원 시스템에 포함되도록 청원한 것이었다. 이 청원에 자신의 이름을 첨부한 337명은 인터넷에 로그인하여 이름과 주소를 제공하면서 청원서에 디지털로 서명하였는데 중복된 이름과 맥도널드 덕(McDonald Duck)과 같은 가짜 이름을 선별해내고 우편번호를 검사하여 추가적인 신분 확인을 하였다. 이러한 방식으로, 전자 청원은 행인에게 종이 서명을 받는 것보다 더 비중 있게 의회에 전달되었다.

핀란드의 에스부 시 청년의회는 교육부와 컴팩, 노키아 헬싱키 통신 등의 민간 기업의 후원 하에 웹사이트를 만들어 젊은 시민들이 지방정부와 다양한 관공서에 청원할 수 있도록 하였다. 청년위원회의 이데아 팩토리(Idea Factory) 웹사이트에서는 젊은이들 사이에서 토론되는 여러 의견을 제시할 수 있다. 토론은 선출된 조정자들이 평가하는데, 그들은 참가자들의 의견을 시민 투표로 알아보기 위해 보낼 제안을 준비한다. 주로 수백 명의 젊은이들의 전자서명을 얻는 형식으로 제안이 승인되면, 그 제안은 시위원회와 다른 지방정부 혹은 지역 언론사로 보내진다. 이런 창의적인 발상은 젊은이들에게는 정치 프로세스에 영향력 있는 역할을 부여할 뿐만 아니라 의사 결정자가 젊은 투표자와 진솔하게 만나고 그들의 사고방식을 알 수 있게 도와준다.

영국 BBC 방송의 데모크라시 라이브(Democracy Live)는 이상적인 온라인 국회의 모습이라고 할 수 있는데, 우선, 실시간으로 상하원과 위원회, 영국 내 각 지역 의회 및 유럽의회의 모습을 실시간으로 방송하고 각종 사회 현안에 대한 관련 비디오를 검색할 수 있는 시스템을 갖추었다.

또한 이 서비스는 트위터와 같은 외부의 소셜 미디어와도 연동되어 관련 정보를 실시간으로 제공하고 있는 것도 특징이다. 이와 같은 모습은 (국내외의 모든 관심 있는) 시민의 알권리를 충족시키고, 시민의 대의 기관에 대한 감시의 가능성을 동시적으로 극대화한 서비스라고 평가할 수 있다.

[그림 3-3] BBC Democracy Live

* 출처: http://news.bbc.co.uk/democracylive/hi

# 제2장
# 온라인 선거 환경

선거는 정당 활동의 외부 환경일 뿐만 아니라 대의정치의 핵심 요소이다. 선거를 통해 대의민주주의 체제가 지속되는 것은 선거에 대한 국민의 참여로 인해 정치의 정당성이 부여되기 때문이다. 물론 루소의 지적과 같이 투표하는 날을 제외하고는 노예로 전락해버리고 만다는 비관적인 전망도 있지만 대의정치의 지속 속에서 여전히 선거는 중요하거니와 선거에 대한 국민의 참여 조건을 활성화하는 것도 중요한 과제라고 평가할 수 있다.

## 1. 전자투표와 선거관리[25]

### 1) 전자투표의 개념과 방식

전자투표(electronic voting, 이하 E-voting)란 '유권자 등록, 투표, 개표,

---

**25** 조희정(2007)을 재구성.

검표 등의 선거 과정에 전체 또는 부분적으로 디지털 처리 과정을 포함하는 선거관리 방식'을 의미한다. 흔히 전자투표의 방식을 인터넷 방식으로 오해하기도 하는데, 현재 전세계적으로 공직선거에서 인터넷 투표를 안정적으로 적용하고 있는 국가는 에스토니아뿐이며, 대부분의 국가에서 이야기하고 있는 전자투표 방식은 PSEV 방식, 즉 터치스크린 방식이라는 것을 구분할 필요가 있다. 다음에서는 전자투표의 대표적인 세 가지 방식에 대한 특징을 제시하여 개념 혼란으로 야기되는 문제를 정리한다.

(1) PSEV 방식

가장 널리 알려져 있으며 전자투표를 채택한 대부분의 국가에서 사용하고 있는 PSEV(Poll-Site E-Voting) 방식은 선거관리인이 있는 투표소에서 전자투표를 할 수 있는 방식으로서 터치스크린 방식이라고 부르기도 한다. 유권자는 지정 투표소에 나와 ATM[26]과 같은 투표 기기의 터치스크린 화면을 보고 투표하거나 버튼(button) 식으로 투표한다. 궁극적으로 지정 투표소에 나와 투표를 한다는 점에서는 기존의 종이투표를 통한 투표 방식과 큰 차이점이 없지만 투표 결과를 디지털 저장 매체에 저장하여 개표소로 옮겨와 집계한다는 점에서 기존 방식과는 투표 기기와 저장 매체에 있어서 차이가 있다.

이 방식에서 온라인으로 연결되어 있는 부분은 유권자 등록명부 정도이며, 연결망도 개방된 사설망이 아닌 공공망을 사용한다. 투표 기기나 집계 시스템과는 네트워크화되어 있지 않고 분리되어 있으며 선거관리인이 투표 과정을 관리 · 통제하기 때문에 전자투표 방식 가운데 가장 안전하고 상대적으로 다른 방식에 비해 논란의 여지가 적은 방식이다. 그러나

**26** Automated Teller Machine, 현금 자동 입금 · 지급기.

안전도는 높아도 공공망 또한 네트워크 외부의 공격으로부터 자유롭지 못하기 때문에 기술적 보완이 요구되는 방식이라는 점은 다른 방식과 같다.

이 방식은 전체 절차가 네트워크화된 인터넷 투표(REV 방식)를 본격적으로 적용하기 이전 단계에서 사회적으로 익숙해지는 학습 과정을 위해 대부분의 전자투표 추진국들이 채택하고 있는 방식으로서 일본 · 브라질 등이 대표적인 국가이다.

(2) 키오스크 전자투표 방식

키오스크(kiosk) 방식은 '간이 판매대'라는 키오스크의 원뜻[27]대로 백화점 · 공원 · 도서관 · 쇼핑몰 등의 공중(公衆)이 운집한 장소(비지정 투표소)에 설치된 키오스크 전자투표기를 이용하여 투표하는 방식이다. PSEV 방식과의 차이점은 우선 선거관리인이 입회하지 않는 무인(無人) 투표기에서 투표한다는 점인데, 이 과정에서 투표기에 디지털 서명이나 스마트카드(smart card), 지문 인식 등 특별한 전자적 인증 장치를 부착하여 공적(公的) 인증의 문제를 기계적 방식으로 해결한다.

두 번째 차이는 투표소와 개표소를 온라인으로 연결하여 투표 결과를 이송한다는 것인데 연결이 공공망으로 이루어지지 않을 수도 있기 때문에 네트워크에 대한 바이러스 유포나 해커 침입 등 외부 공격이 네트워크 보안 문제를 야기한다는 비판이 제기되고 있는 방식이다.

(3) REV방식

REV(Remote E-Voting) 방식은 우리가 보통 인터넷 투표라고 부르는 방

---

27 키오스크는 '대형 옥외 천막, 현관' 등을 의미하는 터키어(또는 페르시아어)이다.

식으로서 전자투표의 모든 방식을 대표하는 것인 양 오해하고 있는 바로 그 방식이기도 하다. 이 방식은 사용되는 기술 수단에 따라 모바일의 문자메시지를 이용한 SMS(Short Message Service), 혹은 디지털 TV,[28] PC에서 인터넷 등을 활용하여 투표하는 방식으로서 투표소에 가지 않고 어느 곳이든 이런 기술을 사용할 수 있는 곳에서는 투표할 수 있는 방식이다. REV 방식에서는 [그림 3-4]에 나타난 절차에 따라 투표가 진행된다.

**[그림 3-4] REV 방식의 선거 절차**

| 유권자 등록 | | 투표 | | 개표 및 집계 |
|---|---|---|---|---|
| ① 투표자의 법적 자격 확인<br>② 투표자에게 PIN부여 | → | ① 인터넷과 연결된 컴퓨터에 접근<br>② PIN(Personal Identification Number) 입력<br>③ 후보자 및 이슈 선택<br>④ 선택에 대한 확인<br>⑤ 투표 완료 여부에 대한 확인 | → | ① 복수의 참관인에게 암호키 부여<br>② 집계<br>③ 당선자 확정 |

* 출처: 김용철 · 윤성이(2005: 171)

이 가운데 SMS 방식은 스위스 등에서 적극적으로 도입한 방식으로서 유권자들이 투표일 전에 비밀번호와 문자메시지를 보낼 전화번호를 우편을 통해 받은 후 투표 당일에 안건에 대한 찬반 의견을 명시한 문자메시지를 자신의 휴대전화를 통해 해당 번호로 보내는 것으로 진행된다.[29]

**28** 현재까지는 전세계적으로 디지털 TV를 사용하여 공직선거에서 투표를 행한 사례가 없지만 최근에 유비쿼터스 기술에 대한 고려 및 기술 환경 개선을 위해 관련 업체에서 적극적으로 추진 중인 기술이기도 하다.

**29** 「휴대전화로 투표하세요」(「한겨레」, 2005년 10월 4일).

REV 방식은 어느 장소에서나 투표할 수 있다는 것이 가장 큰 장점이지만 시스템 보안 문제나 비밀투표 침해 가능성 등 때문에 전자투표에 관한 논란의 주요 대상이 되고 있다. 현재로서는 총선이나 대통령선거 등의 국가선거(national election)보다는 상대적으로 규모가 작은 지방선거(local election)에 주로 사용되는 방식으로 스위스 · 에스토니아 등 몇몇 국가에서 시험적으로 적용하고 있는 방식이다.

이상과 같은 전자투표의 특징은 [표 3-2]와 같이 정리할 수 있다.

**[표 3-2] 전자투표 방식의 주요 특징**

| 구분 | 투표장치 (device) | 직접적인 선거관리 정도 | 기술적 안전성에 대한 쟁점 정도 | 특징 |
|---|---|---|---|---|
| PSEV 방식 | 전자투표기 | 상 | 하 | • 투표소와 개표소를 공공망으로 연결.<br>• 네트워크에 대한 외부 침입이 있을 수 있지만 공공망이기 때문에 통제가 용이하다. |
| 키오스크 방식 | 전자투표기 | 중 | 중 | • 많은 사람이 모이는 마트 · 학교 · 도서관 등 공공장소에 투표기 설치.<br>• 투표소에 선거관리자가 없다.<br>• 사용 기기에 특수한 전자적 인증장치 설치로 관리 부분을 해결한다. |
| REV방식 | 모바일, 디지털TV, PC | 하 | 상 | • 기술적 위험도가 높으며, 관리인이 없이 자유롭게 투표하므로 비밀투표 침해의 가능성이 있다. |

* 출처: Gibson(2001); Gritzalis(2003); Pratchett et al.(2002)을 참조하여 재구성

### 2) 세계의 전자투표

2010년 현재 전세계 200여 개 국가 가운데 추진 유보를 결정한 5개국 정도를 포함하여 45개국이 전자투표를 추진하고 있다. 각국의 상이한 환

경으로 인해 성공과 실패의 요인은 매우 다르게 나타나고 있지만 전자투표 제도가 선진적인 선거 행정 구현과 투표율 하락으로 대표성 위기에 처한 현대 대의민주주의 위기 해결에도 유용하다는 것에는 대부분의 국가가 동의하고 있다. 다만 각국이 처한 기술 환경 요인과 정치문화 특성으로 인해 국가마다 추진 속도나 전자투표 방식이 매우 다르게 나타나고 있다.

앞서 제시한 전자투표 방식 가운데 PSEV와 REV 방식을 중심으로 전자투표를 추진하고 있는 국가와 추진을 유보하고 있는 20개 주요 국가의 추진 현황을 정리하면 [표 3-3]과 같다. 표에 제시된 내용은 2005년 12월 말까지 현황이며, 전체 45개국 가운데 상대적으로 추진 현황이 미진한 보스니아-헤르체코비나 · 불가리아 · 코스타리카 · 덴마크 · 그리스 · 헝가리 · 인도네시아 · 이탈리아 · 노르웨이 · 포르투갈 · 루마니아 · 슬로베니아 · 남아프리카공화국 및 우리나라를 제외한 20개국의 전자투표 추진 상황이다.

제시된 지표 가운데, 전자투표 주관 기관은 20개국 가운데 10개국만이 선거위원회(혹은 선거관리위원회, 국가적으로 통상 Election Commission으로 표기)로 나타났을 뿐 그렇지 않은 경우가 과반수에 이른다. 이는 국가전략 차원에서 전자투표가 추진되는 경우에 정책적 중요성 때문에 선거관리 기관에 한정하지 않고 국가 정보화 총괄 부처가 전자투표를 추진하는 경우가 있기 때문에 나타난 현상인데, 브라질이나 핀란드의 경우엔 선거법 제도와의 관련성 때문에 법적 주무 부처가 전자투표를 추진하고 있으며 이들 부처는 선거관리라는 행정적 주도성뿐만 아니라 사법적 관리라는 법적 주도성까지 가지는 강력한 추진 부서라는 특징을 가지고 있다.

그 다음으로, 준비 기간의 경우는 국가정책적 차원에서 전자투표 논의를 시작한 시기부터 전자투표 시범투표 혹은 본격적 공직선거에의 도입

[표 3-3] 전자투표 주요 추진 국가 현황(20개국)

| 국가 | 주관 기관 | 도입 목적 | 특이사항 | 쟁점 | 준비 기간 | 공직선거 적용 선거 | | 전자 투표 방식 |
|---|---|---|---|---|---|---|---|---|
| | | | | | | 전국 | 지역 | |
| 르헨티나 | 선거위원회 | 투표 환경 개선 | 브라질의 시스템 지원 | 법제도 개선<br>정치적 합의 미흡<br>정보 격차<br>홍보 부족 | 2002~2003<br>(2년) | – | 1 | P |
| 호주 | 선거위원회 | 투표 환경 개선<br>(기존 방식 개선) | 오픈소스 사용<br>투표 환경 개선<br>무효표 감소 | 보안/인증 문제 | 1998~2001<br>(4년) | – | 2 | P |
| 스트리아 | – | – | 추진 유보 | 법제도 개선<br>정보 격차<br>선거 비용 | 2003~2004<br>(2년)- | – | – | R |
| 벨기에 | 내무부<br>지방정부 | 투표 환경 개선<br>신속한 개표 | 소스 코드 공개 | 투표 관리 회사 문제<br>소스코드 문제<br>기기 이상 | 1985~1991<br>(7년) | 2 | 5 | P |
| 브라질 | 최고선거법원 | 투표 환경 개선<br>선거부정 해소<br>투표율 제고 | 인근 국가에 보급<br>투표 환경 개선<br>신속 정확한 개표<br>비용 절감<br>선거 부정 해소<br>(신뢰도 상승) | 기계적 환경 개선<br>종이 확인증의 매표 가능성 | 1987~1996<br>(10년) | 2 | 2 | P |
| 캐나다 | 선거위원회 | 투표 환경 개선<br>투표율 제고 | 투표율 상승<br>적극적인 정부 도입 의지 | 법제도 개선<br>보안/인증 문제 | 1998~2003<br>(6년) | – | 10 | P/R |
| 스토니아 | 선거위원회 | 투표 환경 개선<br>공공 효율성 증진<br>투표율 제고 | 세계 최초 인터넷 투표<br>정치권 협의 | 법제도 개선<br>보안/인증 문제<br>정보 격차 | 1999~2005<br>(7년) | 1 | 1 | R |
| 핀란드 | 법무부 | 투표율 제고<br>사전투표 환경 개선<br>비용 절약 | 추진 유보 | 강제 투표 가능성<br>보안/인증 문제 | 2001~2001<br>(1년) | – | – | R |
| 프랑스 | 내무부<br>지방정부 | 투표율 제고<br>다양한 방식 도입 | 투표 환경 개선<br>국제적 주도력 강화<br>비용 절약 | 신뢰도 미흡<br>보안/인증 문제<br>정보 격차 | 2002~2004<br>(3년) | – | 3 | P/R |
| 독일 | 내무부 | 투표 환경 개선<br>투표율 제고 | 도입 신중론 | 법제도 개선 | 1999~2001<br>(3년) | 0 | 1 | R |
| 인도 | 선거위원회 | 비용 절약<br>선거 부정 방지 | 투표 환경 개선<br>(신속한 개표, 무효표 감소)<br>비용 절약<br>선거 부정 해소<br>간편한 투표 시스템 | 정보 격차 | 1977~1998<br>(22년) | 1 | 3 | P |
| 아일랜드 | Department of Environment, Heritage and Local government | 투표율 제고<br>비용 절약 | 추진 유보 | 정치적 반대<br>시스템 안정성 미흡<br>시민사회의 반대 | 1999~2004<br>(6년) | – | 2 | P |
| 일본 | 총무성 | 투표 환경 개선<br>공공 효율성 증진<br>투표율 제고<br>비용 절약 | 총무성 및 투표기<br>보급협업조합의 공헌<br>적극적 홍보<br>철저한 사전 준비<br>정보 격차 해소<br>무효표 감소 | 법적 소송<br>시스템 안정성 미흡<br>초기 구축 비용<br>보안/인증 문제 | 1993~2002<br>(10년) | 0 | 14 | P |
| 네덜란드 | 외무부 | 투표 환경 개선<br>투표율 제고 | 오랜 추진 역사 | 시스템 안정성 미흡<br>비용 문제 | 1994~2005<br>(12년) | 0 | 2 | P/R |
| 스페인 | 선거위원회 | 투표 환경 개선<br>국가 전략 | 오픈 소스 정책<br>투표율 상승 | – | 1996~2003<br>(8년) | 0 | 2 | P |
| 스웨덴 | 선거위원회 | 투표 환경 개선 | – | – | 2001~2005<br>(5년) | 0 | 3 | R |
| 스위스 | 연방수상청 | 투표 환경 개선<br>비용 절약<br>투표율 제고 | 제네바 캔톤의 주도적 역할<br>투표율 상승<br>신중한 도입 정책 | 신뢰도 미흡<br>정보 격차 | 1996~2003<br>(8년) | 1 | 6 | R |
| 영국 | 선거위원회 | 투표 환경 개선<br>투표율 제고<br>국가 전략 | 신중한 도입 정책<br>다양한 방식의 적극적 사용 | 이용률 저조,<br>시스템 안정성 미흡<br>초기 구축 비용 | 1997~2004<br>(8년) | – | 5 | P/R |
| 미국 | 연방선거위원회<br>주선거위원회 | 투표 환경 개선<br>투표율 제고 | 기기 업체의 적극적 역할<br>각주의 자율적 추진 체계 | 법적 소송<br>시스템 안정성 미흡 | 1992~2002<br>(11년) | 0 | 11 | P/R |
| 네수엘라 | 선거위원회 | 투표 환경 개선 | 투표 환경 개선<br>(신속한 집계) | 정치적 반대<br>(투표 결과 조작설) | 2001~2004<br>(4년) | 2 | 1 | P |

까지 소요된 기간을 의미한다. 그리고 공직선거 적용 빈도는 공직선거 적용 규모에 따라 전국적 규모의 대통령선거와 부분적인 규모의 지방선거로 구분하여 전자투표를 실시한 빈도를 산출하였으며, 전자투표 방식은 앞서 제시한 기준에 따라 PSEV 방식은 'P'로, REV 방식은 'R'로 구분하였다.

### (1) 민주화 수준

먼저 환경변수로서 추진국의 민주화 수준을 평가하기 위해 주요 지표를 분석하였다. IMD(International Institute for Management Development)가 제시한 국가경쟁력(World Competitiveness) 지수[30]와 2005년 UNDP의 인간개발 지수(Human Development Index)[31] 그리고 프리덤 하우스(Freedom House)의 국가자유도[32]를 참고하여 평가하였다.

IMD 평가 지표에서는 대부분의 전자투표 추진 국가가 평가 대상 61개국 가운데 30위 이내의 높은 경쟁력을 보였으며, 다만 아르헨티나(55위)·브라질(52위)·프랑스(35위)·스페인(36위)·베네수엘라(61위)의 5개국만이 30위 밖의 경쟁력 평가를 받았으며, 이들 국가는 모두 PSEV 방식을 채택하고 있다는 공통점을 가지고 있다.

---

**30** IMD, *World Competitiveness Yearbook 2006*(2005). IMD의 평가 기준은 경제수행력(economic performance), 정부효율성(government efficiency), 산업효율성(business efficiency), 하부구조(infrastructure)를 중심으로 이루어졌는데 이러한 평가가 산업을 중심으로 한 경제 편향적이라는 비판을 받긴 하여도 자유로운 상거래를 할 수 있는 기반에 대한 평가라는 점에서 시장의 자율성을 평가할 수 있다는 의미를 가지고 있다.

**31** UNDP, *Human Development Reports 2005*(2005). UNDP의 인간개발지수는 평균수명, 문맹률, 학력, GDP를 기준으로 평가하며 민주주의에 대한 가장 일반적인 평가라고 할 수 있다.

**32** Freedom House, *Freedom in the World 2006*(2006). 프리덤하우스의 민주주의 지수는 정치적 권리(political rights), 시민의 자유(civil liberties)에 따라 자유(Free), 부분적으로 자유(Partly Free), 비자유(Not Free)로 구분한다.

UNDP의 기준으로는 전자투표 추진 국가 대부분이 177개국 가운데 상위 40위에 포함되는 높은 수준의 국가로 평가되었지만 그 가운데 중발전 국가인 브라질(63위)과 베네수엘라(75위) 그리고 저발전 국가인 인도(127위)가 포함되어 있다는 것이 특이하다. 하위에 랭크된 이들 3개 국가는 IMD의 국가경쟁력 평가에서도 하위 평가를 받았는데, 이들은 전국적인 단위에서 PSEV 방식 투표를 하고 있는 국가라는 공통점을 가지고 있다. 즉, 민주화 수준은 상대적으로 뒤처지지만 전자투표의 수준은 (전국적 규모로 실시할 정도로) 높은 국가라는 공통점을 가지고 있는 것이다.

프리덤 하우스의 평기는 구체적인 민주주의 수준에 대한 평가라기보다는 전세계적인 민주주의 국가의 비중을 평가하기 위해 시행되는 면이 강하기 때문에 전자투표 추진 국가간의 편차보다는 모두가 적어도 절차상으로는 선거민주주의(electoral democracy)를 시행하고 있다는 사실을 확인하는 데 의미가 있다. 또한 전자투표 추진 국가 가운데에는 유일하게 베네수엘라만이 부분적인 자유 국가(Partly Free)로 평가되었다는 점이 특이사항이며 이 점은 전자투표 수준과 민주주의 수준이 일치하지 않는다는 두 번째의 평가와 어느 정도 부합되는 것이다.

민주화 관련 지수를 종합적으로 평가해볼 때, 전자투표를 채택한 국가 중에서 민주주의 수준이 (상대적으로) 낮은 국가들은 모두 전국적인 수준에서 PSEV 방식을 채택하고 있으며 높은 수준의 전자투표를 시행하고 있음을 알 수 있다.

### (2) 정보화 수준

다음으로 전자투표 추진국의 정보화 수준은 UN 전자정부 준비도(E-Government Readiness) 평가,[33] IDC(International Data Corporation) 정보사회 지수(Information Society Index),[34] WEF(World Economic Forum)의 네트워크

준비도 평가[35]를 참고하였다.

먼저 UN의 평가에서는 전세계 179개국 가운데 우리나라가 현재 5위이며, 대부분의 전자투표 추진국은 30위 이내의 높은 수준을 보였고 30위 이내 국가간에는 편차가 크지 않고 대동소이하게 나타났지만, 아르헨티나(34위) · 브라질(33위) · 인도(87위) · 스페인(39위) · 베네수엘라(55위)의 5개국은 30위 밖의 상대적 하위 수준을 보였다. 이들 국가 역시 PSEV 전자투표 방식을 적용하고 있는 대표적인 국가들이며, 스페인과 아르헨티나를 제외하고는 전국적 수준에서 PSEV 방식의 전자투표를 실시하고 있다는 공통점을 보이고 있다. 전자정부 수준은 정보화 수준의 정확한 반영이자, 국가정보화 전략의 수준을 보여주고 있는 지표인데 여기에서 하위 수준에 랭크된 5개국은 전자정부 수준은 낮지만 전자투표에 있어서는 높은 수준을 보이고 있었다.

IDC 평가에서는 53개국 가운데 20위 밖의 상대적으로 하위 수준의 국가는 아르헨티나(37위) · 브라질(38위) · 아일랜드(23위) · 인도(51위) · 스페인(21위) · 베네수엘라(45위) 등의 5개국이었다. 역시 이 평가에서도 아일랜드를 제외한 5개국이 앞의 평가와 같은 결과를 보였는데 아일랜드의 경우는 오히려 전자투표가 유보된 경우이기 때문에 별도의 해석이 필요한 사례라고 볼 수 있다.

---

**33** UN, *UN Global E-Government Readiness Report 2005: From E-Government to E-inclusion*(2005). 가장 보편적인 전세계 전자정부 준비도에 대한 평가로서 각국의 웹 구축도(web measure), 인프라(infrastructure), 인적 자원(human capital)을 중심으로 전자정부 수준을 평가한다.

**34** IDC(International Data Corporation), *Information Society Index 2005*(2006). 컴퓨터 이용률, 통신(telecom) 이용률, 인터넷 이용률, 사회적 지수(교육 수준, 시민자유권, 정부부패 정도)를 중심으로 평가한다.

**35** WEF(World Economic Forum), *Global Information Technology Report 2005~2006*(2005). ICT 환경 및 ICT 이용도를 중심으로 평가한다.

세계경제포럼(WEF)의 네트워크 준비도 평가에서는 전체 115개국 가운데 30위 밖의 국가로는 아르헨티나(71위) · 브라질(52위) · 인도(40위) · 스페인(31위) · 베네수엘라(81위)가 선정되어 앞의 평가들과 같은 특이사항이 도출되었다.

민주화와 정보화 수준 평가를 통해서 알 수 있는 사실은 20개국 가운데 상대적으로 민주화와 정보화 수준이 낙후된 아르헨티나 · 브라질 · 인도 · 스페인 · 베네수엘라는 모두 PSEV 방식을 적용하고 있으며,(민주화에서의 프랑스와 정보화에서의 아일랜드 제외) 그중 브라질 · 인도 · 베네수엘라는 전국 단위에서, 스페인은 지방 단위에서 PSEV 방식을 채택하고 있다는 것이다.

따라서 전자투표의 완전한 성공을 전국선거에서의 REV 방식 적용이라고 본다면 적어도 전국선거에서 PSEV 방식을 적용하는 수준의 국가는 시범투표를 시행하거나 지방선거에서 추진하는 국가보다는 상대적으로 높은 수준의 전자투표를 적용하고 있는 것으로 볼 수 있는데, 추진 국가에서의 민주화와 정보화 수준을 비교해보면 전자투표의 수준과 민주화 · 정보화 수준은 완전한 비례관계가 아니라는 것을 알 수 있다.

이는 ICT를 선거에 적용하기 위해서는 사회의 안전성과 발전된 정보화 수준보다는 다양한 행위자의 이해관계 조정과 이에 따른 국가정보화 전략에서 정부의 역할이 중요하다는 것을 함의하는 것이라고 볼 수 있다. 즉, 사회 내 다양한 행위자의 요구가 정책에 강력히 반영되는 서구 민주주의 국가의 경우는 민주화가 낙후된 그렇지 않은 국가보다 전자투표의 도입 기간이 길고 합의 과정이 더 복잡하다는 것이다.

오히려 전자투표의 성공적인 도입은 국가의 강력한 주도력이 결정적인 독립변수라고 볼 수 있지만 이는 PSEV 방식의 도입 전단계까지만 그러하며 장기적인 관점에서 REV 적용을 위해서는 국가주도적 입장에서 더 나아가 사회 내 행위자의 이해관계를 조정할 수 있는 거버넌스 능력이 더욱 중요하다고 볼 수 있다. 즉 단기적인 차원에서 그리고 제한된 의미에서 PSEV 방식의 성공에 연연하여 이제까지와 다름없는 강력한 국가 역할보다는 사회적 합의를 도출할 수 있는 거버넌스 능력이 더욱 중요한 성공 요소로 부각될 수 있다는 것이다.

#### (3) 도입 목적

일반적인 의미에서의 전자투표의 분야별 도입 목적은 먼저, 국가적 차원에서는 공공 영역에 ICT를 도입하는 국가정보화 전략에 바탕하고 있다. 정보화 이후 신공공관리론 등을 기반으로 하여 서비스 수용자로서 시민을 상정하고 급속히 ICT를 도입하고 있는 공공 영역의 정책 변화는 많은 관련 ICT의 도입을 통해 '공공 기술'이라는 고유 영역을 창출하고 있다.

물론 전자정부 정책은 행정부 중심의 혁신 전략이기 때문에 국가 행위자의 역할이 더욱 중요하고 전자투표 정책의 경우에는 선거라는 이슈를 중심으로 한 시민권의 확대 문제까지 포함하여 비국가적 행위자로서의 시민사회의 개입이 더욱 중요하게 된다는 차이가 있다.

한편, SI 업체들의 공공 영역에의 진출은 단순히 입찰 과정을 통해 공공 영역에 기술을 납부하는 계약상의 갑을 관계에 머무는 것이 아니다. 이들은 계약 수립 후 기술 제공의 과정에서 공공행정 전문가와의 토의를 통해 정책 수립 과정에서 전문지식을 전수하고 정부가 지향하는 행정모델의 구성에도 영향을 미치는 준행정적 행위자로 역할하게 된다.

둘째, 정치적으로 전자투표는 투표 과정의 편리성을 증진하여 투표율을 높이고 이에 따라 위기에 처한 대의민주주의의 대표성을 강화한다는 민주주의 발전으로서의 목적을 갖고 있다. 그러나 이 과정에서 시민은 대의민주주의의 강화라는 목적에 더하여 전자투표를 통한 직접민주주의의 확장을 더 나은 시민권을 구현할 수 있는 기회라고 주장하게 되기도 한다. 이 점은 이해(interest) 요소의 중요성에 더하여, 시민사회의 이념(idea)이 제도와 이해만큼 정책에서 중요한 영향력을 발휘한다는 것을 의미하기도 한다.

셋째, 경제적으로 전자투표는 민간 영역의 ICT 시장뿐만 아니라 전자정부 사업과 같이 공공 영역에 ICT를 적용하여 관련 시장을 확장하려는 SI 업체를 중심으로 한 ICT 시장의 목적이 내재되어 있다. 세계화 이후 급속히 영향력을 확대하고 있는 ICT의 세계 시장 확대 전략은 민간 영역뿐만 아니라 공공 영역까지 시장의 대상으로 보고 있는 바, 이때 공공 영역은 ICT의 단순한 소비자가 아니라 ICT를 통해 변화하면서 동시에 ICT 시장에 영향을 미치는 정책 주체로서의 복합적 의미를 가지게 된다. 바로 이 점에서 전문 기업의 이해가 공공 정책에 영향을 미칠 가능성을 발견하게 된다. 따라서 전자투표 정책에서는 단지 정치제도 변화뿐만 아니라 시장 행위자들의 이해관계에 대한 조정이 더욱 중요해진다.

넷째, 시민 영역에서는 전자투표가 시민 참여를 촉진하여 대의민주주의를 직접민주주의의 장(場)으로 확대하는 효과적인 기제로 간주되고 있으며 또 하나의 독특한 행위 주체로서 기술 연구 단체의 기술 연구 결과가 정책 형성에 많은 영향을 미친다는 ICT 정책의 기술적 전문성이라는 특징을 가지기도 한다.

**[표 3-4] 전자투표 환경의 분야별 추진 목적**

| 구분 | 내용 |
|---|---|
| 국가적 차원 | 공공 영역에 ICT를 도입하고 국가 정보화를 촉진하는 정보화 전략 |
| 정치적 차원 | 투표 과정의 편리성을 증진하여 투표율을 높이고 이에 따라 위기에 처한 대의민주주의의 대표성을 강화 |
| 경제적 차원 | 공공 영역에 ICT를 적용하여 관련 시장을 확장 |
| 시민적 차원 | 시민 참여를 촉진하여 대의민주주의를 직접민주주의의 장(場)으로 확대 |

20개의 전자투표 추진 국가가 실제로 제시한 도입 목적 가운데 가장 많은 비중을 차지한 것은 투표 환경의 개선(15개국)과 투표율 제고(11개국)였으며 그 다음이 선거관리 비용 절약(6개국), 국가 전략 및 공공 효율성 증진(4개국), 선거 부정 해소(2개국)순으로 나타났다([표 3-5] 참고).

**[표 3-5] 전자투표 추진 국가의 도입 목적(복수 목적 포함)**

| 도입 목적 | 적용 국가 수 | 적용 사례 |
|---|---|---|
| 투표 환경 개선 | 15개국 | 아르헨티나 · 호주 · 벨기에 · 브라질 · 캐나다 · 에스토니아 · 독일 · 일본 · 네덜란드 · 스페인 · 스웨덴 · 스위스 · 영국 · 미국 · 베네수엘라 |
| 투표율 제고 | 11개국 | 캐나다 · 에스토니아 · 핀란드 · 프랑스 · 독일 · 아일랜드 · 일본 · 네덜란드 · 스위스 · 영국 · 미국 |
| 선거관리 비용 절약 | 6개국 | 아르헨티나 · 핀란드 · 인도 · 아일랜드 · 일본 · 스위스 |
| 국가 전략 및 공공 효율성 증진 | 4개국 | 에스토니아 · 일본 · 스페인 · 영국 |
| 선거 부정 해소 | 2개국 | 브라질 · 인도 |

물론 전자투표 도입을 통해 소기의 목적이 구현되었는가 하는 정책의 실제적 효과는 별개의 문제이며, 일반적으로 제시되고 있는 국가적 차원, 정치적 차원, 경제적 차원, 시민적 차원에서의 추진 목적과 비교하면, 실제의 도입 목적에서는 정치적 차원의 목적이 강조되고 있음을 알 수 있다.

따라서 전자투표 정책의 특징은 첫째, '정보화'와 '민주화'로 요약할 수 있다. 대체적으로는 투표 환경 개선이나 정보화 국가 전략이라는 '정보사회적' 가치와 투표율 제고나 선거 부정 해소와 같은 '민주적' 가치를 가장 강력한 전자투표 추진 요인으로 제시되고 있기 때문이다.

둘째, 이러한 정책의 도입 목적이 여전히 수요자로서의 시민사회의 이익을 목표로 하기보다는 공급자로서의 정부의 정책 편의성에 편향되어 제시되고 있음을 알 수 있다.

셋째, 시장의 이해관계와 시민사회의 이념이 전자투표 정책의 주요 요인임에도 불구하고 이를 종합적으로 반영하는 정책 목적은 아직 수립되어 있지 않다는 것을 알 수 있다.

### (4) 전자투표 방식

주요 20개국 가운데 현재까지는 PSEV 방식을 적용하는 국가가 과반수를 차지하고 있다([표 3-6] 참고).

[표 3-6] 각국의 전자투표 방식

| 방식 | PSEV 방식 | PSEV+REV 방식 | REV 방식 |
|---|---|---|---|
| 적용 국가 수 | 10개국 | 4개국 | 6개국 |
| 적용 국가 | 미국 · 아르헨티나 · 호주 · 벨기에 · 브라질 · 인도 · 아일랜드 · 일본 · 스페인 · 베네수엘라 | 캐나다 · 프랑스 · 네덜란드 · 영국 | 오스트리아 · 에스토니아 · 핀란드 · 독일 · 스웨덴 · 스위스 |

전체적인 방식별 분포를 통해 알 수 있는 것은 일반적으로 알려져 있는 REV 방식으로서의 전자투표가 아니라 대부분의 국가에서는 PSEV 방식을 주로 적용하고 있으며, 또는 다양한 방식의 적용 관점에서 REV 방식을 부수적으로 사용하고 있다는 것이다. 이는 REV 방식의 기술적 위험성 때문에 초기부터 REV 방식을 사용하지 못하는 것 혹은 기술적 우려에 대한 사회적 반대에서 야기되는 현상으로서 높은 정보화 수준에도 불구하고 여전히 PSEV 방식에서 전자투표를 신중히 고려하고 있는 것이 세계적인 추세라는 것이다.

또 하나의 부수적인 가능성은 추진 사례가 많아질수록 미처 추진하지 않았던 국가들이 추진 국가의 사례를 보고 전자투표를 도입할 때 PSEV 방식의 단점을 미리 보완하고 단기간의 병행 단계를 거친 후 REV 방식으로 전환할 것으로 예상된다는 것이다. 즉, 새로이 전자투표를 준비하는 국가들은 초기 구축 비용상의 문제로 인해 PSEV 방식이나 PSEV 방식과 REV 방식을 병행하는 단계를 생략할 가능성이 높다.

또한 각국의 준비 시기가 평균 7년으로 나타난 것을 고려할 때, 최종적으로 안정적인 REV 방식 적용까지 소요되는 기간은 기술 발전 속도와 사회적 적응 속도[36]를 감안하더라도 앞으로 최소한 한 번의 공직선거 적용 시기가 지나는 5년 이상, 즉 2010년 이후 정도에나 가능할 것으로 예상된다.

(5) 적용 규모

전자투표의 방식에 있어서는 적용 규모가 변수로 작용하고 있다. 에스토니아와 같은 소규모의 국가[37]와 스위스 · 독일 · 스웨덴과 같이 지방선거에만 적용한 국가들은 이미 REV 방식 등을 적극적으로 도입하고 있지만 유권자의 수가 많고 적용 규모가 커질수록 REV 방식보다는 PSEV 방식, 즉 그것도 비(非)지정인 키오스크 방식보다는 선거관리자가 직접 감독 · 관리가 가능한 투표소에서의 터치스크린 방식의 전자투표를 지방선거 차원에서 주로 도입하고 있다. 이는 제한된 지역에서의 시범투표 실시를 충분히 하여 시스템의 안정성을 구현하고 시민사회의 신뢰를 구축하겠다는 정책적 방향을 가늠할 수 있는 근거로 볼 수 있다.

---

**36** 기술 장치(technology devices)와 사회적 적응 속도는 어떤 장치인가에 따라 매우 차이가 나며 디지털 기술은 사회적 적응 기간이 매우 빠르다는 조사 결과도 있다. 이 조사에서 미국 인구의 50% 정도가 전화를 받아들이는 데는 71년이 걸렸지만 TV는 18년, 인터넷을 받아들이는 데에는 단 10여 년 정도가 걸렸다(김용철 · 윤성이 2005: 263).

**37** 에스토니아 전체 유권자 수는 1백만 명 내외이다.

[표 3-7] 각국의 전자투표 방식과 적용 규모

| 방식 | PSEV 방식 | PSEV+REV 방식 | REV 방식 |
|---|---|---|---|
| 적용 국가 수 | 10개국 | 4개국 | 6개국 |
| 지방 | 아르헨티나 · 호주 · 일본 · 스페인 | 캐나다 · 네덜란드 · 영국 · 미국 | 독일 · 스웨덴 · 스위스 |
| 전국 | 브라질 · 인도 · 베네수엘라 · 벨기에 | 프랑스 | 에스토니아 |

* 도입을 유보한 오스트리아 · 핀란드 · 아일랜드 제외

(6) 도입 지역 격차

부가적으로, 전자투표 추진 국가의 지역 분표를 볼 때 북미와 유럽의 비중이 높은 것으로 나타났다. 이는 정보화만을 변수로 보았을 때 여전히 전세계적인 정보 격차(Global Digital Divide)가 높은 현실을 반영하는 것이라고 볼 수 있다. 특히 지역적으로 ICT 선진국인 서구와 후진 국가의 정보 격차의 문제는 중동 및 아프리카 지역에서 심각한 것으로 나타났다.

### 3) 우리나라의 전자투표

2005년 1월 17일 우리나라의 중앙선거관리위원회(이하 선관위)는 전자투표 로드맵을 발표하였다. 이 로드맵은 2008년 총선에서 터치스크린 전자투표 방식의 도입 및 2012년부터는 전체 공직선거에 전자투표를 전면 도입한다는 내용을 중심으로 구성되어 있다. 로드맵이 발표된 후, 사회적으로는 전자투표에 대한 많은 논란이 제기되었는데, 논란의 주요 내용은 과거 1993년, 1998년, 2001년에 선관위가 추진했다가 좌절된 전자투표 도입 계획이 사회적 합의 미흡으로 실패했을 때의 논란과는 질적으로 매우 다른 내용으로 구성되었다.

1993년에 추진된 전자투표 계획[38]은 1995년도 6월 25일에 시행될 제1

회 전국동시지방선거에서 투 · 개표의 어려움을 해소하기 위해 1993년 12월 기표식과 천공식이라는 2종의 OMR 방식 투표기를 개발하여 투표카드 판독기에 의한 모의투표 실시에서 시작되었다. 그러나 OMR 방식에 의한 카드판독기는 개함、점검 부분에서 판독 불가능한 투표카드의 보정 작업에 많은 시간이 소요되고, 카드판독기의 빈번한 정지로 개표가 지연되고, 무효표에 대한 판정 시비에 대한 우려 및 OMR카드 인쇄의 어려움 등 기계의 안정성 문제 때문에 공직선거에 활용되지 못하고, 투표용지를 사용하지 않는 전자투표 방식으로 개발 방향을 변경하게 되었다.

1998년 11월, 선관위는 브라질에서 2년 이상 연구、개발하여 공직선거 도입에 성공한 것으로 인정된 버튼식 전자투표기를 다시 개발하였으며, 개발 이후 전자투표기를 선거연수원에 비치하고 연수교육생을 대상으로 1999년 3월부터 2000년 9월까지 총 23회 모의투표를 시험 실시하였다.[39] 그러나 시험운영 결과, 보다 간편하게 화면(모니터)에 직접 투표하는 터치스크린 방식의 전자투표기를 개발하는 것이 좋겠다는 의견이 많아 터치스크린 방식으로의 개발이 이루어지게 되었다.

2001년에는 발전된 정보사회 수준에 적합한 선거 문화 정착을 위해 국민이 신뢰할 수 있고 투 · 개표의 비밀이 보장되며 모든 연령층이 손쉽게 투표할 수 있도록 터치스크린 방식의 전자투표기를 개발하여 시험 운영하였다. 이는 검증 후 정당과 협의하여 선거 구역이 작은 지방자치단체의 재 · 보궐 선거나 2002년에 실시되는 교육감 선거 등에 시험적으로 도입될 예정이었다. 이를 위해 법적 근거로 제시된 것은 2002년 현재 공직선

**38** 김용희(2005); 김재광(2002: 10~13); 김정곤(2003); 김형진(2004: 71~72); 박기수(2002: 324); 선관위(2003); 임명재(2002); 「세계일보」, 1997년 12월 10일; 「세계일보」, 2000년 1월 5일; 「한국일보」 2002년 1월 5일; 「동아일보」, 2002년 6월 6일; 「한겨레」, 2003년 1월 29일.

**39** 선관위, 2002년 1월 4일 보도자료.

거 및 선거부정 방지법 제278조(전산조직에 의한 투표 · 개표)로 '중앙선거관리위원회는 투 · 개표 기타 선거 사무의 정확하고 신속한 관리를 위해 사무 전산화를 추진해야 하며 투 · 개표 사무관리 전산화를 실시하고자 하는 때에는 우선 선거구역이 작은 보궐선거 등에 적용하되 그 실시 여부에 대하여는 국회에 교섭 단체를 가지는 정당과 협의하여 결정하여야 한다'였다. 2001년의 터치스크린 방식은 모니터에 후보자 사진, 성명, 기호, 소속 정당명이 나타나고 시각장애인의 경우에는 투표 진행 상태를 알려주는 음성 장치를 설비하여 장애인의 투표 편의를 돕고 있으며, 투표 중에 선택 사항의 징징도 가능하고 투표 내용을 본인이 확인할 수 있으며, 투표 결과는 기록물로 출력 · 보관되어 사후에 검증이 가능한 시스템이었다.

1993년부터 현재까지의 이러한 국내 전자투표 논의를 종합 평가하면, 1993년과 1998년에는 시범적 연구 단계 정도여서 사회적으로 큰 논란이 있지 않았고, 2001년의 터치스크린 방식의 경우에는 시스템에 대한 불신과 초기 비용의 과다 투입 가능성, 국민적 합의 미흡 때문에 전자투표 도입이 유보되었다.[40] 이에 비해 2005년 로드맵 발표 후 진행된 전자투표 논의는 시스템 안정성에 대한 우려, 기술 수준을 고려한 단계적 도입에 대한 합의, 투표율에 미칠 수 있는 효과 분석 필요, 법 · 제도 정비 및 해외 사례 연구의 발전적인 벤치마킹 등 각 분야에 걸쳐 다양하게 제기되었으며, 전자투표제도를 공직선거에 도입하는 것에 대한 긍정적 의견이 증가하였다는 것이 과거와 질적으로 상이한 측면이라고 볼 수 있다.

이러한 노력에도 불구하고 2009년 현재 우리나라의 전자투표는 2007년 국회에서의 예산 대폭 삭감과 정당간 합의 부족으로 인해 적극적으로

---

**40** 중앙선거관리위원회(2003).

추진되지 못하고 정체되어 있는 상황이다.

### 4) 전자투표의 의미와 시사점

2002년 미국의 대통령 선거에서는 기존의 펀치카드(punch card) 투표 방식의 문제점이 세계적으로 이슈화되면서 디지털 방식으로의 투표 방식 전환에 대한 정책적 관심이 증폭되었다. 그 이전 미국에서는 2000년 애리조나(Arizona)주의 민주당 대통령 선거 예비선거에서 전자투표를 실시하기도 하였고, 2001년에는 '선거지원법'(Help America Vote Act of 2001, 이하 HAVA)이나 '투표시스템 표준안'(Voting System Standards)의 정립을 통해 국가적으로 전자투표 실시를 위한 법제 정비가 추진되었다. 유럽에서는 유럽연합(EU)을 중심으로 유럽 각국의 전자투표 프로젝트가 적극적으로 추진되고 있으며, 아시아에서는 일본이 2002년에 오카야마현 니미시 의회 의원 및 시장선거에서 일본 최초로 전자투표를 실시하였고, 인도는 전국적인 규모의 선거에서 3억 이상의 인구에 전자투표 방식을 적용하여 성공적으로 수행한 바 있다.

1993년 미국의 국가정보화기반전략(NII[41]) 및 미국 주도의 세계정보화기반전략(GII: Global Information Infrastructure) 그리고 1994년 EU의 정보사회 비전 제시 등으로 인해 전세계적으로 보편화되기 시작한 정보화와 동구권의 해체 이후 1990년도부터 가속화된 세계화[42]에 따른 대외 환경의 변화는 전자투표 도입을 위한 효율적 기반으로 작용하였다. 그 가운데

---

41 정식 명칭은 The National Information Infrastructure: Agenda for Action이다.

42 정부는 1994년 12월 시드니 선언 이후 세계화를 국정 지표로 삼았다. 세계화는 냉전체제 종식 이후 국가간 상호의존이 심화되고 지역 통합이 가속화되는 등 세계 질서가 급변함에 따라 이러한 변화에 적응하고 나아가 세계 경영의 능동적 주체가 되기 위해 창안되고 추진되었다 (권기헌 1995: 184).

에는 스위스와 같이 휴대폰을 통해 모바일 방식의 투표를 하거나 에스토니아와 같이 전국적으로 인터넷을 통한 원격 전자투표 방식을 채택하는 기술 선도적인 사례까지 포함되어 있다.

그러나 선거제도에서 선진적인 투표 방식 전환으로서의 전자투표와 ICT의 발전 및 시장 확대 가능성이라는 정치 · 기술 · 경제적 기여 가능성에도 불구하고 기술의 사회적 적용 과정 및 방식은 국가마다 매우 다르게 나타났으며, 그 원인이나 추진과정에 대해서는 부분적인 사례 연구나 쟁점 제기는 있어도, 이론 틀을 적용한 총괄적인 의미에서 세계의 전자투표에 대한 이론적 · 경험적 연구는 아직까지 미진한 상황이다.[43]

전자투표에 대한 도입 목적 분석을 통해 나타나는 바는 여전히 ICT의 공공정책은 정보화를 통한 거버넌스의 중요성이라는 정보사회의 본래적 의미를 담지하지 못하고 산업사회의 패러다임의 연장선상에서 이루어지고 있으며, 제도 차원에서의 정부 역할의 조정자가 아닌 공급자 중심에 한정되어 있다. 따라서 해당 시민사회에서의 요구를 충족하는 방향으로 수요자 중심의 정책 전환이 필요하다는 것을 알 수 있었다.

또한 적용 방식에 있어서는 전자투표의 진정한 의미를 살릴 수 있는 REV 방식을 도입하기보다는 ICT 시장의 요구에 의해, 혹은 외국 시스템의 이입 등의 과정을 통해 아직은 PSEV 방식에 머물러 있는 상황이며, 그나마 기술적 문제와 시민권 이슈 등으로 인해 PSEV 방식의 안정적 적용이 이루어지지 않고 있다.

마지막으로 적용 규모에 있어서는 주로 한정된 공간에서 안정적으로 실시할 수 있는 지방선거에서의 시행에 머물러 있고, 에스토니아 · 브라질 · 인도 · 베네수엘라 등의 민주화 · 정보화 후진국들이 전국적 선거를

43 강원택(2003: 1).

실시하였지만 이들 국가의 전자투표 정책은 국가 주도성이 강하기 때문에 이들 국가에서의 민주화 요구가 높아질 경우에 전자투표 정책의 변화가 이루어질 수 있다는 예측을 할 수 있었다. 즉 민주화를 통제하고 정보화만 추진할 경우에는 민주화 발전에 의해 민주화가 중요한 변수로 부각되어 ICT의 효율적인 공공정책화는 거버넌스적 정부의 역할이 필수적으로 요구된다.

전자투표 정책의 효과적인 구현을 위해서는 첫째, 전자투표의 도입 목적에 대한 공급자와 수요자 측면에서의 이익을 모두 포함할 수 있는 효과적인 명분 창출과 이에 대한 시민사회의 신뢰 획득이 중요하다. 신뢰, 즉 사회적 자본은 기술을 사회에 적용할 수 있는 가장 효과적인 기제이며, 이는 일방적인 정책 추진이나 일반적인 문화 형성으로 획득되는 것이 아니라 실제 정책적 차원에서 구체적으로 제시되어야 하는 비전을 통해 이루어질 수 있다. 또한 비전 제시는 거버넌스의 효율적 운용을 통해 시민사회와 시장의 합의를 창출해야 더 나은 정책으로 이루어질 수 있다. 현재 우리나라에서 추진하고 있는 전자투표 정책에서는 이와 같은 구체적인 전자투표의 비전이 제시되어 있지 않다.

둘째, PSEV 방식과 REV 방식의 명확한 구분이 필요하다. 국내에서 이루어지는 많은 전자투표에 대한 담론은 때로 성급히 REV 방식을 전제하거나 PSEV 방식을 그저 종이투표의 대체재쯤으로 취급하고 있는 경향이 강하다. 그러나 앞서 논의했다시피 PSEV 방식의 효과와 REV 방식의 효과는 구분될 수 있는 것이며, 오히려 전세계적으로는 PSEV 방식의 안정적 적용이 더 시급한 상태라고 볼 수 있다. 따라서 정부의 전자투표 정책에서는 PSEV 방식과 REV 방식을 적절히 구분하여 효과적으로 이익을 가늠할 수 있는 정책 구성을 위해 노력해야 한다.

셋째, 적용 규모에 대한 적절한 평가가 필요하다. 아직까지는 전자투표를 한정적으로 실행할 수밖에 없는 바, 지방선거나 위탁선거 그리고 정당 경선 등에 좀 더 오랜 시행 과정을 거치고 이 과정에서 의회 내 협의 과정이나 시범투표에 대한 적절한 평가 보고서를 구성하여 대국민 홍보나 대정치권 합의를 도출하기 위해 노력해야 한다. 약 3년간에 걸쳐 선거 개혁(electoral reform) 논의를 의회 차원에서 꾸준히 쟁점화한 미국이나 시범투표별로 방대한 평가 보고서를 준비하여 전자투표 정책의 대차대조표를 정확히 가늠하고자 노력했던 영국의 경험은 가장 모범적인 사례로서 우리의 정책 추진의 성급한 성과 중심성을 극복하는 데 유용한 시사점을 준다.

## 2. 온라인 선거운동의 활성화[44]

### 1) 인터넷과 선거에 대한 연구 경향의 특징

우리나라의 정치 과정 연구, 특히 선거에 대한 연구는 구조와 주체를 기준으로 크게 네 가지 유형으로 진행되어왔는데, 정치 과정이 형성되는 구조로서 온라인과 오프라인 그리고 정치 과정을 형성하는 주체로서 공급자(혹은 후보자)와 수요자(혹은 유권자) 중심의 연구로 구분할 수 있다([표 3-8] 참조).[45] 이들 연구의 특징을 유형별로 살펴보면 다음과 같다.

44 조희정(2009)을 참조하여 재구성.

45 물론 온라인 선거운동에서 후보자만이 공급자이고, 유권자는 수요자에 머문다는 경계는 점점 더 불분명해지고 있다. 즉, 온라인 공간에서는 누구나 정보를 생산할 수 있기 때문에 새로운 정치 정보를 디지털 콘텐츠로 제공하는 사람은 비단 후보자에만 머물러 있는 것은 아니기 때문이다. 다만 아직까지 선거 정보에 있어서 공급자와 수요자의 경계가 완전히 없어진 것은 아니기 때문에 이 글에서는 전통적인 공급자와 수요자의 구분을 따르기로 한다.

[표 3-8] 선거 연구의 구조와 주체에 따른 연구 유형

| 주체 / 구조 | 후보자(공급자) 중심 | 유권자(수요자) 중심 |
|---|---|---|
| 오프라인 | 〈A 유형〉<br>선거제도(선거구제도)<br>선거방법(결선투표제 · 투표제도 등)<br>투표율 | 〈B 유형〉<br>정치 균열, 지역주의<br>투표 결정요인, 선거 불참 및 참여 요인<br>유권자 지지 성향(세대투표 · 계급투표 등)<br>선거 이슈 |
| 온라인 | 〈C 유형〉<br>(정당 · 후보자의) 홈페이지 활용 연구<br>전자투표<br>온라인 선거운동 | 〈D 유형〉<br>온라인 선거운동 |

첫째, 〈A 유형〉은 오프라인 구조에서의 공급자 중심적 연구이다. 여기에서는 주로 제도적 분석에 초점이 맞춰져 있으며, (선거구 제도를 포함한) 선거제도, (투표제도를 포함한) 선거 방법 그리고 투표율 분석에 대한 연구가 주로 진행되고 있다. 이는 주로 제도나 선거 결과를 중심으로 하며 주요 공급자인 정당이나 선거 후보에 초점을 맞추고 수요자로서 시민이 참여하는 선거 과정보다는 선거 결과를 더 의미 있는 것으로 평가한다.

둘째, 〈B 유형〉은 오프라인 구조에서의 수요자 중심적 연구로서 정치 균열, 지역주의, 선거 불참 및 참여 요인, 세대투표 · 계급투표 등의 유권자 지지 성향을 포함한 유권자의 투표 행태 분석, 선거 이슈에 관한 연구 유형이다. 여기에서는 공급자 중심적인 앞의 분석과 달리 수요자로서 유권자의 특징을 중요하게 평가한다는 특징이 있지만 〈A 유형〉의 연구와 마찬가지로 선거 결과 중심의 연구라는 점에서는 큰 차이가 없다.[46]

46 첫 번째와 두 번째 유형의 연구 성과에 대해서는 우리나라의 선거 역사만큼 그 분량이 너무나 많기 때문에 지면 관계상 생략한다.

셋째, 〈C 유형〉은 온라인이 활성화된 2000년 이후부터 진행된 연구로서, 온라인 구조에서의 공급자 중심적 연구이다. 이는 인터넷과 선거에 대한 연구를 주요 내용으로 하며 초기의 정당 홈페이지 분석[47] 등 기술 수단에 대한 연구에서 어느 정도 활용도가 높아진 이후에는 경험적 사례가 증가하면서 인터넷의 정치적 효과와 활용 사례에 대한 연구로 변화하였다.

이러한 연구 경향은 대체적으로 인터넷을 통해 정치참여가 변화하는가 혹은 그대로인가에 따라 변화 가설과 정상화 가설로 구분할 수 있다.[48] 〈C 유형〉은 기존의 선거 연구에서 나타나는 선거 결과 중심의 경향에 비해 선거 과정과 선거 방법에 초점을 맞추고 있는 것이 가장 큰 차이점이다.[49]

넷째, 〈D 유형〉은 〈C 유형〉과 구분하여 수요자, 즉 유권자 중심의 온라인 선거운동에 대한 분석이 주를 이루고 있다. 예를 들어 낙천낙선운동이

47 곽진영(2001).

48 곽진영 · 고선규(2006); 김용철 · 윤성이(2000, 2001, 2004); 류석진(2004); 박선희(2004); 박선희 · 주정민(2004); 안형기 · 신범순(2006); 윤성이(2003, 2007a, 2007b, 2008a, 2008b); 이원태(2007); 이준한(2006); 이현우(2000, 2002); 장우영(2007, 2008); 장우영 · 송경재(2007); 정연정(2002, 2003, 2004); 정연정 · 조성대(2004; 2006); 임소혜 외(2007); 조정관(2004); 황용석(2001) 참조. 한편으로는 투표 방법으로서 전자투표에 대한 연구가 활발하게 진행되고 있다는 점도 특이한 현상이다. 사례 연구로는 미국과 일본 · 프랑스의 선거에 대한 연구도 진행되었는데, ICT의 정치적 활용 기반이 발달한 사례를 중심으로 연구하기 때문에 몇몇 주요 선진국의 사례에만 초점이 맞춰져 있는 것이 당연하면서도 한편으로는 너무나 제한된 소수의 사례 연구에만 머물러 있다는 평가를 할 수 있다(강원택, 2007b, 2007c); 고선규(2003, 2005, 2006); 김면회(2007); 김용복(2007); 김용철(2003, 2004); 이현우(2001); 임혜란(2007); 전학선(2007); 정연정(2005a, 2005b, 2008); 정진우(2003); 조희정(2007, 2008) 참조. 이들 논문의 리스트는 너무나 방대하기 때문에 참고문헌에서는 이 글에 상대적으로 많이 참고한 목록만 기록하였다.

49 한편으로는 인터넷의 활용이 선거 결과에 미치는 영향에 대한 분석은 직접적으로는 대단히 논증하기 어려운 문제이기 때문에 인터넷과 선거에 대해서는 선거 결과를 중심으로 분석하는 연구가 드물다고 볼 수도 있다.

나 '노사모' 등 온라인 공간을 활용한 시민의 선거운동을 분석한 사례라고 할 수 있다.

종합적인 관점에서 선거를 체계적으로 이해하기 위해서는 선거 환경을 둘러싼 구조와 선거에 참여하는 후보와 유권자 등의 행위자를 모두 분석해야 한다. 따라서 온라인 선거 구조 분석에서는 공급자와 수요자를 모두 주체로서 동등하게 평가하여 분석하는 〈C 유형〉과 〈D 유형〉의 혼합형 접근 방식이 적절하다고 볼 수 있다.

### 2) 매스미디어 선거운동의 특징과 주요 사례

1927년 라스웰이 '정치커뮤니케이션'이라는 용어를 처음 사용한 이래 1960년대의 케네디와 닉슨의 TV 토론 그리고 1998년 제시 벤추라의 온라인 선거운동으로 이어지는 80여 년 동안의 정치커뮤니케이션 발전 과정에서 기술을 활용한 현대 선거운동 형태는 매스미디어 선거운동에서 온라인 선거운동으로 변화하였다.

매스미디어 선거운동은 주로 TV를 활용한 선거운동으로서 TV 토론, TV 광고, 방송사 여론조사, 홍보우편(DM, Direct Mail) 등이 해당된다. 연구자들은 이와 같은 수단을 보통 전통적인 선거운동 전략이라고 부른다. 먼저, 매스미디어를 정치에 활용한 대표적인 사례로는 (비록 선거운동은 아니지만) 1930년대 루즈벨트의 노변정담(Fireside Chats)을 들 수 있다. 당시 루즈벨트는 라디오를 통해 정기적으로 노변정담을 발표하면서 대공황의 위기를 효과적으로 극복하고 국민을 통합할 수 있는 대국민 메시지를 방송하였다.[50]

50 1930년대에는 미국 전체 가구의 62%가 라디오를 보유하고 있었다. 1948년에는 공화당 오리건주 대통령선거 예비선거에서 토머스 듀이와 해럴드 스태슨이 최초로 라디오 토론회를 열었다.

라디오보다 정치적 파급력이 더욱 큰 미디어는 TV라고 할 수 있는데, 가장 대표적인 TV 토론은 1960년 제35대 미국 대통령선거 당시 케네디와 닉슨의 정치 토론이었다. 정치 신인이었던 케네디가 TV 토론을 통해 노련한 정치인 닉슨에 대항하여 진취적이고 미국의 이상을 실현할 수 있는 유력한 정치인으로서 지명도가 상승한 사례로서, 이 사례는 이후에도 가장 성공적인 TV 선거운동 사례로 평가받고 있다.[51]

다음으로, TV 광고도 매스미디어 선거운동의 중요한 형태이다. 미국 정치 역사상 가장 유명한 일명 '데이지'(Daisy, 또는 'Peace, Little Girl'이라고도 부름) 광고는 1964년 당시 재선을 노리던 존슨 대통령 진영이 공화당의 배리 골드워터(Barry Goldwater) 상원의원과 전쟁찬성주의자들을 겨냥하여 만든 60초짜리 광고인데, 꽃잎을 따던 소녀와 핵전쟁의 이미지를 극대비시켜 미국인에게 가장 강력한 평화 메시지를 전달하는 데 성공했다는 평가를 받았다.

매스미디어 선거운동의 특징은 메시지와 선거운동의 논지를 일방적으로 다수에게 전달하는 데 주력한다는 것이며, 장점은 다수의 유권자에게 효과적으로 정보를 제공하고 의사소통을 할 수 있다는 것이다. 매스미디어를 통해 후보자가 (상대적으로) 저비용 · 고효율의 정치를 실현할 수 있고, 매스미디어로서는 시청자에게 중요한 보도나 논평을 제공하여 자신의 가치를 극대화할 수 있다는 것이 대표적으로 긍정적인 평가이

51 당시에 라디오로 토론회를 들은 사람들은 닉슨이 더 잘했다고 평가하였고, TV로 본 사람들은 케네디가 더 잘했다고 생각했다는 점도 특이한 사항이다. 한때 닉슨이 "TV는 정치적 지도자들에게, 특히 위기 상황에서 기자나 평론가의 개입 없이 국민과 의사소통을 가능하게 한다"고 높이 평가한 것을 생각해보면 TV 토론회로 인해 피해를 입은 이 상황은 매우 역설적이라고 할 수 있다. 이후 1960~1976년까지는 동등 시간의 원칙(equal time rule)에 대한 논쟁 때문에 TV 토론을 실시하지 않았다. 이후 아스펜 원칙(Aspen Ruling)에 의해 TV 토론이 재개되었으며, 1987년에는 대통령선거 TV 토론을 독립적으로 주최하는 '대통령토론위원회'(Commission on Presidential Debates)가 설치되었다.

다.[52]

이에 비해 후보자의 본질이나 실체와는 거리가 먼 이미지 정치의 확대, 정책보다는 개인의 신변 정보에만 관심을 가지는 정치의 연예화 그리고 후보자와 유권자간의 커뮤니케이션을 증진시키기보다는 대중을 수동화할 수 있는 문제, 선거를 이성적인 성찰의 대상이 아닌 게임이나 전략 대결화시키는 것 등은 매스미디어 선거운동의 폐해로 지적되는 내용이다.[53]

### 3) 온라인 선거운동의 진화

전세계적으로 1990년 중반 이후로 인터넷을 활용한 선거운동이 본격화되기 시작하였다. 대표적인 사례로는 미국 · 영국 · 네덜란드 · 그리스 · 포르투갈 · 독일 · 호주 · 뉴질랜드 · 일본 그리고 한국을 들 수 있다. 이 시기는 ICT 보급이 급격히 확대된 무렵이기도 한데, ICT 활용이 증가함에 따라 각국의 정당과 유권자들은 인터넷을 활용한 선거전을 적극적으로 전개한 것이다.

과거의 매스미디어 선거운동에서 인터넷으로까지 선거운동 공간이 확대된 이후, 현재는 인터넷과 모바일 웹 등을 활용한 온라인 선거운동의 영향력이 매우 막강해지고 있다. 온라인 선거운동 역시 정부나 정당의 진화 과정처럼 홈페이지를 통한 선거 홍보에서 선거자금 모금, UCC 등의 동영상 활용, 소셜 네트워크 구축을 통한 유권자 결집 등의 단계를 구성하고 있는데, 2008년 11월 5일에 제44대 미국 대통령으로 당선된 버락 오바마(Barack Obama)는 미국 선거운동의 지형을 질적으로 변화시킨 주인공으로 평가되고 있다.

---

**52** Westling(2007: 2).

**53** Kellner(1990), 유재천(2001), 강정인(1998).

1998년 미국에서 온라인 선거운동의 최초 성공 사례를 보여준 제시 벤추라(Jesse Ventura), 2004년 소셜 네트워크 서비스인 미트업(Meetup)을 이용하여 초기 형태의 네트워크 선거운동(Network Campaign) 사례로 평가받는 하워드 딘(Howard Dean, 2009년 말 현재 미국 민주당 국가위원회 위원장)의 선거운동에 이어 2008년 오바마의 선거운동은 10년 만에 미국의 선거운동이 온라인 선거운동에서 네트워크 선거운동으로 전환된 가장 결정적인 사례로 평가받고 있다.

미국의 경우와 동시에 2007년 프랑스 대통령선거에서는 네티즌을 잡기 위한 정당들의 적극적인 온라인 선거운동이 화제가 되기도 하였는데, 최근 10년간 선거운동 과정에서 나타나고 있는 이러한 변화는 우리나라에서도 예외가 아니다. 2000년의 낙천낙선운동과 2002년 대통령 선거 당시 휴대폰과 인터넷을 통해 적극적인 선거운동을 전개한 노사모 사례 등을 통해 선거운동 영역에서 ICT의 적극적인 도입 및 이를 통한 정치참여 행태가 변화했음을 알 수 있다. UCC를 활용한 선거가 될 것이라는 기대가 한껏 고조되었던 2007년 대통령선거에서는 선거법이라는 제도적 규제에 묶여 활성화되지는 못했지만 2008년 미국산 쇠고기 수입 반대 촛불 집회에서 나타난 온라인 공간에서의 열기를 보면 여전히 국민들의 온라인 정치참여 열망은 진행 중이다.

다음에서는 가장 모범적인 사례로서의 미국 · 프랑스와 우리나라 사례를 분석하여 온라인 선거운동의 네트워크화가 함의하고 있는 시사점을 분석한다.

#### (1) 제1기: 홈페이지 선거운동(1996~2002년)

미국의 온라인 선거운동과 주요 온라인 정치의 변화 과정은 1996~2002년까지의 '홈페이지 선거운동'(제1기), 2003~2006년까지의 'UCC

와 블로그 선거운동'(제2기) 그리고 2007~2008년 현재까지 본격화되고 있는 '네트워크 선거운동'(제3기)으로 구분할 수 있다.

우선 제1기의 특징은 홈페이지를 통한 홍보에 있다. 1996년 대통령선거에서 후보자 웹사이트가 개설된 것이 미국 온라인 선거운동의 시초라고 할 수 있는데,[54] 이어 1998년 미네소타 주 주지사 선거에서는 '덩치'(The Body)라는 별명의 제시 벤추라(Jesse Ventura)가 자신의 홈페이지(jesseventura.org)를 통해 지지자와 의견 교환을 나누는 등 홈페이지를 효과적으로 활용하여 승리하였으며, 2000년에는 스티브 포브스(Steve Forbes)가 홈페이지(forbes2000.com)를 통해 대통령선거 출마를 선언하여 미국 역사에서 온라인을 통해 출마를 선언한 최초의 정치인으로 평가되기도 하였다.

또한 1998년에는 가장 영향력 있는 온라인 사회운동 단체인 무브온(moveon.com)이 개설되어 현재까지도 매우 적극적으로 정치적인 시민 동원 활동을 하고 있는데, 당시 문제가 되었던 클린턴 성추문 사건을 종결하고 다음 단계의 정치로 이동하자는 무브온의 메시지에 공감하여 탄핵 반대 서명에 참여한 네티즌은 25만 명에 이르렀다.[55] 무브온뿐만 아니라 얼터넷(AlterNet), 버즈플래시(BuzzFlash), 구글 뉴스, 락더보트(Rock the Vote), 영 보터 팩(Young Voter Pac)[56]은 현재까지 활동하고 있는 활동 단체

54 이보다 앞선 사례로 1995년 캐나다의 개혁당 사례가 있지만 당시 캐나다의 인터넷 인프라 구축 부족으로 이 선거운동은 실패로 기록되었다(유민호 2001: 21).

55 그러나 뉴욕대학교의 서키 교수는 무브온이 사회적 동원에 활용하는 메일이라는 도구가 과연 효과적인 도구인가에 대해 의문을 제시한다. 즉 사회적 약속은 뛰어나지만 도구를 잘못 선택한 경우이기 때문에 앞으로 무브온의 활동이 성공하기 위해서는 좀 더 사람들의 성의를 잘 표현할 수 있는 도구를 활용해야 할 것이라고 조언한다(Shirky 2008: 307).

56 락 더 보트와 영보터 팩의 경우는 친구의 휴대전화로 '우리 주 경선 D-0일', '투표자 등록하는 방법' 등 각종 정보를 매일 SMS로 전송하고 마이 스페이스와 페이스 북 등 인기 웹사이트에 지지 후보와 관련된 뉴스를 실시간으로 중계하는 방법으로 선거운동을 벌이고 있다.

로서 정치 정보의 자원으로서 인터넷의 영향력을 매우 적극적으로 확대하고 있다.

웹 캠페인(Web Campaign), 사이버 캠페인(Cyber Campaign)으로 묘사되는 제1기 온라인 정치의 특징은 첫째, 주로 홈페이지를 통해 이루어졌다. 그러나 같은 시기에 홈페이지를 통해 일방적으로 정보제공에 주력한 우리나라의 공급자 중심형 모델과 달리 홈페이지를 통한 정책 홍보뿐만 아니라 자원봉사자들이 온라인 선거운동의 중요 행위자로 부각되었으며 온라인 정치자금 모금이 적극적으로 시도되는 등 참여의 폭이 상대적으로 넓었다는 점이 특징이다.

또한 홍보뿐만 아니라 의견 교환과 정치자금 모금이라는 다각적인 선거운동 구조가 이미 형성되기 시작했다는 특징을 보였다.[57] 이러한 후보와 유권자간의 의견 교환과 정치자금 모금, 후보에 대한 기념품 판매 등의 선거운동 방식은 현재까지도 영향을 미치고 있는 가장 강력한 방식이다. 아울러 현재에도 영향력이 막강한 무브온과 같은 온라인의 강력한 정치 단체들이 설립되었고, 유권자 정보를 데이터베이스화하고, 보트닷컴과 같은 인터넷 투표 방법과 연설 모습을 비디오로 촬영하여 홈페이지에 게시하는 등의 시도들이 나타났다.

둘째, 이 시기에 미국 성인들이 온라인 공간에서 정치 정보를 습득하는

57 미국 연방선거위원회(FEC, Federal Election Commission)는 1999년 7월 10일 대통령선거 후보들이 예비선거 기간 중 웹사이트를 통해 신용카드로 정치자금을 모금을 허용하는 법안을 가결하였다. 이 법안에 의하면 개인이 정치인에게 낼 수 있는 한도액은 250달러인데, 이러한 온라인 모금은 부정부패의 소지를 막고 정치자금의 투명성 확보를 목적으로 한다. 한편 2002년 미국 연방의회는 선거자금법을 개혁하여 '소프트머니 금지법'을 통과시켰다. 이에 따라 기업이나 이익 단체들은 소프트머니가 금지되면서 대신 기업주나 가족의 이름으로 혹은 직원의 이름으로 선거자금을 기부할 수 있게 되었다. 이후의 정치자금 모금 방법은 일방적인 모금에만 그치는 것이 아니라 홈페이지를 쇼핑몰처럼 활용하여 관련 물품을 판매하고 수익을 정치자금으로 축적하는 구조가 형성되었다.

규모는 전체 온라인 사용자 가운데 20%를 넘지 않았으며 주당 평균 인터넷 이용 시간도 10시간이 되지 않는 수준이었다.[58]

따라서 6년이라는 기간 동안 이루어진 것은 온라인 수단을 통한 의견 교환과 정치자금 모금 확대 정도이다. 즉, 온라인은 선거운동의 전체적인 구조로 작동하기보다는 수단적 의미가 강했으며, 활용 정도가 높지 않아서 유권자와 유권자간의 대화를 촉진시키는 등 자발적인 유권자 참여를 촉진하고 확대시키기에는 어려운 인프라(infrastructure) 환경에 머물러 있었다는 특징을 보인다.

#### (2) 제2기: UCC 선거운동의 본격화와 네트워크 선거운동의 태동(2003~2006년)

이 시기는 제1기에 비해 질적으로 변화한 인터넷 환경을 배경으로 한다. 2005년에 서비스를 시작한 유투브를 활용하여 2006년 중간선거부터 UCC의 정치적 영향력이 증가했으며, 이는 과거의 수동적인 유권자에서 적극적인 유권자로의 변화를 알리는 중요한 계기가 되는 사건이었다. 더불어 미트업 등의 커뮤니티 서비스에서 나타난 소셜 네트워크화를 통해 선거운동에서 네트워크의 중요성이 나타나기 시작하였다. 따라서 이 시기의 중요한 키워드는 'UCC'와 '네트워크'라고 할 수 있다.

비록 2004년 2월에 출마 포기 선언을 하였지만 약 1년간 이전의 지명도에 비해 온라인에서 막강한 영향력을 발휘한 버몬트 주지사 출신 대통령선거 후보 하워드 딘은 2002년에 설립된 커뮤니티 서비스인 '미트업'(MeetUp.com, '만남을 도와준다'는 의미)에서 유권자들을 효율적으로 모집하

58 Pew Research 조사에 의하면 1996년에는 미국 성인의 14%인 2,200만 명 정도, 1999년에는 미국 성인의 16%가 인터넷에서 정치 정보를 이용하였으며, 특히 1999년에는 주당 평균 인터넷 이용 시간은 8.8시간으로서 하루에 1시간 정도 인터넷을 사용하는 수준이었다(Pew Research).

[표 3-9] 제1기 미국 온라인 선거운동의 주요 사례(1996~2002년)

| 시기 | 내용 |
| --- | --- |
| 1996년<br>대통령선거 | 미국 온라인 선거운동 원년. 9명의 공화당 후보 가운데 6명이 웹사이트 개설. 일반 의원들의 신속한 홈페이지 업데이트는 여전히 이루어지지 않음. 일례로 클린턴 탄핵시 자신의 홈페이지에 의견을 피력한 의원은 극히 일부. |
| 1998년 7월 | 무브온(moveon) 창설. 사이트 개설 첫날 3백 명의 청원자 접속. 무브온은 11월 선거 후, 클린턴 탄핵에 찬성한 의원을 낙선시키기 위해 그들의 경쟁자를 위한 모금운동을 시작하여 1999년 1월까지 1,280만 달러 모금. |
| 1998년<br>미네소타 주<br>주지사 선거 | **〈개혁당 제시 벤추라〉**<br>제시넷(JesseNet)의 3천 명의 이메일 주소를 이용하여 정책을 대화 형태로 홍보하여 당선. 자신의 인형을 팔아 하루 평균 1,500달러 모금. 홈페이지에서 자동차 범퍼용 스티커, 야구모자, 티셔츠 판매, 자원봉사자 모집. 자신의 사진을 실시간으로 게시하여 자신이 어디에 있으며 무엇을 하는지 알림. 교육부터 총기 소지 문제까지 최상위 사회 현안 50개에 대한 자신의 입장을 표명하여 포럼을 통해 시민 토론 유도. 선거운동 마지막 주에는 120만 명이 접속. 중간선거 최대 이변. '인터넷의 케네디', 개혁당의 대통령 후보로까지 거론됨. 홈페이지 유지에 단 7백 달러만 지출했다는 점에서 저비용 고효율 선거운동 사례로 평가됨. |
| 1998년<br>인디애나 주<br>선거 | **〈민주당〉**<br>유권자 정보가 수록된 CD롬을 활용하여 적극적으로 선거운동. 32년 만에 가장 많은 민주당 당선자 배출. |
| 1999년 | **〈민주당 브래들리〉**<br>9월까지 인터넷을 통해 65만 달러 모금.<br>**〈애리조나 주〉**<br>대통령선거 예비선거에서 인터넷 투표 실시.<br>**〈딕 모리스〉**(Dick Morris, 클린턴 정치참모)<br>12월 유권자 현안 투표가 가능한 보트닷컴(vote.com) 개설. |
| 2000년<br>대통령선거 | **〈존 맥케인〉**<br>대통령선거에서 최초로 인터넷 사용. 뉴햄프셔 예비선거에서 인터넷 선거운동에 힘입어 승리. 웹사이트에서 유권자와 직접 대화(화상 인터뷰), 거리 유세 중계 실시. 적극적인 온라인 모금 활동. 인터넷을 이용하여 650만 달러 모금(48시간 내에 100만 달러를 모금함). 자원봉사자 규모는 11만 명.<br>**〈스티브 포브스〉**<br>온라인으로 출마 선언을 한 미국 최초의 정치인. 웹사이트를 통해 출마 선언. 연설 모습을 담은 비디오 자료 제공. |
| | 11명의 각 당 대통령선거 후보가 웹사이트 개설. 정책 홍보뿐만 아니라 자원봉사자 활동, 정치자금 모금, 기념품 판매. |
| 2002년 12월 5일 | **〈트렌트 로트〉**(Trent Lott)<br>스트롬 서몬트의 100세 생일파티에서 인종 차별을 지지하는 듯한 발언을 한 것이 블로그를 통해 확산되면서 12월 20일 공화당 원내총무에서 사임. |

여 인터넷의 정치적 파워를 구현하였다.

딘의 선거특보였던 조 트리피(Joe Trippi)는 9천 명의 지지자를 60만 명의 열성 지지자로 늘리고, 모금액의 25%를 소액 다수 기부로 채울 수 있었던 것은 인터넷의 힘이었으며, 이는 과거 매스미디어의 정보에 대해 제한적 참여만 할 수 있었던 수동적 유권자가 쌍방향 대화의 주체로 변화한 것이라고 높이 자평하였다. 또한 1976년부터 2000년까지 민주당과 공화당을 막론하고, 예비선거 전 해에 연방 예산과 맞먹을 만큼 많은 자금이 필요했던 선거에 비해 저비용 고효율 정치의 가능성을 인터넷이 보여주었다고 평가하였다.[59]

[그림 3-5] 미트업 서비스

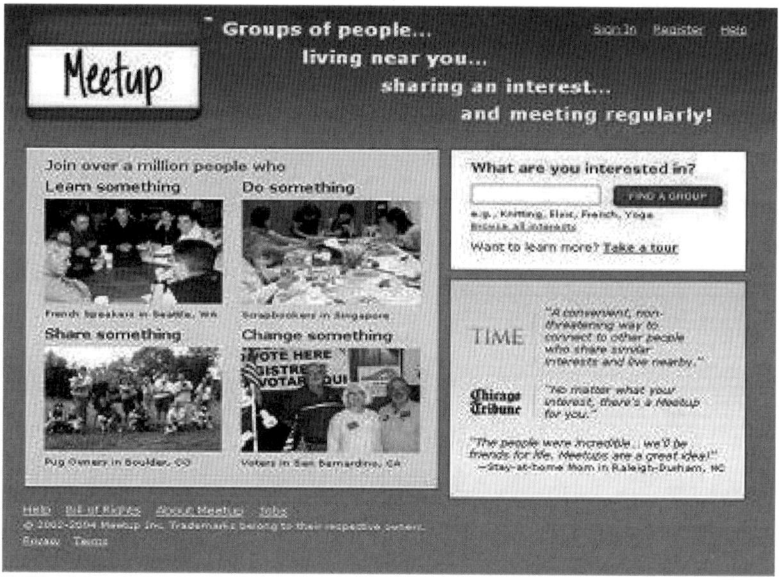


* 출처: http://www.meetup.com

59 Trippi, Joe(2006).

딘의 선거운동에서 또 하나 새롭게 시도된 것은 선거운동에 대한 실시간 동영상 방영[60]과 겟로컬(get local)을 통한 지역 시민의 조직화 방식이었다. 현재는 이미 익숙한 것이 되었지만 캠코더 촬영 영상으로 미디어를 통해 여과되지 않은 생생한 후보자의 일거수일투족을 보여줌으로써 시민의 알권리에 투명한 방식으로 접근하려는 시도가 처음 이루어졌으며, 컴퓨터에 간단한 프로그램만 다운받아 거주 지역의 우편번호만 입력하면 가장 가까운 지지자 모임을 찾아주거나 자원봉사자에게 연결해주며 지역 내 지지자들의 지역봉사 소식도 알려주는 지역 단위의 네트워크화가 처음으로 시도되었다. 이러한 운동 방식은 일방향의 메시지 전달에 주력했던 전통적인 선거운동 방식에 비해 유권자와의 소통의 중요성을 인지하고, 유권자 집단의 조직화에 노력했다는 점에서 매우 중요한 의미를 가진다.[61]

딘 선거운동의 가장 큰 특징은 블로그 정치[62]의 서막을 알렸다는 데에 있다. 이후부터는 적극적인 유권자로서 블로거(blogger)들의 활동이 (민주당과 공화당을 막론하고) 활발해졌는데, 당시 딘이 선거운동 초창기인 2005년 3월에 개설한 미국 대통령선거 최초의 블로그 '콜 투 액션'(deancalltoaction.blogspot.com)에는 시민들과 피드백이 가능한 메뉴가 없었지만 이후에 좀 더 발전된 '미국을 위한 딘' 블로그(deanforamerica.com)에서는 시민들의 연속 댓글이 서비스 핵심을 이루는 변화가 나타난 것도 주목할 만한 현상

---

**60** 웨이브 익스프레스사의 기술을 이용하여 '하워드 딘 TV' 개설(선거 끝날 당시 하워드 딘의 24시간 비디오 클립과 연설 시청자는 5만 명).

**61** Westling(2007: 2).

**62** 블로그가 구성하는 영역인 블로고스피어(blogosphere)는 표준화된 조직, 지배구조, 대표자 등이 없다는 점에서 인류 역사상 유일한 것이라고 할 수 있다. 여기에는 헌법이나 성문화된 법이 없다. 그렇다고 조직이 존재하고, 이것을 수용할 만한 행동을 강제할 수 있는 것도 아니다(Paul Gillin 2007: 47).

이다. 또한 여기에서는 다른 주목할 만한 블로그와 연결해놓음으로써 관심 있는 시민들의 토론망을 자연스럽게 형성하기도 하였다.[63]

이전 시기에 비해 시민들의 인터넷을 통한 정치 정보 습득 비중도 20% 이상으로 증가하였고,[64] 소극적으로 정보만 습득하는 것이 아닌 적극적 의견 표시 행위를 하는 참여가 증대되었음에도 불구하고 2003년 하워드 딘의 온라인 선거운동은 실패한 사례로 평가되고 있다. 물론 선거 막바지에 정보 공개를 거부하고 대통령 선거라는 비중 있는 선거의 부담을 현명하게 대처하지 못한 딘이라는 인물 자체의 한계를 실패 원인으로 평가하기도 하지만 온라인 선거운동 자체에 있어서는 '온라인' 자체를 이해하지 못했다는 평가가 대부분이다.[65]

본질적인 실패 요인은 교량형 자본과 결속형 자본의 차이를 이해하지 못함에 있었다는 것이다. 즉 딘의 선거운동은 가장 열성적인 지지자들 사이의 결속형 자본을 형성하는 데에는 타의 추종을 불허했지만 참여보다 목표를 중시하는 방향으로 본질이 변화하여 폐쇄성이 강한 결속형 자본의 강화에만 머물러 포용성이 강한 교량형 자본을 확대하는 데 실패했다

63 1990년대 이후부터 사라진 사이트의 과거 모습을 추적할 수 있는 웨이백머신(archive.org/web/web.php)을 통해서 선거 기간 이후 없어진 '콜 투 액션'과 '미국을 위한 딘' 블로그의 콘텐츠를 추적하였다.

64 당시의 인터넷 이용 현황은 다음과 같다. 미국인의 13%는 정치 동영상 UCC를 시청, 온라인 정치 후원금 규모는 2%, 이라크전쟁 뉴스나 커뮤니케이션을 하기 위해 77%가 인터넷을 사용하고 26%가 인터넷에서 뉴스와 정보 습득하는 수준이었다(Pew Research). 특이한 사항은 72%의 블로거가 인터넷을 통해 정치 정보를 습득하였으며, 전체 정치인의 97%가 선거캠페인을 위해 웹을 이용하였지만 현직 의원(7%)이 도전자(32%)보다 인터넷을 덜 적극적으로 사용하고 민주당이 공화당보다 활발하게 블로그를 이용했다는 특징을 보이고 있다(Williams, Gulati 2007: 3).

65 서키 교수는 이에 대해 미트업을 통한 지지자의 동원은 열성 지지자들의 모임을 쉽게 만들어 준 것에 불과한데 이를 지지도의 상승이라고 평가한 것은 딘 측의 오판임을 지적한다(Shirky 2008: 309).

[표 3-10] 제2기 미국 온라인 선거운동의 주요 사례(2006년)

| 시기 | 주요 사례 |
|---|---|
| 7~8월<br>코넷티컷 주<br>상원의원<br>예비경선 | **〈리버만**(Joseph Lieberman) vs. **라몬트**(Ned Lamont)〉<br>블로그 전쟁(Blog Wars)이라고 평가되는 선거운동 경쟁. 3선에 도전하는 민주당 후보 리버만이 같은 당내 신진 후보 라몬트에게 4%차이로 패배. 8월 내 유투브에 게시된 라몬트의 UCC는 200여 개일 정도로 진보 블로거들의 적극적인 지지를 받음. 한편 유투브에서는 UCC vs. UCC의 온라인 토론이 진행되는 특징이 나타남. |
| 8월 14일<br>버지니아 주<br>상원의원 선거 | **〈조지 앨런〉**(George Allen)<br>유세 도중 앨런을 촬영하던 인도계 민주당 블로거에게 마카카(Macaca: 원숭이) 발언을 한 UCC가 유투브에 배포되면서 6천만 명이 시청함. 10월부터는 대중매체에서 앞 다퉈 보도. 인종 차별이라는 비난을 받아 공개 사과까지 했지만 8,941표라는 근소한 표차로 낙선. 공화당의 차기 대통령 후보로 거론되었지만 선거 패배로 몰락한 사례. 이 UCC는 정치게임의 결과까지 바꾼 미국 최초의 바이럴 비디오(viral video)로 평가됨. |
| 8월 17일<br>몬테나 주<br>주지사 선거 | **〈콘래드 번즈〉**(Conrad Burns)<br>번즈가 몬테나주 농장법안 공청회에서 졸고 있는 모습이 'Conrad Burns' Naptime'이라는 UCC로 유투브에 올라 10만 명이 시청하였으며 2,847표라는 근소한 차이로 낙선. |
| 9월 델라웨어 | **〈조 바이든〉**(Joe Biden)<br>인종차별적 발언을 한 것이 유투브에 게시됨. |
| 10월<br>상원의원 선거 | **〈짐 탤런트〉**(Jim Talent)<br>탤런트의 지지자인 라디오 진행자 러시 림보가 상대편 맥카스킬(McCaskill) 지지자인 파킨스씨병 환자 마이클 J. 폭스의 몸짓을 비하한 라디오 방송 동영상이 유투브에 공개되면서 탤런트는 선거에서 패배. |
| 10월 21일<br>테네시 주<br>상원의원선거 | **〈해롤드 포드 주니어〉**(Harold Ford Jr.)<br>민주당 상원의원 후보. 테러리스트의 사생활 보호나 세금 증대를 주장하였는데 이를 조롱하는 공화당 쪽 UCC 'Harold call me!'가 유투브에 배포됨. 게시 당일 27만 회 조회수 기록. 5만여 표 차이로 낙선. |
| 10월 30일<br>캘리포니아 주<br>주지사 선거 | **〈존 케리〉**(John Kerry)<br>지원 연설을 한 케리가 '열심히 공부하지 않으면 이라크에 가서 목숨을 잃을 수도 있다'라고 발언하는 'You get stuck in Iraq'라는 UCC가 유투브에 올라 이틀도 안 되어 사과하고 이후 지원 유세 일정을 모두 취소함. |

는 것이 가장 큰 문제라는 것이다. 선거의 핵심은 선거에 무관심한 층을 투표하도록 이끄는 것과 아울러 선거에 대한 관심의 폭을 확대하는 것에 있기 때문이다.[66]

(3) 제3기: 콘텐츠 융합과 네트워크 선거운동의 확대(2007~2008년 현재)

이 시기부터는 네트워크 선거운동이 본격화되었다. 과거의 선거운동이 주로 행위자와 기술 수단에 주목한 것이라면 이제는 구조 자체가 네트워크로 변화되고 있다는 것이 가장 큰 특징이다. 이때에도 제2기와 마찬가지로 UCC의 영향력은 막강했지만 유권자를 조직화할 수 있는 다양한 소셜 네트워크 서비스가 활성화되면서 UCC뿐만 아니라 텍스트 · 이미지 · 음성 등 다양한 방식의 콘텐츠 융합 현상도 강화되었다. 물론 인터넷 사용 현황도 대단히 급증하였다.[67] 따라서 제3기 선거운동의 특징은 '콘텐츠 융합'과 '네트워크 선거운동 구조로의 변화'로 규정할 수 있다.

제3기에는 다양한 형태의 소셜 네트워크 서비스들이 정치에 더욱 적극적으로 활용되기 시작하였는데, 이전 시기보다 훨씬 많은 마이스페이스, 유투브, 트위터, 페이스북,[68] 헤드투헤드 등의 소셜 네트워크 서비스가 정치 콘텐츠 서비스를 활발하게 전개하였다.

66 Shirky(2008: 240~241).

67 이 시기에는 미국인의 46%가 인터넷을 통해 경선 관련 뉴스를 시청하였으며 30%는 인터넷을 통해 후보들의 정치적 일정 · 입장 · 연설 등 가공되지 않은 선거물을 접하였다. 또한 35%는 정치 동영상 UCC를 시청하였고 페이스북이나 마이스페이스에 정치 게시물을 올리는 유권자는 미국 성인의 10%. 온라인 정치 후원금을 낸 유권자는 6%였고 그 중 46%는 인터넷이나 SMS를 통해 이루어졌다(Pew Research).

68 웨스트링은 미국에서의 페이스북 정치가 하버마스가 의미하는 공론장을 구현하는 계기가 되었다고 평가한다(Westling, 2007: 2).

[표 3-11] 제3기 후보자별 미국 온라인 선거운동의 주요 사례(2007~2008년)

| 후보자 | 내용 |
|---|---|
| 존 에드워즈<br>(민주당) | 2006년 3월부터 유튜브에 독자적인 채널 개설. 대통령선거 출마 UCC를 유튜브에 게시. 자신의 사이트에 다큐멘터리 형태의 UCC 업로드. 사이트와 유튜브, 마이스페이스, 페이스북, 플리커 연결. 5월에 부인 엘리자베스와 '진보를 위한 아-태지역 출신 미국인(APAP)' 회원간의 다자간 전화 회의. 65명이 참가. 선거자금의 1/3을 인터넷으로 모금(7월 현재). 2007년 3월말에는 3억 달러 이상을 인터넷으로 모금. |
| 힐러리<br>(민주당) | 〈2007년〉<br>1월 20일: 자신의 사이트(hilaryclinton.com)를 통해 대통령선거 출마 선언(오바마는 1월 13일에 온라인으로 출마 선언). 1월 22~24일에 유권자와 온라인 화상 채팅. 1월 27일: 음치 UCC는 게재 후 4월말까지 100만 회 이상 시청함. 온라인으로 800만 달러(2007년 3분기), 1,350만 달러(2008년 1월, 200달러 미만 기부자 12%, 50%가 1인당 한도 기부액인 2,300달러의 거액 기부자) 모금. 11월에 오바마 캠프에서는 유튜브에 'vote different' 업로드(주요 채널: contribute.hillaryclinton.com, justhilary.com, justsaynodeal.com, BlogHillary, Hillblazers, Women for Hillary, 링크트인, 플리커, 이온스. 힐러리 허브, Fact Hub, Delegate Hub ※ 트위터는 거의 활용하지 않음). (안티 사이트: stophernow.com, againsthilary.com)<br>〈2008년〉<br>1월 7일: 눈물 UCC로 오바마에 승리. |
| 존 맥케인<br>(공화당) | 웹사이트(johnmccain.com)에 '매케인스페이스'(McCainSpace)를 만들어 블로거 등이 모이도록 함(2008년 2월 현재 22만 6천 명 회원 확보). 방문객이 개인 페이지를 만들고 사회 연결망에 편입될 수 있도록 해놓음. '매케인을 위한 참전용사들' 등 59개 소모임이 개설해 활동하고 있으며 블로거 9,100여 명이 등록. 1,200만 달러(2008년 1월). 유투브 경쟁 업체인 베오 네트웍스에 독자적인 채널 확보. 그 외 플리커 활용. 마이스페이스와 트위터를 활용하지 않다가 이후 마이스페이스와 유투브 채널 활용.<br>(주요 채널: phonecalls.johnmccain.com, store.johnmccain.com, events.johnmccain.com) |
| 페일린<br>(공화당) | 부통령으로 지명되기 전까지는 불과 3백 건 정도였지만 9월에는 13만 건으로 급증. 9월 20일: 테네시 주의 rubico라는 아이디의 한 대학생이 특별한 해킹 기술 없이 구글에서 얻은 정보만을 이용해 페일린의 이메일 유출. 10월: 잦은 인터뷰 실수와 경험 부족을 패러디한 유사 페이스북 사이트가 네티즌에게 인기. 한 블로거가 페일린 후보의 사이트를 모방한 유사 사이트(holy taco)를 올린 후 수십만 명의 네티즌이 방문. 이 사이트의 '정치적 믿음' 란에서는 '나는 전혀 정치적이지 않다' 며 페일린 후보를 비꼬았으며, 언론 인터뷰에서 드러난 그의 말실수와 외교 정책 등의 경험 부족을 적나라하게 풍자. 이와 함께 연일 미국 언론을 오르내리고 있는 CBS 여성 앵커 게이트 쿠릭과의 인터뷰 패러디 장면도 업로드. 새터데이 나이트 라이브에서 여성 코미디언 티나 페이가 페일린의 인터뷰를 패러디한 장면은 유트브에서 1억 번이 넘는 클릭 수 기록. 2008년 구글 인기 검색어 1위 기록(오바마는 6위 기록). |
| 미트롬니<br>메사추세츠<br>주지사(대선후보) | 낙태와 동성애를 찬성하던 과거 발언 모습이 'The Real Rommy' 라는 UCC로 유투브에 업로드되어 치명적 타격을 받음. |

[표 3-12] 제3기 서비스별 미국 온라인 정치 캠페인 주요 사례(2007~2008년)

| 서비스(개시일) | 내용 |
|---|---|
| 마이스페이스 (2003년 말) | 2007년 1월: 예비선거를 위한 온라인 채널(impact.myspace.com) 개설. 가상 예비선거(virtual presidential election) 실시. 미국 내 회원만 참여 가능. 상원 후보의 21%와 하원 후보의 2.7%가 프로필 정보제공. |
| 유투브 (2005년 2월) | 3월: 정치정보서비스 You Choose '08 개설. 7월과 11월: CNN과 함께 민주당과 공화당 후보 UCC 토론회 실시. UCC 시민채널 시티즌 튜브(youtube.com/citizentube)를 개설. 시민이 참여하는 정치적 UCC의 공유 서비스 제공. |
| 페이스북 (2004년 2월) | 후보들의 프로필 정보를 제공하는 Election Pulse 서비스. 마이스페이스보다 월등히 많은 상원 후보의 32%와 하원 후보의 13%, 주지사 후보의 50%가 이용. 2008년 1월 5일부터 3일 동안 ABC 방송사와 함께 뉴햄프셔에서 민주당과 공화당 토론회 개최. 채널은 debate group. 3만 5천 명 이상이 코멘트. |
| 헤드투헤드08 | (headtohead08.com). 유투브, 마이스페이스, TV 정치 광고, TV 토론 등 후보자들의 각종 UCC를 이슈별로 비교. UCC를 통해 후보자 정책을 쉽게 이해할 수 있는 1:1 온라인 동영상 논쟁 서비스를 제공. |

소셜 네트워크의 의미는 '네트워크'에 국한되는 것이 아니라 '소셜'에도 있다. 즉, 선거운동의 행위자로서 공급자와 수요자의 경계가 불분명해지고 있는 정치 지형에서 상호간의 쌍방향적 소통이 본질적으로 중요한 것이며 그 목적이 네트워크화를 통해 구현된다는 것이 선거운동에서 소셜 네트워크가 갖는 정치적 의미인 것이다.

(4) 오바마의 네트워크 선거운동과 참여모델

① **콘텐츠 형태별 선거운동 네트워크의 특징**

2006년 중간선거부터 활성화된 소셜 네트워크 서비스를 활용한 선거운동은 오바마의 선거운동에서 거의 정점에 이른다. 우선 오바마의 선거운동은 홈페이지를 통한 정보제공 방식에서 진일보하여 이제는 기존의 온라인 서비스를 최대한 적극적으로 정치적 자원으로 활용하고[69] 특히

'지지자를' 조직하기보다는 지지자 '스스로' 조직하도록 하는 네트워크 방식을 사용했다는 점이 가장 큰 특징이다. 또한 아이폰(iPhone) 등 모바일 서비스와의 연계를 통해 유권자 동원뿐만 아니라 정치자금 모금에도 적극적으로 활용했다는 점에서 능동적인 기술 융합 활용의 특징을 보이고 있다.

오바마 선거운동에서 사용된 대표적인 서비스는 [표 3-13]과 같은데 이들은 서비스 형태별로 텍스트, 이미지, 음성, UCC 그리고 이 모든 콘텐츠의 유통 및 사용자간의 연결을 중심으로 하는 소셜 네트워크형 서비스의 다섯 가지로 구분할 수 있다.[70]

첫째, 텍스트 중심 방식 가운데 가장 지명도가 높은 트위터의 경우, 2008년 11월 3일 현재 15만 명이 방문하여 그의 메시지를 읽었다. 2007년 4월부터 2008년 11월 3일까지 올라온 메시지 수는 총 252개인데, 2008년 1월 이후에는 매일 10개의 메시지가 올라왔고 선거운동이 본격화된 2008년 8월부터는 매일 20개의 메시지가 게시되어 있다. 주요 내용으로는 오바마의 선거운동 일정이나 방송 출연 일정 등에 대한 알림 글이 대부분이다. 물론 소셜 네트워크 차원에서 모든 새로운 글은 RSS로 구독할 수 있으며 메시지 끝에 나와 있는 사이트의 주소를 통해 선거운동의 주요 사이트로 바로 이동이 가능하다. 그 외에 문서 공유 사이트에는 오바마의 주요 연설이나 기사 등의 많은 문서가 공유할 수 있도록 게시되어

69 앞서 힐러리와 맥케인의 경우와 오바마의 주요 온라인 채널을 비교하면 오바마의 경우가 2~3배 이상 많음을 알 수 있다.

70 미국에서 제공되고 있는 대부분의 서비스의 경우에 웹2.0 방식의 플랫폼을 지향하고 있기 때문에 각 형태별 서비스라고 해도 서비스간 연계가 원활하게 이루어질 수 있다는 점에서 각각의 형태를 위와 같이 구분하는 것은 대표적인 서비스를 중심으로 구분한 것일 뿐 오로지 단일의 서비스만을 제공한다는 것을 의미하는 것은 아니다. 또한, 인터넷뿐만 아니라 음성이나 휴대전화 문자메시지 등의 다양한 기기간의 융합이 이루어지고 있기 때문에 앞으로의 ICT 서비스는 소셜 네트워크 서비스로 수렴될 것이다.

[표 3-13] 오바마 온라인 선거운동에 활용된 주요 서비스와 이용 현황(2008년 11월 4일 현재)

| 콘텐츠형태 | 대표적 서비스 | 이용 현황 |
|---|---|---|
| 텍스트 | 트위터 | www.twitter.com/barackobama<br>문자 소식 공유 서비스 / 252개 메시지 업로드 / 15만 명 방문 / 친구 15만 명 |
| | 독스톡 | www.docstoc.com 온라인 문서 공유 서비스 |
| | 스크라입 | www.scribd.com 온라인 문서 보관/공유 서비스 |
| 이미지 | 스머그머그 | www.smugmug.com |
| | 플리커 | www.flickr.com/photos/barackobamadotcom<br>이웃 7,127명 / 현재 업데이트 중 |
| 음성 | 스카이프 | www.skype.comUCC |
| UCC | 레버 | revver.com |
| | 메타카페 | www.metacafe.com |
| | 블립 | blip.tv |
| | 비들러 | www.viddler.com |
| | 유투브 | youtube.com/user/BarackObamadotcom<br>2006년 9월 5일 개설 / 구독자 147,463명 / 동영상 1,827건<br>채널 9,876만 6,425개(맥케인 2,514만 5,424개) / 조회수 20,301,328번 / 현재 업데이트 |
| | 마이보 | my.barackobama.com<br>회원 100만 명 / 930개 커뮤니티 / 현재 업데이트 중 |
| 소셜 네트워크 (A) | 마이스페이스 | www.myspace.com/barackobama<br>친구 89만 3,900명(맥케인 21만 9,040명) / 415개 커뮤니티 / 현재 업데이트 중 |
| | 베보 | www.bebo.com/Barack2008<br>2008년 1월 개설 / 친구 191명 / 현재 업데이트 중 |
| | 이벤트풀 | www.eventful.com/in/barackobama<br>2006년 2월 19일 개설 / 지역 연결 소셜 네트워크 / 전체 지역 142,389명 방문 요청(서울<br>명) / 마이스페이스, 페이스북과 연결 / 현재 업데이트 중 |
| | 페이스북 | www.facebook.com/barackobama<br>지지자 258만 6,274명(맥케인 62만 3,468명)<br>1,110개의 커뮤니티(주요 그룹 11개) / 현재 업데이트 중 |
| 소셜 네트워크 (B) | 글리 | www.glee.com/barack_obama<br>동성애자 소셜 네트워크 / 2007년 8월 21일 개설 / 친구 2,015명 |
| | 닝 | www.ning.com<br>개인 소셜 네트워크디그 |
| | 디그 | digg.com/users/ObamaforAmerica<br>북마크 소셜 네트워크 / 2007년 5월 22일 개설 |
| | 링크트인 | www.linkedin.com/in/barackobama<br>단순 연결 서비스 / 500개 연결<br>서비스 내 그룹 www.linkedin.com/static?key=campaign08_obama |
| | 마이바탕가 | my.batangga.com/barackobama<br>라틴계 / 친구 175명 |
| | 미젠테 | www.migente.com/barack_obama<br>라틴계 / 2007년 8월 21일 개설 / 친구 52,271명 |
| | 블랙 플래닛 | www.blackplanet.com/barack_obama<br>흑인 소셜 네트워크 / 2007년 8월 21일 개설 / 친구 491,062명 |
| | 아시안에비 | www.asianave.com/barack_obama<br>아시아계 / 2007년 9월 19일 개설 / 친구 2,760명 |
| | 이온스 | www.eons.com/barackobama<br>커뮤니티 중심 / 2007년 5월 21일 개설 / 친구 401명 |
| | 페이스베이스 | www.faithbase.com/barack_obama<br>종교 소셜 네트워크 / 2007년 8월 21일 개설 / 친구 2,961명 |

있다.

둘째, 이미지 중심 방식은 스머그머그나 플리커와 같은 사진 공유 서비스를 통해 이루어졌다. 여기에서는 단순히 사진만을 게시하고 유통하는 것이 아니라 사진에 대한 의견 교환을 통해 사용자간의 의사소통이 활발하게 이루어지고 있다는 것이 특징이다.

셋째, 음성 중심의 서비스로는 인터넷 전화 스카이프를 통한 선거운동을 들 수 있다. 전세계 3억 7천만 명이 사용하는 세계 최대의 인터넷 전화 스카이프는 선거 기간 동안 지지자들의 응원 메시지 전송에 기여하였으며, 특히 팔레스타인의 학생이나 유럽의 지지자들의 응원 메시지를 전송하게 하여 큰 화제가 되기도 하였다.

넷째, 여전히 과거에 이어 정치적 영향력이 막강한 UCC 중심 선거운동은 유투브를 중심으로 활발히 전개되었다. 이 외의 서비스에서도 오바마 관련 UCC가 활발히 유통되었는데, 특히 유투브의 경우에는 14만 명 이상의 구독자와 약 2천 건에 달하는 UCC, 그리고 맥케인의 4배에 이르는 9천 9백만의 채널을 확보하였으며, 조회수만 해도 2천만 회에 이르는 등 높은 관심을 보였다. 또한 대부분의 서비스가 선거 이후 중단되고 있는 것에 비해 2008년 12월에도 여전히 주요 UCC의 업데이트가 이루어지고 있어 향후에도 UCC의 정치적 영향력은 대단히 막강할 것으로 예측할 수 있다.

다섯째, 소셜 네트워크 중심의 선거운동 정점에는 오바마의 공식 사이트인 마이보가 있다. 페이스북의 공동 창업자가 구축한 이 사이트는 '현실화'와 '지역화'를 모토로 하는데 이전 후보들이 지지 결집을 위해 주력했던 사이트 운영 방식과 달리 지지자와 지지자를 연결하는 소셜 네트워크의 허브로서 기능했다. 즉 결속형과 교량형 자본의 증대를 동시에 추구하는 전략을 취했다는 점에서 가장 큰 차이를 보이는 것이다. 모든 서비스는 이 사이트로 링크되어 있으며, 지지자들은 마이보에서 오프라인의 모임을 만들고 지역에서 만나며 현지에 맞는 전략을 스스로 구축하였다.

일례로, 마이보 출범 일주일 만에 '오바마를 위한 아이오와주 노동자 멤버', '오바마를 위한 뉴햄프셔 소방관들', '오바마를 위한 힙합' 등 3,000여 개의 그룹이 만들어졌으며, 4,000여 명이 즉각 블로그를 개설했고, 3,000여 명이 개인적으로 선거 기금을 모집하는 웹사이트를 만들기도 하였다.

단, 이와 같은 소셜 네트워크는 2008년 12월에 선거가 끝난 후에도 활발하게 업데이트되고 있는 A그룹의 마이보, 마이스페이스, 베보, 이벤트풀, 페이스북 등의 서비스와 글리 등 개인 소셜 네트워크 서비스와 라틴계, 동성애자, 종교, 흑인 등이 주요 사용자이며 선거 이후에는 업데이트되지 않는 B그룹의 서비스로 구분할 수 있다. B그룹의 경우에는 대부분 2007년 8월에 개설되어 2008년 11월 3일까지만 업데이트되었으며 그 이후에는 오바마 측의 새로운 게시물은 올라오지 않고 있다. 보편적인 참여자를 대상으로 하는 A그룹에 비해 서비스 이용 계층이 제한적으로 나타나고 있기 때문에 B그룹으로 따로 분류하였다([그림 2-4]의 구분 참조).

B그룹의 서비스도 A그룹과 같은 서비스 콘텐츠는 유사하지만 사용자가 대단히 제한적이라는 점에서 오바마 선거운동에서의 허브는 '마이보'이며, A그룹 서비스의 주요 사용자들이 서비스와 서비스를 연결하고 콘텐츠를 적극적으로 유통시키는 커넥터라고 할 수 있다. 또한 가장 대표적인 커넥터라고 할 수 있는 마이스페이스와 페이스북[71]의 경우에는 사용자들이 자발적으로 조직한 커뮤니티가 활동의 중심이고 그 규모도 대단

71 연구 결과에 의하면 선거가 끝나고 결과가 나오면 페이스북에 개설된 후보자 대부분의 프로필은 업데이트 되지 않는다고 한다(Westling 2007: 7).

히 크다는 점에서 다른 일반적인 개인과 개인 혹은 콘텐츠와 콘텐츠 연결의 소셜 네트워크 서비스와 달리 유사한 관심을 공유하는 커뮤니티의 역할이 커넥터의 특징을 나타냈다고 평가할 수 있다.

**② 참여와 관계의 확장을 통한 네트워크 선거운동 전략**

오바마 선거운동 과정에서 동원된 다양한 콘텐츠 서비스를 관여와 관계 정도 중심으로 재구성하면 [그림 3-6]과 같다.

[그림 3-6] 오바마 온라인 선거운동에서의 사회적 관여와 관계 확장의 네트워크

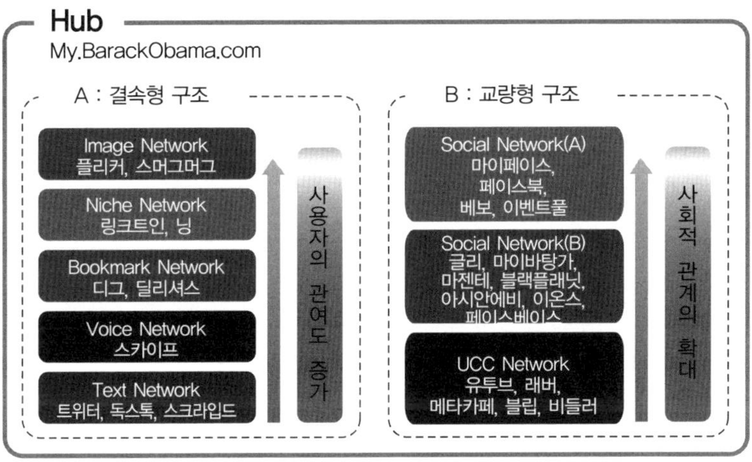


일종의 소셜 네트워크 생태계라고 할 수 있는 오바마 선거운동의 구조는 허브로 평가할 수 있는 '마이보' 안에 사용자의 관여도를 기준으로 텍스트, 음성, 북마크, 니치, 이미지 네트워크가 존재한다. 관여의 정도란 콘텐츠 생산 방법의 난이도를 의미하는 것으로서 텍스트 중심 서비스에서의 인스턴트 대화(instant conversations)나 전화와 같은 음성 서비스 등은 콘텐츠를 쉽게 생산할 수 있으며 일상 대화나 간단한 알림 정도의 콘텐츠

중심의 관계가 구성되는 것이다.

그러나 좀 더 생산의 노력이 들어가게 되는 북마크 공유나 개인의 소셜 네트워크 그리고 이미지 중심의 서비스에서는 자신이 자주 방문하는 사이트를 업로드하거나 디지털카메라를 활용하여 준전문가 수준의 콘텐츠(PCC, Proteur Created Contents)를 생산하는 등 관여도가 높아진다. 이들 관여도의 구조는 허브 외에는 다른 네트워크 구조와 긴밀하게 연결되어 있지 않다는 점에서 관여도의 양적인 범위 확대만 의미할 뿐 다른 네트워크와의 질적인 연결은 부족한 네트워크로서 결속형 네트워크의 단계에 머물러 있다고 평가할 수 있다.

본격적으로 네트워크 확대를 위한 커넥터 역할을 하는 것은 교량형 구조라고 할 수 있는 B의 사회적 관계 확대의 구조이다. 여기에서는 더욱 공을 들여 동영상 UCC를 제작하여 관계를 확대하며 상당 수준의 제작 노하우와 기술 능력을 갖춘 UCC 네트워크부터 선거 이후에 업데이트되지는 않았지만 선거운동 기간에 활발한 활동을 한 소셜 네트워크(B)의 흑인, 동성애자, 아시안, 종교 커뮤니티 등이 포함된다. 그리하여 궁극적으로는 현재에도 적극적으로 콘텐츠가 업데이트되고 관계를 확장하거나 모금에 참여하는 소셜 네트워크(A)가 결정적인 커넥터가 되어 교량형 자본을 구축하며 네트워크를 확대하는 구조를 구성하는 것이다.

이와 같은 관계 확장 축에서는 각 단계별로 익명성을 보장하는 관계(즐겨찾기를 걸어두고 그저 방문만 하는 정도의 소극적인 관계)에서 ID를 남기고 서로의 취미를 공유하는 관계, 더 나아가 자신의 개인 신상정보(취업을 위한 개인 프로필의 공개)를 적극적으로 공유함으로써 목적을 달성하고자 하는 적극적 관계로 발전하게 되며 이러한 과정에서 개인정보의 노출 정도에 따른 참여 장벽이 조금씩 높아지는 특징이 나타나지만 이러한 높은 참여 장벽에도 불구하고 관계의 강도가 강화됨으로써 콘텐츠에 대한 신뢰도는

더욱 높아지게 된다.[72]

### ③ 온라인 정치자금 모금의 힘

온라인 정치자금의 위력 또한 오바마 선거운동에서 나타난 가장 강력한 특징으로 평가할 수 있다. 우선 시기적으로 온라인 정치자금 모금의 특징을 보면, 2007년 7월에는 선거자금의 1/3을 인터넷으로 조달하였으며 그들 대부분이 소액 기부자였다. 2008년 1월에는 전체 모금액의 80%에 달하는 2천 8백만 달러를 온라인으로 모금하였으며 기부자 30만 명 가운데 20만 명이 최초 기부자였는데, 이는 온라인 정치자금의 모금이 단순히 액수의 증가뿐만 아니라 참여의 외연을 확장하는 의미를 담고 있음을 보여주는 사례라고 할 수 있다.

2008년 2월에는 3시간 만에 50만 달러를 모금하였는데 이 가운데 25달러 이하 기부자 40%, 100달러 이하 기부자는 90%를 차지하였으며 약 1만 명 이상은 인터넷을 통해 단지 5~10달러를 기부한 것으로 나타났다. 이와 같은 현상은 '온라인 현금인출기'라고 평가되어 결국 오바마는 2008년 2월의 오프라인에서의 모금 행사에는 한 차례도 참여하지 않았으며 정부선거보조금 8천 5백만 달러를 거부하였다.

2008년 9월 한 달 동안 모두 1억 5천만 달러의 선거자금을 모금하여 미국 선거 역사상 월별 모금 기록으로 최대를 기록하였는데 이는 2004년 대통령선거와 비교해 세 배가량 많은 액수이다. 1인당 평균 기부금은 100달러 이하로서 '개미' 기부자들의 위력이 돋보이는 모금 현황이다. 또한 오바마 기부를 위한 각종 상품의 구매자는 기부자 명단에 등재되었는데[73]

---

**72** 대표적인 소셜 네트워크 서비스인 페이스북에서의 그룹 형성의 조건은 이와 같은 높은 참여 장벽의 사례라고 볼 수 있다.

**73** 5달러짜리 연설 티켓이나 4달러 50센트짜리 열쇠고리를 산 사람도 기부자로 기록하였다.

[그림 3-7] 오바마와 맥케인 기부의 특징 비교

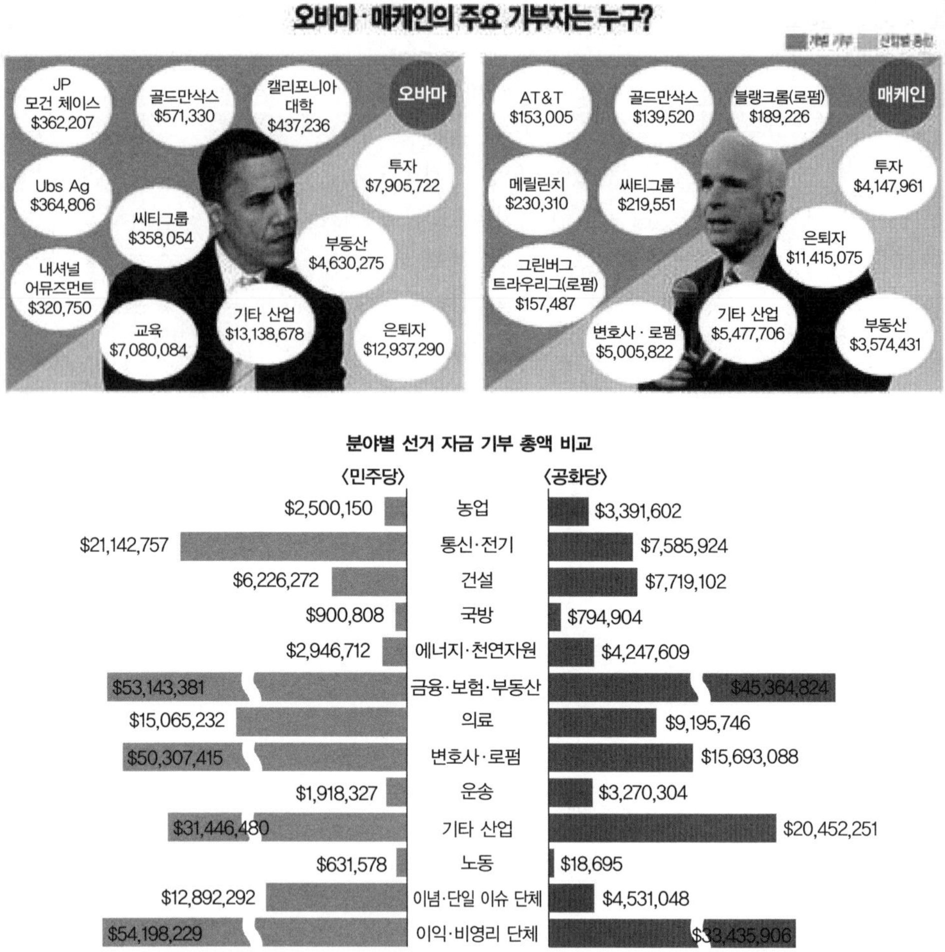


* 출처: 『시사저널』(2008년 7월 8일)

기부자가 남긴 전화번호는 자원봉사자와 이벤트 조직에 활용되었다.

정치자금 모금의 활성화에 기여한 또 다른 방법은 정치 마케팅의 활성화이다. 특히 정치를 문화로 변용하여 '오바마는 맥(Mac), 힐러리는 PC'라는 비교까지 나올 정도로 세련된 디자인의 용품을 판매하여 정치자금을 모금한 오바마의 전략은 주로 젊은 층의 감각에 맞추려는 새로운 시도로 평가되었으며, 기존의 정치인들까지 가세하여 선거운동 웹사이트가 각종 상품의 판매 운동의 장으로 전면에 나선 것도 이러한 정치 마케팅 활성화의 하나의 단면이라고 볼 수 있다.[74]

#### ④ 자정적인 정치문화 형성: 콘텐츠에 대한 사실 검증

2008년 대통령선거에서는 'smear'(비방)라는 말이 유독 많이 등장하였다. 이는 사실과 다른 루머, 즉 거짓 콘텐츠로서 특정 후보에 대한 비방을 의미하는데 오바마의 종교적 스승이라는 제리미야 라이트 목사가 미국과 이스라엘을 비판한 'God Damm America' 동영상 UCC가 유튜브에 업로드되어 곤혹을 치렀으며, 오바마의 이름에 후세인이라는 이름이 들어갔으며 출생 및 성장 배경을 근거로 오바마가 무슬림이라고 하는 루머, 이슬람 근본주의 단체와의 연계설, 이스라엘 성향설도 제기되었으며 극우 성향의 케이블 방송 폭스(FOX)사에서는 오바마 측의 Stop smears 광고 내용을 공격하는 광고를 내보내기도 하였다.

이에 대해 무브온은 2008년 7월 10일 320만 명에 이르는 회원 전원에게 이 광고를 퍼 나르면서 폭스사에 오바마 때리기를 중단할 것을 요구하는 청원에 서명해달라는 이메일을 전송하였다. 이에 대해 서명자가 50만 명이 넘으면 폭스사에 전달할 것이고, 그러면 언론이 이를 기사화할 것이고, 폭스사에 광고를 하는 것이 얼마나 어리석은 짓인지 광고주들이 알게 될 것이라고 말하는 등의 활동을 전개하였다.

74 이 가운데 가장 활발한 거래가 이루어진 곳은 오바마의 판촉 사이트(store.barakobama.com)였다. 여기에서 판매된 가장 유명한 상품은 아티스트 세퍼드 페어리(Shepard Fairry, Obey로 더 유명)의 포스터 'HOPE'로서 이 작품은 경매가 6만 달러를 넘기도 하였으며 페어리의 Obey Obama Progress Tee는 국내의 수입 쇼핑몰에서 판매되기도 하였다.

이와 같은 네티즌의 자발적인 노력에 의한 콘텐츠 자정 활동 외에 오바마 측에서도 대응으로서 자체 루머 전담팀을 2008년 6월에 신설하고 사실 확인 웹사이트(truthorfiction.com)를 설립하거나 '중상모략 퇴치'(Fight the Smears)라는 별도의 사이트를 개설하기도 하였다.

#### ⑤ 모바일 선거운동 전략

오바마의 선거운동에서 나타나는 또 다른 특징은 모바일 선거운동 전략이다. 오바마 측은 별도로 무선인터넷 사이트를 개설하여 뉴스, 동영상, 벨소리, 바탕화면 다운로드 등의 서비스를 제공하였는데, 부통령 선정 발표 때에는 290만 명에게 휴대폰 문자[75]를 보내 알릴 정도로 모바일을 홍보 수단으로 적극 활용하였다. 이에 비해 상대편 후보인 맥케인은 공화당 지지층이 민주당 지지층에 비해 상대적으로 ICT에 덜 친숙하기 때문인지 모바일 활용에 소극적인 편이었다.[76]

이 시기에 모바일 인터넷 사용자가 급증한 것도 모바일 선거운동 활성화의 원인으로 볼 수 있다. 컴스코어(Comscore)의 조사에 의하면 2007년 4분기 중 미국의 모바일 인터넷 사용자는 216만 명으로서 2006년 대비 154%나 증가하였으며, 퓨(Pew) 리서치의 조사를 보면 18~30세 이용자의 60%가 매일 문자메시지를 주고받는 등 모바일 이용 문화가 급격히 확대된 것을 알 수 있다.

### 4) 프랑스의 온라인 선거운동[77]

2004년까지 프랑스 정치에서 인터넷은 별로 인기가 없었다. 오랫동안

---

**75** ICT 역사에서 최초의 문자메시지는 1992년 12월 영국에서 전송되었다.

**76** 시장조사 기관인 닐슨 모바일의 조사에서도 민주당 지지자 가운데 모바일 데이터 사용자는 62%인 데 비해 공화당의 경우 55%에 머무는 것으로 나타났다.

단말기 정보 서비스인 미니텔을 사용하는 사람들이 훨씬 더 많았고, 따라서 인터넷보다는 미니텔을 정보 습득 창구로서만 사용해왔다. 그런데 2005년이 되자 상황은 변화하여 일방적으로 정보를 제공하기만 하는 TV에 신물 난 유권자들은 쌍방향으로 의사소통하는 인터넷에 열광하기 시작했다.[78] 더구나 '논쟁'과 '토론'이라고 하면 열광하는 프랑스인들은 인터넷을 통해 가장 풍성한 정치참여 공간을 만들어가게 되었다.

2007년 대통령선거 당시 12명의 후보자들은 앞 다퉈 3D 가상현실 서비스 세컨드 라이프에 가상의 선거캠프를 개설하였으며, 블로그도 개설하여 정책과 비전을 제시하고 유권자 의견을 수렴하였다.

#### (1) 후보자 인터넷 활용과 선거운동

**① 니콜라 사르코지(집권 대중운동연합, UMP)**

현 프랑스 대통령인 니콜라 사르코지(Nicolas Sarkozy)는 지난 2007년 대통령선거 때부터 다각적인 온라인 채널을 활용하였다. 이 시기의 프랑스에서는 과거의 단순한 미니텔 사용이 아닌 온라인 활용의 본격화가 이루어졌는데, 사르코지 외에도 루아얄, 르펭, 바이루 등의 좌우를 망라한 정치인들이 적극적인 온라인 선거운동 전략을 구사하여 세계적으로 주목을 받았다.

77 다큐멘터리 "La Campagne Du Net"(influenceurs.net/news/la-campagne-du-net-le-film-evenement-sur-arte-tv) 참조.

78 2007년 프랑스 전체의 인터넷 이용률은 58%이다

[그림 3-8] 사르코지의 웹사이트

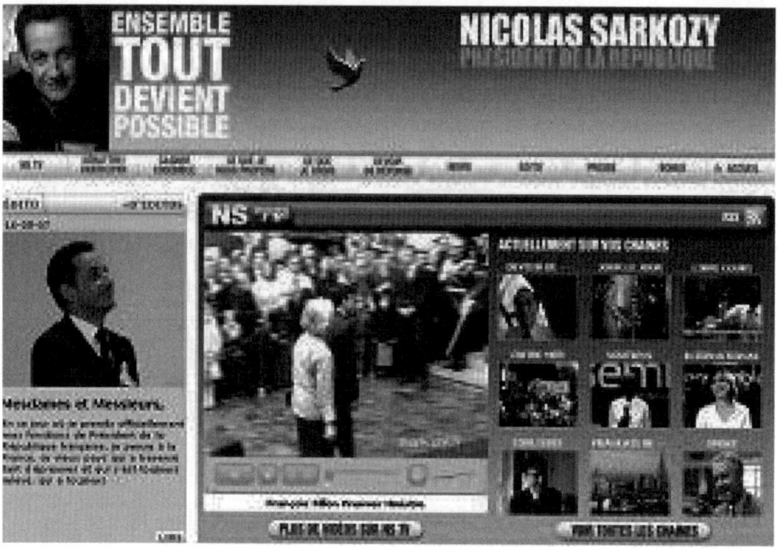


* 출처: http://www.sarkozy.fr

초기 사르코지의 선거운동의 특징은 '사르코지'라는 개인, 즉 브랜드 이미지(brand image) 홍보에 모든 초점을 맞추었다. 사르코지 선거운동의 목적은 최대한 많은 네티즌들의 마음을 사로잡는 것이었기 때문에 선거 공약도 다국어로 제공하였으며 사르코지는 자신의 웹페이지가 언론사이면서 기존 언론에 정보를 제공하는 통신사 역할도 한다고 자평하기도 하였다.

'사르코지 지지자'라는 새로운 사이트도 개설되었는데, 이 사이트는 유권자의 행동지침을 통해 전국의 사르코지 네트워크를 구축하는 것이 주요 목적이었다. 개설 직후 8만 3천 명이 가입했으며 네티즌의 지역별 지지 성향을 분석하기 위해 구글 맵(Google Map) 기능을 적극적으로 사용한 점도 눈에 띈다. 지리 정보와 연동된 이와 같은 전략은 지역별 선거운동 전략 수립에 매우 큰 기여를 하였다.

[그림 3-9] 사르코지의 세컨드 라이프 선거캠프

부동표를 잡기 위해서는 SMS를 적극적으로 사용하였다. SMS를 통해 '사르코지-바이루 대결 고통 2배', '당신의 한 표, 낭비하지 마세요', '바이루에게 투표하면 악몽' 등의 문자를 보내 지지를 호소하였다.

선거운동 기간에 가장 유명해진 것은 사르코지가 디스코를 추는 동영상 웹사이트(discosarko.com, 현재 운영하지 않음)이다. 이 사이트에 나오는 사르코지의 아바타에 마우스를 갖다 대고 누르면 우스꽝스런 개다리춤을 추기도 하고 마이클 잭슨의 문워크나 영화 「토요일 밤의 열기」에 나오는 존 트라볼타의 춤 같은 고난이도의 댄스를 선보인다. 전문가가 춤을 추는 동영상에 사르코지의 얼굴을 합성한 것이다. 딱딱한 정치인의 이미지를 벗고 서민들에게 가까이 다가가겠다는 전략이 핵심이다.

한편으로는 인터넷 상에서 사르코지 풍자 동영상으로서 루아얄이 서서 다가오는 사르코지를 헤딩으로 격파하는 수에 따라 점수가 올라가는 루아얄 대 사르코지 헤딩 게임이 유행하기도 하였다.

[그림 3-10] 사르코지의 춤추는 동영상

* 출처: http://www.discosarko.com

당선된 후에는 사르코지 대통령을 때려 맞추는 게임에 대한 논쟁이 일어나기도 했다. 프랑스에서는 아프리카 · 카리브 흑인들의 종교인 부두(voodoo) 의식을 본떠 사르코지 대통령의 몸을 바늘로 찌르는 '저주 인형'이 만들어졌는데 이에 대해 사르코지 대통령은 인형 판매금지 소송을 냈고, 법원은 "'이 인형을 이용하는 것은 대통령을 모독하는 것이 될 수 있다'는 경고문을 부착한 뒤 판매하라"고 판결하는 다소 희극적인 상황이 발생하기도 하였다. 어쨌든 정보사회에서의 시민은 이제 정치를 '정치적'으로 수용하는 것보다는 '정치를 문화적으로 수용하는 것'에 보다 익숙해 있다. 그런 점에서 사르코지의 이와 같은 문화적 접근은 매우 바람직하다고 평가할 수 있다.

사르코지는 자신의 블로그에 사진과 뉴스 등을 수록하여 일거수일투족을 국민에게 전달하고 있다. 한편으로는 대통령선거 기간에도 '대통령이 되려면 블로거를 잡아야 한다'며 정책 블로그를 개설하여 큰 호응을 얻기도 하였다(최근 들어 사르코지의 블로그 포스트[글]에 대한 응답은 5천 회를 상회하고 있다). 블로그의 정치적 효과는 다른 미디어에 비해 공약이나 비전을 훨씬 더 충실히 알 수 있다는 것이다. 즉, 방문자들이 올린 글이나 동영상 등의 콘텐츠 역시 정치인의 생각을 아는 데 도움이 된다. 2009년 12월 현재 19만 3천 명을 친구로 한 사르코지의 페이스북은 또 다른 커뮤니케이션 채널이다. 페이스북의 이 계정에서는 2009년 11월, 20년 전 베를린 장벽 붕괴 당시에 현장에서의 소회를 자세히 글로 올려 유명해지기도 하였다.

참고로 화제의 주인공 영부인 브루니(Bruni)는 단문 서비스인 트위터를 애용하고 있는 것으로 알려져 있다. 모델이자 가수였던 브루니는 2009년 10월 5일에 자신의 웹사이트(carlabrunisarkozy.org)를 개설했는데, 개설 당일 접속자가 너무 많아 사이트가 잠시 다운되기도 했다. 브루니는 이 사이트를 통해 자선 활동을 알리고, 니콜라 사르코지 대통령과의 엘리제궁 생활도 소개한다.

② **세골렌 루아얄(사회당**, PS)

비록 당선에 실패하긴 했지만 인터넷은 당선자 사르코지를 위협하는 가장 강력한 대항마 루아얄(Ségolène Royal)을 만들어냈다. 루아얄은 인터넷을 통해 창의적이고 대중적인 이미지를 전파하는 데 성공한 것이다. 루아얄은 당내 경선 9개월 전에 '미래의 희망'(desirsdavenir.org)이라는 사이트를 열고 젊은이들의 지지를 결집시켰다. 수천 건의 의견을 정리하여 7백 페이지에 달하는 '희망의 메모장'을 출판하기도 하였다. 이 사이트의 메인 화면에는 소셜 네트워크 서비스인 페이스북이 링크되어 있었다.

루아얄은 당내 경쟁자인 파비우스와 스트라우스 칸이 지지 세력을 결집하는 데 몇 년이 걸린 것에 비해 단 몇 개월 만에 인터넷을 통해 지지자 결집에 성공했다. 1년 만에 사이트 가입자는 15만 명으로 늘어났으며 어떤 동영상의 경우엔 조회수가 백만 명을 넘기도 하였다. 루아얄은 한걸음 더 나아가 P2P까지 적절히 활용하였다. 루아얄은 처음부터 개인 사이트 형식보다는 동맹 사이트 형식을 선호하였으며 마침내 2006년 11월 17일에 경선에서 승리하면서 참여민주주의의 기반을 강조하였다.

그 외에 텔레마케팅 방법이나 오프라인 지원이라고 할 수 있는 투표 당일 유권자 자택 방문, 투표소까지 유권자 동행 전략도 눈에 띈다. 대통령 선거의 1차 투표 승리 후 낙선한 루야알과 인터넷 뉴스 전문 채널 BFM TV에서 TV 토론이 시행되었다. 1차 투표 후인 2007년 5월 1일에는 68혁명의 발원지인 샤를레티 경기장에서 대규모 오프라인 집회가 열려 6만 명이 결집하기도 하였다. 이 모두가 인터넷에서의 루아얄의 인기를 보여주는 사건들이다.

③ **장 마리 르펭(국민전선,** Front National)

유럽 극우 세력의 최고봉인 르펭(Jean-Marie Le Pen)의 국민전선은 프랑스에서 인터넷을 가장 먼저 활용한 정당으로 유명하다. 불법 이민자 즉각 추방, 사형제 부활, 유로 통용 중단 등 극우 보수를 표방하는 르펭은 세컨드 라이프 내 캠프가 출마 반대 폭력시위로 아수라장이 되는 사건을 겪기도 했다.

④ **프랑수아 바이루(민주동맹당,** UDF)

민주동맹당의 바이루(François Bayrou)는 기득권층에 반대하는 주장을 펼쳐 네티즌에게 호소력을 얻으며, 인터넷 전략을 가장 잘 활용한 것으로 평가되고 있다. 블로그에 실린 자신의 글을 검색하는 유일한 후보로 알려져 있으며 직접 답변 메일을 작성한다.

바이루는 소박한 이미지를 바탕으로 주변 이야기를 소탈하게 전달한다. 또한 짧은 동영상을 통해 정당 정책을 소개하거나 입장을 표명한다. 바이루가 속한 민주동맹당은 네트워크에 연결되어 있는 사이트, 블로그 등에 논제를 던져 토론하는 전략을 구사한다. 인터넷상에 토론이 열리는 곳이라면 어디라도 가서 토론해야 한다는 것이다. 대통령선거 과정에서는 바이루 후보가 승리한다는 노래가 인터넷에 유포되어 매우 큰 영향을 미치기도 하였다. 오프라인 여론조사 결과와는 전혀 다르게 인터넷에서의 지지도가 42%로서 1위인 것도 재미있는 현상이다(루아얄은 22% 다음은 사르코지, 르펭 순). 바이루는 대통령선거 1차 투표에서 7백만 명이 지지하여 3위 기록하였는데, 이는 인터넷 효과로 평가된다.

하나의 해프닝은 유력 방송인인 앙리 뒤아멜이 2006년 11월에 파리국립정치대학교에서 바이루 지지를 선언한 동영상이 뒤아멜의 허락 없이 정치평론가 비렌봄의 블로그에 올라 큰 파문을 일으킨 것이다. 조회수 20만 회를 기록한 이 동영상은 프랑스를 대표하는 언론인의 특정 후보 지지 발언이 유례가 없었던 일이었기 때문에 큰 화제를 불러일으켰다. 결국 뒤아멜에게 방송 출연 금지조치가 내려지고, 이 사건을 계기로 네티즌과 거대 언론 사이에 편집권과 매체 경쟁에 관한 갈등이 표면화되었다.

#### (2) 유럽헌법 비준 국민투표(2005년)

2005년의 유럽헌법 비준 국민투표 결과는 반대 54.67%로 나타나 부결되었으며, 이는 당시 프랑스에서는 매우 충격적인 사건으로 받아들여졌다. 시장 중심의 유럽 헌법에 반대한다는 국민 의견이 반영된 것이라고 하지만 그 이면엔 사이버 논객 에티엔 슈와르(교사)의 활약이 있다.

슈와르는 유럽헌법의 부당함에 대해 매우 설득력 있는 글을 자신의 블로그에 포스팅하여 국민 스타로 부상하였다. 그의 블로그는 원래 컴퓨터와 패러글라이딩에 대한 블로그였지만 이후 정치 블로그로 변화하였다.

네티즌의 관심이 폭발적으로 증가하자 블로그에서 관련 게시물을 이메일로 전달하는 것으로 방식을 변화하기도 하였다. 또한 이 사건은 프랑스 사회에서 인터넷을 활용한 정치 활동에 관심을 불러일으킨 사건으로 평가된다.

### (3) 시민운동과 블로거

2005년 유럽헌법 비준 부결 후에 프랑스에는 인터넷 기반의 시민운동 단체가 다수 생성되었다. 이들의 특징은 단 한 가지 사안을 집중적 · 일시적으로 다루기보다는 신자유주의 시대에 위협받고 있는 모든 영역들에 대한 총체적인 시민들의 대응을 끊임없이 제시한다는 점이다.

환경 분야의 이슈가 가장 광범위한 영역을 점유하고 있지만, 동시에 문화, 실업, 인종 차별, 여성, 주거권, 에너지 등 다양한 이슈들이 소위 유행하는 운동의 이슈들에 의해 잊혀지거나 묻히지 않고, 동시에 같은 사이트에서 다뤄진다. 한편, 블로거들은 시민 권력으로 자처하면서 스스로를 '제5의 권력'으로 규정하였다. 기자들 대신에 네티즌만으로 패널을 구성한 TF 1의 TV 토론 프로그램도 방영되고 있다.

또 하나 재미있는 사건은 사전투표 결과 발표를 둘러싼 갈등이었다. 2007년 네티즌들은 합법적인 출구조사 결과 발표 시간인 오후 8시 전에 결과를 발표하겠다고 선언하였다. 이에 대해 정부는 선거법을 위반할 때는 즉시 구속하겠다고 엄포하였다(프랑스에서는 1년 동안 TV에서 매일 서너 번씩 후보 지지율을 발표하기도 하였다).

그러자 네티즌들은 프랑스에서 치외법권 지역인 파리 주재 벨기에 대사관을 방문하여 결과를 발표하려고 시도하였다. 불행히도 인터넷 접속이 폭주하면서 블로그가 사라졌고, 결과 발표는 실패했지만 대사관 내에서 벨기에 TV의 중계방송에 출연하여 정황을 설명하기도 하였다.

[표 3-14] 프랑스의 정치 분야 파워 블로거

| 블로그명 | 운영자 및 프로필 | 특징 |
|---|---|---|
| Politic Show | 니콜라 부와쟁(28세, 몽트레이 시장 보좌관) | 대통령선거 후보 인터뷰를 올려 주목받음 |
| Domaine D'Extension De La Lutte | 기 비렌봄(정치평론가) | 인터넷 저격수<br>날카로운 분석과 논리 때문에 블로그 조회수 최고를 기록 |
| Le Peuple des connecteurs | 티에리 크루제(작가) | 선구적 시민 네티즌으로 평가받음<br>『제5의 권력』이라는 책 발간 |
| carignano.20minutes-blogs.fr | 크리스토퍼 카리나노 (Christophe Carignano) | 정치전문기자 |
| blogs.rtl.fr/aphatie | 아파티 (Jean-Michel Aphatie) | 정치전문기자 |
| www.mozinor.com | Mozinor | TV 토론 패러디 UCC 등으로 유명해짐 |
| 파쥬 2007 | 악셀 카르타카르 | |
| www.versac.net | 니콜라 반브레미슈 | |

### 5) 우리나라의 온라인 선거운동

우리나라에서는 1963년 대통령선거법부터 매스미디어 사용이 가능했는데 당시에는 주로 신문에 정치 광고를 해오다가 1987년 민주화 이후 처음 치러진 제13대 대통령선거부터 여론조사, 선거 전략, 직업적인 정치 광고의 역할이 중요해졌다. 1992년 대통령선거에서는 TV 정치 광고가 허용되었으며 1997년 대통령선거에서는 TV 토론을 처음 채택하여 현재까지 실시해오고 있고,[79] 2004년 선거법 개정을 통해서는 미디어를 통한 선거운동이 공식 제도로 확립되었다. 이 외에 1930년대부터 실시된 신문

79 이전에 1995년 6 · 27 지방선거에서 TV 토론이 처음 등장하긴 했지만 이때에는 본격화되었다고 보기 어렵다.

의 여론조사나 1970년대의 매스미디어 여론조사 등도 매스미디어 선거운동의 한 형태로 볼 수 있다.

### (1) 2000년의 홈페이지 선거운동

2000년 제16대 총선에서는 우리 사회의 전반적인 정보화 발전과 인터넷 보급으로 홈페이지 활동이 보편화되었다.[80] 이 시기에는 크게 두 가지 현상이 특징적으로 나타났는데, 하나는 '총선시민연대'를 비롯한 시민단체와 이익단체의 선거운동이 본격화된 것이고, 다른 하나는 모든 주요 정당과 전체 후보자의 절반 이상이 홈페이지를 개설하여 인터넷을 활용하는 선거운동이 본격적으로 시작되었다는 것이다.

먼저 '총선시민연대'(ngokorea.org)는 유권자 참여운동의 전반적인 수행을 인터넷을 통해 저렴한 비용으로 신속하게 그리고 포괄적으로 달성했다는 점에서 많은 주목을 받았다. 홈페이지에는 후보자의 도덕성과 능력을 검증할 수 있는 자료가 제시되었고 특히 병역 · 전과 · 납세 등 문제가 될 수 있는 신상정보를 상세하게 전달하여 유권자들의 의사결정에 도움을 주었다. 특히 신속한 정보 전달 기능을 수행하기 위해 시시각각 업데이트되는 인터넷신문 형식의 홈페이지를 구성한 것도 당시에는 매우 색다른 시도로 평가되었다.[81]

제16대 총선을 특징짓는 낙천낙선운동은 인터넷이 없었다면 그만한 파장을 불러일으킬 수 없었다. 특히 홈페이지 게시판을 통한 활동가들의 집합과 의견 수렴 및 참여의 조직화를 수행했다. 총선시민연대가 발표한

---

**80** 조정관(2004: 28~29), 정연정(2002), 윤성이(2003) 참조.

**81** 2000년 6월에 실시된 일본 총선에서는 의원 낙선운동 사이트가 개설되어 부패 스캔들 연루, 공약 불이행, 의회 활동이 저조하기 때문에 재선되지 말아야 한다는 의원의 리스트가 게시되었다.

86명의 낙선 대상자 가운데 57명이 낙선하였는데 한편에서는 정치적 관점에서 첫째, 부정부패 정치인에 대한 퇴출이 제도화된 정치체제의 변화로 이어지지 못했고, 둘째, 정치에 대한 불신과 냉소라는 부정적인 인식을 극복시키지 못했으며, 셋째, 시민으로서의 능동적 정치참여를 이끌어 내지 못함으로써 여전히 수동적인 투표 행위자로서의 유권자를 대상으로 할 수밖에 없었으며, 넷째로 낙천낙선운동의 정치적 대안이 부재했다는 한계를 지적하기도 하였다.[82]

(2) 2002년의 게시판과 UCC 선거운동

또한 2002년 지방선거에서는 부분적이나마 게시판과 토론방을 통한 네티즌의 상호작용이 이루어졌다. 노무현 후보의 홈페이지(knowhow.or.kr)의 게시판[83]은 공식 선거 기간에서 투표일까지 하루 평균 방문자가 29만여 명에 이르고 투표일의 경우에는 86만 명의 최고 방문수를 기록하였다. 같은 기간 동안 게시물의 수도 하루 평균 7,556건, 투표일에는 최다인 32,697건을 기록하였으며, 조회수는 하루 최저 50만 회, 일일 평균 100만 회 이상, 투표 당일에는 560만 회를 기록하였다.

이러한 게시판의 폭발 현상은 서구의 웹사이트가 주로 선거캠프와 개별 유권자의 의사소통을 중심으로 디자인되고 캠프 쪽에서 제공하는 정보와 유권자 쪽에서 제시하는 자원봉사나 정치자금이라는 행동에 초점이 맞춰져 있는 것과는 달리 우리나라는 네티즌들의 게시판 선호 문화를 바탕으로 일정한 의견의 토로를 통한 카타르시스, 담론의 형성, 정체감과 유대의 확인 및 유권자 상호간의 정보제공을 통한 기존 신념의 강화와 재

82 이영제(2006: 267).
83 이하의 노무현 후보 홈페이지에 대한 상세 분석에 대해서는 조정관(2004: 39~40) 참조.

확인 과정이 인터넷 선거운동의 특징이라는 것을 보여준다.[84]

아울러 2002년 대통령선거에서는 '노무현 돌풍'이라는 특징이 나타나면서 온라인 공간에 노무현 관련 UCC와 콘텐츠가 풍부하게 유통되었으며 무엇보다 '노사모'라는 기존 정당에 버금가는 노무현 지지 모임의 결속이 두드러지게 나타났다.[85]

## 3. 정치인의 소셜 미디어 활용

이미 '미니홈피의 여왕'으로 평가되는 한나라당 박근혜 의원의 경우는 정치적으로 무거운 메시지보다는 사소한 생활상을 공개함으로써 수많은 일촌 네트워크를 형성한 바 있는데, 이제 많은 정치인들은 트위터를 통해 자신의 의정 활동을 실시간으로 보고하고, 개인의 일상적인 생활에 대한 모습도 공개하며, 전하고자 하는 정치적 메시지를 실시간으로 전달하는 수준에 이르고 있다. 2010년 2월 현재 트위터에 채널을 개설한 주요 정치인 현황은 [표 3-15]와 같다.

2010년 2월 현재 대략 27명의 국내 정치인이 트위터를 사용하고 있다. 개설 시기를 기준으로 우리나라에서 가장 먼저 트위터 계정을 개설한 정치인은 진보신당의 심상정으로서 2009년 3월이며, 대부분의 정치인들은 2009년 6월(11명)과 7월(8명)에 개설을 하였다. 팔로어(follower) 순위를 기준으로 가장 활동적으로 트위터를 활용하는 정치인은 진보신당의 노회찬 대표인데, 2010년 2월 현재 2만 명이 넘는 사람들과 네트워크를 구축하

**84** 조정관(2004: 39).

**85** 조정관(2004: 41~77), 고영만(2002) 참조.

[표 3-15] 국내 정치인의 트위터 개설 현황(총 27명)

| follower 순위 | 이름 | ID | 개설일 | following | follower |
|---|---|---|---|---|---|
| 1 | 노회찬 | hcroh | 2009. 7. 06 | 24,470 | 24,035 |
| 2 | 심상정 | sangjungsim | 2009. 3. 31 | 12,396 | 11,860 |
| 3 | 정동영 | coreacdy | 2009. 6. 17 | 7,055 | 6,851 |
| 4 | 최문순 | moonsoonc | 2009. 6. 17 | 89 | 2,488 |
| 5 | 송영길 | bulloger | 2009. 6. 11 | 2,109 | 2,270 |
| 6 | 나경원 | nakw | 2009. 7. 22 | 20 | 1,956 |
| 7 | 김형오 | hyongo | 2009. 6. 11 | 208 | 1,951 |
| 8 | 이지안 | leegian | 2009. | 976 | 1,873 |
| 9 | 조승수 | ssbuk | 2009. 7. 29 | 1,770 | 1,750 |
| 10 | 천정배 | jb_1000 | 2009. 6. 16 | 31 | 1,700 |
| 11 | 추미애 | choomiae | 2009. 7. 24 | 65 | 1,550 |
| 12 | 정세균 | Chungsyekyun | 2009. 9. 09 | 1,387 | 1,194 |
| 13 | 이재오 | JaeOhYi | 2009. 6. 19 | 274 | 1,146 |
| 14 | 이종걸 | leejongkul | 2009. 7. 01 | 684 | 1,125 |
| 15 | 원혜영 | wonhyeyoung | 2009. 8. 11 | 417 | 1,024 |
| 16 | 임종인 | imjongin | 2009. 6. 30 | 676 | 905 |
| 17 | 김유정 | KinYooJung | 2009. 7. 02 | 263 | 880 |
| 18 | 정두언 | doorun | 2009. 6. 23 | 346 | 651 |
| 19 | 진수희 | sheechin | 2009. 6. 18 | 279 | 555 |
| 20 | 김진표 | Jinpyokim | 2009. 9. 16 | 489 | 518 |
| 21 | 김효석 | hskimpro | 2009. 7. 28 | 298 | 442 |
| 22 | 서갑원 | suhgabwon | 2009. 6. 30 | 211 | 309 |
| 23 | 이미경 | lmk2014 | 2009. 8. 07 | 72 | 276 |
| 24 | 장제원 | Changjewon | 2009. 7. 20 | 254 | 240 |
| 25 | 강용석 | mapo_kys | 2009. 6. 29 | 22 | 205 |
| 26 | 강기정 | gijungkang | 2009. 9. 30 | 29 | 154 |
| 27 | 송영선 | sys741 | 2009. 8. 04 | 100 | 112 |

* 2010년 2월 6일 기준

* following: 자기가 친구로 지정한 경우

* follower: 다른 이용자들이 자기를 친구로 지정한 경우

* following이든 follower 중 어느 하나가 100명 이상일 경우 선택

[그림 3-11] 노회찬 대표의 트위터 네트워크

* 출처: http://apps.asterisq.com/mentionmap/#user-hcroh(검색일: 2010년 2월 7일)

며 정보를 전달하고 의견을 나누고 있다.

자주 트위터를 활용하지 않는 정치인의 경우에 자기가 친구(follow)를 지정하기보다는 일방적인 친구 요청자가 많은 것으로 나타난 것도 특징이다. 팔로어 수의 불균형은 트위터 이용 현황과 관계가 있다고 할 수 있는데, 그 수가 불균형하다는 것은 자주 사용하지 않는다는 것을 반증하는 지표이기도 하다.

해외의 경우는 이보다 훨씬 더 많은 정치인들이 활발하게 트위터를 활용하고 있는데 미국의 오바마 대통령, 프랑스의 사르코지 대통령과 그의 아내 브루니, 영국의 고든 브라운 총리와 그의 부인 새라 브라운,[86] 캐나다의 스티븐 하퍼 총리, 네덜란드의 막심 베르하겐 외무부 장관, 노르웨이의 옌스 스톨텐베르그 총리, 덴마크의 라르스 뢰케 라스무센 총리, 요르단 국왕의 아내인 라니아 왕비, 일본의 하토야마 총리[87]에 이르기까지 2009년을 기점으로 정치인의 트위터 활용이 눈에 띄게 늘고 있다. 특이한 것은 공식적인 일정을 올리는 정치인 남편보다 일상적인 생활을 지속적으로 올리는 퍼스트레이디들의 활용이 늘어나고 있다는 것인데, 트위터 친구 수만 보아도 고든 브라운 총리의 경우에 채 5천 명이 되지 않는 것에 비해 그의 부인 새라 브라운의 경우는 120만 명의 트위터 친구를 보유하고 있어 소셜 미디어의 활용에 있어 성실한 정보의 공유가 얼마나 중요한 것인가를 알 수 있기도 하다.

이제는 단순히 홈페이지나 블로그라는 단일의 창구가 아니라 종합적인 플랫폼의 활용이 정치적으로 매우 중요한 기능을 발휘하게 되었으며 소셜 미디어를 활용한 정치 정보의 공유가 온라인 공간에서의 신뢰와 소통의 촉진을 유발하고 관계를 공고히 할 수 있다는 점에서 미래 정치 변화의 큰 계기가 될 것으로 평가할 수 있다.

---

**86** 2009년 7월에 영국 정부는 공무원들에게 국민과 소통의 창구로 트위터를 적극적으로 활용하라는 지침을 통보하였다.

**87** 일본 정계에서 트위터가 처음으로 주목받은 것은 하토야마 총리가 매일 1건 이상의 트윗을 올리고 있다는 뉴스에서부터였다. 그러나 2010년 1월 15일 오자와 간사장의 불법 정치자금 수수 의혹과 관련한 사건이 터지면서부터는 여야 의원들이 일제히 트위터를 통한 정치 공방을 진행하면서 큰 화제를 불러일으켰다.

# 제3장 네트워크 정당의 구현 조건

## 1. 환경 변화에 따른 정당의 역할과 기능

인터넷을 통한 정치참여가 증대한다고 해서 대의민주주의의 기본 틀을 완전히 직접민주주의로 변화시킬 수 있다거나 완전히 새로운 방식과 형식의 민주주의가 도입되는 것은 아니다. 바로 그렇기 때문에 정치권력의 직접적 장악을 목표로 하는 가장 고도화된 기존의 정치조직인 정당의 역할과 기능 변화는 그 전략의 성쇠에 따라 권력의 향방과 대의제 민주주의의 미래에 영향을 미치는 매우 중요한 부분이라고 할 수 있다.[88]

제3부에서는 포스트카르텔 정당 시대에서 네트워크 정당으로 변해야

88 네트워크의 정치적 활용과 관련해서 그것이 정당정치에 미치는 영향에 대해서는 두 개의 논쟁적 가설이 제기되어왔다. 정당 약화설에 의하면, 네트워크는 시민의 정치참여에 따르는 장애물을 제거하고 의견 형성과 이익 표출의 기회를 획기적으로 강화시킨다. 이로써 시민들의 직접적인 의사결정이 촉진되는 반면 정당과 같은 중개 조직은 이익 대표 기능을 상실하게 된다. 반면 정당 강화설에 의하면 네트워크는 정당의 탈중개화 및 조직 내부의 취약한 소통을 극복하는 유용한 자원으로 활용된다. 즉 네트워크는 정치 동원, 의사 결정, 당내 커뮤니케이션 방식을 혁신함으로써 정당의 재활성화를 촉진한다.

만 하는 당위와 사실을 예시하였다. 투표율 하락, 당원 감소, 유권자 성향의 다양화, 시민의 기대감 퇴조라는 위기 환경 속에서 정당은 본래의 역할과 기능을 변화된 사회에 되살릴 수 있는 방향으로 적응해야만 한다.

제3장에서는 정당의 위기 극복 방안으로서 정당의 역할과 기능을 중심으로 발전 조건을 제시하며 아울러 정당의 가장 중요한 외부 활동으로서 선거운동 전략의 네트워크화가 가능할 수 있는 조건을 정리한다.

### 1) 정당 영역의 시대 변화의 특징

네트워크 사회 정당의 변화를 수단 · 방식 · 의제를 중심으로 정리하면 [표 3-16]과 같다.

[표 3-16] 시대 변화와 정당의 수단 · 방식 · 의제

| 구분 | 산업사회 | 정보사회 | 네트워크 사회 |
|---|---|---|---|
| 수단 | • 매스미디어 | • 인터넷 | • 네트워크 기술 |
| 방식 | • 위계적 집권화<br>• 선택적/주도적<br>• 선거 캠페인(대중적 동원)<br>• 물리적(지역) 기반<br>• 강한 유대<br>• 노동집약적 | • 위계적 집권화+수평적/자율적 네트워크<br>• 사적 행위의 사회화<br>• 개인주의화된 정치참여<br>• 협력적 커뮤니케이션<br>• 선거 캠페인<br>• 약한 유대 | • 수평적 네트워크<br>• 사실/감성적 메시지 전달<br>• 문화와 정치의 결합<br>• 소통적 커뮤니케이션<br>• 가상적 조직과의 병존<br>• 유동적/임시적 조직 |
| 의제 | • 대규모/동질적 의제<br>• 당파적 · 이데올로기적<br>• 물질적 가치 배분<br>• 상위 정치 | • 경성 이슈+연성 이슈<br>• 탈물질적 가치 | • 단일 이슈 정당<br>• 하위 정치<br>• 일상의 정치(연성 이슈) |

#### (1) 수단: 네트워크 소통과 정당모델의 재창조

정당의 역사는 커뮤니케이션의 역사라고 할 만큼 정치적 소통 구조는

정당과 사회간의 관계에 큰 영향을 미쳐왔으며,[89] 그 과정에서 정당은 정당-시민사회간의 커뮤니케이션 양식 변화에 조응하는 발전 경로를 보였다. 면대면(face-to-face) 접촉이 지배적이었던 시대에 정당은 간부 정당 형태로 발전하였다. 그리고 매스미디어라는 비인격적 소통 양식의 등장과 함께 대중 정당 형태로 변모하였다. 이후 매스미디어를 통한 시민사회와의 접촉의 활성화는 포괄 정당이나 선거 전문가 정당의 출현을 촉진하였다. 그리고 오늘날 정당은 네트워크의 급속한 발전에 적응하여 시민사회와의 전면화된 소통과 새로운 정당모델로의 발전 가능성을 보이고 있다.[90]

정당과 시민간의 괴리가 심화되고 있음에도 불구하고 현대사회에서 정당 없는 민주주의는 상상하기 어렵다. 정당은 시민사회의 이해와 요구를 국가에 중개하는 가장 고도화된 정치조직이기 때문이다. 근대 이래로 정당을 중심으로 한 각종 대의 장치들이 민주주의를 효율적으로 진작시켜왔기 때문에, 문제는 대의제의 부정과 전복이 아니라 그것에 적절한 긴장을 가하여 정치 발전을 도모할 수 있는 다양한 정치 모형을 촉진하는 것이다. 즉 정치 시장에서 대의제를 보완할 수 있는 제도와 담론들을 풍부화하여 민주주의를 질적으로 도약시켜야 하는 것이 중요한 정치적 과제라고 할 수 있다.

네트워크는 다양한 민주주의 모델을 경쟁적으로 논의하고 실천할 수 있는 정치의 장이다. 네트워크가 정치 과정의 매개 공간으로 등장한 이후 대안적 민주주의 모델에 관한 논쟁이 확산되어왔다. 흔히 전자민주주의라는 다소 모호한 언술로 확산되어온 이러한 논의는 결국 시민 참여와 정

**89** Sartori(1976).
**90** Farrel & Webb(2000), Gibson & Römmel(2001).

치 엘리트의 대의를 조화롭게 충족시키는 전략으로 귀결될 필요가 있다.

이 모든 필요성에도 불구하고 정당정치는 시민사회의 이해와 요구를 제도적으로 수용하는 데 실패하였으며 시민들이 조직화한 다양한 정치 공동체와 개인 미디어나 독립 미디어가 새로운 중개 조직으로 등장하는 현상이 벌어졌지만 장기적으로 대의제의 퇴조는 '공허한 목소리들'의 범람 속에서 오히려 참여의 효능감을 저해할 개연성을 가지고 있다.

네트워크는 개방과 연결에 의해 활성화되는 공간으로서 속성상 특정 집단의 항구적인 독점을 허용하지 않는다. 환언하면 어떠한 정치 집단도 독점적으로 자기 이해를 실현하거나 배타적 지위를 유지하기 어렵다. 문제는 네트워크를 참여와 대의의 통합기제로 발전시키는 정치 전략에 있다. 현대사회의 복잡성 증대로 거버넌스가 보편적 통치 원리로 제도화되고 있는 상황에서, 네트워크 거버넌스의 구현은 참여와 대의를 유기적으로 통합시킬 때만이 민주주의를 질적으로 도약시킬 수 있다.

#### (2) 방식: 참여와 대의의 통합 기제 마련

정당은 전통적으로 의제 설정, 이해 집약, 중개, 동원, 정치 엘리트 충원, 시민 교육의 기능을 수행해왔으며 극심한 정당 위기와 퇴조에도 불구하고 이러한 고유 기능은 정당의 존속을 뒷받침해왔다. 그렇지만 네트워크 환경에서는 이러한 기능을 수행하려는 대체 집단들이 용이하게 조직화되고 있기 때문에 정당의 독점적 지위가 보장되기는 어렵다. 네트워크 환경에서 정당이 본래의 기능을 독점적으로 수행할 여지는 축소되고 있으며 다양한 정치적 경쟁자 중 하나로서만의 위상을 가지게 된 것이다. 실제로 네트워크에 기반한 새로운 유형의 조직과 대안 미디어는 이미 정당의 기능을 위협적으로 잠식하고 있으며 따라서 정당은 권력의 독점이 아닌 시민과의 파트너십을 통한 기능 회복을 모색할 필요가 있다.

그것은 무엇보다도 네트워크의 속성이 개방적이고 분산적이라는 점에서 기인한다. 즉 네트워크상의 노드들은 물리적 제약 없이 형성되어 상호 연결을 꾀하고 교호한다. 이에 따라 네트워크는 대부분의 노드를 점유하고 있는 시민과 조직들의 이해와 요구를 지속적으로 분출시키도록 촉진한다. 따라서 정당에 의해 주도되어온 의제 설정, 이해 집약, 중개, 동원의 기능은 노드들간의 경쟁에 의해 분산될 수밖에 없다.

네트워크는 오히려 정당에 과부하(overload)를 안기고, 정당 스스로 시민으로부터 괴리되도록 촉진하였다. 그리고 이로 인한 정당 기능의 공백을 사이버액티비스트들과 대안적 매체 및 시민공동체들이 대체하였다. 이러한 현상은 정당이 네트워크 환경에 조응하여 새로운 방식으로 고유의 기능을 회복해야 한다는 것을 시사한다.

네트워크상의 모든 개인과 집단들은 풍부한 잠재력을 가진 노드이다. 정당 자신도 네트워크상의 일원으로서 현실 공간에서 누려온 기득권이 그대로 존속되기는 어렵다는 냉철한 판단을 해야 할 시점이다. 즉, 모든 개인 또는 집단이 네트워크로부터 동일한 수혜를 제공받지는 못한다. 그 수혜는 네트워크에 성공적으로 적응한 집단의 몫이고, 실패한 집단은 수혜에서 배제될 수밖에 없기 때문이다.

**[표 3-17] 산업화 시대와 네트워크 시대의 정당 특징 비교**

| 구분 | 산업화 시대 | 네트워크 시대 |
|---|---|---|
| 정치의 근본 목표 | 사회 개혁의 추구 또는 반대 | 정부에 대한 통제를 통하여 다수의 의견을 충족시킴 |
| 선거 경쟁 패턴 | 멤버십의 대중적 동원 | 최선의 결과를 얻기 위하여 선거 캠페인 자원 중앙 집중화 |
| 정당 활동과 캠페인의 성격 | 노동집약적 | 선택과 집중, 기술 집약적 |
| 당원과 엘리트와의 관계 | 버텀업 및 과두제의 발전 | 멤버십이 보유해온 정당 주도권을 리더십에 양도 |
| 정당 멤버십의 특징 | 대규모, 동질적 | 규모와 충성심 쇠퇴 |

따라서 더욱 많은 권한을 보유한 노드, 나아가 허브로 발전하기 위해서는 치열한 자기 혁신과 그에 합당한 거래 비용을 지불해야 한다. 정당의 경우에 시민과의 파트너십을 통해 의제 설정, 이해 집약, 중개, 동원의 기능을 공유할 필요가 있다. 그렇지 않다면 네트워크 환경에 의해 확장된 소통의 채널을 가지게 되었음에도 불구하고 정당이 시민들과 괴리되는 현상은 더욱 심화될 수밖에 없을 것이다.

서구 정당의 네트워크 전략의 실행 사례에 대한 연구들은 새로운 유형의 정당모델이 등장하고 있음을 보여준다. 서구 정당들의 사례를 분석한 스미스(Smith, 1998)와 룀멜(Römmel, 2003)은 정당이 네트워크 활용을 통해 당원 중심에서 시민 중심의 정당으로 재조직화하고 있음을 실증하였다.

스미스는 네트워크의 역할이 대규모의 멤버십을 대체하는 이러한 유형의 정당을 'ICT/Leadership 정당'으로 명명하고 있다. 종전의 산업화 시대의 정당과 비교해서 ICT/Leadership 정당은 중앙 집중화된 선거 캠페인, 기술 집약적인 정당 활동, 정당 리더십의 강화와 멤버십의 약화라는 특징을 드러내고 있다. 이러한 정당모델은 네트워크를 전략적으로 활용하여 시민과의 소통을 확대함으로써 정당 본연의 기능을 회복할 수 있는 단초를 제공해주고 있다.

풋과 스나이더는 보다 구체적으로 정당이 네 측면의 네트워크 전략을 통해 새로운 정당모델로 재창조될 수 있다고 강조한다.[91] 첫째, 정보제공(informing)으로서, 이는 종래의 선거 캠페인 관행의 연장선상에 있는 가장 기본적인 방식이다. 즉 정당과 정치인이 정책 · 공약 · 경력 등 자신에 대한 풍부한 정보를 탑다운 방식으로 제공하는 것이 주된 목표이다.

둘째, 관여(involving)로서 시민이 정치인과의 의사소통에 적극적으로

---

**91** Foot, Schneider(2006).

참여하도록 촉진하는 것이다. 이를 위해서 웹사이트는 토론 게시판과 채팅룸 등 실시간 소통 채널을 구축한다.

셋째, 연계(connecting)로서 웹사이트의 링크와 동호회 등을 통해서 방문자와 목표 집단(target group)의 연결을 촉진하는 것이 주된 목표이다. 관여와 연계는 반드시 동시에 추진될 필요는 없지만, 양자의 결합은 정당과 유권자간 집합적 정체성을 형성시키는 시너지효과를 낳을 수 있다.

넷째, 동원(mobilizing)으로서, 이는 관여와 연계에 토대한 가장 상위의 네트워크 전략이다. 동원의 주된 목표는 방문자 스스로 다른 사람의 참여를 증가시킬 수 있는 활동을 독려하는 것이다.

이러한 네 측면의 네트워크 전략이 실현될 때, 정당은 시민과의 파트너십을 통해 의제 설정, 이해 집약, 중개, 동원의 기능을 회복할 수 있으며, 새로운 모델로 전환될 수 있을 것이다.

또한 참고적으로 네트워크 사회에서의 권력 개념의 변화도 유념할 필요가 있다. 즉, 네트워크 시대의 권력은 산업사회와는 전혀 다른 특성을 보인다. 정부 중심의 통치가 더 이상 허용되지 않으며 시민과 함께하는 협치를 추구한다. 권력의 구조도 위계적 양상에서 혼계로 바뀌고, 권력 실현 방식도 강요/복종이 아닌 설득/순응으로 변화한다. 권력의 속성도 경성 정치권력보다 연성 문화 권력이 중요시된다.

현대 정치 사회의 중요 행위자인 정부 · 정당 · 시민사회는 정보사회의 도래와 함께 급격히 변화하거나 변화할 수밖에 없는 상황에 직면해 있다. 구조 측면에서는 정치사회 환경 자체나 기술 활용 수준이 높아졌기 때문이고, 다른 한편 행위자 측면에서는 적어도 시민사회의 변화는 이미 많은 사례에서 가시적으로 나타나고 있기 때문이다.

[그림 3-12] 네트워크 시대 권력의 특성

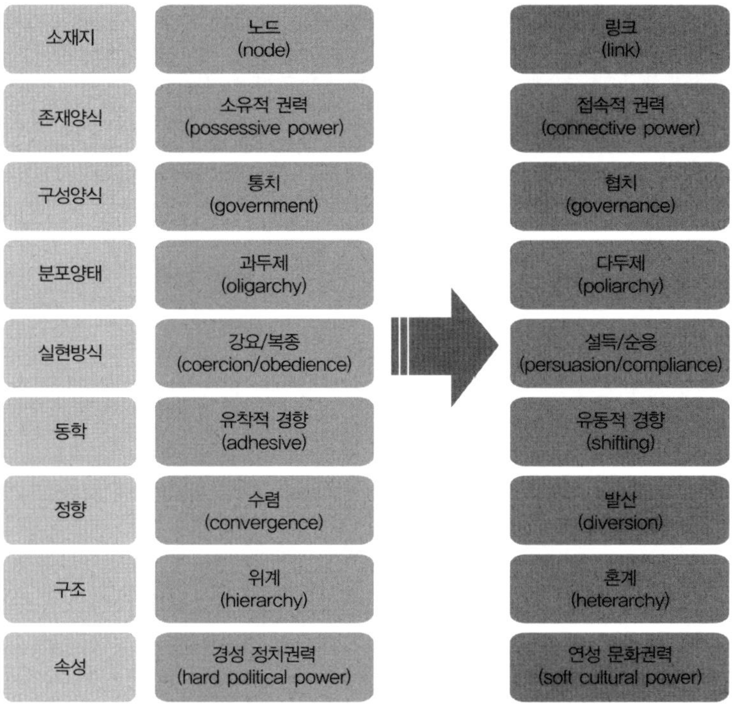


(3) 의제: 당파적 의제에서 일상의 정치 의제로

다음은 의제의 설정 과정과 의제의 내용 변화 등 정당 자체보다는 정당을 둘러싼 의제의 변화를 논의한 것이다. 이제까지의 정당의 의제가 주로 당파적 의제 중심이었다면 점차적으로 확대되는 개인의 의제 주도력에 의해 즉자적이고 감성적인 의제의 확대가 이루어질 것이고 정당은 그 가운데 개인의 의제를 매개하는 기능을 강화해야 한다는 것이다.

**① 개인의 의제 주도성 확대**

네트워크 사회의 정당은 과거의 정당과 세 가지의 차이를 보인다. 첫째, 정보화의 도래 이후 나타나는 큰 변화는 정치 과정에서 개인의 정치적 정보 역량의 증대이다. 정보화 시대에는 인터넷이라는 거대한 네트워크 속에 누구나 쉽게 다가서고 또 의견을 피력할 수 있게 되면서 사회적으로 중요한 의제를 형성하고 확산시키는 데 개인의 영향력이 크게 증대되었다. 즉, 정보 획득, 해석, 확산 및 소통, 그리고 정치적 결집이라는 측면에서 시민 개인이 행할 수 있는 기능과 역할은 크게 늘어났다. 특히 이러한 특성은 디지털 네트워크와 함께 더욱 강화되고 있다. 예컨대, 유비쿼터스 시대에는 정치적 정보 획득을 위해 유선망에 접속해야 할 필요성이 없어진 만큼 언제 어디서나 자유롭게 정보를 주고받고 확산시킬 수 있게 된 것이다.

디지털비디오 · 디지털카메라 · 무선전화기 · 인터넷 등이 서로 손쉽게 연계되면서, 무선전화기를 통한 문자 주고받기(text-messaging)에 의존했던 과거의 똑똑한 참여 군중(smart mob)에서 진일보하여 '막강한 수준'의 정보 역량을 지니게 된 것이다. 요컨대, 정치 과정상에서 각 개인의 역량 강화가 나타나고 있으며 그만큼 전통적인 정치 과정에서 매개체의 역할을 해온 정당, 그리고 궁극적으로 의회의 개입의 필요성은 줄어들고 있다.

정치참여의 단위의 측면에서 볼 때, 계급 등 특정한 집단적 정체성에 기반한 조직을 단위로 이뤄졌던 정치 과정은 이제 '개인'이 주도하는 형태로 변화하고 있다. 이처럼 집단적 정체성이 약화되는 상황에서 정당은 어떻게 개별적으로 존재하는 '시민 개인'들을 조직하고 지지를 이끌어낼 것인지 하는 새로운 도전에 직면해 있다.

**② 즉자적 · 감성적 의제의 등장**

둘째, 과거 근대사회에서 정치적 결집의 목적은 '물질적 가치'의 배분에 대한 것이었다. 좌우로 대표되는 계급 정치가 추구하는 것은 평등한 물질적 가치의 배분 혹은 경쟁을 기반으로 한 시장질서의 유지와 변화간의 갈등이었다. 이와 함께 러시아혁명의 성공 이후 좌우의 물질적 가치의 배분은 자본주의와 사회주의라고 하는 체제간의 대립으로 비화되었으며, 거기서 파생된 다양한 경성 이슈(hard issues), 혹은 상위 정치(high politics)가 정치적인 경쟁 속에서 제기되는 중요한 화두였다. 냉전시대를 예로 든다면, 국제 질서, 국방이나 안보, 국가보안법 등과 같은 '무겁고 심각한' 이슈가 주요 정당들이 추구하는 정치적 가치의 차별화를 이끌었다.

그러나 정보화 시대에 정치 과정에 참여하게 하는 요인은 물질적 가치나 경성 이슈에 국한되어 있지 않다. 오히려 이보다는 실생활과 관련된 복지 · 보건 · 환경 · 교육 · 문화 등 하위 정치의 중요성이 상대적으로 커졌다. 탈냉전 · 탈이념 · 민주화 공간 속에서 내가 쉽게 실감할 수 없는 '상위 정치' 영역보다는 내 생활 주변에서 흔히 접하는 다양하고 일상적인, 그리고 '가볍고 재미있는' 문제로 관심이 확대된 것이다.[92]

인터넷의 개발과 뒤이은 이메일의 등장으로 인해 우편을 통한 서한의 활용이 점차 사라져가고 있는 것처럼, 네트워크 환경은 그에 부응하는 새로운 형태의 생활양식을 만들어낼 것이다. 특히 최근의 추세처럼 개인의 휴대전화를 중심으로 네트워크화가 가속화될 경우, 의사소통은 장문의 내용을 담기보다 핵심적 메시지를 중심으로 하는 단문적인 형태가 되기 쉽다. 이런 상황이라면 정치적 의사소통의 형태 역시 정치적 담론의 교환이나 깊이 있는 논쟁보다는, 사실이나 결과에 대한 전달, 그리고 보다 강한 자극을 주는 감성적인 메시지를 주고받는 형태가 될 수도 있다. 또한 지극히 일상적인 사안이 정치적으로 매우 의미 있는 사건으로 간주될 수

**92** 강원택(2007a : 60~64).

도 있는 것이다.

이와 같은 형태로 네트워크 환경에서는 사회적 의사 형성의 과정에 변화가 생겨날 것이다. 이는 또다시 여론 결집의 주체인 대의제의 기구들, 의회나 정당의 여론 수렴 방식이나 대응에도 영향을 미치게 될 것이다. 즉 '사소해 보이는' 각종 생활 이슈에 대해 정당이 어떻게 일일이 대응해낼 수 있을 것인지 정보화의 진전은 정당의 반응성(responsiveness)에 대한 심각한 도전을 제기하고 있다.

③ **사적 의제의 매개 기능 강화의 필요성**

셋째, 정보화의 진전이 공적 영역과 사적 이슈간의 갈등을 가속화시킬 수 있으며 이러한 갈등 속에서 정당 등 매개체의 중개 역할이 마땅치 않아 보인다는 점이다. 과거에 사회적으로 공론화되는 이슈는 정당이나 언론, 이익 집단 등 정치 과정상의 매개 집단이 '선택하고 주도하는' 것이었다. 그러나 인터넷 등장 이후에는 이러한 중간 매개 집단의 도움 없이 개인이 사회적으로 중요한 의제를 설정해낼 수 있는 역량을 갖게 되었다. 문제는 이러한 사회적 의제 설정이 '개인의 의도와 무관하게' 이뤄질 수 있다는 것이다.

인터넷이라는 거대한 네트워크를 통한 연계가 개인적 관심사가 사회적으로 커다란 중요성을 갖는 이슈로 변화될 수 있는 가능성을 높여 놓았기 때문이다. 즉 친구나 지인에게 보낸 개인적인 메일이나 혹은 사적인 공간으로 운영해온 블로그나 홈페이지에 올려둔 자신의 글, 혹은 다른 사람의 글을 읽고 올려놓은 댓글 등이 인터넷 공간 내에서 많은 사람들의 주목을 받아 확산되어가게 되면 애당초 사회적 의미를 인식하지 않은 채 행한 '사적 행위'가 사회적 의미를 획득하게 되는 것이다.

그런데 이러한 과정에서 공공성을 강조하며 이를 제약하거나 개입하려는 국가와 행위의 사적 속성을 주장하며 이에 맞서는 시민사회간의 갈등이 생겨날 수 있다. 다시 말해 사적인 행위와 개인의 자유를 강조하는 시민과 그 행위의 공공성, 혹은 결과의 공적인 속성(혹은 그 가능성)을 중시하는 국가간에 대립되는 입장의 차이가 생겨날 수 있다. 그런데 이러한 갈등은 국가와 시민사회 혹은 국가와 시민 개인간의 직접적 대립 속에 발생하는 것이며 그 사이에 갈등 해소의 주체로서 의회나 정당이 개입할 여지는 매우 줄어든다. 정치 과정상의 주요 행위자로서 이들 기구의 위상은 그만큼 취약해지는 것이다.

그러나 사회가 완전한 포퓰리즘이나 직접민주주의의 구현으로 진행되는 것이 아니라면 그리고 대의제민주주의의 기능을 강화하는 것이 필연적일 수밖에 없는 현실에서 정당의 네트워크 사회에 적합한 생존은 매우 중대한 정치적 과제라고 할 수 있다.[93] 따라서 사회적 접점을 보다 많이 확보하여 정당의 존재 기반을 다져나가는 것이 매우 중요한데, [그림 3-13]과 같이 시민의 요구를 수용하면서도 정당의 형태를 유지시킬 수 있는 온라인 접점을 소셜 미디어를 통해 확보하는 방안이 하나의 대안일 수 있다.

즉, 미래 사회에서 이슈가 다변화되고 개인이 아무리 파편화되더라도 사회의 양적 규모와 이제까지의 정치사회적 경로를 고려한다면, 정당의 매개 기능은 포기될 수 없는 것이기 때문에 정당은 시민사회로 좀 더 적극적으로 뛰어들어야 한다. 모든 채널을 동원하여 시민의 요구를 수렴하고 공적인 사회 의제를 창출하여 신뢰를 회복해야 한다.

---

93 그럼에도 불구하고, 미국 *Foreign Policy*(2006년 9 · 10월호)는 2004년에, OECD 미래 예측 보고서는 2020년에 '정당이 사라질 것'이라고 전망하였으며 UN 미래 보고서(2008년) 또한 2018년에는 국회나 정당이 무력화되고 국회의원은 영향력이 거의 없는 사회봉사자 역할을 하게 될 것이라고 전망하였다(한국정보화진흥원 2009. 10. 20: 22).

[그림 3-13] 네트워크형 정당 조직으로의 변화

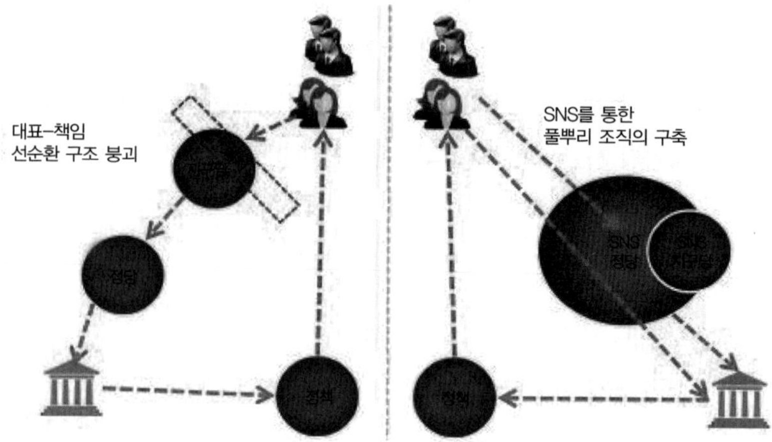


* 출처: 이성규(2009. 10. 29)

이런 의미에서 소셜 미디어 정당(Social Media Party), 단일 이슈 정당(Single Issue Party), 네트워크 정당(Network Party), 실시간 정당(Realtime Party) 등의 개념을 현실화하는 것이 미래 정당의 생존 전략이 될 수 있다.

### 2) 네트워크 정당의 구축 전략

네트워크 사회에서는 [표 3-18]과 같은 네 측면의 네트워크 전략이 실현될 때, 정당은 시민과의 파트너십을 통해 의제 설정, 이해 집약, 중개, 동원의 기능을 회복할 수 있으며, 새로운 모델로 전환될 수 있다. '건강한 정당정치의 복원'[94]을 위해서는 그동안 정당이 주도적으로 수행해온 고유의 기능들(의제 설정, 이해 집약, 중개, 동원, 정치 엘리트 충원, 시민 교육)을 환경 변화에 맞춰 재설정하고 적극적으로 적용할 필요가 있는 것이다. 또

94 강원택(2007a: 4).

한 네트워크 기반의 새로운 유형의 조직들과 미디어가 정당의 기능을 위협적으로 잠식할 수 있기 때문에 정당 독점이 아닌 시민과의 파트너십을 통한 정당 기능의 회복이 모색될 필요가 있다.

**[표 3-18] 네트워크 정당의 구성요소**

| 구분 | 내용 |
|---|---|
| **정보제공** | • 정당의 플랫폼 기능 강화<br>- 당내 민주화를 통해 당원과 중앙과의 소통적 정보 교환 |
| **관여<br>(중개, 이해 집약)** | • 소통 채널 구축<br>- 개인 맞춤형 정보제공<br>- 시민과의 소셜 네트워크 채널 확대를 통한 실시간 정책 정보제공 및 시민의 의견 수렴 및 정당 정책에의 반영 |
| **연계** | • 정치 동원, 의사 결정, 당내 커뮤니케이션 방식을 혁신하여 다양한 장치와의 연계<br>• 당원간 네트워크 강화<br>• 단일 의제를 중심으로 하위 집단(혹은 이슈 관련 집단)과 상시적으로 약한 연계 유지 |
| **동원** | • 네트워크 확대를 위한 인센티브 제공<br>• 관여의 확장을 위한 정당의 문화적 애플리케이션 강화 |

정당이 네트워크 시대의 민주주의 발전의 견인차로 자리매김하기 위한 정당모델의 재창조는 크게 네트워크 정당으로 모델링할 수 있다. 정당이 ICT를 활용한 방식으로는 정보 확산, 선거운동, 자원 확보와 충원, 네트워크와 조직 연계, 참여와 상호작용, 정당 경쟁 등으로 나타날 수 있는데,[95] [표 3-18]과 같은 네트워크 정당은 정당 본래의 기능과 풋과 쉬나이더가 지적한 정당의 핵심적인 네 가지 측면을 기준으로 네트워크 사회에 맞게 재구성한 것이다.

**95** 깁슨, 워드(2000: 108~109).

첫째, 네트워크 정당을 구축하면서 정보제공 능력을 확대하기 위해서는 정부와 마찬가지로 플랫폼 기능을 강화해야 한다. 즉 최대한 많은 사람들이 네트워크 정당을 활용하여 정치적 가치를 생산할 수 있어야 한다. 이를 위해서는 정당 외부로서 정당과 시민, 정당과 정부, 그리고 정당 내부 영역으로서 당내 플랫폼이라는 두 차원의 플랫폼이 모두 강화되어야 한다. 흔히 정당의 기능에는 매개와 정치적 대표성 확장만이 강조되는 경향이 있는데, 정당이라는 구조의 제약성이 지나치게 강한 우리나라 정당의 경우는 가장 중요한 구성원으로서 당원이나 지역당의 의견에 대한 내부적인 노력이 더욱 필요하다는 사실을 지나치게 간과하고 있다. 따라서 내부적인 결속과 외부적인 관계 형성이 매끄럽게 이어질 수 있는 플랫폼을 구성하는 것은 매우 중요한 과제이다.

둘째, 정당의 중개와 이해 집약을 통해 관여도를 향상시키기 위해서는 관계를 촉진할 수 있는 소통 채널을 구축해야 한다. 특히 정부 분야에서 정부 애플리케이션(Apps for Government)을 강조한 것처럼 정당을 위한 애플리케이션(Apps for Party, Campaign and Election)을 구축하는 것도 하나의 방안일 수 있다.[96] 당원끼리 소통할 수 있는 채널, 선거운동 과정에서 효

96 2009년 12월에 영국의 보수당은 1백만 파운드(한화 약 18억 6천만 원)의 온라인 플랫폼 공모를 시행하였다. 당선 기준은 1백만 파운드에 걸맞는 가치가 있어야 하며 시민들이 손쉽게 사용할 수 있어야 한다는 것이었다. 보수당은 이 플랫폼이 해결해야 할 문제로서 정부의 불필요한 지출을 확인하고 근절시키는 방법, 모든 사람이 쉽게 이해할 수 있는 신용카드 결제 방식을 디자인하는 것, 학교와 병원의 수준을 평가하고 등급을 매기는 법, 정부 정보를 투명하고 명료하게 만드는 방법 등을 예로 들었다. 시민의 집단지성을 수렴하는 것이 전문가 집단 의견의 수렴보다 훨씬 위대하다는 취지에서 시작한 이 공모에 대해 포퓰리즘적 행위로서 세금을 낭비한다는 비판도 제기되었지만 위키와 같은 집단지성의 수렴 방식을 활용하는 호주와 뉴질랜드의 사례처럼 시민에 다가가는 정부와 정당의 모습으로서는 매우 바람직한 사례라고 평가할 수 있다(주민영, 「시민의 지혜를 모아주세요… 영국 보수당 온라인 공모 개최」, 「블로터닷넷」, 2009년 12월 31일 참조). 한편 영국 보수당은 2006년 6월에도 이미 500만 런던 시민의 인기투표를 통해 차기 런던시장 후보를 선정하는 영국 정치사상 유례없는 실

과적으로 시민을 결집시킬 수 있는 채널, 선거를 위한 정당 보호 채널의 확보가 그 주요한 내용이다. 결국 이와 같은 채널의 동원은 플랫폼의 구축을 돕는다는 상보적인 효과로 나타나는데 매개하기 위한 대상의 의제를 파악한다는 것이 본질적인 목표라고 할 수 있다.

셋째, 연계의 활성화이다. 정치 행위자로서 단일 의제를 중심으로 관련 집단과의 약한 연계를 상시적으로 유지하는 정당의 모습이 그것이다. 국가의 중차대한 거대 이슈에 대한 한시적인 여론 몰이보다는 당의 정체성을 특화시키고, 사회 현안에 대한 정당의 전문성을 강화하기 위해 연계는 활성화될 수밖에 없으며 활성화되어야만 한다. 특히 홍보성 정보제공이나 자화자찬의 정책 활동 평가가 아닌 내실 있는 실적의 구축을 위해서는 사회의 이슈를 지속적으로 발굴하려는 정당의 노력이 절실하다고 평가할 수 있다.

마지막으로 동원은 정보제공, 관여, 연계의 활성화를 통해 자연스럽게 이루어질 수 있는 부분이지만 최근의 정치의 문화화라는 특징을 반영하여 정당에서 접근성을 소프트하게 구성한다는 의미에서 네트워크 정당의 구축 전략에 필수적인 부분이라고 할 수 있다.

## 2. 네트워크 선거운동의 조건

### 1) 커넥터와 교량형 자본의 활성화

오래전에 유권자는 정치인이 제공하는 정보만 보고 투표를 해야 했다.

---

험을 실시한 바 있다. 보수당 당원이 아니라도 런던에 사는 유권자라면 전화나 텍스트 메시지를 이용해 보수당의 런던시장 후보 지명전에 참가할 수 있는 이러한 방식은 당시로서는 상당히 새로운 정치적 시도로 평가된 바 있다.

그것이 진짜이건 아니건 간에 검증할 방법도 없고 이에 대한 유권자간의 활발한 정보 교류라는 것은 정말 먼 이야기였다. 그러나 선거가 축제가 되기 위해서는 많은 사람이 모여야 한다. 사람들이 점점 개인주의화되고, 절대로 변하지 않는 정치에 대해 질리면서 투표율은 떨어지고, 그래서 대의제의 위기까지 논의되고 있는 상황이지만 이제는 누구나 조금만 관심이 있으면 간단한 관심을 통해 모든 정보를 인터넷을 통해 얻을 수 있고, 조금 더 의욕을 부리면 다른 사람들에게 '이것 좀 보라'고 전해줄 수 있고, 더 나아가 '난 이렇게 생각한다'라고 외칠 수도 있다.

그래서 정치인과 정당은 부지런히 홈페이지는 기본이고 블로그, 가상캠프, 휴대폰 문자메시지, 동영상 UCC, 게임, P2P, 텔레마케팅, 이에 더하여 구글 맵까지 온갖 수단을 활용하여 유권자와 만나야 한다. 그러나 이러한 수단을 따로따로 구사하면 돈만 많이 들고 웬만한 의지와 능력만으로는 번거롭거니와 무엇보다 실패하기 쉽다고 생각할 수 있다.

문제는 얼마나 효율적으로 유권자들을 연결(네트워크)시키는가에 있다. 여러 서비스를 동시에 연계시키면서 '여러분에게 제시할 수 있는 정보는 이러 이러한 것들이 아주 많답니다' 하고 매일매일 정성껏 보여주어야 한다. 이 모든 서비스를 전혀 제공하지 않고 '우직한 인간성과 정치적 능력 하나로 승부를 걸겠다'라고 말해도 굳이 말릴 이유는 없다. 다만 안 하면 손해 그리고 위력은 굉장하다라는 것은 이미 프랑스와 미국의 사례에서도 알 수 있는 부분이다.

가장 본질적인 네트워크 사회의 성공 조건은 네트워크와 네트워크를 활발하게 이어주는 커넥터와 그것이 축적하는 교량형 자본의 활성화에 있다. 미국의 온라인 선거운동 과정에서 많은 후보들은 정보제공에 이어 정치자금 모금, 유권자와의 의견 교환 등의 진화된 선거운동 방식을 활용하였지만 이 과정에서 결속형 자본의 강화에 머물러 있을 뿐 교량형 자본까지 네트워크화하는 데에는 성공하지 못했다. 또한 네트워크 구조를 안정적으로 구축하기보다는 정치 정보를 제공하고 모금에 주력하는 온라인 선거운동의 (상대적으로 일방적이고 도구 중심적인) 경로 의존적 정치문화에서 벗어나지 못하고 있는 한계가 나타났다.

오바마는 2005년부터 전국 순회 유료 저자 사인회를 열면서 전자우편과 주소를 알려주는 이들에게서는 돈을 받지 않았으며, 이렇게 모은 전자우편으로 그의 온라인 선거운동의 토대를 마련하였다. 나아가 지지자들을 참여 의지에 따라 개인적 관심, 사회적 관심, 열성적 관심의 3단계로 구분하여 첫 번째 단계의 지지자들에게는 온라인상에서 간단한 정치 후원금 기부, 블로그 및 소셜 네트워크 사이트에서의 코멘트 및 친구 맺기, 이메일, 모바일 텍스트 메시지 구독 등의 활동을 이끌어냈고, 보다 관심의 정도와 범위가 높은 두 번째 단계의 지지자들에 대해서는 추가 후원금 기부, 블로그 포스팅, 후원 그룹 가입을 독려하였다.

마지막으로 가장 관심도가 높은 세 번째 그룹에 대해서는 다른 이들의 정치 후원금 독려, 오바마 후원 그룹 만들기, 오프라인에서 후원 행사 진행하기 등의 관여도가 높은 활동을 이끌어냈다. 그 결과 실제 기부자는 400만 명 정도였으며 모든 선거운동에의 관여자는 그 2~3배에 달했다고 한다.[97]

서키 교수는 성공적인 소셜 네트워크의 구성 조건으로서 단계별로 공유·협력·집단행동이 이루어져야 한다는 것을 지적하였는데, 오바마의 온라인 선거운동에서는 이러한 참여의 선순환 구조가 매우 역동적이고 연계적으로 이루어졌다는 특징이 나타나고 있다. 여기에서 중요한 것은 네트워크 사회에서의 선거운동 전략의 성공은 구조의 변화에 대한 이해

---

**97** 이중대(2008: 2~3).

와 구조를 구성하는 수많은 네트워크의 결속형 자본과 교량형 자본을 증대시키는 것에서 나타난다는 것이다.

그리고 공급자가 가지고 있는 정보와 콘텐츠를 다른 수요자들에게 적극적으로 전파할 수 있는 커넥터를 확보하여 무관심층이나 관심의 정도가 약한 층을 적극적으로 참여시킬 수 있는 소셜 네트워크를 활성화하는 것이 중요하다. 그 자원은 비단 첨단기술에 대한 양적인 활용의 확대를 의미하지 않으며 수단보다는 네트워크 구조를 환경으로 하여 개인에서 커뮤니티 그리고 소규모 네트워크에서 대규모 네트워크까지 확대하는 전략이 중심을 이룬다.

물론 사용자 관여의 수준이 낮더라도 손쉽고 편하게 접근할 수 있는 콘텐츠부터 사용자가 적극적으로 생산하는 콘텐츠까지 모든 기술 자원을 적절하게 활용하는 것도 매우 중요하지만 그러한 수단이 활용되는 구조에 대한 이해는 더욱 중요한 것이다. 즉, 무엇을 왜, 어디에서 활용하는가에 대한 목적의식 없이 단순히 지지자의 결집을 목표로 한다면 네트워크의 급속한 확대는 이루어지기 어렵다.

### 2) 권한의 위임

네트워크 사회의 선거운동 전략의 의미는 참여 문화를 확대하는 것에 있다. 그런 의미에서 지지자를 동원하고 조정하는 것이 아니라 지지자에게 권한을 어느 정도 위임해야 하며, TV를 통한 정보 습득을 하는 소극적 유권자가 아닌 콘텐츠를 생성하고 즐기며 공유하는 적극적 유권자의 문화에 대한 이해도 필요한 것이다.[98] 이제는 '우리'의 강화와 함께 '우리'

---

**98** 조 트리피는 인터넷 시대에 기업이나 단체, 후보자들이 지켜야 할 일곱 가지 절대적인 규칙을 제시하였는데, 첫째, 첫 번째가 되라. 둘째, 계속 추진하라. 셋째, 진실한 목소리를 내라. 넷째, 사실대로 말하라. 다섯째, 커뮤니티를 만들어라. 여섯째, 컨트롤을 넘겨라. 일곱째, 고

와 '다른 우리'의 만남을 촉진하는 것이 중요해졌다.

2008년 오바마의 온라인 선거운동을 네트워크 선거운동으로 정의한다고 해서 미국의 전자민주주의 현실이 모두 이상적이거나 완벽한 것은 아니다. 전자투표기의 고장과 이에 대한 유권자의 불신, 선거관리의 미숙함, 유권자 명부 관리에서 나타난 유권자 누락은 여전히 해결해야 할 미국 선거의 난제로 남아 있으며 전통적인 방법의 오프라인 선거운동의 위력은 여전히 크기 때문이다.

그러나 첫째, ICT의 발전을 적극적으로 수용하고 유권자의 관여가 능동적으로 이루어졌다는 점에서 오바마의 선거운동은 미국 전자민주주의의 진일보한 형태로 평가할 수 있다. 즉 전통적인 선거운동에서의 유권자는 그저 홍보 메시지만을 수용하는 수동적인 유권자에 머물러 있지만 네트워크 선거운동에서의 유권자는 높은 수준의 관여와 관계를 통해 선거운동 과정에서 콘텐츠를 스스로 생산하고 확대해나갈 수 있음을 알 수 있다. 이는 다수의 유권자가 정치에 불만을 가지고 있지만 개입하지 않거나 개입하고 싶어도 정치문화적으로 제도적 규제에 묶여 있거나 혹은 대부분 정치적으로 무관심하다는 기존의 평가와 다르게 진일보한 형태의 유권자들이 똑똑한 군중(smart mob)으로 진화하고 있음을 실증하는 계기가 되었다.

이러한 특징은 네트워크 사회에서의 시민 속성 및 문화의 변화를 의미하기도 한다. 이들은 산업사회의 합리적인 '생각하는 시민'으로부터 '참여하는 시민'으로, '차가운 인지'(cool cognition)라기보다는 '뜨거운 인지'(hot cognition)에 기반한 '모니터 시민'(monitor citizen)으로 평가할 수 있다. 이에 따라 '감성의 정치'가 '이성의 정치' 못지않게 중요해졌으며,

객과 시민을 신뢰하라가 그것이다(Trippi 2006: 336~339).

이들은 정치를 정치적으로 수용하는 것보다는 '정치를 문화적으로 수용하는 것'에 보다 익숙하다. 또한 산업사회의 시민이 계급 혹은 이익 등에 기초한 '강한 연대'(strong tie)에 의해 정치적으로 동원되었다면, 네트워크 사회에서의 시민은 취미와 재미 그리고 무엇보다 네트워크에의 참여 자체에 의미를 부여하면서 '약한 연대'(weak tie)를 구성하고 네트워크를 통한 독립적인 참여 시민으로 재구성된다고 할 수 있다.[99]

둘째, 도구로서의 기술이 아닌 구조 속에서의 기술 활용이 중요해졌다는 것이다. 즉, 기술의 진화에 천착하여 새로운 기술을 단순히 활용하는 것이 아니라 사용자에 맞는 기술을 단계적으로 적용하고, 이를 정치적 자원화하면서 궁극적으로는 네트워크라는 구조를 구성하는 것이 목표가 된다.

셋째, 네트워크의 구성에 있어서 커넥터의 역할이 중요하다는 것이 다층적으로 나타났다. 커넥터는 콘텐츠와 사용자 그리고 커뮤니티와 네트워크 단위에서 모두 나타날 수 있는데, 좀 더 주목받는 UCC나 정치 콘텐츠, 상대적으로 활동적인 적극적 유권자 그리고 이들이 형성하는 소규모의 그룹 및 소규모 그룹 가운데 보편적인 사용자를 대상으로 종합적인 콘텐츠를 제공하는([그림 3-4]에서의 소셜 네트워크 A형에 해당하는) 네트워크들이 모두 커넥터가 되어 허브의 권력과 네트워크의 확대에 기여한다.[100]

넷째, 네트워크 구성에 있어서 중요한 것은 지지자만을 강화하는 결속형 자본뿐만 아니라 다른 네트워크와의 연결을 촉진할 수 있는 교량형 자본의 축적이 중요하다는 것을 알 수 있는 계기가 되었다. 이는 일반적인 의미에서 규범 · 신뢰 · 네트워크를 단위로 하는 사회적 자본(social capital)

---

**99** 윤성이 외(2008: 81).

**100** 네트워크 구성단위에서의 노드 · 커넥터 · 허브의 역할에 대해서는 조희정 · 강장묵(2008: 320~323) 참조.

이 선거운동에서 정치적 자본(political capital)을 구성할 때의 조건을 의미하는 것으로서 네트워크 사회에서의 정치적 자본의 확대는 폐쇄적인 결속형 자본과 함께 연결적이고 개방적인 교량형 자본이 필요하다는 것을 나타낸다.

네트워크 사회로의 변화는 구조와 행위자의 변화를 동시에 의미한다. 따라서 네트워크 사회를 정확하게 이해하기 위해서는 변화의 양상뿐만 아니라 변화의 원인에 대한 이해도 필요하며 이는 구조와 행위자 그리고 정치적 전략의 종합적인 완성이 필요하다는 것을 의미한다. 개인과 개인, 개인과 그룹, 그룹 내 개인, 그룹과 그룹 사이의 관계가 합쳐져 형성되는 네트워크 사회에서는 힘은 이동하고 흩어지는 반면 대중은 이곳저곳에서 동시에 서로 연결되고 끌리고 쏠리고 들끓게 된다는 서키 교수의 지적은 네트워크 사회에서의 정치 변화를 기대하는 다양한 정치적 행위자들이 유념해야 할 부분이라고 볼 수 있다.

선거는 찬성과 반대를 표명할 뿐인 투표 결과만으로 완성되는 것이 아니라 많은 사람이 개입하는 선거 과정에서의 활발한 참여의 의미도 포함하는 것이다. 과정과 결과의 발전이 선거의 의미를 발전시키고 훌륭한 선거가 정치문화 발전의 토대가 될 수 있을 때 그 사회의 민주주의는 발전할 수 있는 것임을 개방과 공유와 참여로 진행하는 온라인 공간에 대한 이해를 통해 더욱 깊이 있게 자각할 필요가 있다.

제4부

# 네트워크 시민사회의 형성과 발전

# 제1장
# 네트워크 시민사회의 형성

## 1. 정보제공 플랫폼으로서의 포털

### 1) 포털의 정의와 형성 과정

초기의 인터넷 문화는 포털을 통해 형성되었다. 이메일과 검색 서비스에서 시작한 포털은 진화 과정에서의 회원 수 증가와 전자상거래(e-commerce), 커뮤니티, 블로그, 게임과 같은 부가서비스 그리고 뉴스 등의 정보제공을 통해 새로운 커뮤니케이션 공간이 되었다. 그 과정에서 커뮤니티 · 미디어 · 토론장의 생성 및 결합은 포털이 정보를 제공하고 수용하는 공간을 벗어나 대안적인 형태의 사이버 공론장(e-public sphere)을 창출하였다.

따라서 포털은 미디어 · 토론장 등 여러 가지로 정의되기도 하는데, 일반적인 의미에서의 포털은 '인터넷에 접속한 이용자들을 그들이 원하는 다양한 웹사이트로 연결해주는 관문'이다. 포털에 대한 우리나라의 제도적인 규정은 막연히 '부가서비스'라고 규정한 2003년 12월 정보통신부의 '정보통신산업 품목 분류체계' 규정에서부터 시작하여 2008년 1월 통계청의 한국표준산업 분류에서는 '정보서비스업'으로 재정의되었다. 즉, '인터넷상에서 각종 정보(금융 · 생활 정보 · 뉴스 · UCC) 및 디지털화된 제품을 매개하기 위한 직간접적인 서비스(검색 · 커뮤니티 · 블로그 · 메신저 · 전자메일 등)를 제공하고 광고 및 수수료 등 수익 사업을 통해 수익을 창출하는 산업'으로 규정되기에 이른 것이다.

제도로서의 규정 외에 포털에 대한 개념 정의는 다음과 같다. 레드베터(Ledbetter, 1999)와 플라허티(Flaherty, 2003)는 '포털이란 검색엔진 등의 유용한 기능을 갖추고 사용자들이 인터넷 접속의 시작 단계에서 방문하여 그들이 원하는 다른 사이트로 편리하게 이동하도록 연결해주는 것'이라고 정의하면서 포털의 매개성을 강조하였다. 같은 시기에 라나다이브(Ranadive, 1999)는 '포털은 기업과 사용자 그리고 그들의 모든 파트너들과 원활한 의사소통을 가능하게 해주는 일종의 기술 개념'이라면서 기술적 의미를 중심으로 포털의 매개성을 강조하였다.[1]

이와 같이 대부분의 포털 개념을 통해 알 수 있는 것은 포털로 인해 사용자의 인터넷 이용이 매개될 수 있다는 사실과 포털 내에서는 많은 정보서비스를 이용할 수 있다는 사실이다. 앞서 지적한 것처럼 1990년대 중반부터 2000년대 중반까지 초기 포털의 모습은 검색, 이메일, 사이트 디렉터리 서비스를 통한 정보 연결 및 제공 중심이었다면, 2000년 중반 이후부터는 쇼핑 · 뉴스 · 커뮤니티 · 게임 등에서 종합적인 생활을 할 수 있는 공간으로 변모하고 있다.

우리나라 포털의 성장 과정은 크게 보면, [표 4-1]에서와 같이 세 단계로 진행되어왔는데, 닷컴 버블을 극복하며 포털의 성장 전략이 전환하면서 2002년부터의 성장기에서는 서비스의 전문화와 영향력이 급속도로

**1** 한국정보화진흥원(2008: 7).

[표 4-1] 국내 포털의 성장 과정과 특징

| 구분 | 주요 내용 |
| --- | --- |
| **태동기**<br>1995~1999**년**) | • 국내 최초로 검색 서비스를 제공하는 포털 등장.<br>• 코시크(kor-seek.com 1995년 12월), 까치네(kachi.com 1996년 1월), 와카노(wakano.com 1996년 6월), 미스다찾니(mochanni.com), 정보탐정(한국통신 1996년 11월), 라이코스코리아(1997년 5월), 네이버(삼성 SDS 정보기술연구소에서 개발 1996년 6월), 야후코리아(1998년), 다음의 뉴스 서비스(1999년).<br>• 1998년 말부터 가입자 유치 경쟁 본격화.<br>• 단순 검색 기능을 넘어 각종 뉴스 · 날씨 · 주식 정보 등으로 다양화. 검색 업체들 스스로 검색엔진 사이트가 아닌 포털이라고 부르기 시작.<br>• 부가서비스 제공에 실패한 검색 전문 사이트는 실패. 무료 이메일 서비스 등 부가서비스를 먼저 제공하여 이용자 확보에 성공한 포털이 등장하면서 포털 격차가 확대.<br>• 검색보다는 커뮤니티를 기반으로 순수 닷컴에서 시작한 포털도 등장(예: Daum).<br>• 포털의 중요 수익 모델은 광고. 전체 온라인 광고의 30~50%를 주요 포털이 차지하는 집중 현상이 나타나기 시작. |
| **조정기**<br>(2000~2001**년**) | • 2000년 닷컴 위기.<br>• 수익 감소라는 환경 변화가 발생함에 따라 포털은 광고 수익원의 다양화 및 신규 수익원 발굴에 나섬. 광고의 경우 기존 광고 기법인 배너 광고를 대체할 새로운 광고 기법으로서 검색 광고의 일종인 키워드 광고 시작.<br>• 네이버: 2000년 11월 키워드 광고 매출이 5천만 원에서 2001년 3월에는 1억 원으로 증가. 전체 광고 비중도 17%로 증가.<br>• 엠파스: 비중 30% 상회. 이외에 쇼핑 사이트와 제휴를 통해 전자상거래를 실시하고, 교육 관련 콘텐츠와 엔터테인먼트 콘텐츠를 중심으로 콘텐츠 유료화 시작.<br>• 다음: 콘텐츠와 커뮤니티를 결합한 쇼핑몰이 2001년 1/4분기 매출 85억 원을 기록하여 전년도 동기 매출 대비 41배 성장.<br>• 콘텐츠 유료화 사례: 네이버 게임인 한게임의 유료화, 프리챌의 아바타 아이템 유료화. |
| **성장기** 1<br>(2002~2003**년**) | • 포털 이용률이 높아지면서 안정화 단계에 접어듦.<br>• 가장 많이 이용한 서비스는 검색, 포털 및 커뮤니티로 인터넷 사용자 도달률(reach rate)이 98.6%에 달함(Nielsen/Netratings 2002. 4. 26). 뉴스 · 전자상거래 · 콘텐츠 등 주요 서비스 분야에서도 포털이 수위권을 차지.<br>• 경쟁 구도가 명확해져 네이버 · 다음 · 야후가 선도 기업군을 형성.<br>• 광고 외에 수익원을 다각화하려는 움직임이 강화되어 콘텐츠와 전자상거래 등 기존 수익원의 수익성을 높이는 한편 무선 포털을 지향하는 등 신규 사업 분야에도 진출하기 시작.<br>• 수익원 다각화 사례.<br>• 다음: 쇼핑 서비스 활성화, 게임과 VOD 서비스 유료화, 만화 · 노래방 · 아바타 등을 유료화, 온라인 우표제를 통해 메일 서비스의 부분 유료화 시행, 메일/커뮤니티, 메신저를 무선인터넷과 연동하여 벨소리 · 캐릭터 · 채팅 · 운세 · 영화 · 전화번호 부스 등을 제공.<br>• 미디어다음 출범(2003년, 2002년까지는 다음에서 제공하는 뉴스서비스). |
| **성장기** 2<br>(2004**년 이후**) | • 해외 진출 박차.<br>• SK 컴의 네이트가 두 번의 M&A로 야후를 제치고 다음, 네이버와 함께 삼각구도 형성.<br>• 2005년 이후로 포털의 수익이 크게 증가하고 상위 사업자로의 집중 현상이 진행됨. 포털의 가장 큰 수익원인 광고 시장에서 선두 업체인 네이버와 다음의 수익이 대폭 증가.<br>• 네이버: 한게임을 제외한 포털 분야(광고, 유료 콘텐츠, 전자상거래) 매출이 2005년 2,654억 원에서 2006년 4,784억 원으로 80.2% 증가.<br>• 다음: 광고와 유료 콘텐츠 매출이 2005년 1,340억 원에서 2006년 1,665억 원으로 24.2% 증가. |

증대하고 있는 것이 특징이다. 또한 [표 4-2]에서 나타난 바와 같이 2001년부터 2008년까지 우리나라의 가장 인기 있는 서비스에서도 포털이 수위를 차지하여 온라인 공간에 대한 영향력이 막강하다는 것을 알 수 있다.

[표 4-2] 국내 온라인 서비스 랭킹(2001~2008년)

| 순위 | 2001년 | 2002년 | 2003년 | 2004년 | 2005년 | 2006년 | 2007년 | 2008년 |
|---|---|---|---|---|---|---|---|---|
| 1 | 다음 | 다음 | 다음 | 네이버 | 네이버 | 네이버 | 네이버 | 네이버 |
| 2 | 야후코리아 | 네이버 | 네이버 | 다음 | 다음 | 네이트 | 네이트 | 다음 |
| 3 | 네이버 | 야후코리아 | 야후코리아 | 네이트 | 네이트 | 다음 | 다음 | 네이트 |
| 4 | 라이코스코리아 | 엠파스 | 엠파스 | 야후코리아 | 싸이월드 | 싸이월드 | 싸이월드 | 싸이월드 |
| 5 | 엠파스 | 드림위즈 | 벅스 | 엠파스 | 야후코리아 | 야후코리아 | 야후코리아 | 야후코리아 |
| 6 | 드림위즈 | 프리챌 | 네이트 | 벅스 | 세이클럽 | 옥션㈜ | 엠파스 | 엠파스 |
| 7 | 한미르 | MSN Korea | 드림위즈 | 옥션㈜ | 옥션㈜ | 세이클럽 | 옥션㈜ | 옥션㈜ |
| 8 | 프리챌 | 스포츠조선 | 세이클럽 | 세이클럽 | 엠파스 | G마켓 | G마켓 | G마켓 |
| 9 | 한게임 | 세이클럽 | 넷마블 | 한게임 | 파란닷컴 | 엠파스 | 세이클럽 | 한게임 |
| 10 | 네띠앙 | 스포츠서울 | 스포츠서울 | KB국민은행 | G마켓 | 넷마블 | 넷마블 | 파란닷컴 |
| 11 | 세이클럽 | 라이코스코리아 | 피망 | 피망 | 넥슨 | 파란닷컴 | 파란닷컴 | 세이클럽 |
| 12 | 한국i닷컴 | 한국i닷컴 | 한게임 | 파란닷컴 | 드림위즈 | 피망 | 한게임 | 넷마블 |
| 13 | MSN Korea | 벅스 | 핫메일 | 드림위즈 | 피망 | 한게임 | 피망 | KB국민은행 |
| 14 | 스포츠서울 | 핫메일 | MSN Korea | 스포츠서울 | 넷마블 | KB국민은행 | KB국민은행 | 피망 |
| 15 | 디지틀조선일보 | 한미르 | 프리챌 | 넷마블 | 한게임 | 넥슨 | 조선닷컴 | 조선닷컴 |
| 16 | 스포츠조선 | KB국민은행 | 스포츠조선 | MSN Korea | KB국민은행 | 드림위즈 | 조인스닷컴 | 인터파크 |
| 17 | 벅스 | 하나포스닷컴 | KB국민은행 | 핫메일 | 인터파크 | 인터파크 | 디앤샵 | 조인스닷컴 |
| 18 | 아이러브스쿨 | 넷마블 | 스포츠투데이 | 디지틀 조선일보 | 프리챌 | 디앤샵 | 판도라TV | 티스토리닷컴 |
| 19 | 하나넷 | 스포츠투데이 | 하나포스닷컴 | 하나포스닷컴 | 조선닷컴 | 조선닷컴 | 인터파크 | 우리은행 |
| 20 | 코리아닷컴 | 한게임 | 옥션㈜ | 프리챌 | 조인스닷컴 | 조인스닷컴 | 넥슨 | NH농협 |

* 출처: 랭키닷컴

### 2) 한국형 포털의 특징

첫째, 우리나라 포털의 특징은 2001년 9 · 11 사건, 2002년의 붉은악마, 대통령선거, 촛불집회 등의 역사적 사건을 통해 포털이 뉴스를 이용하는 새로운 관행으로 정착했다는 것이다. 마치 아폴로호의 달 착륙(1969년), 드라마 「아씨」의 유행(1971년) 등이 TV의 대중화에 기여한 것처럼 급박하게 돌아가는 정치사회적 환경에서 정보 소비에 대한 욕구가 넘쳐나고, 자신의 목소리를 적극적으로 대변할 수 있는 통로가 필요해짐으로써 뉴스의 상호 비교와 커뮤니티의 참가 · 투표 · 리플 등의 이용자 활동과 같은 새로운 뉴스 소비 방식이 포털에 정착되어왔다는 것이다.[2] 따라서 심지어는 '피플 파워(people power, 시민의 힘)를 잇는 제2의 권력'[3]이라고 불릴 정도로 기존 뉴스의 권위와 영향력을 위협하는 정치 · 사회적 의제 설정 및 확산 과정에 있어서 유력한 매체 권력의 하나로 급부상했다.

둘째, 우리나라 포털은 미국이나 일본의 포털과는 다른 구조로 발전했다. 포털의 원래 정보제공 방식은 미국의 야후처럼 각 영역 디렉터리별로 사용자가 원하는 정보를 얻기 위해 반드시 거쳐야 하는 경로(path)를 제공하는 서비스였다. 초기 야후의 정보 검색은 '뉴스/잡지 디렉터리 → 뉴스페이퍼 디렉터리 → 중앙지/지역지 디렉터리 → 원하는 신문 사이트 하이퍼링크' 방식의 정보 검색 서비스에만 머물렀다. 즉 단순히 인터넷 주소를 저장한 디렉터리 혹은 거대한 카탈로그(catalogue) 이상의 의미는 아니었다.[4]

---

2 임종수(2004: 196).

3 『월간중앙』, 2006년 4월호.

4 1994년 야후의 창립자 제리 양(Yang)과 데이비드 필로(David Filo)가 트레일러에서 최초로 시도한 작업은 인터넷에 떠도는 자신들의 개인적인 관심사를 모아 웹에 주소 목록을 만드는 것이었다. 그래서 야후 초기의 이름도 '제리의 월드와이드웹 가이드'였다(황용석 2009: 4).

그러나 우리나라는 주요 인터넷 서비스 업체가 모두 포털을 지향하면서 발전해왔다. 즉 검색에 강점을 가지고 있던 초기 네이버, 메일의 다음, 커뮤니티의 프리챌, 미니홈피의 네이트 등이 서비스를 확충하면서 다방면적인 사업 영역을 모두 포괄하는 '한국형 포털'로 발전한 것이다. 이들 한국형 포털들은 이메일 · 검색 · 클럽 · 미니홈피 · 블로그 · 뉴스 · 쇼핑 · 금융 · 게임 등의 서비스와 광고를 기반으로 수익을 올리고 있다. 이러한 특성을 중심으로 최민재(2006)는 수많은 포털이 존재함에도 이들은 각기 영역이 다르며, 수익원이 다르다는 점에서 전문적인 영역을 구축하고 있는 것으로 본다.

**[표 4-3] 국내 포털의 주요 사업 영역별 시장 점유율 규모(2006년 6월)**

| 구분 | 검색 | 이메일 | 커뮤니티 | | | 뉴스 |
|---|---|---|---|---|---|---|
| | | | 클럽 | 미니홈피 | 블로그 | |
| 네이버 | 72.66% | 14.4% | 20.44% | - | 77% | 35.8% |
| 다음 | 11.49% | 48.68% | 64.87% | - | 10% | 36.7% |
| 네이트 | - | 4.22% | 8.69% | 88.7% | 7% | 8.1% |
| 야후코리아 | 6.22% | 3.63% | - | - | 3% | 6.6% |
| 파란 | - | 6.49% | - | - | - | - |
| 엠파스 | 3.99% | - | - | - | - | - |

* 주: 도달률 3% 미만인 경우 시장점유율 규모가 나타나지 않음. 블로그는 정식으로 집계되지 않아 시장점유율 추산.

* 출처: 코리안 클릭(2006); 최민재(2006: 21)에서 재인용.

[표 4-3]은 한국형 포털의 사업 영역과 장점이 서비스 제공자별로 다르다는 것을 확연히 알 수 있는 자료이다. 이 결과를 보면 네이버는 검색과 블로그, 뉴스에 강점이 있고, 다음은 이메일과 클럽, 뉴스에 강점이 있으

며, 네이트는 미니홈피에서 강점이 있음을 확인할 수 있다.

셋째, 우리나라의 주요 포털은 시장 지배력 면에서 집중화 경향이 뚜렷하여 주요 3대 포털의 점유율이 83.97%에 이른다. 분야별로도 뉴스의 경우에 상위 3개사의 점유율이 80.6%이고, 검색도 90.37%에 달한다. 요컨대, 한국형 포털은 분야별로 시장을 점유하고 있으며, 상위 3개사의 시장 독점적 지위가 강화된 형태로 나타난다. 이런 특징은 우리나라에서 각 영역별로 포털의 정치 · 사회적 영향력이 증대될 수 있는 중요한 원인이 되었다.

이와 같이 한국형 포털의 시장에서의 영향력이 확대된 이유에 대한 해석은 우선 사회적으로 구성되는 다층적인 원인에 주목한다.[5]

첫째, 정보화로 인한 시대 환경의 변화 때문이다. 정보통신기술혁명(ICT revolution)은 인터넷 사용 인구를 증가시켰고 사용자들은 자연스럽게 검색과 이메일, 커뮤니티 등 정보사회의 성과를 포털로부터 얻게 되었다. 참여적인 네티즌에 의해 정보가 공유의 개념으로 바뀌고 이 변화는 인터넷과 그 관문인 포털에서 새로운 서비스의 등장과 발전을 유발한 요인이 되었다.

둘째, 포털 서비스 자체의 장점 때문인데, 인터넷 사용자들이 추구하는 집중과 신속함(speed) 그리고 상호작용성(interactivity)의 시너지효과가 그것이다.[6] 이런 장점은 정보 검색과 뉴스서비스, 토론장 등 특화된 서비스에서 잘 나타난다. 기존에는 일방적으로 정보를 제공하면 그만이었지만, 많은 행위자가 존재한다는 것은 정보 콘텐츠가 제공되면 참여가 다양화되고 수용자들간의 토론과 댓글이 이어지고, 네트워크를 타고 확산된다.[7]

**5** Bijker, Law(1992).

**6** 최진순 블로그(http://blog.naver.com/soonchoi/110000280218 검색일: 2007년 5월 3일).

**7** Castells(2001).

또한 포털은 인터넷 사이트에서 정보제공의 루트를 다원화하여 각종 콘텐츠를 제공하고 있다. 미디어 측면에서도 한두 가지 신문이나 방송이 아니라 다양한 관점의 비교와 독립적인 형태의 지역 뉴스 등 많은 뉴스가 한곳에 집중되어 찾기 좋게 운영되는 것은 큰 장점이다. 이것은 시민의 정치 정보 접근성을 확대해주는 효과까지 이어진다.

최근 등장한 비교 검색 기능은 정보나 뉴스를 구분하여 또는 비교하여 신속히 볼 수 있다는 장점과 네티즌의 지향과 정서를 파악한 편집 형태로 접속도가 증가한 것은 당연한 결과라고 할 수 있다. 따라서 정보 유통 과정에서 시민이 행위자가 되고, 한발 더 나아가 정보 수집부터 전달, 배포 역시 사용자가 하게 되는 경향까지 존재한다.

셋째, 우리나라의 독특한 콘텐츠 유통 구조도 포털로의 정보 집중 현상을 야기했다. 우리나라의 인터넷 발전이 포털 발전과 궤를 같이한다는 점은 정보가 포털로 집중될 수밖에 없는 유통 구조를 만들었다. 인터넷 산업의 특성상 '하나의 소스 콘텐츠를 다양한 소비자들에게 판매하는 방식'(one source multi-use)을 취하기 때문에 포털은 콘텐츠 시장의 가장 큰 유통 관리자 역할을 하게 된 것이다. 포털은 정보와 뉴스를 찾아주는 기능만이 아니라, 정보를 저장 · 연계하고, 배포하는 영역으로 급속히 확장된 것이다.

일례로 포털 뉴스서비스에 대한 임종수의 비유가 적절한 사례가 될 수 있는데 포털 뉴스 사이트는 단순히 수돗물(내용)을 보내는 관(conduit)이 아니라는 것이다. 기존에는 만드는 곳과 공급하는 곳이 일치했지만 이제는 각 수급자에게 가설된 마지막관이 기존의 수돗물 공급은 물론이고 그것에 새로운 물까지 혼합하여 제공하며 그 관은 개별 기업의 관이 아니라 포털에 집중되어 있다는 것이 더욱 중요한 사실이다. 어떤 수도관을 통해 수돗물이 흐르는가에 따라 수돗물이 달라질 수 있듯이 포털이 전담하는 뉴스는 아무리 취재 기능이 미비해도 그것의 조합 방식에 따라 수용자에게 각기 다르게 전달 가능한 것이다.

이제 중요한 것은 어떤 매체가 콘텐츠를 생산하는가가 아니라 콘텐츠를 어떻게 유통시키는가이다. 변화된 저널리즘 환경에서 중요한 것은 매체가 어떤 뉴스를 생산하는가가 아니라 (뉴스를 생산하는 매체가 아니라) 뉴스가 어떤 통로로 최종 소비자와 만나는가(누가 뉴스를 매개하는가)이다. 그럼 점에서 기성 매체가 대리점이라면 포털 사이트는 대형 할인마트의 시식 코너와 같다. 더욱이 중요한 것은 이 새로운 시장에서의 뉴스 공급자들의 지위가 예전만 못하기 때문에 시식 코너의 상품을 몽땅 거둬들일 만큼 강력하지 못하다.[8]

### 3) 국내 포털의 쟁점

그러나 이런 한국형 포털 서비스의 발전은 몇 가지 문제점을 양산하고 있다. 그것은 첫째, 포털로의 과다한 정보와 권한, 관심의 집중에 따른 권력화 경향이다. 둘째, 뉴스 · 커뮤니티 · 토론장 · 검색 서비스에서 나타나는 정치 · 사회적인 영향력의 과다로 인한 대중의 여론 왜곡 현상에 대한 우려감이다. 셋째, 포털 자체의 양면시장의 특성으로 인한 문제 해결 주체의 애매함이 그것이다.

8 임종수(2008: 213).

**[표 4-4] 한국형 포털 서비스의 발전 배경**

| 구분 | 내용 | 비고 |
|---|---|---|
| 시대적 변화 | • 정보사회 따른 네트워크 효과[9]<br>• 인터넷을 기반으로 하는 패러다임 전환(paradigm shift) | |
| 콘텐츠 유통구조 | • 포털 일극 집중 구조에 따른 장점 | • 포털 권력화 문제 |
| 정보 종합과 확산 | • 뉴스 정보의 집합, 허브 기능<br>• 쌍방향 소통 콘텐츠<br>• 이념이나 입장에 따른 견해 비교 | • 여론 왜곡화 우려 |
| 서비스의 양면성 | • 다층 구조적인 서비스에 다수의 행위자가 참여 | • 문제 해결 주체의 모호성 |

우선 포털의 권력화와 여론 왜곡 가능성에 대한 문제를 살펴보면, 우리나라에서 포털은 인터넷에서 제공될 수 있는 다양한 서비스를 이용자들에게 제공한다. 포털 이용자는 한 포털에서의 서비스를 통해 인터넷에서 통용되는 모든 서비스를 누리고 있다고 해도 과언이 아니다. 그러나 최근 포털의 여러 가지 서비스 가운데 가장 많은 논란이 되고 있는 분야는 뉴스서비스 분야이다. 일반적으로 초창기 포털은 검색이나 커뮤니티, 메일 서비스에 중심을 두었지만 웹2.0 기반의 상호작용성과 개방 · 참여 · 공유 등이 강조되면서 뉴스 정보의 소비 구조에 관심이 모아지고 있는 것이다.

특히 네트워크 구조에서의 포털의 비중이 점차 커지면서 뉴스서비스는 포털의 중요한 서비스가 된 지 오래이다. 일반적으로 포털은 연결자로서의 의미를 가지고 있다. 실제 관문 사이트로서 인터넷 포털은 정보 네트워크를 검색하고 찾아주는 기능을 주로 했다면 이제는 기존에 생산된 정

9 네트워크 효과(network effects)란 네트워크 규모가 커질수록 그 가치도 비례해서 증가하는 것으로 말한다. 즉 많은 사람들이 포털에 머물러 있을수록 더 많은 정보를 얻고 커뮤니케이션할 수 있는 것도 네트워크 효과이다.

보를 유통하고 소비하는 새로운 뉴스 소비 구조를 만들고 있는 것이다.

이런 포털 뉴스서비스의 이용자는 최근 급격히 증가하고 있다. 그렇지만 이러한 뉴스서비스가 최근 인터넷과 관련한 주요 이슈의 중심에 서 있다. 지난 수년 동안 언론과 사용자, 포털간의 이해가 결합되면서 그리고 이로 인한 영향력의 문제가 사회적으로 확산되면서 다양한 비판과 논쟁이 제기되고 있다. 그리고 이런 논쟁은 여전히 진행형으로 신문사와의 갈등, 미디어 책무, 포털 규제라는 방식으로 확대되고 있고 최근에는 이를 둘러싼 진흥과 규제 논의가 전개되고 있다.[10]

다음으로는 포털 서비스의 양면시장적 구조에서 발생할 수밖에 없는 문제 해결 주체의 모호성에 대해 생각해볼 필요가 있다.[11] 전통적으로 경제학에서는 기업과 소비자, 기업과 노동자 등의 일면적인 관계가 가정되어왔지만 플랫폼으로서 포털의 중요성을 고려할 경우에는 둘 이상의 행위자를 상정하는 양면 또는 다면적인 관계를 중요하게 고려해야 한다.[12]

로손(Roson)에 의하면 어떤 시장이 양면적이라는 것의 의미는 만약 어떤 플랫폼이 서비스를 제공하기 위해 두 집단 또는 그 이상 집단의 참여가 필요한 경우 하나의 그룹이 플랫폼에 참여하면 나머지 그룹이 해당 플랫폼에 참여할 때 느끼는 가치 또는 혜택이 증가하는 것을 의미한다. 로쳇과 티롤(Rochet, Tirole, 2003)에 의하면 네트워크 외부성이 존재하는 경우에는 모두는 아니더라도 많은 시장이 양면적이라고 할 수 있다.

---

**10** 황용석 외(2008: 26).

**11** 한국정보화진흥원(2008: 26~33) 참조. 이와 같은 쟁점은 이 책의 커뮤니티 분석 부분에서도 또다시 검토해야 하는 문제이다.

**12** 줄리엔(Jullien, 2004)과 아이센만(Eisenmann, et al, 2006)에 의하면 두 종류의 사용자 그룹을 서로 연결시켜 거래가 가능하도록 하는 플랫폼이 존재할 경우에 양면시장의 개념을 적용할 수 있다. 즉, 양면시장을 이해하기 위해서는 플랫폼과 둘 이상의 서로 다른 사용자 그룹이 존재해야 한다(한국정보화진흥원 2008: 27에서 재인용).

이를 종합한 에반스(Evans, 2003)에 의하면 양면시장이 되기 위한 필수적인 조건은 첫째, 뚜렷하게 구분되는, 즉 서로 다른 수요 구조를 가지지만 서로 관련되는 두 종류의 사용자 그룹이 존재해야 하며, 둘째, 간접적인 네트워크 외부성이 존재해야 하고, 셋째, 사용자들이 스스로 간접적인 네트워크 외부성을 내부화할 수 없기 때문에 플랫폼이라는 제3의 중개자가 존재해야 한다.

기존의 시장과 양면시장의 구조의 차이는 [그림 4-1]과 같다.

**[그림 4-1] 양면시장과 그렇지 않은 시장**

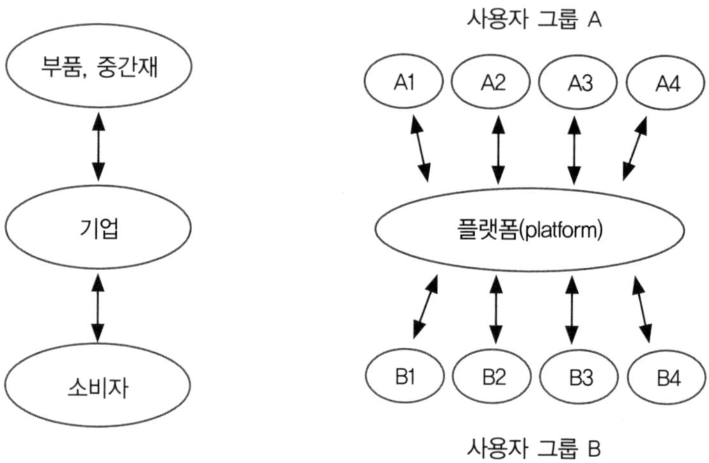


* 참조: 한국정보화진흥원(2008: 29)

경제학적인 관점에서 이러한 양면시장으로서의 포털에서는 가격 구조의 결정 및 가격 책정의 문제가 매우 중요하다. 예를 들어 전통적으로는 만화가 책을 통해 소비된다면 책이라는 물리적 재화와 만화라는 콘텐츠의 비용을 야기한 주체가 사용자가 되어 이들이 비용을 지불해야 하지만,

특정 포털에서 무료로 제공되는 만화를 보게 됨으로써 사용자들이 혜택을 갖게 되는 경우에는 그 만화는 사용자가 감상을 위한 목적으로 제공되기 보다는 제공자가 자신의 이익(예를 들어 자신이 작품을 대중에게 빨리 제공함으로써 정당한 평가를 받기 위해 제공하는 등)을 위한 경우가 있기 때문에 제공자와 사용자 모두가 비용을 야기한 주체가 된다. 즉, 양면시장에서는 오히려 모든 사용자가 동시에 비용을 야기하여 혜택을 누리게 된다. 비용을 야기하는 측이 비용을 지불하는 원칙은 기업의 이윤 극대화를 위해서나 사회 후생의 극대화를 위해 더 이상 성립하지 않으며, 사용자의 기여도, 탄력성, 수요의 상호연관성, 각 그룹의 비용 등 여러 가지 제반 사항의 복잡한 관계를 고려한 원칙이 필요하게 된다.

그리고 정치학적인 측면에서는 양면시장에 참여하는 다수의 주체로 인해 발생하는 문제에 대한 해결이 중요한 쟁점이 될 수 있다. 즉, 양면시장에서는 두 종류 이상의 사용자 그룹이 간접적 네트워크 외부성을 통해 상호작용하기 때문에 필연적으로 닭이 먼저냐 달걀이 먼저냐의 문제가 발생할 수 있다. 이런 경우에 일반적으로 바람직한 상태의 균형, 즉 모든 그룹의 상호 이익을 충분히 고려하여 급속도로 시장의 발전이 이루어지는 경우도 있지만, 바람직하지 못한 균형, 즉 한 그룹의 사용자가 많지 않기 때문에 다른 그룹의 사용자가 해당 플랫폼에 대해 소극적이 되고, 이러한 소극성 때문에 한 그룹의 참여가 더욱 지연되는 상황도 초래될 수 있다.

이와 같은 문제가 더욱 심화되어 나타날 수 있는 것은 포털 내 커뮤니티 관련 분쟁이 발생할 경우이다. 즉 커뮤니티 소유권이 운영자에게 있는지 회원에게 있는지의 문제가 그것으로서 만약 커뮤니티에 대한 불법 매매가 이루어지는 경우, 플랫폼 제공자로서의 포털에 문제의 책임이 있는지 아니면 커뮤니티를 잘 운영하지 못한 운영자에게 책임이 있는 것인지 그것도 아니라면 어쨌든 주체로 포함되어야 하는 커뮤니티의 회원이 문제인지가 매우 모호하다는 것이다. 즉, 운영자의 사적인 이윤 취득, 독단적인 커뮤니티 운영, 커뮤니티 매매[13] 등의 분쟁 발생이 늘어가고 있는 현실에서 검열, 실명제라는 제도적 방안을 모색할 것인지,[14] 철저히 시장논리에 기반해 적자생존의 방식으로 진행시킬 것인지 혹은 그저 문화적이고 윤리적인 대응책을 강구할 것인지의 해결책을 고민해야 할 필요성이 더욱 높아지고 있다.[15]

## 2. 가상현실과 커뮤니티

### 1) 가상현실

#### (1) 가상현실의 개념과 발전 과정

인터넷을 통해 가장 먼저 만나게 되는 것은 가상현실(virtual reality)이다. 보통 가상현실은 '가짜' 현실과 같은 의미로 사용되지만 가상현실에서 생활하는 많은 사람들에겐 그것이 단지 진짜의 반대인 '가짜'가 아니라 현실 생활의 연장 혹은 전혀 다른 새로운 공간으로 인식되기도 한다.

게리 비숍(Gary Bishop)은 가상현실의 궁극적인 목표는 체험자들에게 컴퓨터가 만들어내는 세계를 진짜라고 착각하게 만드는 데 있다고 지적하였고,[16] 이보다 더 적극적이고 잘 알려진 입장으로는 1996년에 발표된

13 커뮤니티 매매는 결국 커뮤니티 회원의 ID 및 개인정보가 불법으로 거래될 수 있다는 점에서 매우 중요한 개인정보 보호 관련 문제이기도 하다.

14 그럼에도 불구하고 오프라인에서의 법을 그대로 온라인 공간의 사건에 적용하는 것은 매우 어렵고 불가능한 일이라고 볼 수 있다.

15 이러한 문제에 대해서는 최근 들어 '정보통신망 이용촉진 및 정보보호에 관한 법률' 문제 등이 사회 현안으로 논의되고 있는 상황이다.

16 김효용(2007: 24).

존 페리 발로우(John Perry Barlow)의 사이버스페이스 독립선언문이 있다.[17] 발로우는 이 선언문에서 인터넷만이 창조할 수 있는 독립된 사이버스페이스를 기존의 법이나 제도로 규제하는 것은 불가능하다고 지적하고, 사이버스페이스는 자유주의 정신에 입각한 독립된 공간이라고 주장하였다.

물론 이와 같은 주장에 대해서는 많은 논란의 여지가 있지만 온라인 공간의 가장 기본적인 특성이기도 한 가상현실에 대해서는 그 내부에서 나타나는 다양한 사회 양식과 문화를 이해하려고 하는 것이 생산적이다.

이연호와 조화순은 가상현실을 이해할 수 있는 세 가지 기본 가치를 제시하고 있는데, 첫째, 가상현실은 미디어에 의해 형성된 공간이지만 커뮤니케이션이 이루어지는 사회적 공간이고, 둘째, 완전히 독립적이기 보다는 기존의 오프라인 사회의 권력구조와 연결된 의미로 이해할 필요가 있으며, 셋째, 공동체의 문제와 거버넌스 문제를 중심으로 이해하면서 오프라인의 제도로 해결하기 어려운 새로운 문제[18]에 대해 고려하는 것이 현실적으로 적절하다고 지적한다.[19]

초기의 가상현실은 원격현전(telepresence)이라고 불렀다. 원격현전은 '주체가 그 자리에 있지 않아도 그 자리에 있다고 느끼는 행위'를 의미한다. 위키피디아(wikipedia)에서는 가상화를 '컴퓨터 리소스들의 논리적 그룹화나 하위 세트(set)를 제공하여 원래 설정보다 더 나은 혜택을 줄 수 있는 방식으로 액세스할 수 있도록 하며, 이 새로운 가상 리소스는 구현, 지리적 위치, 기반 리소스의 물리적 설정에 제한되지 않는다'고 밝히고 있다.

17 사이버스페이스 독립선언문의 전문은 homes.eff.org/~barlow/Declaration.html 참조.

18 예를 들면, 아바타 살해에 대한 처분, 가상현실의 공동체 문제에 대해 어느 국가의 법을 적용할 것인지의 여부, 세금 부과의 문제 등이 그것이다(이연호 · 조화순 2008: 20).

19 이연호 · 조화순(2008: 19~20).

1940년대 미국 공군과 항공산업에서는 비행 시뮬레이터(simulator)를 만들어 비행사들이 마치 비행을 하고 있는 것과 같은 상태에서 비행 훈련을 하도록 가상현실을 이용하였고, 1985년에는 미국 NASA가 무중력상태인 우주공간에서 해야 할 일을 가상현실에서 수행하면서 더욱 발전하였다. 이와 같이 가상현실은 오래전에 고안된 개념을 활용한 것으로서 가장 적극적으로 활용되고 있는 분야는 군사와 의료 분야이며, 인터넷의 활용과 더불어 더욱 보편적으로 구현되었다고 보는 것이 타당하다.

가상현실의 본격적인 발전에 가장 큰 기여를 한 것은 가상현실을 본격화한 자론 레이니어(Jaron Lanier)이다. 동시에 1950년대에는 영화[20]나 오락, 정신과 치료,[21] 교육,[22] 건축설계, 관광[23] 등 시각을 통한 효과를 필요로 하는 곳에 다양하게 적용되기 시작하였다.

가상현실의 또 다른 표현으로서 사이버스페이스(Cyberspace), 즉 가상공간이라는 말이 처음 사용된 것은 1984년 윌리엄 깁슨의 소설 『뉴로맨서』(*Neuromancer*)를 통해서이다. 미래 사회의 모습을 매우 음울한 분위기로 묘사한 이 소설에서는 '매트릭스'(Meatrix)라고 불리는 공감각적 환상 속으로 탈육체화된 의식을 투사하는 '사이버스페이스', 다른 사람의 신

**20** 할리우드 영화에서의 가상현실은 매우 오래되고 다양하게 활용되어 왔다. 가장 대표적으로 가상현실을 주제로 한 영화는 「트론」(Tron, 1982), 「론머맨」(The Lawnmower Man, 1992), 「토탈 리콜」(Total Recall, 1990), 「매트릭스」(The Matrix, 1999), 「A. I.」(Artificial Intelligence, 2001), 「마이너리티 리포트」(Minority Report, 2002), 「시몬」(Simone, 2003) 등을 들 수 있다.

**21** 예를 들어 강박증을 앓고 있는 환자에게 현실의 고통을 잊을 수 있는 아름다운 화면을 가상으로 보여줌으로써 치료 효과를 거두는 데 사용된다.

**22** 가상교육 시스템은 학교에 가기 어려운 직장인이나 교사를 좀 더 자주 가깝게 접해야 하는 어린 학생들에게 모두 유용하다. 가상현실이야말로 시공간을 초월하여 우리가 가장 쉽게 접할 수 있는 또 다른 교실일 수 있는 것이다.

**23** 관광 서비스에서의 가상현실은 미리 가고 싶은 여행지를 체험함으로써 현지의 여행 정보를 제공하는 것에 사용된다.

[그림 4-2] 윌리엄 깁슨의 소설 『뉴로맨서』

경 속으로 침투할 수 있는 '심스팀'(Simstim) 장치 등이 소개되었다.

가상현실의 활용 사례로서 대표적인 것은 HMD(Head Mounted Display)이다. HMD는 머리에 장착하는 디스플레이로서[24] 1963년 MIT 인공지능(Artificial Intelligence, AI) 연구자 마빈 민스키가 개발한 장치이다. 이는 1968년 이반 서덜랜드(Ivan Sutherland)가 본격적으로 개발(공식적으로 HMD의 효시)한 것인데, 개발 초기에는 너무 무거워서 천장에 매달아야 착용 가능할 정도였지만 지금은 매우 가볍고 간편하게 사용 가능하다. 즉 활용 가능한 애플리케이션은 부재한 상태에서 단순히 컴퓨터에 연결하거나 다른 영상원에 연결해야만 하는 고가의 제품군 위주로 개발이 되었기 때문에 군사적 용도 이외에는 잘 알려지지 않은 기술이기도 하다.

24 물론 머리 외에 눈에 장착하는 안경형 EGD(Eye Glass Display) 장치도 있다.

[그림 4-3] 여러 가지 HMD

F-35, JSF용 헬멧 장착 디스플레이, 미국 해군에서 이용되는 VR 낙하산 훈련기

이반 서덜랜드는 가상현실의 아버지로 평가받으며, 컴퓨터 그래픽의 선구자라고 불린다. 썬마이크로 시스템스의 부사장을 역임하였으며 1965년에 가상현실에 대한 연구 방향을 예견한 '궁극적 디스플레이'라는 논문을 발표하였는데, 그는 현재 우리가 많이 사용하는 GUI(Graphic User Interface), 즉 컴퓨터와 인간 사이에 아이콘이라는 그래픽을 적용하여 사용하기 편리한 환경을 개발한 연구자이기도 하다.

### (2) 가상현실과 정체성

브롬버그는 채팅이나 게임 등을 통해 나타나는 온라인 삶의 측면을 정서적 유대, 정체성 전환 혹은 정체성 놀이, 에로틱 어필, 환경 지배라는 네 가지 기능으로 설명하였으며[25] 마크 포스터는 온라인의 삶에서는 다원적이고 유동적인 정체성이 형성된다고 보았다.[26]

**25** Bromberg(1996).
**26** Mark Poster(1997).

마크햄은 인터넷과 온라인의 삶을 세 가지 차원으로 정의하였다.[27] 첫째, 인터넷을 도구로만 이해한다면 의사소통 혹은 이윤 창출의 수단을 염두에 둔 것이며, 둘째, 인터넷을 장소로 이해한다면 아는 사람과 시간을 보내는 장소로 평가할 수 있다. 마지막으로 인터넷에서의 삶이 스스로의 존재양식이 되는 경우라면 그 안에서 새로운 사회관계를 형성하여 실재적인 삶의 대안이 되는 경우라고 할 수 있다.

한편 피에르 레비(2002)는 '오늘날 가상화의 일반적 동향은 정보와 통신뿐만 아니라 인간의 신체와 경제활동, 집단적 감수성 혹은 인간 지성의 작용에도 영향을 미친다'고 하였으며 제레미 리프킨(Jeremy Rifkin)의 경우는 네트워크에서 만들어지는 자아가 유동적이며 부분적인 자아인 경우가 대부분이라고 지적하였다.[28]

[그림 4-4]에 나오는 1993년의 뉴요커 카툰은 가상현실에서의 정체성 변화를 가장 잘 설명하고 있는 만화로 유명하다.[29] 즉 현실 세계와 달리 가상현실이 주를 이루는 온라인 공간에서는 자신의 정체성을 다양하게 묘사할 수도 있다. 현실에서의 나는 매우 수줍음이 많은 내성적인 사람이지만, 온라인에서의 나는 공격적이고 활달한 모습으로 얼마든지 가공할 수 있다. 이와 같은 과정에서 개인은 정체성의 혼란을 느끼게 되는데, 현실 공간과 온라인 공간에서의 정체성 변화가 자유롭고 대리만족의 즐거움을 줄 수 있는 반면, '진짜 나는 누구일까?'라는 정체성의 갈등을 경험할 수도 있을 것이다.

---

**27** Markham(1998).

**28** 이연호 · 조화순(2008: 28 재인용).

**29** [그림 4-5]와 같이 12년 뒤에도 같은 카툰에 개가 나오는데 이제는 단순한 인터넷 채팅만이 아니라 블로그를 운영했던 이력을 가진 숙달자로 나온다는 점이 흥미롭다.

[그림 4-4] "인터넷에서는 아무도 네가 개인지 모른다"

* 출처: *The NewYorker*(1993. 7. 5)

[그림 4-5] "당분간 블로그를 가지고 있긴 했는데,
이젠 그냥 옛날처럼 요점 없이 계속 짖기만 하기로 했어"

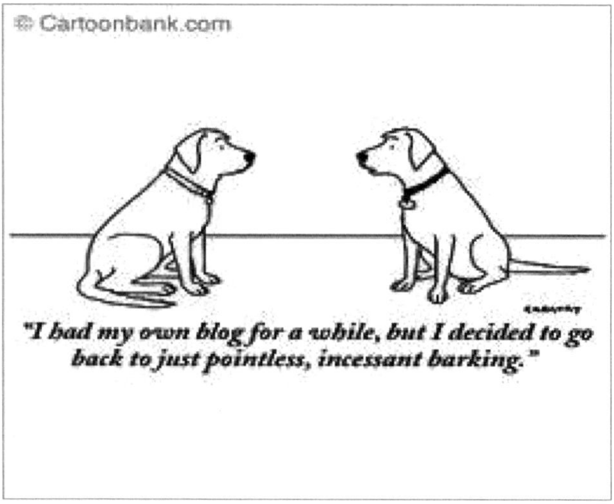


* 출처: *The NewYorker*(2005. 9. 12)

오래전부터 사회학자들과 심리학자들은 이러한 온라인 공간에서의 정체성에 대해 연구하였으며, 온라인 공간에서 활달한 사람이 현실에서는 전혀 그렇지 않다는 연구 결과를 발표하기도 하였다. 이러한 점에서 온라인 공간의 가상의 정체성을 페르소나[30]라고 표현하기도 한다.

가상현실과 정체성에 관한 가장 유명한 사건은 '알렉스와 조안'의 사례일 것이다.[31] 남자 정신과 의사이자 현실에서는 대단히 수줍음이 많던 인기 없는 의사 알렉스는 어느 날 가상공간에서 포용력이 많고 대인 친화력이 높은 여자 의사 조안인 척하면서 수많은 네티즌의 인기를 한 몸에 받게 된다. 대중의 인기가 높아질수록 그의 여자인 척하는 행동은 더욱 적극적이 되어가는데 인기가 감당할 수 없을 정도로 높아지자, 조안의 남편인 척하고 가상공간에 출현하여 아내가 아프다고 말을 한다. 이에 조안의 열성팬이 병문안을 오겠다고 추적하는 과정에서 사실은 조안이 알렉스인 것이 들통 나면서 조안을 좋아하던 많은 사람들은 어처구니없는 현실에 큰 충격을 받게 되었다는 사건이다.

### 2) 온라인 커뮤니티

#### (1) 온라인 커뮤니티 개념

인터넷 문화란 인터넷을 사용하여 나타나는 우리 생활의 모습으로서 그 모습은 이메일을 통한 의사소통,[32] 검색을 통한 정보 수집, 유사한 관

---

**30** persona. 원래 마스크를 의미하는 라틴어 personae에서 유래하여 연극의 가면, 공적인 얼굴에 의해 한 사람의 정체성이 표현되는 것으로 사용된 용어이다. 1988년 알랜 쿠퍼는 자신의 저서 『정신병원에서 뛰쳐나온 디자인』(*Inmates as Running the Asylum*)에서 이 개념을 처음 사용하였다.

**31** Sherry Turkle(1995).

**32** 인터넷의 가장 큰 응용 서비스인 이메일은 1961년에 시작되었으며 초기의 이메일은 알파넷 개발자들간의 원활한 협조 체제를 구축하기 위해 고안되었다. 그러나 세계 최초로 이메일이 발송된 것은 그 후로도 시간이 좀 지난 1972년에 @ 기호를 개발한 레이 톰린슨에 의해서였

심을 가진 사람들과의 커뮤니티 활동, 전자상거래를 통한 물품 구매, 게임하면서 여가생활하기, 채팅이나 인터넷전화를 통해 의사소통하기와 관계 맺기, 인터넷방송으로 메시지를 전달하기 등으로 다양하게 나타난다.[33]

공동체란 '생활이나 행동 또는 목적 따위를 같이하는 집단'으로서 가족공동체 · 촌락공동체 · 도시공동체 등 사회조직체나 사회집단을 의미한다. 그 말의 어원은 '서로 봉사하는 상태'라는 라틴어 커뮤니타트(communitat)에서 유래하였다. 다른 사람과 연결되고 자신을 알리고 싶어 하는 인간의 본성은 공동체의 형성과 발전에 매우 큰 기여를 하였다. 아주 오래전, 우리나라에는 이웃의 어려운 일을 모두가 합심하여 도와주는 '계', '두레', '품앗이'가 있었다. 곤란한 일을 당할 때마다 합심하여 도와주던 공동체가 존재한 것이다.

교통이나 통신이 발전하지 못했던 시기의 전통적인 공동체는 자신이 태어난 지역을 중심으로 공간적으로나 지리적으로 한정된 영역에 형성되었다. 또한 전통적 의미의 공동체는 지금처럼 활발한 사회생활 속에서 내가 선택할 수 있는 것이 아니라 대부분 자연적으로 주어진 공동체이자 내가 구성원들을 잘 아는 친숙한 관계가 대부분이었다. 따라서 그 안에서 갈등이 일어나면 서로 합의하에 잘 조정할 수 있었으며, 많은 사람들이 합의하는 규칙을 어기면 구성원간의 합의를 통해 탈퇴시킬 수 있었다. 그

---

는데 'at', 즉 '내가 어디어디에 있다'라는 의미의 @은 이후에 이메일 주소의 필수 구성요소가 되었다. 1976년에 엘리자베스 여왕이 이메일을 발송했다는 재미있는 기록도 있다.

**33** 인터넷을 사용하면서 생활 그 자체와 함께 용어도 의미가 완전히 변화하였다. 즉, 1960년대엔 파도타기를 지칭하던 서핑(surfing)은 인터넷을 둘러보는 행위로, 극장 앞에 줄 서는 것을 의미하던 온라인(on line)은 네트워크에 연결되어 있는 상태로, 패스트푸드점의 여종업원을 의미하던 서버(server)는 네트워크를 관리하는 컴퓨터로, 그리고 공책을 의미하던 노트북(notebook)은 휴대용 컴퓨터로 의미가 완전히 변화했다고 해도 과언이 아니다.

렇게 동질성이 강하고 인지도가 높은 공동체들은 대부분 사회 내에서의 어려움을 공동으로 해결하고, 생활을 공유하는 기능을 담당하였으며 그러한 예로는 국적 · 지리적 · 종교적 · 인종적 공동체를 들 수 있다. 물론 사극에 나오는 산적 집단과 같이 사회적으로 부정적인 집합행동을 하는 공동체도 있었다.

대부분 전통적인 의미에서의 공동체는 동질성이 강하고 이질적인 구성원이 적었기 때문에 일부분의 사회적 일탈 행위는 공동체를 유지하려고 하는 구성원들의 강한 의지와 규율 속에서 매우 이례적인 것으로 간주되었다.

19세기 사회학자들에게 있어서 공동체는 정서적 깊이, 도덕적 헌신, 사회적 응집, 시간적 영속성을 특징으로 하는 모든 사회관계를 포괄하는 용어이다. 즉, 특정한 사회적 관계와 유대를 가리키는 개념이자, 근대사회의 비인격성과 익명성에 대비되는 바람직한 사회모델로 제시되었다.

1887년, 독일의 사회학자 퇴니스(Ferdinand Tönnies)는 현대사회는 공동사회인 게마인샤프트(Gemeinschaft)와 이익 사회로서의 게젤샤프트(Gesellschaft)로 구분할 수 있으며 점차적으로 게마인샤프트에서 게젤샤프트로 이동하고 있다는 유명한 논리를 소개한 바 있다. 게젤샤프트에 비해 게마인샤프트는 공동의 의지를 가짐으로써 상대적으로 결집력이 매우 강하고 공고하다. 퇴니스는 정작 현실 사회에서는 완전히 순수한 공동 사회나 이익 사회로 분명하게 구분할 수 있다기보다는 양자가 혼합된 형태로 나타난다고 지적했지만 한편으로 이러한 퇴니스의 주장은 현대사회에서는 이익 사회의 성향이 강하게 나타나면서 결국 전통적인 의미에서의 공동 사회의 공동체성이 소멸한다는 전망의 근거로 작용하기도 한다. 이와 반대의 맥락에서 니스벳은 현대인이 고립감 때문에 공동체를 추구하는 면도 있다고 분석한 바 있다.

학자들은 사회의 성격을 태어날 때부터 속하게 되는 집단과 후천적으로 이익을 위해 모이게 되는 집단의 두 가지로 분류하였으며, 이 과정에서 나타나는 이익 중심의 사회가 현대사회의 특징이라고 불렀다. 그러나 모든 공동체가 자연스럽고 무조건적으로 구성되는 것은 아니다. 언제나 나와 무엇인가 공통점이 있고, 적어도 내가 관심이 있는 곳에만 가입하고 활동하며 온라인 커뮤니티[34]는 가입과 탈퇴가 자유롭기 때문에 언제라도 마음에 들지 않으면 탈퇴하면 그만이라고 쉽게 생각할 수도 있다.

온라인 공간에는 많은 공동체들이 존재한다. 그 모습은 취미 · 스포츠 · 학습 · 팬클럽 등으로 매우 다양하다. 심지어 연쇄살인범의 팬클럽까지 생겨나는 상황이고 보면 가히 온라인 커뮤니티의 폭발 시대라고 보아도 무방할 것이다. 어떤 사람은 온라인 커뮤니티에 쉽게 가입하고 무난하게 활동하면서 유익한 정보를 얻지만 어떤 사람은 하루 종일 욕을 하고, 안티(anti)되기에 열광하며, 자살하기 위한 정보를 공유하는 경험을 하기도 한다.

온라인 커뮤니티는 우리 생활의 긍정적인 면과 부정적인 면이 아주 명확하게 나타나는 공간이다. 인간이 사회적 동물이라는 것이 고대로부터의 당연한 사실이라면, 온라인 커뮤니티는 그렇게 사회적인 동물로서의 인간을 나타내고, 서로를 연결시켜주는 매우 편리한 것이라고 평가할 수 있다. 그렇지만 사람이 기술을 통해 쉽고 편리하게 만날 수 있게 되면서 만남의 소중한 의미가 퇴색하고, 공동체의 미덕이 사라져가고 있는 안타까운 현상도 동시에 나타난다. 더구나 남이 만들어놓은 온라인 커뮤니티에 수동적으로 참여하게 되면 공동 생활의 어려움이나 그 안에서 일어나

**34** 온라인 커뮤니티는 서비스 제공자에 따라 카페 · 동호회 · 클럽과 같은 명칭으로 불리기도 한다.

는 사회적 일탈 행위에 대한 대처 능력이 떨어질 수밖에 없으며, 그 안에서 정해진 규칙에 대한 정당한 이의 제기의 필요성 등 자신의 권리 주장을 하는 것에 미흡해질 수밖에 없다.

오늘날의 온라인 커뮤니티는 선천적인 공통성에 기반하는 것이 아니라 우리가 자라나면서 갖게 되는 공통의 '관심사'를 중심으로 형성된다. 또한 전통적인 의미의 공동체는 직접 만나는 것이 주를 이루지만 온라인 커뮤니티에서는 굳이 직접 만나지 않아도 공동체가 형성될 수 있다. 전통적인 공동체는 모임과 사회를 이루는 인간의 본성의 한 형태라고 할 수 있지만 온라인 커뮤니티는 완전히 전통적 의미의 공동체와 다른 모습이라기보다는 공통의 관심 정도를 공유하면서 현실의 전통적인 공동체를 보완하는 의미의 성격이 강하다고도 볼 수 있다.

전통적 공동체와 온라인 커뮤니티를 비교하면 [표 4-5]와 같다.

**[표 4-5] 전통적 커뮤니티와 인터넷 커뮤니티 비교**

| 구분 | 전통적 커뮤니티 | 인터넷 커뮤니티 |
|---|---|---|
| 형성 동인 | 공적인 동류의식 | 사적인 이해, 관심 |
| 지역성 | 혈연, 지역과 같은 객관적 특성(지리적 기반)으로 모임. 지역적 경계. | 비슷한 관심이나 가치를 중심으로 모임. 지역적 경계 없음. |
| 상호작용 | 면대면 중시 | Computer-Mediated Communication |
| 공동의 유대 | 인터넷 커뮤니티 내에서도 높은 수준의 커뮤니티 감정(Community sentiment: 소속감, 공유 가치, 규범) 존재 | |

* 자료: Bell and Howard(1972), 임현경(1996), 강명수(2002)에서 정리

온라인 커뮤니티의 구성요건은 최소한의 상호작용성 · 의사소통(커뮤니케이션)의 다양성, 최소한의 소속감 유지, 충분한 수의 사람, 충분한 인간적 정서, 충분한 시간, 공개적 토론 등이다. 현대사회에서 온라인 커뮤니티가 중요한 이유는 개인적인 관심과 사회적 활동의 중요성을 모아주는 기능을 하기 때문이다. 즉, 개인 스스로 혼자 해결하는 것보다 많은 필요에 의해 모여 있음으로 인해 쉽고 편리하게 이용할 수 있다는 장점이 있다. 전통적인 혹은 오프라인의 공동체에서는 시공간의 제약에 의해 하기 어려운 일들을 온라인 커뮤니티를 통해서는 쉽게 실천할 수 있다는 장점이 있는 것이다.

온라인 커뮤니티의 특징은 개인은 현실과 가상세계의 구분 없이 놀이와 활동을 지속하면서 새로운 소셜 네트워크를 형성한다는 데에 있다. 마치 싸이월드의 미니홈피를 거의 모든 네티즌들이 사용하게 되면서 일촌 개념 같은 새로운 형태의 공동체가 형성된 것처럼 말이다. 또한 온라인 커뮤니티는 종합적 욕구의 반영체라고 볼 수 있다. 온라인 커뮤니티에는 심리적 욕구(소속감 · 정체성)와 도구적 욕구(정보 획득, 유용성, 편리성), 사회적 욕구(대화, 관계 형성) 등 세 가지 욕구가 응집되어 반영된다. 따라서 온라인 커뮤니티에서는 집단행동이 현실에서 보다 좀 더 쉽게 조직화되어 나타나기도 한다.

그러나 한편으로 온라인 커뮤니티는 매우 일시적으로 보이기도 한다. 제임스 코스티건은 오프라인과 달리 온라인 공동체는 종종 구축되었다가 해체되기도 하는데, 이는 그 구조에 문제가 있기 때문이라기보다는 그 연계가 시간적으로 민감하기 때문이라고 지적한다. 즉, 사람들이 메시지를 읽고 참여하는 한에서만 공동체가 존속하는 것이라고 생각한다면 온라인 공동체는 사람들이 메시지를 발견하면서 나타났다가 사라지기도 하는 것으로도 볼 수 있는 것이다.[35]

(2) 온라인 커뮤니티의 형성 과정

1950년대에는 축음기 발명에 의한 음악 공동체가 출현했다. 프랭클린 루즈벨트 미국 대통령이 라디오를 통해 정기적으로 국민에게 방송하는 노변정담(fireside chat)을 방송한 것도 이 시기이다. 이는 라디오를 정치적으로 이용한 최초의 사례이며, 당시엔 라디오 애청자가 많았기 때문에 이들의 공동체가 형성된 사례이기도 하다.

미국의 유명한 SF 드라마 「스타트랙」을 좋아하는 시청자 공동체들이 생겨 이들을 트레키(Trekkie)라고 부른 것은 최초의 드라마 애청자들의 모임이라고 할 수 있다. 우리나라에서는 2003년의 드라마 「다모」에 대한 열혈 시청자들이 등장하면서 '폐인'이라는 조어가 대중화되었다.[36]

1980년대에 들어와 온라인 게시판이 등장하면서 CommuniTree(샌프란시스코를 거점으로 하는 히피 모임)과 SIMNET(군사용 시뮬레이션의 일종), Habitat 등이 등장했다. 그 이후에는 사이버스페이스라는 말의 시초가 된 윌리엄 깁슨의 소설 『뉴로맨서』가 1984년에 발표되면서 사이버스페이스에서 형성되는 온라인 커뮤니티 개념이 등장했다.

윌버(Wilbur, 1997)는 사이버공동체를 '전에 만난 적이 없는 다른 사람들과 의사소통 공간을 공유하는 경험', '일종의 작업이며 몰입이자 연계'로 풀이했다. 그리고 사이버공동체를 '실재하는 사람들도 아니고 의사소통이 없다는 점'에서 공동체에 대한 환상으로 평가하였으며, 반드시 IT와 연계되지 않아도 가능한 것이며, 전통적인 공동체에 대한 시뮬레이션이라고 평가하기도 했다.

**35** Steve Jones ed(1999: 31).

**36** 우리나라의 '폐인' 가운데 가장 활동적인(active) 폐인은 디지털카메라 정보 공유 모임으로 시작하여 현재는 가장 많은 콘텐츠를 생산하고 있는 디씨인사이드(Dcinside)의 '디씨폐인'일 것이다.

사이버공동체 연구의 가장 대표적인 연구자인 라인골드(Howard Rheingold, 1993)는 1985년부터 개설된 미국 최초의 사이버공동체인 WELL(Whole Earth Lectronic Link)의 특징과 사회적 영향력을 소개한 바 있다. 그는 사이버공동체를 '인터넷에서 충분한 수의 사람들이 충분한 인간적 정서를 가지고 충분히 긴 시간 동안 공개적 토론을 수행함으로써 사이버스페이스 내에 대인 관계망을 형성하게 될 때 나타나는 사회적 집합체'(라인골드, 1997)로 규정하였으며 이는 사이버공동체에 대한 가장 보편적인 개념에 해당한다.

또한 라인골드는 이러한 정의에서 한걸음 더 나아가 '가상 공동체가 가벼운 게임과 같이 단순히 인간의 약점을 물고 늘어지는 것이 아니라 인간의 심층적이고 강렬한 욕구에 대한 답을 줄 수 있다면 오늘날의 작은 온라인 공동체는 향후에 훨씬 거대한 네트워크로 성장할 것이다'[37]라고 예견하였다.

우리나라에서 온라인 커뮤니티에 대해 사람들이 처음 관심을 가지게 된 것은 PC통신 동호회를 통해서였다. 이후 포털의 카페나 클럽 등이 나타났고, 여전히 지금도 많은 사람들이 그러한 인터넷 서비스를 통해 온라인 커뮤니티를 형성하고 있다. 초기의 온라인 커뮤니티 PC통신 내 '동호회'가 현재는 인터넷의 보편화로 인해 온라인상에서 형성되는 모든 공동체를 지칭하는 말로 변화하였다. 한편으로는 경제적 의미에서의 유사한 관심을 가진 소비자 집단으로 평가되어 유사한 관심사 · 가치관 · 라이프스타일을 가진 구성원의 모임으로 이해되기도 한다.

시기적으로는 1990년대 중반에는 PC통신의 동호회 형태가 대부분이었는데, 1997년 초 네띠앙(netian.com)이 본격적으로 웹 커뮤니티 서비스

37 라인골드(1997: 109).

를 시작하면서 온라인 커뮤니티가 본격화되었다. 1999년 포털 서비스 '다음'(Daum)이 '카페'라는 이름으로 커뮤니티 서비스를 시작하였다. 2008년 '다음'은 182개 분야로 분류된 730만 개 카페들이 활동 중인 포털로 성장하였다. 포털이 커뮤니티 서비스에 주력하는 이유는 사람들이 공동체를 형성하면서 포털 서비스를 더 많이 이용하고 오래 머물러 있기 때문에 가장 강력한 소비자 계층을 만들 수 있다는 기대감 때문이었다. 오늘날에도 포털의 커뮤니티는 일반적인 홈페이지 활동을 하는 커뮤니티들보다 상대적으로 강한 활동성을 보이고 있는 것이 특징이다.

2000년에는 아이러브스쿨이라는 학연 커뮤니티, 프리챌의 동호회가 대표적이었는데 당시 우리나라의 온라인 커뮤니티는 다음 8천 개, 프리챌 4만 개, 세이클럽 4만 개 수준이었다. 2001년에는 동호회 내에서의 아바타 등 커뮤니티 내 유료 아이템이 등장하여 우리나라의 인터넷 서비스 업체들은 온라인 커뮤니티를 통한 경제적 수익 창출을 도모하게 되었다. 2002년에는 다음의 클럽과 세이클럽 커뮤니티 등이 부상했다. 이듬해인 2003년에는 다음(클럽), 네이버(카페) 등이 부각되고, 현재까지도 커뮤니티를 표현하는 고유명사로까지 활용되고 있다.

우리나라 온라인 커뮤니티의 형성 과정은 초기의 가입하는 동호회에서 이제는 회원 스스로 만드는 동호회로 변화하고 있다는 것이 가장 큰 특징이다. 즉 예전에는 누군가 만들어놓은 곳을 찾아서 가입하는 과정을 거쳤다면, 이제는 내가 만들어서 다른 사람들을 모으는 적극적인 의미로 변화하게 된 것이다. 현재 포털 사이트의 커뮤니티, 커뮤니티 전문 사이트의 커뮤니티, 독자적인 소비자 모임, 팬클럽, 마니아 등의 다양한 성격을 가진 다수의 커뮤니티가 다양하게 존재하고 있다.

### (3) 온라인 커뮤니티의 특징

온라인 커뮤니티의 특징은 첫째, 유사한 문화를 공유하는데 일차적으로는 개인의 관심사별로 유사한 사람들이 모인 곳이기 때문이다.

둘째, 이러한 관심의 종류가 상품으로 수렴될 경우 유사한 관심을 가진 소비자 집단의 특성을 띠기도 한다. 즉, 유사성이라는 특징으로 인해 비슷한 소비자층이 형성되어 있는 공간으로서 기업이 접근하기 좋은 소비자 집단으로 평가되기도 한다. 소비자로서의 온라인 커뮤니티를 통해 기업은 유익한 구매(공동구매), 시장 조사, 연구 개발 정보와 더불어 도움과 서비스를 무료로 제공하기도 한다. 관심사가 같은 소비자들이 모여 있기도 한 곳이기 때문에 다른 집단보다 관련 상품의 정보에 관심이 많다는 것이다. 이미 디씨 페인으로 유명한 디씨 인사이드의 경우는 원래 디지털 카메라 정보를 공유하는 모임이었으며, 세티즌과 같은 곳은 휴대폰 정보를 공유하는 온라인 커뮤니티이다.

셋째, 약한 유대의 공동체이다. 온라인 커뮤니티는 과거의 혈연 · 지연 · 학연처럼 단단히 결속되어 있는 것이 아니라(강한 유대: strong tie) 이합집산이 자유롭다는 이동성이나 약한 연대감(weak tie)이 특징이 되기도 한다. 온라인 커뮤니티 내에서는 스스로가 언제 떠나도—익명성과 이동의 자유로움 때문에— 다른 사람들이 알지 못하는 경우가 대부분이다.

### (4) 온라인 커뮤니티의 종류

연구자들의 분류가 아니라 실제 포털에서의 분류를 보면 우리나라 온라인 커뮤니티의 현황을 개략적으로 파악할 수 있다. 가령, 우리나라 온라인 커뮤니티에서 가장 중요한 커뮤니티의 종류로는 지역이나 동창/동문이 가장 압도적으로 많아서 오프라인에서의 지연과 학연을 반영하고 있다는 생각을 하게 된다. 그 다음으로 많은 것은 친목 혹은 팬 카페 그리고 온라인에서 가장 인기가 좋은 게임 관련 커뮤니티들이다.

**[표 4-6] 네이버와 다음의 카페 분류 유형**

| 네이버(Naver) | 다음(Daum) |
|---|---|
| 지역 | 지역/고향 |
| 동창/동문 | 동문회 · 친목 · 팬카페 |
| 친목/모임 | 중고교 · 대학/대학원 |
| 팬카페 | 게임 |
| 게임 | 만화/애니메이션 |
| 만화/애니메이션 | 영화 · 음악 · 여성 |
| 영화/비디오 | 방송/연예 |
| 음악 | 종교 · 취미 |
| 방송/연예 | 문학/예술 |
| 취미 | 과학/인문 |
| 문학/창작 | 정치/사회 |
| 문화/예술 | 경제/금융 |
| 인문/과학 | 교육/외국어 |
| 정치/사회 | 컴퓨터/인터넷 |
| 경제/금융 | 생활/건강 |
| 교육/외국어 | 스포츠/레저 |
| 컴퓨터/인터넷 | |
| 종교/봉사 | |
| 생활/건강 | |
| 스포츠/레저 | |

* 2009년 3월 현재 분류

이와 같은 커뮤니티는 사람들이 무엇을 중심으로 움직이고 있는가를 반영한다. 즉 여전히 사람들의 주요 관심사는 문화적인 여가생활이 압도적이고, 온라인 공간을 또 다른 흥미를 개척할 수 있는 대안 교육이나 사회적 인식 확장의 기회로 활용하는 경우는 상대적으로 적다는 것을 의미한다.

실제 분류와 달리 연구자들은 이러한 커뮤니티들을 유형별로 분류한다. 대략 정보를 공유하는 유형, 소비자로서 활동하는 유형 그리고 취미를 공유하는 유형으로 나눠지는데 이 세 가지 유형 외에 사회적인 활동 분야의 커뮤니티는 여전히 상대적으로 부족하다는 것을 알 수 있다.

**[표 4-7] 온라인 커뮤니티 유형**

| 활동 유형 | 커뮤니티 이름 | 주요 활동 |
|---|---|---|
| 정보 공유형 | 전자사전 세상 | 각 브랜드별 전자사전 신제품 정보 · 구입 · 판매할 수 있는 정보 공유 |
| | 세티즌(cetizen) | 국내 최대 휴대폰 사용자 모임. 휴대폰 관련 정보 공유 |
| | 디시인사이드 | 디지털카메라 사용자 모임으로 시작하여 거의 포털에 가까운 형태로 성장한 가장 대표적인 정보 공유형 모임. 900여 개의 주제 갤러리(gallery, 일명 디시갤) 운영 중 |
| | 패밀리 레스토랑 카페 | 패밀리 레스토랑을 싸게 이용할 수 있는 팁이나 쿠폰 그 외의 정보 공유 |
| 소비자형 (프로슈머형, prosumer) 혹은 불만 표출형 | 화장~발 | 화장품 정보 공유 공동체. 단종되었던 제품을 카페 회원들의 요구로 재생산하게 할 정도의 힘을 가진 카페 |
| | 휴대폰 소액결제 피해자 모임 | 인터넷상에서 악명을 떨치고 있던 사기꾼을 검거하여 큰 역할을 한 카페 |
| | 아내모 | 아파트값 내리기 모임. 부당한 부동산 가격을 안정시키기 위해 정치인 간담회를 여는 등 활발하게 활동 |
| | 보험소비자협회 | 변액보험 피해자들이 힘을 모아 보험 소비자의 권리를 되찾는 운동을 진행 중 |
| | 리콜 쌍용 | 결함 있는 차를 수리하여 새 차처럼 판매한 쌍용자동차를 상대로 형사소송을 제기하기도 함 |
| | 미국 이민 갈 사람 다 모여라 | 이민 피해자 정보 공유 |
| 취미 공유형 (정보 공유형과 유사) | MLB Park | 미국 메이저 리그 야구에 관심 있는 사람들의 모임. 주로 20~30대 남성 네티즌들이 활동. '불펜'이란 이름의 자유게시판을 통해 여론 형성 |
| | 세리에A 매니아 | 골프 커뮤니티 |
| | NBA 매니아 | 미국 프로농구 커뮤니 |
| | 베스티즈 | 가요 동영상과 뮤직 미디어 정보 |
| | DVD 프라임 | 전문적인 DVD 마니아 모임 |
| | 엽혹진(엽기 혹은 진실) | 연예계 정보 공유 모임 |

(5) 온라인 커뮤니티의 쟁점

① **공동체에서의 사회 자본**(social capital)

온라인 커뮤니티에서 가장 많이 형성되는 것은 사회 자본이다. 경제적이고 일반적 의미에서 구체적이고 눈에 보이는 형태의 돈과 같은 것을 자본(capital)이라고 한다. 돈을 가지고 상품을 사고, 집을 사는 것처럼 자본은 경제적 생활을 유지시켜주는 밑거름이다. 사회 자본은 사회생활을 가능하게 해주는 밑거름을 의미한다. 즉, 사람과 사람 사이의 관계가 신뢰, 네트워크, 규범으로 형성된다는 것이 사회적 자본의 중요한 요소들이다.

사회 자본은 미국의 정치학자 로버트 퍼트남(Robert D. Putnam)의 연구로 인해 유명해진 개념으로서 공동체의 유지를 설명할 때 가장 유용한 개념이다. 즉, 서로간에 믿고, 서로간에 연결되어 있으며 공통으로 공유하는 규범이 있기 때문에 사회생활이 유지된다는 것이다.

퍼트남은 사회가 발전하면서 공동체보다는 개인을 중시하게 되고 TV를 보면서 밖에 나가서 사람들을 만날 생각도 하지 않는 현상이 만연되면서 미국 사회에서의 공동체 생활과 사회적 자본이 감소하고 있음을 비판하였다. 그는 이렇게 개인화되어가는 현상을 『나홀로 볼링』[38]이라는 자신의 책 제목을 통해 효과적으로 표현하였다. 즉, 과거에는 많은 커뮤니티 활동과 자율적인 지역 활동을 통해 공동체 생활이 활성화되었고, 그 과정에서 주말에 모여 볼링을 치며 서로의 의견을 공유하는 경험이 많았지만, 이제는 볼링을 혼자 하는 개인이 나타내는 바와 같이 공동체의 붕괴, 즉 '사회 자본'인 유대관계의 쇠퇴가 나타나고 있다고 비판하였다.

그러나 한편으로는 이러한 퍼트남의 지적도 인터넷을 통해 보편화된 온라인 커뮤니티에서는 오히려 공동체 폭발 현상이 일어나고 있기 때문

**38** Bowling Alone, Better Together.

에 이제는 현실적으로 맞지 않게 되었다는 비판이 제기되기도 한다.

② 기만과 사기

2008년 2월에는 베스트드레서 사건을 통해 운영자가 협찬금을 유용한 문제가 불거져 이에 항의한 회원을 중심으로 카페 '소울 드레서'가 탄생하였고, 2008년 11월에는 화장품 정보제공 커뮤니티인 닥터 윤주 사례[39]에서 이와 같은 일이 또 발생하였다.

다양한 종류의 커뮤니티가 있다 보니 자살 커뮤니티와 같은 곳에서 정보를 공유하고 자살을 독려하는 이상현상도 발생하고 심지어 연쇄살인범을 옹호하는 모임을 만들기도 한다.[40] 또한 모든 것에 관심이 있다 보니 범죄 정보를 공유하거나 마약 거래, 장기 밀매, 문서 위조, 장물 거래를 하기도 한다.

이외에도 많은 사람이 모여 있다 보니 아이디 혹은 카페 불법 매매,[41] 현피(現P, 실제 Player Kill) 등의 문제가 발생하기도 한다.

---

39 다음 카페 '닥터윤주의 화장품나라'(cafe.daum.net/cosmetic1, 최근 닥터윤주로 개명)는 16만 명이 회원으로 활동했던 화장품 정보제공 사이트였다. 운영자인 강윤주 씨가 추천한 화장품이라면 회원들이 신뢰하고 구입했기 때문에 화장품 마케팅의 방향을 결정할 정도의 영향력을 가진 매우 영향력 있는 카페였다. 그러나 운영자가 기업들에게 회당 50만 원의 돈을 받거나 협찬을 받았다는 사실이 보도되면서 회원들이 운영자의 부당한 처사에 항의를 하는 사태가 발생했다. 해당 사실을 공지해야 한다는 '다음 카페' 규정을 어겼을 뿐만 아니라 개인적인 이득을 취한다는 것이 그 이유였다. 이에 항의한 회원들이 강제 탈퇴를 당하면서 사태는 걷잡을 수 없이 확대되었고 쫓겨난 회원들은 '닥터윤주 사태 비상대책위 카페'(cafe.daum.net/cosmetic-world)에 모여 대책을 강구하기에 이르렀다(「시사IN」, 2008년 11월 24일 보도 참조).

40 물론 2009년 2월에 만들어진 이 카페는 연쇄살인범을 옹호하기보다는 연쇄살인범의 인권을 생각해보자는 취지로 만들어졌지만 언론에서는 이를 연쇄살인범 옹호 및 연쇄살인의 정당성 부여로 해석하였다.

41 2007년 8월에는 포털이 본인 확인제를 추진하는 과정에서 10만 명의 아이디가 도용되어 국내외에서 불법 거래가 된다는 사실이 보도되기도 하였다.

## 3. 지식사회와 소셜 네트워크

### 1) 자기조직화와 집단지성

네트워크 사회에서 시민들의 자기조직화와 집단지성은 좋은 평판을 얻기 위한 자발적 과정임과 동시에 좋은 동기를 실천하려는 것으로 평가할 수 있다. 법학자이자 네트워크 이론가인 요차이 벤클러(Yochai Benkler)는 『네트워크의 부』(*The Wealth of Networks*)에서 시장 외적인 그룹 가치 창출을 '공유지 기반 또래집단 생산'(commons-based peer production)이라고 일컫고, 사람들이 어떻게 금전적 보상을 받으려 하지 않고 기쁜 마음으로 협력하는지에 주목하라고 지적했다.[42]

대표적인 자발적 집단지성 사례인 위키피디아[43]의 경우에 다음과 같은 사례만 보아도 신속한 집단지성의 메커니즘을 구축하고 있음을 알 수 있다. 2005년에 영국 런던 지하철에서 폭탄이 터지자 몇 분도 지나지 않아 누군가 「2005년 7월 7일 런던 폭발 사건」이란 제목의 위키피디아(Wikipedia) 페이지를 만들었다. 이 글이 처음 등장했을 때는 다섯 문장 분량으로, 폭발의 원인이 지하철 내 이상 전압으로 설명되었다. 이는 사건 직후부터 버스 폭발이 지하철 폭발과 관련이 있음을 밝혀지기 전까지 떠

42 서키(2008: 145).

43 위키피디아는 미국 플로리다 주에 위치한 위키미디어 재단(Wikimedia Foundation)이 운영하며, 웨일스가 초기 50만 달러를 투자해 설립되었으며 현재 재단 예산은 기부금 등으로 충당된다. 자료에 의하면 폭증하는 접속으로 인해 현재 350개가량의 서버를 운영하고 있으며, 2007~2008년 예산은 450만 달러로 잡혀 있다. 현재 위키피디아에는 250개의 언어, 16만 명의 자발적 참여자가 모여 1,000만 개 이상의 페이지를 함께 만들어내고 있다. 위키피디아에서 wiki는 하와이어의 '빨리빨리'를 의미하며, '백과사전'(encyclopedia)이라는 말은 그리스어의 'enkloi'(circle)와 'paideia'(learning)에서 유래하였다(김상배 엮음, 2008: 78~79; 송인혁 · 이유진 외, 2010: 91). 한편 2006년에 과학 전문 저널 『네이처』(*Nature*)에서는 위키피디아가 브리태니커 백과사전보다 콘텐츠의 양이 4배나 되면서도 정확성 역시 뒤떨어지지 않음을 밝혀냈다.

[그림 4-6] 소셜 미디어에 의한 조직구성의 변화와 사회적 가치

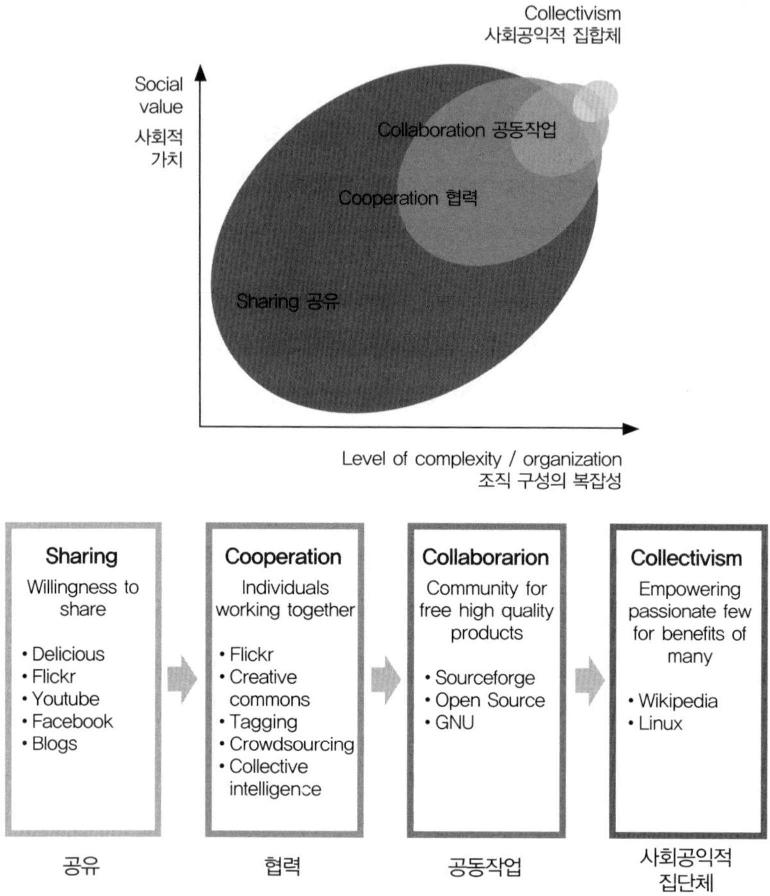


* 출처: 박남호(2009: 7, 체인지온 발표문)

돌던 가설 중 하나였는데, 그 후 위키피디아 페이지에는 추가 소식이 들어오면서, 처음 4시간 동안 1,000회가 넘게 편집되었다.[44]

---

44 Shirky(2008: 128).

이와 같은 집단지성 프로젝트가 성공하기 위해서는 핵심, 기여, 관계 맺기, 협업, 창의성이라는 5가지 성공 원칙이 구현되어야 하는데, 현재로서는 비록 진화의 단계에 머물러 있지만 시민의 자발적 정보 공유가 극대화될 경우에 공공 부문이나 제도 영역에서는 광범위한 변화가 나타날 것으로 예견할 수 있다(리드비터, 2008).

### 2) 트위터의 사회적 연결성

2008년부터는 140자 이내의 단문 텍스트를 통해 네트워크를 확장하고 있는 미니 블로그 방식의 대표적인 서비스 트위터가 유행하면서 소셜 네트워크를 활용한 정보 생산 권력의 확대 현상이 나타나고 있다.[45] 트위터는 2006년에 서비스를 처음 시작하였으며 2008년 5월의 중국 쓰촨성(Sichuan) 지진과 2008년 11월의 인도 뭄바이 테러를 세계 최초로 실시간으로 알린 것으로 유명하게 된 서비스로서 많은 콘텐츠를 포스팅하는 블로그에 비해 텍스트만이 주요 내용이기 때문에 '미니 블로그'(mini blog), '마이크로 블로그'(micro blog) 혹은 '한줄 블로그'라고 부르기도 한다.

45 2010년 2월 현재까지 출간되어 있는 책들 가운데, Joel Comm(2009)과 송인혁 · 이유진 외(2010)가 트위터로 인해 나타난 사회적 변화를 가장 잘 설명해주고 있는 자료이다.

[그림 4-7] 국내 트위터 월 방문자 수 추이(2009년 1월~2010년 1월)

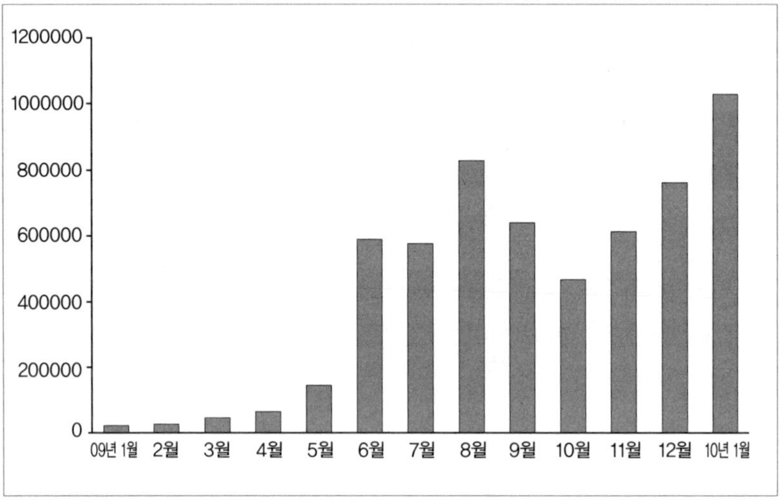


* 출처: 랭키닷컴(2010년 2월 9일 자료)

휴대전화로도 트위터에 문자를 올릴 수 있는 간편함 때문에 2008년 현재 과거의 구글이나 마이스페이스(Myspace)에 이은 차세대 유망 서비스로 평가되기도 한다.[46] 물론 일상적인 소식을 140자로 올리는 것이 다는 아니다. 트위터는 새로운 사용자나 고객을 발굴하는 강력한 네트워킹 도구로서도 매우 중요하고 편리한 방법인 동시에 유용한 정보를 얻는 데도 탁월한 수단이다.[47] UCC가 이용자의 관여도가 높은 콘텐츠[48]를 통해 파급

---

**46** 2006년에 마이스페이스의 미국 가입자는 1억 명이었으며 채 2년이 되지 않아 2억 명으로 늘어났다. 그런데 후발 주자인 페이스북은 서비스 개시 1년 만에 1억 명이라는 가입자를 확보하여 2010년 현재 미국에서 고유 방문자 수 순위 1위를 기록하고 있다(또 다른 통계에 의하면 IT 전문 조사업체인 컴스코어의 2009년 12월 조사 결과, 페이스북의 미국 내 방문객 수는 1억 1천 2백만 명으로 미국 전체 인터넷 인구의 54%에 이른다). 그런데 트위터는 1년 만에 4,300%라는 성장세를 기록하며 고유 방문자 수 순위 3위를 차지하였다. 이와 같은 소셜 네트워크 서비스들의 엄청난 성장세는 다른 한편 소통의 새로운 가능성을 나타낸다고 할 수 있다(송인혁 · 이유진 외 2010: 63~65).

**47** Joel Comm(2009: 16).

력을 확대하고 있는 서비스라면 트위터의 경우는 관여도는 매우 낮은 것처럼 보이지만 오히려 그러한 매우 사소한 일상적 생활과 지속적인 생각의 공유를 통해 정보 생산 권력을 확대하는 전략으로 이용되고 있다.

**[표 4-8] 트위터의 정보 생산 권력 사례**

| 서비스 구분 | 사례의 내용 및 특징 |
|---|---|
| 재난 실시간 보도 | • 2007년 10월: LA 소방국, 캘리포니아 화재 관련 속보 제공<br>• 2008년 5월: 중국 쓰촨성 지진을 세계 최초로 알림<br>• 2008년 11월: 인도 뭄바이 테러 사건 뉴스를 세계 최초로 알림<br>• 2009년 7월: 중국 위구르 유혈 사태를 가장 먼저 보도(중국의 CCTV는 하루 늦게 시위 사건을 보도함) |
| 정치활동 도구 | • 2008년 10월: 이스라엘, 가자지구 공격에 대한 공식 발표로 활용(트위터를 공식적으로 활용한 세계 최초의 정부)<br>• 2008년 미국 대통령선거, 오바마의 선거 플랫폼으로 적극 활용됨<br>• 2009년 5월: 독일의 일부 의원이 트위터를 통해 사전 선거 결과를 발표하여 논란이 됨.<br>• 2009년 6월: 이란 부정선거에 항의하는 민주화 시위 확산의 도구로 활용됨(순식간에 6천명이 친구[follower]로 등록)<br>• 2009년 7월: 영국 정부, 공무원들에게 트위터 활용 지침 지시<br>• 2009년 7월: 일본 선관위, 이미지 선거금지 조항에 위배되므로 선거운동 때 사용 금지 |
| 기타 사회적 이슈 | • 2008년 4월: 이집트에서 미국 시민이 반정부 사진으로 인해 체포된 사건을 알림(지인과 정부의 노력으로 다음날 석방)<br>• 2009년 6월: 중국, 트위터와 플리커 접속 차단(e-만리장성)<br>• 오노 요코의 '월요일에 고기 안 먹기 운동' 전개로 수많은 사람들이 채식주의자로 전환<br>• 구순구개열 어린이 돕기 운동을 통해 140명의 어린이 도움<br>• 적십자, 그린피스(Greenpeace), 아메리칸 캔서(American Cancer) 등의 시민단체들의 활발한 운동<br>• 아나바다 장터, 독거노인과 고아원에 김치 나누기 행사(100% 트위터 자원봉사자)<br>• 트윗 나눔: 트위터를 이용한 기부 서비스(트윗 1개당 1원, 2009년 11월 29일 기준 402명 참여, 1,039만 원 모금) |

**48** UCC는 제작하기 위한 전문 기술 사용 능력, UCC를 가공하고 사이트에 올리는 시간 등 사용자의 물리적 · 정신적 노력이 많이 들어가기 때문에 사용자의 관여도가 높다고 평가한다.

이미 많은 해외 주요 사건의 가장 신속한 전파자로서 정치적 중요성이 더해지고 있는 트위터의 경우에 [표 4-8]에서 정리한 바와 같이, 재난 경보, 정치활동, 기타 사회적인 이슈의 확산에 매우 중요한 영향을 미치고 있다. 이외에도 많은 정치인들은 자신들의 일상과 의정활동을 통해 끊임없이 네티즌과 소통하고 있으며, 이를 통해 멀게만 느껴졌던 정치인들과의 친숙한 의견 나눔을 통해 정치에 대한 관심과 신뢰도가 높아지고 있다고 평가할 수 있는 상황이 되었다.

트위터의 가능성은 단순한 일상성의 공유에만 있는 것이 아니다. 마치 실시간 미니홈피 서비스와 같은 트위터에서는 현장에서 실시간으로 올리는 사진에 대한 공유뿐만 아니라 신속하게 소식을 알리고, 의제를 제안하고, 협업을 수행하며 서명운동까지 하는 등 트위터의 작업은 언제나 복합적이고, 트위터의 시간은 언제나 멈추지 않는 세계의 실시간이다.

### 3) 소셜 미디어의 저널리즘

연결의 사회에서 많이 나타나는 소셜 네트워크 서비스들은 수많은 사람들을 신속하게 연결할 수 있다는 파급력 때문에 기존 언론과 긴장관계 혹은 기존 언론을 소셜 미디어[49]화하는 데 영향을 미치고 있다. 이미지 공유 서비스인 플리커는 2005년 런던 지하철 테러사건이 발생했을 때 그 어떤 매스미디어보다 먼저 사이트에 사진을 게시하면서 유명해진 서비스이다. 물론 이 서비스도 소셜 네트워킹이 가능한 만큼 사건 사진뿐만 아니라 관련된 수많은 메시지도 게시되는 것이 특징이다. 플리커는 이후에도 2004년 말 인도양의 쓰나미와 2006년 태국의 군사쿠데타를 알려 더더욱 유명해지는데, 사건 발생 직후에는 사진과 함께 위키피디아에 관련 항

49 소셜 미디어는 이를테면 '청중이 만들어낸 콘텐츠'를 의미한다(Joel Comm 2009: 24).

목이 신속히 개설됨으로써 일종의 정보센터 역할을 하기도 한다.

기존 언론이 소셜 미디어를 적극적으로 활용하는 경우로는 이코노미스트와 허핑턴 포스트가 대표적이다.[50] 2009년 12월 현재 이코노미스트(economist.com)는 향후 6개월 이내에 트위터 팔로워(follower) 숫자를 현재의 9만 3천 명에서 75만 명으로 늘리고, 페이스북 이용자도 현재의 18만 1천 명에서 50만 명까지로 늘리겠다고 발표하였다. 이코노미스트의 이 같은 소셜 미디어 활용 전략은 웹 트래픽을 늘리고, 신규 독자를 발굴하는 데 소셜 미디어를 적극 활용하겠다는 의지의 표명으로 해석된다.

이코노미스트가 노입할 '페이스북 커넥트 서비스'란 페이스북 계정으로 이코노미스트 사이트에 로그인해 댓글을 남기거나 링크를 달 수 있는 서비스이다. 페이스북 커넥트로 로그인해 링크와 댓글을 남기면 이코노미스트 사이트는 물론 자신의 페이스북 계정에도 올라가기 때문에 페이스북 친구들도 자연스럽게 댓글이나 링크된 기사를 볼 수 있다. 또한 이코노미스트는 자신의 웹사이트에 소셜 미디어적인 요소를 가미, 독자들이 프로파일(자기소개) 페이지를 직접 만들고, 자신이 올린 댓글을 다른 사람들이 추천하는 이른바 '평판 체계'(Reputation system)도 선보이기로 했다.

페이스북 커넥트 서비스는 이미 허핑턴포스트도 도입해 효과를 인정받은 바 있다. 허핑턴포스트는 페이스북 커넥트 도입 전에 월간 순방문자가 6백 80만 명 정도였는데, 커넥트 도입 이후에는 9백 47만 명에 달할 정도로 신규 독자가 증가한 것으로 평가하였으며 이는 이미 순방문자 숫자에서 「워싱턴포스트」를 앞섰으며 순방문자 720만 명인 「BBC」도 추월한 기록이다.

---

**50** 「언론사의 소셜 미디어 활용전략」(「전자신문」, 2009년 12월 29일).

언론들이 페이스북 커넥트 서비스에 열을 올리는 것은 페이스북 가입자가 전세계적으로 3억 5천만 명에 달하는 데다가, 가입자들이 하루 평균 25분을 페이스북에서 보내는 등 영향력이 갈수록 커지고 있기 때문이다. 이 같은 추세를 반영해 자신의 사이트에 페이스북을 연결해주는 커넥트 서비스를 인스톨하는 사이트들이 계속 증가 추세이다.

### 4) 모바일 SNS 커뮤니티[51]

한편으로는 유선 웹을 기반으로 한 온라인 커뮤니티가 현재까지 대세를 이루었다면 일찍이 휴대전화 문화가 발전한 일본의 사례에서 보는 바와 같이 모바일을 통한 커뮤니티 활동이 가속화될 가능성도 매우 높다. 특히 스마트폰의 보편화와 함께 웹 접속이 편리해지고 실시간 대화와 정보 유통이 가능한 현재의 환경에서는 모바일 커뮤니티의 활성화가 가능한 환경이 마련되어 있다고 해도 과언이 아니다.

**[표 4-9] 일본의 모바일 커뮤니티 서비스 현황**

| 서비스 구분 | 서비스명(일간 PV, 페이지 뷰) |
|---|---|
| 게임/SNS | 모바게타운(2억) |
| 모바일 페이지 랭킹 | Awalker(1.7억) |
| Mixi 연동(SNS) | mixi 모바일(1억) |
| 유무선 연동 옥션 | 모바오쿠(0.7억) |
| 게시판 포털 2ch 포워딩 | 2ch 모바일(0.6억) |
| 야후 재팬 모바일 | 야후 모바일(0.4억) |
| 모바일 홈페이지 무료 제작 | 포레스토(0.4억) |

* 황현수(2007: 23)

**51** 모바일 커뮤니티의 다양한 사례에 대한 소개로는 황현수(2007: 24~29) 참조.

특히 2006년 서비스를 시작한 모바게타운[52]의 경우에 서비스 시작 1년 만에 회원수가 260만 명이 되는 급성장을 하였는데 이 서비스에서는 모바일 일기를 쓰고 아바타로 자신을 표현할 수 있으며, 모바카레, 모바카노조라는 가상의 남자/여자 친구를 사귈 수도 있다. 실제 만남과 탈선을 방지하기 위한 전담 모니터링 팀이 운영되기도 하는데 모바학교라는 게시판과 서클을 제공하고, 대전 게임을 통한 채팅 및 커뮤니티 서비스도 제공하고 있다. 이와 같이 모바일을 통한 커뮤니티 서비스가 확대되면서 이제는 더욱더 사용자나 콘텐츠간의 대화가 활성화될 수 있게 된 것이다.

또 다른 모바일 커뮤니티 서비스로는 Playtxt(Playtxt.net)가 있는데 이 서비스는 휴대전화의 문자서비스(SMS)를 통한 글로벌 모바일 커뮤니티를 표방하고 있는 것이 특징이다. 2007년 현재 238개국의 192,872개 장소를 분류하여 지원하는데 웹이나 모바일을 통해 근처에 있는 회원을 확인하고 프로필을 보고 메시지를 전송할 수 있도록 지원한다. 또한 웹에서는 모바일을 통해 모바일에서 수신되는 위치 정보를 각 친구의 현재 장소로 분석하여 구글맵 어플리케이션 위에 표시해주기도 한다.

닷지볼(Dodgeball.com)의 경우는 텍스트 위주의 소셜 네트워크 구성과 모바일 위치추적 기능을 접목하여 미팅 서비스를 제공한다. 이 서비스는 적극적인 인맥 형성에의 요구와 모바일 기기의 위치 정보성과 실시간성을 결합하여 세 가지 주요 서비스를 제공하는데, 첫째, 친구에게 자신의 위치 정보와 시간 정보를 표시한 메시지 전송, 둘째, 근처의 친구의 친구 목록을 받아서 메시지 전송, 셋째, 프로필을 통해 연인 대상을 설정한 후 위치상 근처에 다가오면 알려주는 서비스로서 미국의 22개 도시에서 서비스를 제공하고 있다.

---

**52** 모바게타운의 회원은 70% 이상이 10대라는 것이 특징이다.

[그림 4-8] 일본의 모바게타운 서비스

* 황현수(2007: 24)

또 다른 모바일 SNS 서비스인 소셜라이트(Socialight.com)의 경우는 핸드폰으로 각 위치에서 지도에 sticky note라는 메모를 전송하여 정보를 공유하고 핸드폰으로 자신의 위치에 필요한 노트를 검색해서 찾아볼 수 있게끔 한다. sticky note는 비디오클립이나 텍스트 · 이미지 · 사운드 등 다양한 형태의 sticky note를 핸드폰과 컴퓨터를 통해서 업로드할 수 있으며 하나의 주제를 가진 sticky note를 서로 업로드하면서 정보를 교류하는 커뮤니티 서비스도 가능하다.

## 제2장
## 온라인 네트워크 사회운동

일반적으로 정치참여[53]는 "시민들이 원하는 방향으로 정부가 행동하도록 영향력을 행사하는 가장 중요한 도구적 행위"[54] 혹은 "어떠한 정치체제에서든지 일반인들이 지도자의 행동에 영향을 미치거나 지도자를 교체하기 위한 행동",[55] "정부의 결정에 영향을 미치기 위한 시민의 행동"[56]으로 정의된다.

피파노리스는 정치참여는 민주주의의 필요조건이지 충분조건은 아니라고 지적하였다. 즉, 정치참여의 가치가 상징적 · 명목상 의미에 그치는 것이 아니라 실질적 의미를 갖기 위해서는 다양한 제도가 효율적으로 기능해야만 시민의 목소리를 대의 정치에 적극적으로 반영할 수 있다는 것이다. 따라서 참여를 실질적으로 보장해주는 장치가 없이는 아무리 참여

53 일반적인 시민운동의 정치참여에 대한 정의와 유형 분류에 대해서는 이영제(2006: 250~253)를, 그리고 온라인 사회운동의 유형 분류에 대해서는 김용철(2008) 참조.

54 Verba, Nie(1972).

55 Nelson(1987: 104).

56 Huntington, Nelson(1976: 3~10).

행위가 높아도 민주주의와 무관할 수 있다고 강조하였다.[57]

정치참여는 자발적이라는 점에서 외부로부터 강제된 동원과 구별되는데 합법성 여부나 체제에 대한 정향을 기준으로 순응적 참여, 저항적 참여, 저항이라는 유형으로 분류할 수 있으며, 참여의 범위를 기준으로 해서는 공동체 활동, 협의, 정책 형성과 집행 과정에 대한 참여로 구분할 수 있다. 물론 선거에 대한 참여를 기준으로 하여 정치세력화의 유무로도 구분할 수 있는데 제2장에서는 이와 같은 시민의 정치참여를 시민사회의 집단화된 참여로 평가하며 국내외 사회운동[58]의 변화 과정과 특징을 알아본다.

사회운동은 '사회의 가치관 및 제도를 변경할 목적으로 행하는 의도적 집단행동'으로서 사회운동이 활발하게 전개되기 위해서는 잠재적인 지지자들과의 효과적인 커뮤니케이션이 절대적으로 요구된다. 여기에서 효과적인 커뮤니케이션이란 저렴한 비용으로 신속하고 정확한 정보를 제공하고, 광범위하고 조밀한 네트워크 구축을 통해 나름의 독특한 집단 정체성을 형성하고 공유하는 것을 의미한다.[59]

## 1. 한국의 온라인 네트워크 사회운동

우리나라의 온라인 사회운동은 제3부에서 소개한 2000년 총선시민연대의 웹사이트에서의 낙천낙선 대상자 명단 공개를 통한 운동으로 가시

57 Pippa Norris(2002: preface).

58 온라인 사회운동은 온라인 액티비즘(online activism), 혹은 사이버 액티비즘(cyber activism)으로 표현하기도 한다.

59 김용철(2008: 8).

화되었다. 한편으로는 그 이전인 1999년의 안티닉스 사태로 나타난 안티 소비자운동 사례도 있는데 이와 같이 우리나라의 온라인 사회운동의 큰 줄기는 안티 운동과 정치적인 부분에서의 촛불집회라는 특징으로 나타난다고 볼 수 있다.

### 1) 촛불집회에서의 온라인 네트워크[60]

우선 정치적인 부분에서의 촛불집회를 분석하자면, 2002년의 효순 · 미선 촛불집회, 2004년의 탄핵반대 촛불집회에 이어 2008년 5월 2일부터 시작된 '미국산 쇠고기 수입 반대 촛불집회'(이하 2008 촛불집회)는 ICT 활용을 통한 민주주의의 변화 내지 진화 가능성을 보여준 대표적 사례가 되었다. 이전의 사례에서도 ICT가 활용되었지만 2008 촛불집회는 이제까지의 온라인 사회운동 가운데 가장 다양한 ICT 문화를 응축적으로 반영하고 있으며, 참여 수준도 과거 그 어느 때보다 대단히 높았고, 무엇보다 기존 온라인 사회운동과는 다른 구조와 행위자가 등장한 새로운 사례로 평가할 수 있다.

한편으로는 우리 사회뿐만 아니라 전세계의 어떤 곳에서도 유사한 선례를 찾아보기 어려운 매우 폭발적인 참여 가능성을 보여준 전무후무한 사회운동의 유형을 보여줌으로써 이상적인 유형(ideal type)의 온라인 사회운동 틀을 제시하고 있으며 인터넷이나 ICT를 통한 민주주의의 변화 가능성에 대해 재고할 수 있는 좋은 기회를 제공한다.

#### (1) 2008 촛불집회의 일반적 특징

2008 촛불집회에 나타난 시민사회의 대항 담론과 사회운동 측면에서

60 조희정 · 강장묵(2009)을 참조하여 재구성.

의 특징은 [표 4-10], [표 4-11]과 같이 간략하게 정리할 수 있다.

2008 촛불집회는 광우병 발생 우려가 있는 30개월 이상 미국산 쇠고기를 특정 위험 물질까지 포함하여 제한 없이 수입하겠다는 정부의 전격 발표에 대한 항의에서 시작하였는데 촛불집회 과정에서 황우석 사태와 같은 과학적 지식이나 발병 우려에 대한 정부의 설명 등이 구체적으로 전개되기보다는 교육 정책이나 대운하 정책, 민영화 정책 등 정부의 새로운 정책에 대한 비판과 정부의 대응에 대한 비난이 주요 내용을 구성하였다.

물론 이러한 과정은 일부 조직을 중심으로 반정부 투쟁이나 반미 투쟁이라는 과격한 정치적 투쟁으로 진행되었다기보다는 생활 이슈에 주목한 다양한 시민이 참여하여 문화제와 같은 비폭력, 준법투쟁을 중심으로 진행되었다. 또한 정부의 잘못된 정책을 제지하지 못한 대의민주주의 중요 행위자로서의 정당의 역할과 능력에 대한 심각한 의구심이 제기됨으로써 인터넷 사회운동과 맞물려 대의제의 위기 담론을 야기하였다.

[표 4-10]에 정리된 2008년 촛불집회의 종합적 특징에 더하여 [표 4-11]에 나타난 사회운동으로서의 촛불집회의 특징을 보면 무엇보다 과거와 다르게 ICT의 활용도가 급증했다는 것이 눈에 띈다.

[표 4-10] 주요 정치행위자에 대한 시민사회 대항 담론의 발생 원인과 반응

| 구분 | 원인 | 반응 |
|---|---|---|
| 정부 | • 집회 배후 의심, 강경 대응, 과잉 진압<br>• 인터넷 괴담 규정<br>• 30개월 이상 문제 가능성 있는 쇠고기 수입<br>• 주요 정치인의 망언: 사탄, 실업자 참여, 인터넷 천민민주주의 | • 정권 퇴진: 대통령 탄핵, 당선무효소송<br>• 내각 사퇴: 내각 총사의 표명(6월 10일)<br>• 경찰청장 · 방통위원장 사퇴<br>• 정책 수정 요구: 쇠고기 관련 재협상, 미국 측에 수출 금지 요청, 고시 유보 혹은 철회(6월 26일 고시 게재 및 발휘), 쇠고기 관련 국정감사 실시<br>• 이슈 확산: 교육부 학교 자율화 추진 계획, 대운하 · 의료보험 및 공기업 민영화, 재벌규제 완화, 한미 FTA 반대<br>• 청문회 개최 |
| 정당 | • 잘못된 정부 정책에 대한 저지 실패 | • 집회장에서 정치인의 발언 거부<br>• 한나라당 참패(6월 4일 재보선)<br>• 한나라당 출신 지자체장 소환 운동<br>• 진보신당에 대한 지지로서 지못미('지켜주지 못해서 미안해') 운동 |
| 언론 및 방송 | • 「조선일보」, 「중앙일보」, 「동아일보」의 왜곡 보도<br>• 공영방송 사장 인사 단행 | • 광고주 광고 철회 압박 운동<br>• 사실 보도를 위한 1인 미디어 현장 중계<br>• 「조선일보」, 「중앙일보」, 「동아일보」 구독 거부 운동, 「조선일보」 웹사이트의 스폰서 링크 클릭 운동, 「조선일보」, 「중앙일보」, 「동아일보」 광고 게재 기업에게 광고 철회 압박<br>• 언론과의 인터뷰 거부<br>• 「한겨레」, 「경향신문」 구독 운동, 후원 광고 게재<br>• 인터넷 블로그나 커뮤니티 방문 증가<br>• 공영방송 사수 집회(6월 11일) |
| 기업 | • 네이버의 '아프리카' 금칙어 설정 | • 반(反)네이버 운동: 네이버 광고 차단 파일 유포, 아고라에 네이버 반대 청원 개설, 네이버 탈퇴, 네이버 카페 이전, 네이버의 지식인 서비스에 자신이 올린 답글 삭제<br>• 포탈의 사회적 책임 이슈화 |
| | • 미국산 소 수입업체 | • 기업에 대한 불매운동 |

**[표 4-11] 사회운동 측면에서 2008 촛불집회의 주요 특징**

| 구분 | 특징 | 내용 |
|---|---|---|
| 주체 | 참여층 확대 | • 세대 확산: 중고생<br>• 해외 유학생 및 교민 · 예비군 · 종교인들의 적극적 참여 ↔ 중산층의 제한적 참여, 서울지역 중심 |
| | 여성의 등장 | • 여성 비중 증가: 여중생에서 유모차 부대까지<br>• 생활 정치 이슈 확대 |
| | 비정치적 단체의 등장 | • 미국 메이저리그 동호회, 패션 혹은 육아, 요리 관련 등 비정치적 동호회의 적극적 참여 |
| | 시민사회단체의 대규모 결집 | • 1,700여 개 시민사회단체가 '광우병 국민대책회의' 발족 |
| | 재조직화 및 대안운동 | • 인터넷을 중심으로 '아고라 대학생 연합' 발족<br>• 촛불당 창당 운동, 국민포털, 온라인 한우 직거래망 구축 |
| 기술 | ICT 활용성 증대 | • 인터넷 실시간 방송<br>• SMS를 통한 현장 상황 전달<br>• 휴대폰 카메라를 통한 현장 중계<br>• 해킹 및 접속 폭주: 청와대 홈페이지 다운, 한나라당<br>· 경찰청 기동대 홈페이지 해킹, 망언 발언 공인의 개인 홈페이지 접속 폭주, 검찰청 및 법무부 홈페이지에 '자수' 글 폭주<br>• 자체 감시: 정보 오류 폭로, 알바 IP 추적, 다음 CSI 활동<br>• 디지털 시위: 촛불 아이콘(실타래), 메신저의 항의 대화명<br>• 적극적인 인터넷 서명운동: 아고라 |
| 문화 | 운동 문화의 변화 | • 비폭력성 강조: 밤샘 시위 후에도 사고 없이 마무리(6월 9일 이후 변화), 전투적 운동가요 거부, 준법투쟁(횡단보도 시위, 산책을 가장한 합법적인 청와대 앞 1인 시위)<br>• 조직운동 거부: 깃발로 상징되는 조직 주도 운동 거부, 자발적 참여 강조, 제도 불신, 집회 진행 경로 미결정, 자율연대, 사제 피켓<br>• 심각한 집회에서 즐거운 축제로 변화: 노래, 춤, 해학적 구호, 시민공연, 닭장차 투어, 데모테인먼트, 축제<br>• 새로운 집회 방식: 72시간 릴레이 집회, 48시간 국민비상행동, 거리특강, 국민 MT, 시민토론회, 장기적 지속성<br>• 보도방식 변화: 기존 게이트키퍼에 의한 필터링이 없는 현장 생중계(아프리카, 1인 미디어, 거리 저널리즘)<br>• 국제기구에 요청: 국제 엠네스티, UN에 인권침해 조사 요청<br>• 규제에 대한 항의: 해외 소재 서버 운영 사이트로 이동(구글, 유튜브), 아고리언(agorian.kr), 구글 아고라 |
| 콘텐츠 | 공적 영역의 주제 및 주요 내용(혹은 지식)에 대한 관심 증대 | • 정치에 대한 관심 증대<br>• 광우병 관련 지식 확산 및 공유: 광우병 발생 원인 및 증상, 한우 감별법, 고기 없이 요리하기 등<br>• 패러디 UCC 창작 및 확산<br>• 집단지성: 의견교환, 토론 |

먼저, 주체에 있어서는 인터넷 사이트나 동호회를 통해 중고생의 참여와 해외 유학생 및 교민의 참여가 나타났고, 여성의 등장 또한 많은 요리와 패션 관련 동호회의 참여가 나타났다. 이를 통해 새로이 '촛불 소녀'나 '유모차 부대'와 같은 슬로건이 등장했고, 비정치적 동호회에 촛불집회와 관련된 정치 이슈 게시판이 새롭게 게시되기도 하였다.

한편으로는 기존의 우수한 조직력을 가지고 있는 여중생의 연예인 팬클럽 인터넷 커뮤니티도 한몫을 하였는데, 조직화된 '팬덤'의 구성원으로서의 소녀들은 마치 성인들이 상품평이나 소비자 의견을 쇼핑몰의 사용자 후기에서 확인하는 것처럼 자신의 라이프스타일에 관련된 시시콜콜한 정보까지도 팬클럽 회원에게 묻고 기네스북에 등재될 정도로 천문학적인 회원을 운영할 수 있는 양적 규모와 조직성 그리고 모든 정보의 공유와 지식의 참여를 일상적으로 경험하고 있는 2.0세대로 평가되었다.

다음으로 기술 환경에 있어서는 거의 모든 최신 디지털 기기들이 동원되어 커뮤니케이션을 활성화시켰다. 한편으로는 해킹 등의 부정적 행태가 발생하기도 하였지만 온라인으로 촛불 아이콘을 전파시킨 '실타래'와 같은 디지털 시위나 '아고라'에서 나타난 적극적인 인터넷 서명운동은 2008 촛불집회에서 나타난 새로운 현상이며 게이트키퍼(gatekeeper)로서 제도 언론의 필터링(filtering)을 통한 보도가 아닌 개인이 직접 집회 현장에서 1인 미디어를 활용하여 실시간 방송을 한 메커니즘도 새로운 운동의 방식으로 볼 수 있다.

기술 활용을 포함한 문화 측면에서는 다수의 비조직적이고 다양한 세대의 시민이 참여한 만큼 비폭력성이 강조되었으며, 운동을 이끄는 구심점으로서의 조직운동을 거부한 채 자율적 연대가 특징적으로 나타났다. 또한 경직된 심각한 시위가 아닌 즐거운 축제와 유머가 결합되어 나타났으며, 사안에 대한 시민의 강력한 호응은 시위의 장기화와 길거리 토론 등으로 자유롭게 분출되었다.

또한 경찰의 과잉 진압과 정부 규제에 대한 항의 표시로서 네티즌들은 국제인권기구에 조사를 요청하거나 유튜브나 플릭커와 같은 해외 소재 서버 운영 사이트로 이동하는 온라인 엑소더스 현상을 보이기도 하였다. 정보의 중요한 내용으로서 콘텐츠 측면에서는 사이트에서의 관련 정보 공유와 UCC 유통이 활발하게 나타났고, 아고라 등 온라인 공간에서의 의견 교환과 토론을 통해 새로운 의견을 수렴하는 집단지성[61]의 특징을 보이기도 하였다.

### (2) 2008 촛불집회의 네트워크 특징

전체적으로 2008 촛불집회는 과거의 촛불집회 혹은 사회운동과 분명히 다른 양상을 보이고 있다. 행위자의 다양성, 비조직화, 자발성, 복합적인 수평적 네트워크의 발현, 하향식이 아닌 상향식 운동, 시위문화의 축제화 다양한 ICT의 등장이 그것이다.

2008 촛불집회에 나타난 온라인 사회운동에서는 첫째, 정보를 생성하고 공유하는 개인이나 커뮤니티 등 네트워크의 기본 단위로서 허브와 커넥터의 역할이 매우 두드러지게 나타났다는 특징이 있다. 둘째, 그 과정에서 허브와 커넥터는 자발적이고 분권화된 네트워크를 형성하여 자기조직화의 속도가 가속화되었다. 셋째, 그동안 주목받지 못했던 탈집중화된 다수가 힘을 가지게 되는 롱테일 정치와 멱함수의 법칙이 현실화되었다.

**61** 2008 촛불집회에서는 집단지성의 사례가 무수히 발현되었다. '명박산성', '국민 M.T', '레고놀이' 등의 각종 풍자 묘사 외에도 닭장 투어, 자발적 자수, 자발적 연행, 인터넷 생방송, 인터넷 촛불집회, 비폭력 · 불복종 매뉴얼, 해외 사이트로의 온라인 엑소더스 현상, 당선무효 소송, 한나라당 출신 지자체장 소환운동, 사제 피켓, 조중동 광고기업에 대한 불매운동, 집회 현장에서의 폭발적인 카메라 감시 촬영, 국민토성, 해외 인권단체에 조사 요청 등은 대표적인 집단지성의 사례라고 할 수 있다.

다음에서는 이러한 세 가지 특징을 중심으로 촛불집회에 나타난 새로운 온라인 사회운동을 분석한다.

### ① 네트워크에서의 허브와 커넥터 형성

제퍼슨식 자유주의에 기반한 초기 인터넷의 사상은 가상공간의 기술적 특징이 시공간의 제약을 줄이며 표현의 자유를 제약하는 제도적 규제가 없을 때 직접민주주의의 가능성이 커질 것이라고 예상하였다. 모든 사람의 의견이 균등하게 표현될 수 있는 기회를 가지게 된다면, 웹은 민주주의·공정성·평등성이 완벽하게 구현될 수 있다고 여겼기 때문이다. 이는 무작위 연결과 엔드 유저(end user)에서 엔드 유저로의 이동이 가능한 네트워크 구조를 통해 실현될 수 있다고 기대되었다.

그러나 이후 대중화와 상업화 과정을 통해 형성된 웹의 구조는 수십억의 콘텐츠가 생성되어 출판되어도 모두에게 동등한 수준의 접근 기회를 보장하지 않았다. 즉 가상공간에서 가시성(visibility)의 척도에 따라 불평등한 네트워크 구조가 형성된 것이며, 이와 같은 구조는 척도 없는 네트워크(scale-fee network) 속의 멱함수의 법칙을 따르는 가상공간의 특징으로 나타났다.

여기서 가시성의 척도는 우선, 웹사이트의 첫 페이지에서의 콘텐츠의 배치(layout)[62]와 기술적 연결을 우선적으로 제시할 수 있다. 홈페이지의 배치는 전통적인 종이신문에서 기사 배치와 같은 민감한 문제이다. 똑같

62 보통 좌상단에 로그인 화면이 있고 위로부터 웹페이지의 몇 퍼센트에 해당하는 지면만이 가독성이 있다는 근거로 구성된 통상적인 웹페이지의 배치가 그 근거라고 할 수 있다. 이와 같은 가시성을 근거로 한 배치는 웹디자이너들에겐 '법칙'과 같은 근거로 불문율과 같으며, 또한 검색 서비스인 구글의 경우에 사용자가 오래 보는 화면 배치를 연구하여 상위 검색으로 배치하는 운영 방법을 사용하고 있기도 하다.

은 양질의 콘텐츠라고 할지라도 눈에 띄는 곳에 배치할 때 조회수가 증가한다. 그러나 비록 사이트에서 서브페이지(subpage)[63]에 위치한다 할지라도 다른 사이트 · 블로그 · 미니홈피 · 피딩(Feeding, RSS, ATOM) 등을 통해 노출의 경우가 늘어날 수 있다. 즉 들어오는 연결(incoming link)이 많을수록 가시성은 커진다고 할 수 있다. 웹페이지의 단위에서 웹사이트로 분석의 수준을 높여도 마찬가지이다.

**[그림 4-9] 2008 촛불집회의 네트워크**

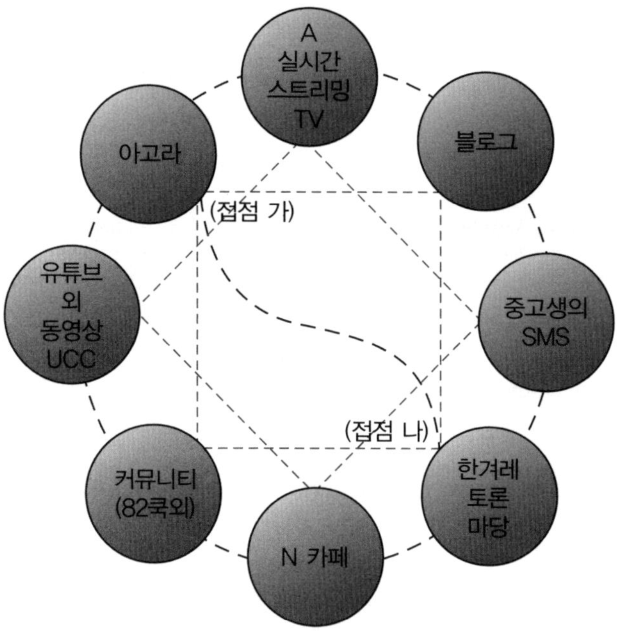


* 출처: 바라바시(2002: 90) 〔그림 4〕를 적용하여 재구성

63 보통 하나의 사이트에는 3~5의 깊이(depth)를 가지는 서브 페이지가 있다.

[그림 4-9]는 미시적인 차원에서 개인이나 커뮤니티의 자발적인 참여를 통해 유통된 정치 정보가 집단 또는 조직 차원에서 조직화되는 과정을 촛불집회의 사례를 통해 보여준다. 즉 네트워크론을 중심으로 개인간 소통이 원활한 불특정 노드들이 네트워크화되는 과정(심화된 link화)을 통해 커넥터와 허브로 나타남을 도식화한 것이다. [그림 4-9]의 A부터 N까지의 허브는 비슷한 노드를 가지는 사이트, 사이트 안에 블로그, 사이트 안에 카페, 카페들 속에 카페에서도 연결의 개수가 폭발적으로 증가하는 허브가 발생하게 된다. 네트워크 구조의 종단에 위치한 노드들이 하나의 허브를 통해 연결되어질 때 그 허브들 사이에서도 폭발적인 연결을 가지는 허브(커넥터)가 존재한다는 점이다.

[그림 4-9]에서는 '접점 가'와 '접점 나'를 연결하고 있는 커넥터가 없다면 '아프리카'와 같은 실시간 스트리밍 '서비스 A'에서 '접점 나'까지 이동하기 위해서는 네 번의 연결(A-블로그-중고생의 SMS-접점 나)을 거쳐야 한다. 거쳐야 할 연결의 수가 많다는 것은 A와 '접점 나'의 네트워크 거리가 멀다는 것을 의미한다.

반면 '아고라'나 '한겨레 토론방'과 같은 커넥터의 탄생으로 인해 실시간 스트리밍 '서비스 A'에서 '접점 나'까지 이동하기 위해서는 두 번의 연결(A-접점 가-접점 나)만 거치면 된다. 이렇듯 거쳐야 할 연결의 수가 적다는 것은 'A'와 '접점 나'의 네트워크 거리가 좁혀졌다는 것을 의미한다. 다시 말하면 정보를 적극적으로 외부에 전달하고 공유하는 커넥터의 발현은 각기 가늘고 먼 네트워크 거리로 연결되었던 느슨한 각 허브의 연결을 긴밀하고 가까운 네트워크 거리의 허브간 연결로 새롭게 재구성한다는 것을 의미한다.

주요 이슈와 콘텐츠의 흐름에서 주요 참여자 또는 전체 방향을 재구성하는 의미 있는 콘텐츠가 출현하는 페이지 또는 사이트를 커넥터라고 할 수 있다. 촛불집회에서는 아고라, 아프리카 TV와 같은 사이트 또는 과잉 진압을 당하는 여대생 동영상, 바지가 벗겨지며 버스에서 떨어진 시민의 동영상 등의 콘텐츠가 커넥터의 역할을 하였다. 이와 같은 커넥터의 발생은 경로를 줄이는 역할을 함으로써 발생 가능한데 이는 의미 있는 콘텐츠의 최초 출판[64]과 같은 다양한 동기로 발생하는 것이다.

그리고 일단 경로가 줄어들거나 촛불집회와 연관된 양질의 콘텐츠가 올라오면 특정 사이트는 대등한 연결을 가졌던 사이트들을 앞질러 허브로 성장하게 되며 이런 현상은 멱함수 법칙에 따르는 척도 없는 네트워크로 인해 다수의 링크를 가지는 특정 허브를 형성하게 한다.

**② 네티즌의 자기조직화 네트워크**

기존의 올드 미디어(old media)는 콘텐츠 생산 · 배포 · 저장 과정에서 1 : N이라는 한계를 벗어날 수 없다. 전문가 콘텐츠는 K개의 연결을 유지한 채 1부터 N까지의 노드를 가지고 있다. 그러나 K개의 연결이 가지는 한계란 쌍방향의 커뮤니케이션이 없이 단지 대다수의 국민을 대상으로 한 브로드캐스팅으로서 일방적인, 반쪽짜리 연결이라는 점이다.

연결이란 들어오는(incoming) 연결과 나가는(outgoing) 연결이 시너지를 생성하고 교감을 이룸으로써 극대화될 수 있다. 그러나 브로드캐스팅의 1 : N의 연결은 하나의 노드 또는 콘텐츠가 대중에게 일방향으로 전달되는 1 : 1의 연결과 다를 바 없다. 브로드캐스팅 시스템에서는 무수한 대중(N)에

64 82cook은 조중동에 광고를 싣지 않는다는 의미 있는 어젠다를 최초로 소개하고 실천함으로써 다수의 연결을 발생시키는 허브로 성장하였다. 다음의 아고라는 촛불집회에 대한 의견을 최초로 올리고 집회를 제안함으로써 네이버나 다른 포털의 토론방을 앞지르는 허브로 성장하였다. 따라서 초기 의견을 개진하는 연결은 네트워크의 이동 경로를 줄이는 커넥터의 역할을 담당한다. 물론 이와 같은 동인에 대해서는 다양한 차원에서 다시 검증할 필요가 있다.

서 미디어(1)로 수렴하는 연결이 기술적으로 가능하지 않기 때문이다. 상호작용 없는 콘텐츠는 단지 생성되고 저장되고 배포되는 것만으로 콘텐츠의 라이프사이클이 종료된다. 즉 연결이 더 이상 이어지거나 확대되지 않으며, 특정 이슈가 발생하였을 때 연결을 끌어들이는 힘이 존재하지 않는다.

반면, 협송(narrow casting)이 가능한 뉴미디어는 콘텐츠의 생산 · 배포 · 저장 그리고 재생산의 과정이 N : N으로 구성될 수 있다. 대부분의 콘텐츠의 경우 K개의 연결이 아닌 1부터 N개의 연결의 수를 가지는 K개의 노드를 가지고 있다. 여기에서 긴 꼬리 부분에 고르게 분포하는 K개의 노드 중 연결 수가 폭발적으로 커지는 허브가 발생하며 그 허브 가운데 네트워크 연결 거리를 좁히는 커넥터가 존재함으로써 연결의 수는 기하급수적으로 증대한다. 특히 뉴미디어 콘텐츠는 N : N의 연결을 가지는 쌍방향성이 존재하기 때문에 연결의 수가 늘어날수록 상호작용성이 리드의 법칙에 따라 폭발적으로 증대되며, 이 과정에서 카오스(chaos), 프랙탈(fractal), 상 전이와 같은 자기조직화(self-organization)가 발현된다.

자기조직화란 무질서에서 질서로 전이(transition)되는 경계의 첫 신호이다. [그림 4-9]에서 이미 노드를 묶는 허브 또는 커넥터의 출현을 넘어 폭발적인 연결과 상호 연결망의 거리를 좁혀주는 커넥터의 발현은 자기조직화가 가능해지는 네트워크 구조의 출현이라고 할 수 있다. 이를 위해서는 연결을 늘리는 참신한 아이디어(닭장차 투어, 유모차 부대 등), 기존의 미디어에서 담지 못한 실감나는 현장을 실시간으로 방영하는 (아프리카 TV, 오마이뉴스 TV) 등 연결을 끌어들이는 커넥터가 등장한다.

여러 허브 또는 의미 있는 콘텐츠가 공존하여 각각의 연결을 증대(weak tie)하다가 일정 시점에서 발생하는 커넥터에 의해 각 허브의 연결이 긴밀해지고(strong tie) 조직화된다. 커넥터의 출현은 네트워크 구조의 경로, 구조 확산이 변화하는 시점을 의미하며, 이때 발생하는 의미 있는 콘텐츠는 전문가 콘텐츠보다 더 큰 신뢰와 영향력을 받는 집단지성이 발현될 수 있는 배경 콘텐츠라고 할 수 있다.

예를 들면 2008 촛불집회에서 정부의 협상 과정의 실수를 증명하는 콘텐츠, 경찰의 과잉 진압을 예리하게 포착한 콘텐츠, 다양한 콘텐츠의 진위 여부를 감시하는 다음 CSI의 활동 등은 커넥터로서 여러 허브를 수렴시키고 그들간의 시너지를 극대화하는 계기가 되었다. 커넥터 출현으로 폭발적으로 증가한 노드간 소통은 집단지성이 발현되는 자연스러운 배경으로 기능한다.

즉 커넥터형 콘텐츠 또는 사이트의 출현은 흩어져 있던 다수의 일반적인 콘텐츠를 긴밀하게 상호 연결시킴으로써 집단지성을 발현하게 한다. 집단지성의 발현 과정은 결국 네트워크의 자기조직화 과정으로 구조적으로 설명되어질 수 있다.

**③ 네트워크 안에서의 멱함수 법칙과 롱테일 정치**

정치 정보에 있어서 롱테일 법칙은 주목받지 못한 소수의 영향력 없는 주장(의제 설정), 평가(찬성과 반대 의사의 실질적인 영향력), 배포와 확산(다양한 디지털 기기 및 웹사이트간의 연결), 저장, 재창조가 영향력을 가진다는 주장으로 설득력 있게 주창되어 왔다. 강원택(2007)은 온라인 정치 영역에서도 롱테일 법칙이 적용될 수 있다는 해석을 제시하였다. 즉, 커뮤니티나 개인 등 기존의 제도정치에서 제대로 목소리를 낼 수 없었던 정치적 소수자들이 온라인의 이슈 제기나 활동에 있어서 정치적 대표 역할을 할 수 있다는 것이다.

그러나 한편으로는 인터넷상에서의 정치적 의사소통이 폭넓고 개방적인 네트워크의 형성으로 이어지기보다는 매우 협소하게 정의된 관심사와 이해관계에 따라 폐쇄적으로 결집되면서 소수만이 공유하는 독특한 정체성을 더욱 발전시키는 결과를 초래할 수 있다는 점도 함께 지적하였다.[65]

롱테일 법칙의 온라인 정치에의 적용 가능성과 이러한 변화를 반영하여 정당이 수직적 위계구조가 아닌 허브와 같은 네트워크 중심적 존재로 변해야 한다는 강원택의 주장은 일견 매우 타당하다고 할 수 있지만 현재의 촛불집회처럼 소수의 자기강화 효과(정당의 허브화)가 아닌 다수의 결집 효과(뉴 미디어를 중심으로 한 커넥터의 출현과 허브로의 성장)를 설명하는 데에는 한계가 있다. 즉, 롱테일 법칙에서 다수인 80% 안에서 발생하는 커넥터와 자기조직화에 대한 평가가 보완되어야 하는 것이다.

롱테일 정치는 제도적으로 소외된 힘없는 다수가 온라인에서 힘을 가질 수 있다는 사실을 제시한다는 면에서는 현재의 촛불집회의 특징을 표현하기에 매우 유용하다. 정치적 액티비스트(activist)가 아니었던 비정치적 커뮤니티의 적극적인 참여나 유권자가 아니라서 중요한 정치적 행위자로 평가되지 못했던 여중고생 등이 실제 중요한 행위자들로 부각되었기 때문이다.

일반적인 의미에서의 롱테일 법칙은 질적으로 가치 있고 양적으로 의미 있는 콘텐츠를 필터링(filtering)할 수 있는 방법이나 구체적인 분석틀을 제시하지 못한다는 문제가 있다. 단순히 몇몇 기술에 의한 롱테일의 이해

65 강원택(2007: 98~112). 정치적 의사소통 행위를 설명하기 위해 롱테일 법칙을 적용할 때에는 정보의 생산 · 저장 · 확산 · 수용 · 재생산되는 과정에서 거래 비용이 줄어들 수 있는 기술을 탑재함으로써 참여 · 공유 · 개방의 선순환 구조를 만들어낼 수 있는가라는 가능성에 대해 논할 필요가 있다. 롱테일 법칙의 주요 분석 대상인 아마존의 경우 CD나 책 등 특정 제품에서만 성공을 거둔 것이기 때문에 정치 영역에 직접적으로 적용하기에는 무리가 있다. 따라서 정치적 의사소통 행위에서의 거래 비용은 기술이 의사소통 행위를 충분히 구현하고 있는지, 거래 비용을 낮출 정도로 온라인 공간에서 사회적 자본이 충분히 구축되어 있는지 등에 대한 좀 더 면밀한 고찰이 있어야 하는 것이다.

는 세부적 내용과 과정을 설명하지 못하며 전체를 보여주는 것은 가능하지만 미시적인 내부 메커니즘을 상세히 분석하지 못한다는 한계를 보이고 있는 것이다. 이 같은 한계는 롱테일 법칙 안에 내포되어 있는 멱함수 법칙을 분석함으로써 롱테일 법칙에 대한 포괄적 의미뿐만 아니라 세부 메커니즘의 연관관계를 수학적 · 논리적으로 분석함으로써 극복될 수 있다.

또한 롱테일 정치론은 의미 있는 콘텐츠 생성의 조건 분석뿐만 아니라 온라인 내에서 중요 행위자간의 링크가 늘어나고 균등한 수준의 허브들 중에서 커넥터가 형성되며 네트워크가 강화되는 과정에 대한 분석과 롱테일 안의 파레토로 나타나는 또 다른 소수 권력의 등장 가능성을 멱함수의 작동 메커니즘 분석 등을 통해 보완할 필요가 있다.

바라바시의 이론 틀에 의거하여 웹사이트의 연결과 노드를 분류하면 2008년 촛불집회에서 주요 행위자로 인해 유통된 온라인 정보는 기존의 정점 분포(peaked distribution)를 따르는 무작위 네트워크의 성질이 아니라 불균형성(unevenness) 네트워크의 특징인 멱함수 분포로 나타나고 있음을 알 수 있다([그림 4-10] 참조).

파레토 법칙에서 롱테일 법칙으로의 진화는 정보 생산과 가치가 기존의 엘리트 정치인에서 다수의 시민을 매개로 변화하는 과정을 설명한다. 또한 멱함수 법칙은 정보의 생산과 소비로 구성되는 일련의 참여 과정에서 정치 정보의 스펙트럼이 다양해지는 동인을 수학적으로 설명하고 과거에는 규모가 작고, 그 존재가 미미하였던 블로그, 카페, 스트리밍 서비스(Streaming Service)가 실질적 영향력을 키워가는 정치 현상을 보여준다.

[그림 4-10]에서 X축은 링크의 개수(k)를 의미하며 우측으로 갈수록 극히 많은 링크를 가지는 소수의 허브들이 존재함을 나타낸다. 반면 Y축은 k개의 링크를 갖는 노드의 개수를 의미하는데, 일정한 수(k, 임의의 상수)

[그림 4-10] 2008 촛불집회의 롱테일과 멱함수 법칙

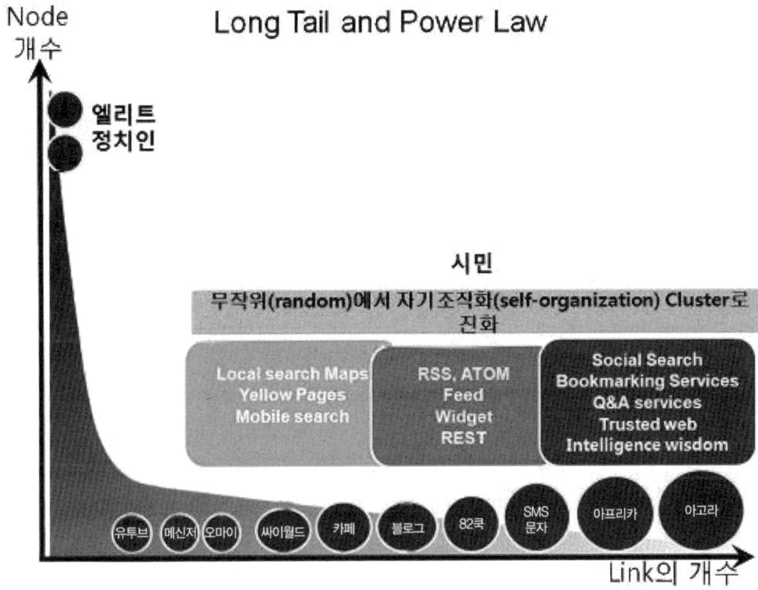


* 출처: 바라바시(2002: 119)의 〔그림 5〕를 촛불집회에 적용하여 재구성

만큼의 연결을 갖는 노드의 개수가 많을수록 Y축의 상단에 위치한다. 즉 소수의 링크만을 가지는 노드들이 Y축의 상단에 위치하는 것이다. 이 그림은 노드와 연결을 이해하는 데 있어서 사이트를 단위로 구성한 것이다. 내용의 간결함을 위해 개인 단위의 노드를 따로 도식화하지 않았지만 분석 단위를 통일시킴으로써 하나의 그림으로 다양한 층위에서 논하고자 한 것이다.

통상적으로 고정된 연결만 가지는 노드는 정규 분포를 따르는 종형(bell curve)으로서 성인의 키, 몸무게, 평균 수면시간과 같은 대다수의 자연현상이나 사회현상이 이 형태에 속하지만, 웹페이지 또는 사이트가 가지는 연결의 수는 이 분포에 따르지 않고 [그림 4-10]과 같이 멱함수 법칙을

따른다. 즉 웹페이지에 연결된 개수는 가운데가 높은 분포를 따르지 않고 소수의 연결을 가지는 많은 노드와 극히 많은 연결을 가지는 소수의 허브들로 구성되어 있다는 것이다.

온라인 사회운동의 초기에 생성하는 작은 연결의 개수를 가지는 K개의 콘텐츠는 의제 설정이나 영향력 그리고 진위 여부가 나타나지 않는 일반적인 콘텐츠일 따름이다. 특히 연결의 수가 적기 때문에 노출될 기회가 적으며 다른 허브로의 연결도 느리다. 결국 롱테일 안에서는 초기 다수의 콘텐츠 또는 평범한 개인은 그들의 의견을 거래 비용 없이 쓸어 담아서 엘리트 정치인에게 전달해주는 기술의 출현에만 의존해야 한다. 즉 기술이 힘없는 다수의 의견을 모아 영향력 있는 시민의 의견으로 엘리트 정치인에게 제공할 수 있다는 설명이 가능하지만 분산되어 있는 시민이 온라인에서 자기조직화되어 엘리트 정치인을 거치지 않고 영향력을 행사하는 과정을 설명할 수는 없었다.

그러나 롱테일 안에 존재하는 멱함수 법칙으로 인해 많은 연결의 수를 가지는 K개의 노드 또는 콘텐츠가 등장하는데 이를 일반적인 콘텐츠가 아닌 의미 있는 콘텐츠라고 볼 수 있다. 준전문가의 콘텐츠는 의미 있는 콘텐츠로서 다수의 연결과 네트워크 구조에서 커넥터의 역할을 담당한다.

멱함수 법칙에서 소수의 허브가 발생하는 원인은 긴 꼬리 부분이 지수함수(exponentially)적으로 느리게 감소(decay)하기 때문이다.[66] 롱테일과 멱함수 법칙을 조합하면 K개의 연결을 가지는 다수의 노드가 존재하고 동시에 연결의 수가 1부터 N개 사이에 존재하는 소수의 노드가 공존함을

66 반면에 종형 함수는 빠르게 감소하기 때문에 k개의 연결을 가지는 노드 외에 다른 노드를 발견하기가 어렵다.

증명할 수 있다. 따라서 롱테일과 멱함수 법칙의 조합이 가지는 의미는 1부터 N개 사이에 존재하는 소수의 노드가 불균형하다는 것이다.

[그림 4-10]에서는 이를 A라는 허브로부터 시작하여 N이라는 허브까지 점점 커지는 동그라미로 표시하였다. 동그라미의 크기는 연결 수가 큰 노드를 의미한다. 일정한 수의 웹페이지와 사이트가 존재한다는 의미보다는 얼마나 많은 연결을 가지고 있는 영향력 있는 웹페이지와 사이트가 존재하는지가 중요함을 강조하기 위해 이와 같이 표현하였다.

우선 가장 강력한 허브로 존재하는 아고라[67]의 경우에 2008 촛불집회의 이슈 구체화 단계라고 할 수 있는 4월 30일부터 쇠고기 재협상에 대한 서명운동이 시작되었으며 이에 따라 미국산 쇠고기 수입에 따르는 광우병 위험성에 대해 본격적인 의제가 형성되게 되었다. 비록 한 고등학생의 제안에 의한 서명운동이었지만 시민들의 반응은 매우 폭발적으로 나타나 아고라의 페이지뷰(page view)는 한때 200% 이상 증가하기도 하였다.[68]

다음으로 촛불집회의 집회 현장에서 일반 개인이 직접 취재한 1인 미디어 방송[69] 콘텐츠를 실시간으로 스트리밍 서비스한 '아프리카'를 들 수

---

67 다음의 '아고라' 서비스는 2004년부터 시작되었는데 이러한 폭발적인 반응은 서비스 개시 이래 5년 만에 처음 있는 일이다.

68 아고라의 청원은 단기간에 매우 폭발적으로 나타났는데 한 달도 되지 않아 100만 명이 서명한 것이다. 이에 대해서는 '인터넷 민란'이라는 표현까지 제시되었다.

69 1980년대 후반에 미국에서 처음 등장한 공공저널리즘(civic journalism)은 시민 속으로 찾아가는 언론을 표방하며 시민을 수동적 소비자나 아닌 뉴스의 생산 과정에 적극 참여시키는 방침을 채택하였다. 이의 진화된 형태라고 할 수 있는 1인 미디어 혹은 시민 저널리즘은 1999년에 시애틀에서 열린 반WTO 시위가 휴대전화 및 인디미디어를 통해 전세계에 방송되면서 본격화되었다(「중앙일보」, 2008년 6월 7일). 기존의 종이신문이나 온라인 저널이 시간차가 있는 정보를 제공하였다면 1인 미디어 방송을 통해서는 실시간으로 현장을 볼 수 있기 때문에 사용자의 즉각적인 반응과 사용자간 커뮤니케이션이 더욱 활성화되었다. '아프리카' 외에도 1인 1미디어를 구현한 '라디오 21', '칼라TV'(진보신당의 인터넷방송 '칼라TV'는 연속 생방송을 해달라는 네티즌의 요구에 따라 85시간 연속 생방송을 진행하였다. 이 방송은

있다. 아프리카의 2008년 6월 2일 현재 누적 시청자 수는 4백만 명에 달하며 개설된 방마다 200명이 입장 가능하다. 이 서비스는 3만 명의 동시 시청이 가능하고, 보통 하루 평균 100여 명의 시민이 방송을 개설하는데 하루 시청자만 100만 명이 넘는 경우도 있다. 5월 25일 경찰과 시위대가 충돌하여 살수차가 등장했던 현장 방송은 30만 7천여 명이 시청하였으며, 이날 하루 촛불시위 관련 방송 수만 1,363개에 달했다. 6월 1일 촛불집회가 대규모가 되면서부터는 하루 방문자 수가 72만 명에 달하여 2주 전 대비 100%가 증가하기도 하였다.[70]

이렇듯 '아프리카'는 감성적인 특성을 가지는 싸이월드에 비해 연결 개수가 매우 크다. 반면 싸이월드는 2천만 개의 개인 미니홈피라는 노드가 있음에도 불구하고 촛불문화제와 관련된 콘텐츠에의 연결 개수가 적다. 이와 같은 자료는 온라인 정보의 유통 경로 조사에서도 뒷받침되는데 왜 하필 2천만 개의 연결을 가지는 싸이월드가 연결이 적은 '아프리카'보다 촛불집회에서 연결되는 개수가 적었는가를 [그림 4-9]는 설명해주지 않는다. 다만 다수의 연결을 가지는 허브가 존재한다는 사실을 멱함수 법칙으로 기술하고 있을 뿐이다.

한편, 수많은 정치인, 주요 언론인, 전문가 그룹 등이 내외부적으로 연결된 정당, 정부, 특정 기업의 사이트들은 관련 노드의 수가 많음에도 불

---

다른 현장 생중계에 비해 기본 편성 프로그램이 일정하고, 난상 토론을 진행하였다는 점이 특징이다)(「미디어오늘」, 2008년 6월 6일), '민중의 소리' 등이 있는데, 대표적인 인터넷 대안 언론인 「오마이뉴스」도 기존의 취재 방식에서 '동영상 현장 중계'로 취재 방식을 전면 변경하였다. 이 방송의 6월 1일 하루 동안 시청자는 122만 2천 명에 달하기도 했는데, 「오마이뉴스」의 방침은 즉흥성과 댓글이 방송을 만든다는 것으로서, 방송을 보다가 네티즌의 댓글 내용을 반영하여 방송의 방향을 실시간으로 변경하였다. 한편 이들 생방송으로 인해 '촛불폐인'이라는 신조어까지 등장하였다.

**70** 그러나 네이버에서는 '아프리카'를 한때 금칙어로 포함시키기도 하여 포탈 검열이라는 네티즌의 맹비난을 받았고, 이후 금칙어 해제라는 해프닝이 발생하기도 하였다.

구하고 촛불집회에 있어서의 연결은 일정 수준을 넘지 못하는 것으로 나타났다. 엘리트 정치인이 참여하거나 자기조직화하여 새로운 정치적 돌파구를 제시하고, 연결의 개수가 급속히 증대되거나 촛불집회의 허브로 변화되어야 함에도 불구하고 일정한 연결에 그치는 다수의 사이트만 존재하고 있는 것이다.

예를 들어 촛불집회가 시작된 지 얼마 안 된 5월 7일에는 '다음'과 '네이버'에 개설된 청와대 블로그를 통해 인터넷 청문회를 실시하여 오후 2시부터 6시까지 네티즌의 광우병 관련 질문에 대해 실시간 답변을 진행하는 파격적인 시도를 하였다. 이에 대해 3천여 명의 네티즌이 폭발적으로 참여하였지만 납득할 만한 답변을 제시하지 못함으로써 일회성 해프닝에 그치고 말았으며, 결국 의미 있는 허브가 되는데 실패하였다.

이 외에도 수많은 정부와 공공기관의 사이트나 블로그의 경우에 일정 사건이 일어났을 때 한시적으로 해킹이나 접속 공격의 대상이 되었을 뿐 지속적으로 네티즌과 의사소통하거나 많은 네티즌이 정보를 올리며 참여하는 허브가 되는 것에는 실패하였다. 2008 촛불집회 과정에서 온라인 공격을 당한 청와대 · 한나라당 · 경찰청 · 검찰청 · 법무부 및 정치적 망언을 한 공인의 홈페이지 등은 일방적으로 공격을 '당한' 것으로서 이는 허브가 본래적으로 기능할 수 있는 의사소통 확대나 정보 공유 등의 역할을 한 것이라고 평가하기 어려운 사례이다.

그렇다면 왜 이들은 적지 않은 노드 규모를 가지고 있음에도 불구하고 촛불집회의 진행 과정에서 다수의 연결을 갖는 허브로 기능하는 데 실패했는가? 연결을 촉진시킬 수 있는 RSS, ATOM, REST, 위젯(Widget) 등의 소셜 네트워크 서비스를 구현하지 못했기 때문인가?[71]

---

**71** 이전의 웹1.0 사회에서는 펌질, 즉 복사(ctrl+c)하여 붙이는(ctrl+v) 직접 옮기기 문화가 보편적이었다면 현재의 웹2.0 사회에서는 간편한 출판이 가능한 RSS 방식이나 ATOM 기술을

[그림 4-10]에서는 미시적인 차원에서 허브의 발생 원인을 보여주지 못하는 이와 같은 한계를 나타내고 있다. 즉, 롱테일과 멱함수 법칙을 기반으로 연결 수가 많은 허브 또는 클러스터가 연결 수가 적은 노드들과 공존할 수 있음을 도식화할 수 있지만 각 허브간의 연결 또는 각 클러스터간의 연결이라는 상호작용을 설명할 수 없는 한계가 있다.

[그림 4-10]에서는 각 사이트와 콘텐츠가 멱함수 법칙에 따라 롱테일 부분에서도 연결 수가 많은 영향력 있는 허브 역할을 하는 네트워크 구조를 보이고 각 허브간의 상관관계나 연결 개수라는 정량적 의미를 발견할 수 있을 뿐 연결을 통한 영향력 또는 의미 있는 콘텐츠라는 정성적 설명을 할 수 없는 한계가 있다. 즉 멱함수 법칙에 따른 척도 없는 네트워크를 보여줄 뿐 의미와 영향력을 설명하지는 못하는 것이다.

### (3) 네트워크 사회운동의 의미

2008 촛불집회 과정에서는 매개자 역할을 하지 못하는 정당에 대한 비판이 적극적으로 제시되었으며, 이에 따라 대의민주주의의 한계 및 새로운 사회운동과 온라인 직접민주주의의 가능성이 제시되기도 하였다. 한편으로는 그 과정에서 인터넷을 통해 결집된 군중을 다중, 스마트몹(smart mob),[72] 전자적 대중, 집단지성의 발현으로 평가하기도 하였

---

통해 콘텐츠를 사용자에게 직업 배달하는 것이 가능하다. 또한 웹1.0 사회에서는 직접 댓글을 다는 피드백(feedback) 방식으로 의견이 확장되었다면 웹2.0 사회에서는 댓글의 댓글로서 트랙백(trackback)을 통해 댓글을 알려주는 방식이 가능해진다. 이는 기존의 사용자가 직접 옮기는 펌질 문화와 자동적으로 옮겨주는 트랙백 문화의 공존을 의미하며, 2008 촛불문화제에 대한 다양한 의견들도 이러한 펌질과 트랙백의 병행을 통해 네티즌간 의견 공유를 활성화시켰다고 할 수 있다. 인터넷 댓글의 주요 내용은 광우병을 다룬 「PD수첩」 방송 다시보기 링크 등이었고, 휴대전화 SMS의 주요 내용은 촛불집회 참석 권유 등으로 나타났다. 또한 블로그에서는 배너 시위 등이 진행되었다.

**72** '참여군중' 개념은 Rheingold, Howard(2002) 참조. 그러나 라인골드의 참여군중은 기술 사

다.[73] 그러나 인터넷의 공론장으로서의 가능성에 대해 회의적인 입장에서는 인터넷은 결국 포퓰리즘의 발원지이며, 여전히 집단지성은 구체화되지 않았고, 따라서 대의민주주의만이 현실적인 대안이라는 견해를 제시하였다.

그러나, 이명박 정부의 초기 100일을 뒤흔든 충격적인 사건으로서의 2008 촛불집회에서, 그것이 '반(反) MB'이든 '더 나은 MB'에 대한 기대감의 표현이든 다수의 시민은 참여 군중으로 등장하였고 그렇게 영리해진 군중은 온라인 공간에서 정보를 생산하고 유통시켰으며, 끊임없이 정부의 활동을 감시하고 심지어 투표권 없는, 그리하여 정치적으로 주목받지 못했던 10대 청소년들도 교육 정책의 수정을 요구하였다. 집회에는 배후가 반드시 있을 것이며 무엇보다 시민들이 이러다가 잠잠해질 것이라고 생각한 정부는 민주화 이전의 군부정권의 시위탄압 행태와 유사한 반응을 보였고, 이분법적인 탈동원화 전략에 의해 집회를 무력화시키는 것에만 집중하였다. 시민이 정부에 요구한 것은 성실한 대응이었으나 대답

용 확대 측면을 강조한 나머지 참여군중의 정치사회적 함의에 대한 심도 있는 평가는 부족하다고 볼 수 있다.

73 참고적으로 전문가들의 2008 촛불문화제에 대한 평가는 '제도권에 대한 불신 표출'(강내희), '가상공간에서 가상 참여를 경험하는 새 시위문화'(김문조), '고도 정보화 사회의 동시성' 및 '투쟁이 아닌 생활정치'(김호기), '한국 사회를 이끌어갈 새로운 주체의 발견'(박노자), '정치, 사회, 미디어 영역에서의 새로운 진화'(박수원), '한국적 상황의 공화주의의 표출'(안병진), '이상적인 공화국 모습의 구현'(이명원), '위대하면서 한편으로는 끔찍한 디지털 포퓰리즘 승리'(이문열), '대중 스스로 나서는 정치의 필요성 자각'(이진경), '근대적 정부와 탈근대적 시민의 등장'(진중권), '생활정치에서 시작한 솔직한 운동'(최갑수), '대의민주주의 실패로 벌어진 사태이지만 대의민주주의적 장치를 통해 수습 불가능한 국면'(한홍구), '참여로부터 배제된 세력의 대표성 확보 필요'(최장집), '수용자 중심의 참여민주주의의 대의민주주의 대체 불가능성'(김수진), '제도정치 자체에 대한 고민의 필요성 제기'(하승우) 등으로 나타났다. 한편 촛불집회의 특징을 다층성과 다양성, 즐거움과 감동, 쿨함, 함축성, 직접성, 속도, 개체적 융합, 내부공생과 자기조직화, 종합정보학적 집합지성, 쌍방향 통행성, 생명논리학이라고 분석한 김지하의 지적은 이 글의 문제의식과 가장 유사하다고 할 수 있다.

은 강력한 탄압으로만 나타난 것이다.

2008 촛불집회의 의미를 ICT의 환경 변화가 본격적으로 발현된 것이며 이 가운데 소수의 허브에 그친다고 보기에는 너무나 많은 커넥터들이 새로운 민주주의 등장의 단초를 제시했다.[74] 롱테일 · 멱함수 · 허브와 커넥터, 집단지성과 자기조직화는 네트워크의 구조를 논리적으로 설명해주는 법칙들이다. 이와 같은 네트워크의 구조는 다수의 일반적인 콘텐츠를 참여시키고 그중에서 의미 있는 콘텐츠가 발현되는 과정을 보다 구체적으로 논증할 수 있다는 의미를 가진다.

기술사회구성론[75]에서 볼 때 2008 촛불집회는 웹2.0이라는 개방형 구조와 다양한 ICT 기술(이상 기술 발전 수준), 콘텐츠의 선순환적 공유를 통해 정보를 생산하고 유통시키려는 사용자의 의지 그리고 우수한 기술 사용 능력을 기반으로 콘텐츠의 확산을 극대화시키는 다수의 커넥터가 나타난 사례라고 평가할 수 있다. 네트워크 정치를 중심으로 보면 다양한 커넥터의 연결과 의사소통이 온라인 정치에서는 핵심이라고 할 수 있으며 이것이 협의적이고 상호소통이 활발한 네트워크형 참여의 조건이 되는 것이다.

오프라인의 커넥터로서 소위 '마당발'이 폭넓고 깊은 사회적 관계를 유지할 수 있는 자원은 단지 경제력이나 권력 때문만은 아니듯, 온라인에

---

74 이 글은 새로운 민주주의의 구체적인 내용을 구현하기 위한 시론적 관점에 입각해 있다. 현재의 대의민주주의가 오프라인에서의 정당이 정책 정당으로 변해야 하고 기능을 정상화함으로써 위기를 돌파할 수 있다는 대안이 제시되고 있지만, 한편으로는 네트워크에서 커넥터가 성공할 수 있는 조건 또한 현재의 대의제 위기 해결에 또 다른 효과적인 대안이 될 수 있음을 고려할 수 있다.

75 기술사회구성론의 기본 가정은 기술결정론이나 사회구성론에서처럼 기술과 사회를 각각의 독립변수로 다루는 것이 아니라 기술, 사용자의 기술 사용 능력, 사용자의 기술 사용 의지가 모두 합쳐진 독립변수가 유의미하다고 강조한다. 이는 기술결정론과 사회구성론의 이분법적 논쟁이 무의미하다는 카스텔의 입장을 적극적으로 반영한 것이다.

서도 다양한 노드의 연결과 의사소통의 핵심이 되는 행위자나 정보 등의 커넥터는 단지 우수한 기술 시스템이나 멋진 디자인 혹은 넘쳐나는 좋은 콘텐츠로만 나타날 수 없다. 커넥터의 출현은 웹2.0의 사회 환경으로서 개방적 시스템을 배경으로 하며 의미 있는 콘텐츠를 생산해야 하고 이를 통해 참여를 지속적으로 유지시켜야 한다.

또한 온라인 공간에서는 이런 강력한 커넥터가 소수로 존재하는 것이 아니라 참여 군중에서 집단지성을 갖춘 군중으로 변화하는 수많은 사람들의 필터링 능력 상승과 의사소통에 힘입어 점차 증가하고 있다. 따라서 온라인 공간에서의 수많은 커넥터의 출현은 온라인 커넥터 권위주의보다는 새로운 온라인 대의민주주의의 가능성에 더 가깝다고 할 수 있을 것이다.

기존의 직접민주주의와 대의민주주의의 대립은 인터넷의 사회적 효과에 대해 '제로섬게임'적인 구도만을 양산하였다. 인터넷의 발전은 대의민주주의를 훼손시킬 수 있다는 것에만 천착한 것이다. 그러나 오프라인에서의 대의민주주의에서 온라인 직접민주주의로 가는 길에는 여러 가지 형태의 민주주의가 있다.

한편으로 기존의 전자민주주의 논자들은 인터넷을 통한 전자공론장 형성만을 강조하여 인터넷의 수단적 가치만을 강조하였지만 이제는 도구적 관점이나 이상적 가치 구현 혹은 지나친 이분법적 이론화 관점이 아닌 오프라인과 온라인 민주주의를 포괄하는 넓은 스펙트럼을 인정하는 관점을 취할 필요가 있다. 뿐만 아니라 온라인의 다양한 민주주의의 형태의 가능성은 기술 발전과 사용자의 의식 성장을 통해 무한히 열려 있기 때문에 단지 쇠고기 문제에 대한 성공적인 제도적 성과가 없더라도 다수의 의미 있는 참여를 네트워크 내에서 현실화했다는 점에서 2008 촛불집회에 의미를 부여할 수 있을 것이다.

## 2. 국제 온라인 네트워크 사회운동[76]

네트워크 시대에 나타날 수 있는 국제사회의 대표적인 변화로는 전지구적 목표(혹은 목적)가 하나로 수렴되는 '의제의 컨버전스'를 들 수 있다. 국제정치의 무대에서 전통적인 의제였던 안전 보장은 군사적 위협에 대응하기 위한 국가 중심적인 대응이 주를 이루었고, 그 목표 또한 개별 국가의 상황에 따라 다양한 변용을 거쳐 그에 맞는 정책들이 추진되었다.

새로운 국제정치의 무대에서는 환경 파괴, 마약 밀매, 질병, 경제 위기 등 개인과 커뮤니티, 사회적 수준의 대응이 용이하지 않은 비일상적 위협이 넘쳐나고 있으며, 더불어 생활환경의 궁핍에 따른 개인 생활에 대한 직접적 위협의 증가는 그 대응에 있어 국제 협력을 강하게 필요로 한다.

이와 같은 문제들의 해결은 개별 국가 차원의 대응으로는 충분치 못하며, 이를 넘어서는 범세계적 연대와 목표의 공유를 필요로 한다. 특히 정보 접근, 수집, 발산의 다양성으로 특징지어지는 네트워크의 시대에 있어서는 지리적 초역화 및 행위의 다양성으로 인해 개별적 차원의 대응과 함께 비정부 단체의 영향력이 증가함으로써 지역적 연대뿐 아니라 범세계적 연대가 추구되고 있다. 이는 탈물질적 가치의 확산에 따른 대응이 영역별로 세분화된 국제 협조를 필요로 하고 결과적으로 국가의 대응, 커뮤니티의 대응, 개인의 대응이 추구하는 목표가 하나로 수렴됨을 의미한다.

세계적 차원에서 구현되고 있는 기술이나 산업, 경제적 차원에서의 디지털 네트워크 현상은 개별 국가의 대응 방식에 있어 다양성의 표출로 귀

**76** 류석진 · 조희정(2009)을 참조하여 재구성.

결될 수 있다는 측면을 갖는다. 그러나 오히려 '모든 것이 디지털로 수렴'하는 네트워크 시대에는 개별 국가 차원의 대응보다 다양한 행위 주체들의 참여로 인한 '의제의 수렴'(convergence of issue) 현상이 더욱 특징적으로 표출된다고 지적할 수 있을 것이다.

[표 4-12] 국제사회의 시대 변화와 특징

| 구분 | 산업사회 | 정보사회 | 네트워크 사회 |
|---|---|---|---|
| 수단 | • 하드 파워<br>• 매스미디어<br>• 로컬 미디어 | • 하드 파워+소프트 파워<br>• 로컬 미디어의 글로벌화 과정 | • 스마트 파워<br>• 글로벌 미디어 |
| 방식 | • 영토적 국민국가 중심<br>• 전략적 운동<br>• 위계질서 | • 국가간 정보소통 | • 네트워크 국가<br>• 상시적인 국제 연대운동<br>• 다층 질서 |
| 의제 | • 국가 갈등<br>• 경성 이슈 | • 연성 이슈의 등장 | • 글로벌 이슈화<br>• 보편의 가치 |

[표 4-12]에서는 산업사회와 정보사회 그리고 다가오는 네트워크 사회의 변화를 수단과 방식과 의제를 중심으로 정리하였다. 국제 사회운동 차원에서의 수단은 기존의 외교나 군사와 같은 하드 파워에서 소프트 파워 혹은 스마트 파워의 중요성이 커지고 있으며, 매스미디어보다는 손쉽게 접근할 수 있는 로컬 미디어를 통한 결집이 두드러지게 나타나고 있다.

다음으로 방식에서는 전체 단위의 지구적 운동이긴 하여도 단일 국가 차원의 이슈에 대한 지구적 파장이 커지고 의제가 국가 차원에 한정된 의제가 아니기 때문에 국가간의 연대가 매우 중요한 방식으로 부각되고 있다.

의제 부문에서는 경성 이슈보다는 연성 이슈가 중요해지고 지역적 차원의 로컬 이슈의 글로벌 이슈화가 진행되고 있다.

이와 같은 변화의 흐름을 중심으로 수단 · 방식 · 의제에 있어서의 구체적인 변화상을 살펴보도록 한다.

### 1) 수단: 스마트 파워와 글로벌 미디어

#### (1) 스마트 파워의 중요성 확대

네트워크 시대의 국제사회에서는 과거의 군사력 중심의 하드 파워(hard power)에서 문화와 매력이 중심이 되고 지식이 정점에 있는 스마트 파워로 변화한다.[77] 하드 파워에 대비되는 소프트 파워(soft power), 그리고 이 둘을 적절히 섞는 스마트 파워라는 용어는 미국의 국제정치학자 나이(Joseph S. Nye, Jr.)가 처음으로 소개한 개념이다. 여기에서 소프트 파워는 '강제나 보상보다는 사람의 마음을 사로잡아 원하는 것을 얻어내는 능력'으로서 한 나라의 문화나 민주주의, 인권, 개인적 기회의 보장 등과 같이 그 나라가 추구하는 정치적 목표와 제반 정책 등에서 우러나오는 매력과 관련된다.

소프트 파워란 어느 나라의 가치 체계를 존중하고 그 나라의 본을 따르고자 하며, 또한 번영과 개방성의 수준을 동경케 함으로써 그 나라를 뒤따르게 하는 권력이다. 소프트 파워는 국제정치 무대에서 의제를 설정하는 능력이고, 국가 행위의 정당성과 도덕성에 기반을 두는 권력이다. 또한 소프트 파워는 하드 파워의 정당한 행사나 보편적인 국제 규범의 추구 등과도 밀접한 관련이 있다. 나이는 이러한 소프트 파워의 제 측면을 문화, 정치적 가치, 외교의 세 부분으로 요약해서 이해하고 있다.

77 스마트 파워에 대한 최근의 논의는 김상배(2009) 참조.

### (2) 글로벌 미디어의 확산

기존에 로컬적 성격이 강했던 미디어들은 인터넷의 발전으로 인해 글로벌화를 추구하면서 지역 파괴 현상을 가속화시키고 있다. 즉, 과거에는 프로그램을 해외 방송사들에게 단순 판매하는데 그쳤지만, 이제는 인터넷을 통해 전세계 시청자들에게 직접 제공하는 방향으로 변화하고 있는 것이다.[78]

이와 같은 매체의 글로벌화를 통해 로컬 이슈에 대한 접근은 상대적으로 더욱 용이해지고 있다. 특히, 주류 미디어를 통해 알 수 없었던 소식을 공유하는 개인의 미디어 활용 확대나 이슈의 글로벌화를 통해 의제 확산을 집단행동화시키는 속도와 범위가 매우 확대되고 있는 것이다.

이들 미디어의 역할은 기존 언론처럼 여론 형성에 영향을 줄 수 있는 채널 성격으로 활용될 것이라는 기대감으로 해석할 수 있는데, 피스넷(PeaceNet) · 에코넷(EcoNet) · 레이버넷(LaborNet, labornet.org, nodong.net) · 위민스넷(WomensNet) · 안티레이시즘넷(AntiRacismNet)과 같이 기존 언론과 경쟁하며 대안적 언론 및 사회운동으로의 성격을 전세계적으로 확산하고 있는 미디어들이 늘어가고 「오마이뉴스」와 같이 시민참여형 미디어도 대안 미디어의 범주를 확산시키고 있는 등 주류 미디어가 채우지 못하는 네트워크 공간을 더욱 효과적으로 점령하고 있는 것이라고 볼 수 있다.

한 개인의 미디어 활용이 전세계적으로 확산된 예도 있다. 블로거 알리사는 2006년 태국의 쿠데타를 보도한 플리커에 올라온 사진들의 링크를 위키피디아에 달아서 속보를 제공하는 센터 역할을 하게끔 했다. 그녀는 사진의 독자들에게 언론의 자유를 되찾기 위한 탄원에 관심을 촉구하고

78 권기덕(2008: 7).

시위를 제의했다.[79]

**[표 4-13] 소셜 미디어를 활용한 국제 사회운동 사례**

| 제목 | 주요 활동 내용 |
|---|---|
| **CARMA.org** | • Center for global development 주관<br>• 세계 각국에 위치하는 5만 개의 발전소와 4천 개의 전력 공급 업체에 탄소 배출량 기록<br>• 그들의 위치를 지도 서비스를 활용하여 게시 |
| **DonorsChoose.org** | • 공립학교 학급에 필요한 소품과 활동 비용에 관해 알리고 쉽게 지원금을 모금 |
| **askyourlawmaker.org** | • Capitol News Connection의 기자들이 독자의 질문에 대한 답변을 얻어내기 위해 국회와 선거 유세 현장에서 위원들을 직접 인터뷰하고 사이트에서 공유 |
| **changemakers.com** | • 세계 최초로 사회 이슈의 고민을 위한 오픈소스 온라인 커뮤니티를 형성함<br>• 시급한 이슈를 도출하여 아이디어 경쟁으로 최선의 해결책 모색<br>• 커뮤니티의 노력을 통한 개선, 실행 단계로 옮기는 미션을 수행 |
| **기타** | • 트위터의 redcross, greenpeace, american cancer, lancearmstrong 활동<br>• worldchanging.org, springwise/social causes, all for good, ashoka Tech kiva.org |

* 박남호(2009: 14~29, '체인지 온' 발표문)를 참조하여 재정리

[표 4-13]에는 소셜 미디어를 활용한 국제 사회운동 사례를 정리하였는데, 이들 사례에서는 위젯과 같은 편리한 소셜 네트워크 기술이 활용되고 있으며, 의제 또한 단순히 추상적으로 '환경'이 아니라 '탄소 배출 금지' 등으로 구체적으로 변화하고 있으며, 생활 이슈에 가까운 문제, 실천 가능한 정치적 문제에 대한 움직임이 늘어나고 있는 것도 특징이다.

여기서 가장 주목해야 하는 것은 이러한 글로벌 사회운동의 형성이

**79** 서키(2008: 47~48).

ICT로부터 많은 도움을 얻고 있다는 점이다. 즉, 온라인 공간을 기반으로 한 사회운동의 규모 변환의 작동 결과, 초국가 운동의 새로운 형태로서 글로벌 사회운동이 출현했다. 새로운 정보혁명이 지구적 범위에서 작동하는 정보자본주의와 네트워크 국가를 등장시켰듯이 사회운동의 전환에도 결정적인 영향을 미친 것이다.

글로벌 사회운동은 1990년대 세계화와 정보혁명을 배경으로 크게 성장했고, 이러한 사회운동은 탈중심적이고 분산적인 조직모델, 다양한 이념과 집단을 포용하는 유연한 정체성, 직접 행동을 중시하는 적극적 행동전략 등에서 이전의 초국가 사회운동과 다른 특징을 보인다.

세계정치의 무대에 있어 전통적 행위자인 국가는 글로벌 사회운동의 확산과 함께 그 중심적 행위자로서의 위상에 많은 변화를 겪은 것이 사실이다. 그러나 그렇다고 해서 국가의 위상이 절대적으로 약화된 것은 아니며 여전히 통합된 하나의 세력으로서는 가장 강력한 힘과 지위를 유지하고 있다.

글로벌 사회운동이 글로벌한 범위에서 네트워크를 펼치는 방식으로 진화하고 다양한 운동 네트워크를 온라인과 오프라인에 걸쳐 유연하게 조직함으로써 동원 능력을 극대화시켜왔지만 근본적으로 경제적 · 군사적 자원을 통제하고 있는 국가나 글로벌 네트워크 기업과 비교하면 여전히 크게 불리한 입장이다.

따라서 국가는 이와 같은 글로벌 사회운동을 적극적으로 활용할 필요가 있다. 거시적으로 사회 관계의 측면에서 사회운동은 정치권력과 경제권력에 대해 구조적으로 불리한 위치에 있으며, 미시적으로도 사회운동 조직은 국제 협의에 공식적으로 참여할 수 있도록 제도화되어 있지 않고, 글로벌 기업처럼 비공식적 영향력을 행사할 수 있는 자원을 보유하고 있지 못하며 그러한 기회도 가지기 어려운 것이 현실이다. 이런 측면에서 사회운동 세력은 국가나 국제기구에 비해 상대적으로 매우 열세에 놓인 입장이다. 그러나 특정한 이슈의 경우에 기업이나 국가의 행동과 제도를 바꾸도록 하는 데 사회운동 세력이 영향력을 성공적으로 행사하는 경우가 드물지 않게 나타난다. 글로벌 기업을 대상으로 기업의 사회적 책무를 강화하도록 압력을 가하는 사회운동 사례가 많아지고 있으며, 국가를 상대로 특정 정책을 채택하도록 압박하는 경우도 있다.

### (3) 인터넷에서 블로그까지[80]

리처드 칸과 더글라스 켈너는 1990년대 초반의 사파티스타 저항운동부터 2000년대 초의 반세계화 운동에 이르기까지 국제 사회운동 수단의 변화를 인터넷에서 블로그로의 변화로 정리하였다. 1990년대 초반 멕시코에서 발생한 사파티스타 저항군의 운동은 풀뿌리 차원에서 인터넷이라는 뉴미디어 수단을 동원하여 당시 유행하던 온라인 커뮤니티 웰(WELL)처럼 디지털 허브의 역할을 할 수 있었다.

1999년 12월의 시애틀에서 열린 WTO회의를 반대하기 위해 다양한 사회운동 조직은 1999년 6월 18일부터 '자본에 저항하는 축제'(Carnival Against Capital!)라는 모토로 결집하기 시작했는데 여기에 참여한 단체들은 노동 · 환경 · 여성 · 반자본 · 동물애호 · 아나키스트 등까지 매우 다양한 범주의 단체들이었다는 특징을 보이고 있다. 또한 이들도 인터넷이라는 뉴미디어 수단을 동원하여 그들의 의제를 홍보하고 조직간 네트워크를 형성하였다는 특징을 보인다.

9 · 11 테러 이후, 2002년 후반부터는 부시의 이라크 침공을 비판하며 전지구적인 반전운동이 전개되며 정치적인 사회운동이 본격화되었는데,

---

**80** Richard Kahn, Douglas Kellner(2004).

무브온, 앤서(ANSWER, internationalanswer.org), 평화와 정의 연합(United for Peace & Justice, unitedforpeace.org)과 같은 단체들이 주축이 되어 국제 사회운동을 조직하였다. 그 결과 젊은 세대를 포함하여 광범위한 국제적 반전 연대가 형성되는 성과를 거두었으며, 온라인 공간에서는 국제적인 군사 정책을 모니터링하고, 비판하고, 저항하는 다양한 활동과 의견이 표출되었다.

그러한 저항은 오픈소스를 적극적으로 활용한 해킹이라는 전략으로 표출되기도 하였다. 이들은 애슐론(Echelon)와 카니보어(Carnivore)와 같은 전지구적 감청 시스템에 저항하였다. 물론 부시 행정부는 알카에다의 사이트(Al Qaeda's Alneda.com)를 감시하고, TIA(Total Information Awareness, 이후 Terrorism Information Awareness)와 같은 데이터베이스를 구축하며 맞대응을 하였다.

또한 이러한 과정을 거쳐 네트워크화된 시민과 행동가(activist)들은 이제는 전체주의 시대의 '무언의 대중'(dumb mob)에서 '똑똑한 군중'(smart mob)으로 변화하면서 특히 핸드폰을 적극적으로 활용하는 특징을 보였다.

2000년대 초반부터는 블로그와 위키(wiki)와 같은 수단이 적극적으로 동원되었는데, 블로그는 웹페이지보다 만들고 유지하기 쉬웠으며, 마침 당시 유행하게 된 구글을 통해 원하는 정보에 쉽게 연결될 수 있었기 때문에 국제 사회운동가들이 블로그를 통해 자유롭게 의견을 나눌 수 있었다. 당시 허브가 되었던 블로그 그룹으로는 아메리칸 사미다트(drmenlo.com/samizdat), 메타필터(metafilter.com), 보잉보잉(boingboing.net) 등이 있다.

(4) 트위터를 통한 이란 대통령선거 사건[81]

트위터는 이란 대통령선거를 통해 역사를 창조했다는 찬사를 얻었다. 이란 대통령선거가 치러진 2009년 6월 12일 당시 외신들과 이란 내부 젊은 층의 예상과 달리 마흐무드 아마디네자드 대통령이 득표율 62.6%로 야당 후보인 무사비를 압도적인 표차로 누르고 재선에 성공할 것으로 공식 발표되었다. 이날 트위터에서는 '이란 선거'(#iranelection)라는 해시태그(트위터 주제어)가 처음 등장하였다.

트위터의 활약은 13일부터 두드러지기 시작했는데 대통령선거 결과에 불복한 젊은이들이 대규모 시위에 나서게 됐고, 인터넷에 익숙한 이란 젊은 층은 이 사실을 전세계에 알리기 위해 트위터와 유튜브를 활용하기 시작하였다. 인기 트윗 주제어인 '#iranelection'로 모인 글들 중에는 시위 도중 이란 학생이 사망했다는 소식이 전해지기도 했지만 어느 언론에서도 이러한 사실은 보도되지 않았다. 또한 낙선한 무사비 후보를 상징하는 녹색의 물결이 시작되어 이란에서는 녹색 천을 두른 시위대가 거리를 가득 메웠고 트위터에서는 아이콘을 녹색으로 바꾸는 어플리케이션이 소개되기도 하였다.

6월 14일에는 #CNNFail이라는 해시태그가 생성되면서 미국 언론의 이란 대통령선거 결과 항의 시위 보도 태도를 비판하는 글들이 점차 늘어나기 시작하며 이란 트위터 사용자들의 항의 시위 글과 사진이 트위터에 유포되면서 이란의 정권 교체를 희망하던 미국인들도 함께 참여하게 되었다. 이들의 메시지는 '오후 5시까지 시위 계속', '자동차를 이용하지 말 것'과 같은 내용이었다고 로이터통신이 전했는데, 전체 인구 7천만 명 가운데 2천 3백만 명이 인터넷을 사용하고 있고, 전체 유권자 가운데 20~

81 이성규(2009: 67~68).

[그림 4-11] 2009년 이란 대통령선거 저항 사건과 소셜 미디어의 역할

30대가 1/3에 이르는 이란은 이미 전세계 블로그 사용자 순위에서는 4위에 이르는 국가로서 이와 같은 적극적인 인터넷 활용이 가능한 인프라를 갖추고 있기도 하다.

19~21일에는 시위가 격화되면서 사망자가 늘어나게 됐고, 이러한 가운데 20일에는 네다 아가 솔탄(Neda Soltani, 27세) 양이 민병대가 쏜 총에 사망한 동영상이 트위터와 유투브를 통해 급속히 퍼져나가기 시작하였다([그림 4-12] 참조). 주요 '빅 블로거'들은 트위터가 이란인들간의 커뮤니케이션뿐 아니라 이란과 이란 바깥 세계인들의 커뮤니케이션 창구 역할을 했다고 평가하였다.

[그림 4-12] 유투브의 이란 시위 동영상

* 출처: 노동넷(2009년 10월 15일 검색)

또한 출판되기도 한 유명 애니메이션인 '페르세폴리스'(Persepolis)의 두 번째 버전을 창작한 이란의 두 명의 젊은이 시나와 페이만은 선거를 둘러싼 흥분, 거리 시위, 정세의 불안정을 웹툰으로 제작하여 사이트(spreadpersepolis.com)에 연재하여 전세계 120개국의 네티즌들의 열화와 같은 호응을 얻기도 하였다.

### 2) 방식: 네트워크 국가의 거버넌스

국가는 시대와 장소에 따라 그 형태와 기능을 달리해왔다. 인류가 등장하고 사회가 존재한 이래 등장한 국가의 모습은 도시국가, 고대국가, 중세국가, 근대의 국민국가에 이르기까지 다양한 형태와 기능을 보여왔다.

국가의 이러한 다양성을 감안할 때 현대의 주류적 형태를 구성하고 있는 국민국가라는 것도 보편적 국가의 모습은 아니라는 결론에 도달할 수 있을 것이다.

국제정치의 무대에 있어 영원한 지배적 존재일 듯이 간주되었던 국민국가라는 것은 사실 서구의 근대라는 특정 시기에 출현한 국가 형태의 하나일 뿐이다. 실제로 국민국가는 영토적 경계를 바탕으로 하여 형성된 국민·민족이라고 하는 정치·문화공동체를 활동 배경으로 하면서 부강의 목표를 추구하던 국가의 근대적 형태로서 이해되어진다.

[그림 4-13] 글로벌 네트워크 이전의 글로벌과 로컬의 의미

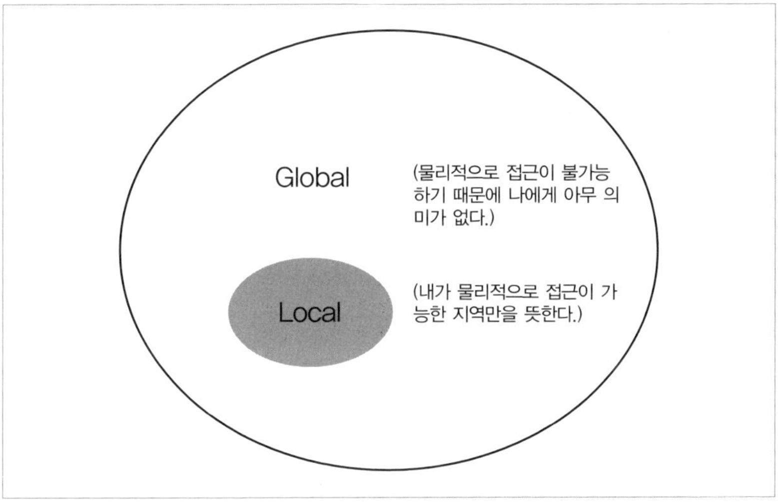


* 출처: 김태우(2008: 176)

이러한 국민국가도 20세기 중후반 이래 그 형태와 기능의 변환을 경험하고 있다. 비물질적 자원의 중요성이 부각되고, 초국적 커뮤니케이션을 통해 영토적 경계를 넘나드는 활동이 증대되고, 이에 대응하여 국민·민

족 차원의 정체성을 기반으로 하여 형성되었던 국가의 형태와 기능도 변환된다. 그렇다고 국가 자체가 아예 사라지는 것은 결코 아니며, 다만 국민 · 민족을 넘어서 네트워크라는 좀 더 확장된 사회적 공간 속으로 스며들면서 재조정되고 있는 것이다.[82]

재조정된 국가는 근대 이래 유지해왔던 국제정치의 무대에서의 하나의 단일한 행위자로서의 위치에서 내려와 네트워크 속에서의 여러 행위자들 중의 하나로서 작동하게 된다. 국민국가 속에서 국민이 차지하고 있던 위치를 네트워크 사회 속에서의 국가가 담당하고 있다고 한다면 지나친 비약이겠지만, 국가가 영위하고 있던 절대적 행위자로서의 위상이 네트워크 사회 내에서는 상당한 정도로 약화된 것이 사실이다.

약화된 국가 역할은 상대적으로 무시되어왔던 행위자들에 더욱 큰 관심을 갖게 한다. 개인과 집단, 초국적 기업과 세계시민사회운동, 비국가 행위자들과 같이 새로이 주목받기 시작한 행위자들은 네트워크라는 좀 더 확장된 사회적 공간 속에서 국가와 동등한 위치를 누리거나, 오히려 국가를 넘어서는 포괄적 연대감과 정체성을 구축하기까지 함으로써 네트워크에 속한 개별 행위자의 국가에 대한 귀속감을 약화시키는 역할마저 수행한다.

---

**82** 김상배(2006: 524).

[그림 4-14] 글로벌 네트워크 이후의 글로벌과 네트워크의 연결

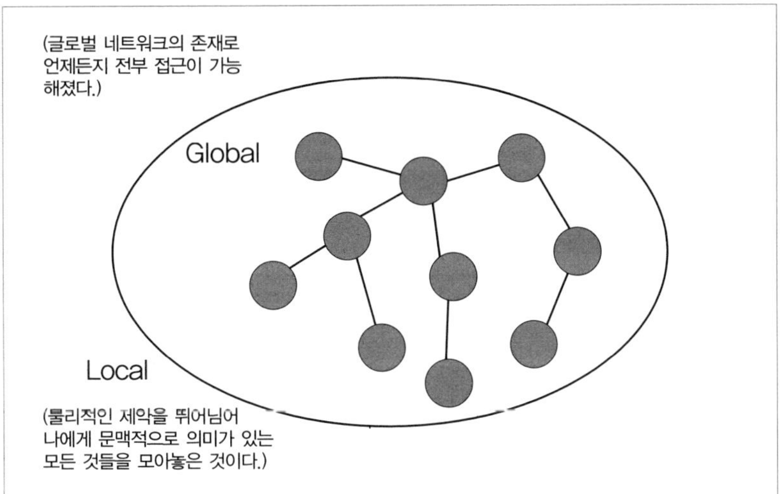


* 출처: 김태우(2008: 178)

근대적 국민국가의 역할 조정과 전지구화는 지역의 사회운동이 국가의 경계를 넘어 국제적 협력과 연대를 확장시키고 전세계의 사회운동 조직과 성원들이 공통의 관심사나 이슈를 논의할 수 있는 초국적 공론장을 형성시킨다. 초국적 공론장의 형성은 역으로 지역 · 국가 내의 사회운동의 전략과 전술을 발전시키고 지역 정부와 국가에 대해 유용한 압력을 행사할 수 있는 기회를 만들고 있다. 그리고 국내 · 지역의 쟁점을 국제화시키거나 국제적인 관심사나 이슈를 국내로 수용하여 운동 차원에서 이슈화시켜 지역과 국가간의 네트워크를 형성하여 문제 해결을 위한 연대를 강화할 수 있다.

이러한 사회운동 단체들간의 네트워크 형성은 직접적인 행위에 앞서 공통의 정체성을 확보하는 전체적인 틀의 조정(frame alignment)을 필요로 한다. 네트워크가 단기적 존속에 그치지 않고 상시적으로 형성되어 지속

적인 연대를 구축할 때 지역 운동이 강화될 수 있고 운동의 전략은 보다 성숙해지고 운동 단체의 책임성도 증대될 수 있을 것이다.[83]

이는 인간이 자신이 맺고 있는 관계를 떠나서는 살 수 없으며 이 관계로부터 자아 정체성을 부여받기 때문이다. 자신이 가지고 있는 신념과 가치관이나 정치적인 견해도 자신과 상호작용하는 사람들로부터 영향을 받는다. 즉 사람들의 이념이나 정체성은 네트워크의 산물이다. 범주를 공유한 사람들은 네트워크를 통해서 비로소 그들이 중요한 사회적 성격을 공유한 집단이라는 것을 상호 인식하게 되고, 공통의 이해를 깨닫게 되는 것이다.[84] 집단 정체성을 형성한 후에야 자신이 속한 집단과 집합적 이해에 대해서 충성과 헌신을 약속하게 된다. 인간의 의식과 행동은 이 관계에 의해 크게 영향을 받으며, 이것이 관계에 자리 매겨진 인간 모습의 핵심이다.[85]

따라서 네트워크 사회는 모든 정황에서 어떤 기본적이고 공통적인 특성이 있으면서도 그 사회가 진화하는 문화적 · 제도적 환경에 따라 매우 다른 형태를 띤다. 현재의 네트워크 사회는 그 구조가 마이크로 전자 기반의 정보와 커뮤니케이션으로 구성된 것이기 때문에 이진법 논리, 즉 포함 혹은 배제의 논리로 작동한다. 따라서 집단화와 파편화는 현존하는 네트워크 사회의 구조적 특성에 속한다고 볼 수 있다. 누구나 세계적으로 확산된 이 사회에 들어가 있는 것은 아니지만 그 영향권에 속해 있다. 국가 또한 마찬가지이다.

네트워크 국가에 관한 논의는 1990년대에 마누엘 카스텔(Manuel Castells)에 의해 시작되었는데, 그는 유럽 통합의 기대와 현실적 한계의

**83** 임현진(2003).

**84** Polleta, Japer(2001).

**85** 김용학 · 하재경(2009: 76).

타협점에서 생성된 융합적 제도에 주목하면서 특히 유럽연합이라는 초국가 기구가 정책 결정이나 권한에 있어서 보조 역할을 수행하면서 회원국 지역, 지방회원 등의 하부 기관들과 연결되어 있는 모습이 서로 주권을 공유하는 '신중세주의'(new medievalism)로의 회귀와도 같다고 보았다. 이러한 맥락에서 오늘날 통치체로서의 유럽연합을 '네트워크 국가'로 규정할 수 있다는 것이 그의 주장이다.[86]

네트워크상의 상호의존적 행위자들은 서로 대등한 관계도 아니고 수시로 이합집산을 거듭하면서 상대에게 영향을 미친다. 이럴 경우에 한 나라의 정책이 다른 나라에 본의 아니게 영향을 미치고 이것이 다시 역으로 자국에 영향을 미치면서 복잡한 연결망이 형성되기 때문에 어떤 행위자도 독자적 권한과 정책 결정을 완벽하게 추구할 수 없다.

네트워크 국가 개념은 앤셀(Christopher Ansell)에 의해 더욱 체계적으로 이론화되었는데, 그는 전통적 '시장'과 '위계질서'의 스펙트럼 사이에서 새롭게 나타나는 복합 메커니즘에 관심을 가지고 이러한 복합 메커니즘은 시장과 위계질서의 특징을 모두 지니며, 내부의 다양한 행위자들 사이에 복잡하게 얽혀 있는 '다자간'(多者間) 연결망 때문에 다른 거버넌스 유형과 대비된다고 보고 이러한 복합 거버넌스를 '이합질서'(geterarchy)라고 부르고 있다.[87]

이러한 이합질서는 국가, 사회 세력, 하위 집단, 그리고 초국가 기구 등 여러 층위의 정치적 행위자들이 서로의 이해관계에 따라 주요한 정책 결정 과정에 끊임없이 개입하는 모습을 잘 설명해준다. 이러한 복합적 정책 결정 과정이 이루어지는 거버넌스 구조가 바로 '네트워크 정치체'라는

---

**86** Castells(2000: 445; 민병원 외 2008: 406에서 재인용).

**87** Ansel(2000: 307~308; 민병원 외 2008: 406에서 재인용).

것이 앤셀의 주장으로서 이 개념은 카스텔이 논의한 '네트워크 국가'와 매우 흡사하며, 구조의 유형화와 더불어 네트워크 속성에 관한 체계적인 이론화를 동반하고 있다는 점에서 중요한 기여를 하고 있다.

한편으로는 경우에 따라 기존 국가기구의 권력이 인터넷 세상에서 더욱 강력하게 작동할 수도 있다. 최근 인터넷 거버넌스 분야에서 나타나는 국가 세력의 대응이나 테러 네트워크에 대항하는 선진국의 동맹 네트워크 등은 이러한 양상을 잘 보여준다. 물론 이러한 과정에서 국가가 예전의 모습을 그대로 유지하는 것은 아니다. 정보사회의 변화에 대응하는 국가는 자기 변화를 통해 다양한 행위자가 형성하는 네트워크 속으로 스며들어 그 작동 방식을 바꾸어간다. 근대적인 의미의 국민국가를 넘어서는 21세기의 '네트워크 지식 국가'(network knowledge state)를 논하는 것은 바로 이러한 맥락에서이다.[88]

### 3) 의제: 글로벌 이슈의 활성화

1990년대 중반부터 정보사회의 발전과 함께 글로벌 사회운동의 규모는 급증하고 있다([그림 4-15] 참조). '네트워크의 네트워크'(a network of network)라고 평가되는 글로벌 사회운동은 매우 이질적 성격을 가진 다수의 단체들이 매우 느슨하게 그러나 매우 광범위하게 연결되어 있는 특징을 가진다.

---

**88** 김상배 엮음(2008: 35).

[그림 4-15] NGO 수로 본 글로벌 사회운동의 성장

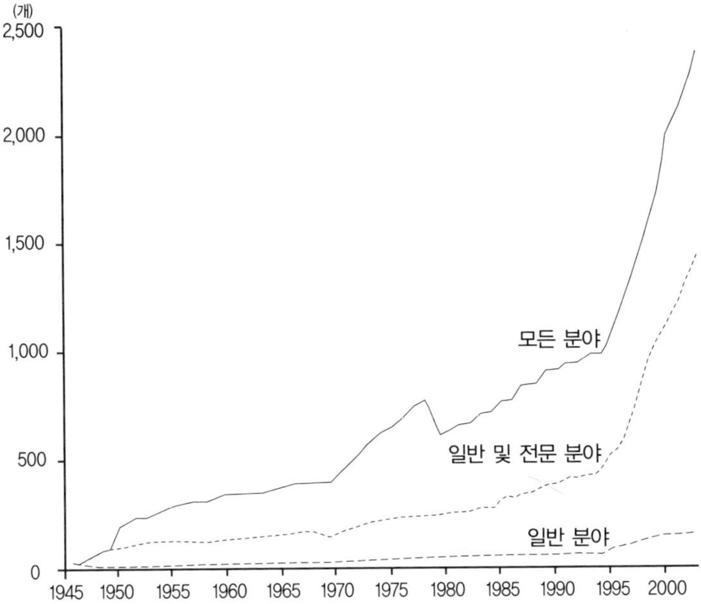


* 출처: 김상배 엮음(2008: 290)

이와 같은 현상의 시작은 1999년 11월의 시애틀 투쟁이었는데, 반WTO, 반지구화를 주장하는 5만여 명의 사회 활동가들이 IT를 활용하여 결집하면서 시애틀 전투라고 까지 평가되었던 사건이다. 2001년 7월에는 제노아 사회 포럼[89]의 구성과 G8 정상회담 반대 시위가 이어졌으며, 2002년 스타벅스 커피 반대 운동 등이 나타났다.

---

89 제노아 사회포럼(GSE)은 2001년 7월에 이탈리아 제노아에서 개최된 G8 정상회담을 반대하기 위해 조직되었다.

**[표 4-14] 글로벌 사회운동의 특성**

| 구분 | 정책 주창 지향 NGO | 새로운 글로벌 사회운동 |
|---|---|---|
| 범위 | 정책 이슈화 · 주창 | 다양한 사회정의 의제 |
| 조직 | NGO 중심 이슈 네트워크 | 대중 참여와 행동, 많은 이슈 |
| 규모 | 이슈 기반 연합에 의해 제약 | 네트워크에 의해 규모 확대 |
| 운동의 대상 | 정부 · 기업 | 기업, 산업 부문, 국제 제도(G8, WEF, IMF, WTO) |
| 전술 | 전략 캠페인<br>• 제한된 정치적 목표<br>• 주도 단체가 시작하고 종결 | 상설 캠페인<br>• 분산적 정치적 목표<br>• 시작과 종결이 개방적 |
| 목표 | • 정부와 국제기구에 의한 규제<br>• 조직 정체성 유지 | • 개인의 직접 행동 조직화<br>• 커뮤니케이션 네트워크 유지<br>• 하이퍼 조직을 통한 개인 역량 강화(empowerment) |
| 역량 투입 | • 개혁과 위기 때 개입 | • 대중 저항, 가치 변화 |

* 출처: 김상배 엮음(2008: 292)

특히 스타벅스 반대운동에서는 참여한 NGO 3개 조직이 정보 교환과 상호 커뮤니케이션, 다양한 활동의 조정을 거의 인터넷에 의존하였으며 세계 여러 지역의 커피 판매점에 대한 시위 조직도 인터넷을 통해 효과적으로 조정하였다. 반대운동 NGO들은 주로 인터넷을 통해 스타벅스의 불공정 거래 정보, 시위 행동 일정, 시위 진행 상황 등에 관한 정보를 생산하고 배포하였는데 이렇듯 인터넷은 활동가를 조직하고 세계 여러 지역에 걸쳐 많은 소비자가 반대운동을 지지하고 이 운동에 참여하도록 하는 데 가장 중요한 운동 공간으로 활용된 것이다. 또한 인터넷은 운동 대상 기업의 이미지에 타격을 가하고 자신의 활동을 정당화하는 메시지 · 상징 · 이미지를 게재하고 유포하는 매체로 효과적으로 활용되었다.[90]

**90** 김상배 엮음(2008: 289).

이와 같은 글로벌 사회운동의 확산 과정은 일국적 이슈의 글로벌화의 가능성 및 다양한 이슈에 대한 세계적 관심의 가능성이 향후에도 지속적으로 증가할 수 있다는 것을 보여준다.

# 제3장
# 네트워크 시민사회의 특징과 발전 조건

## 1. 시민과 사회운동의 특성

시민사회와 사회운동에 있어서의 변화의 내용은 [표 4-15]와 같은데, 수단에 있어서는 네트워크화가 심화될수록 네트워크 수단이 활성화되고, 방식에 있어서는 집단적이거나 조직 중심적인 방식에서 자기 조직적이고 상향 연동식 방식[91]이 강하게 나타나게 된다. 또한 의제는 산업사회에서의 시민권 확립과 정보사회에서의 시민권 표현에 이어 이제는 적극적으로 시민권을 확장하려는 움직임이 강하게 나타남을 알 수 있다.

**91** 상향 연동식 방식은 하향식(top-down) 방식에 대별되는 상향식(bottom-up) 방식과도 큰 차이가 있다. 즉 아래로부터의 의제 생산이나 지배받는 사람들의 권력의 생성 외에도 아래에서 위로 향하는 과정에서 주변에까지 파급력이 높아지고, 그 파급력의 본질적인 메커니즘이 네트워크 방식이라는 점에서 그저 단선적인 운동이 아닌 연동된 운동이라는 점에서 큰 차이가 있는 것으로 보아야 한다.

[표 4-15] 시민 영역의 시대 변화와 특징

| 구분 | 산업사회 | 정보사회 | 네트워크 사회 |
|---|---|---|---|
| 수단 | • 선거 · 집회 | • 온라인<br>(정보습득, informed) | • 모니터링<br>• 네트워크화 |
| 방식 | • 집단적/조직 중심적(가족 · 학교 · 직장)<br>• 의무적/동원적 | • 자기결정권 확대<br>(자율적 거버넌스)<br>• 국가적 시민<br>(제도적 한계 수용) | • 정치적인 것을 문화적으로 실천(유희적 참여)<br>• 자기 조직적(나를 통한 국가, 나를 통한 시민)<br>• 사회적이면서 개인적<br>• 상향 연동식<br>• 상향 연동식<br>• 경계의 파괴<br>• 대중의 아마추어하<br>• 메가 니치(mega niche)를 창출하는 실천적 커뮤니티(서키)<br>• 협업 생산 |
| 의제 | **시민권 확립**<br>• 국가로부터 독립성과 자율성 획득 | **시민권 표현**<br>• 복합적(mixed) | **시민권 확장**<br>• 감성적 의제<br>• 생활 중심 의제(정치의 문화화) |

### 1) 수단: 네트워크 시민으로의 성장

일반적으로 소통의 진화모델은 의견 제시(단순 의견), 토론 형성(집단지성), 정책 제안 혹은 집단행동의 단계로 진행한다. 이와 같은 진화모델은 웹 일반의 발전모델 및 전자정부 진화모델에서도 공히 제시되고 있는 형태이다. 그러나 현실에서 이러한 낙관적인 선순환적 소통의 진화모델은 순차적으로 진행되는 것이 아니라 매우 중첩적으로 진행되는 경우가 많다. 즉, 의견이 제시되면, 토론이 형성되고, 정책을 제안하거나 집단행동화하는 형태로 순차적으로 일어난다기보다는 거의 동시에, 그리고 매우 단시간에 이러한 과정이 응축적으로 나타나는 경우가 많다. 이와 같은 현상은 디지털의 신속성과 확산이라는 특성 때문에 더욱 가속화되는 경향이 있다.

또한 과거의 공급자와 수요자의 경계는 이제 더 이상 중요하지 않다. 누구나 정보의 생산자가 되어 정보생산 권력을 가진 주체로 나타날 수 있다. 즉, 과거의 온라인 서비스에 대한 연구 결과에서는 지나친 공급자 중심성을 비판하기 위해 수요자 중심성을 강조하는 경향이 있었지만 네트워크 사회의 균형적인 노드의 발전을 위해서는 정부와 시민 모두 공급자/수요자의 대당 구조에서 벗어난 동등한 소통의 주체로 평가될 필요가 있다.

예를 들어 수많은 소셜 네트워크 서비스를 이용하는 사람들은 대부분 정보 생산자로서 일상적으로 자신의 생활방식과 생각에 대한 공유를 한다. 사소하게 보이는 이러한 일상적인 대화 속에서 서로간에 평판 체계를 구축하고, 그 가운데 주목(attention)을 받은 사람은 신뢰를 획득하며 신뢰를 획득한 사람의 말 한마디는 매우 광범위하게 확산되고 사회적 파급력을 가지게 된다.

불과 웹1.0 시대에만 해도 정보 생산자의 파급력은 그렇게 크게 나타나지 않았다. 이용자가 찾아가지 않으면 절대로 찾기 어려운 공급자 중심의 일방적인 홈페이지에 수많은 이용자가 몰릴 가능성은 대단히 희박했다. 그러나 웹2.0 서비스의 확대와 모바일을 사용하여 정보 접근이 쉬워지고 연결이 가능해지면서 온라인 사회에서의 네트워크 방식은 급격히 확장되게 되었으며 현재 그 과정은 UCC와 소셜 네트워크를 거쳐 모바일 그리고 네트워크로 진행되며 사용자의 관여도를 높여가고 있다.

이제는 기존의 주요 미디어조차도 자사의 웹사이트가 아니라 소셜 네트워크 서비스를 통한 정보 전달에 주력하는 상황이 된 것이다. 이들이 소셜 미디어에 주목하게 되는 이유는 소셜 미디어의 장점 때문이다. 소셜 미디어의 가장 큰 장점은 쓸데없는 정보를 피해 자신에게 맞는 정보를 활용할 수 있다는 것인데, 트위터와 같은 마이크로 블로그, 딜리셔스와 같은 소셜 북마크 서비스, 비디오 공유 서비스, 플릭커(Flickr)와 같은 사진 공유 서비스에 올라와 있는 콘텐츠와 그것을 나보다 먼저 본 사람들의 반응을 보면서 과거와 같은 정보 범람을 피해 필요한 정보를 찾을 수 있는 유용성이 매우 높아졌다고 할 수 있다.

**[그림 4-16] 미디어의 발전과 관계 변화**

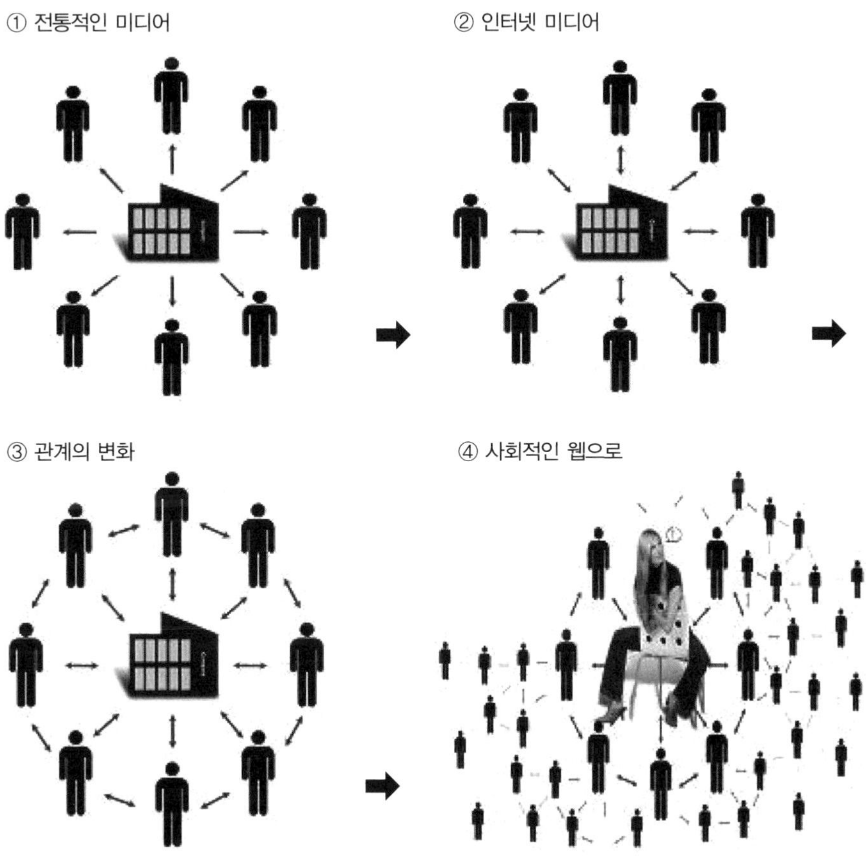


* 출처: 정지훈(2009: 2~6, 「체인지온」 발표문)

[그림 4-16]에 표현되어 있는 것과 같은 영향력을 가진 소셜 미디어 서비스에 전세계적인 열풍[92]이 일고 사용자들이 몰입함으로써 개인의 정체성, 개인간 관계, 시장 구조, 사회 변화가 나타나는데, 크리스 앤더슨의 표현과 같이 한 개의 채널을 다수가 시청하는 시대가 아니라 수많은 채널을 각자가 볼 수 있는 시대로의 변화가 일어나고 있다. 한편으로는 소셜 미디어에 대한 시간의 소비는 단순히 소비에 멈추는 것이 아니라 관계를 생성하고 정보를 공유하는 생산적 활동으로 변화하고 있다. [그림 4-16]에서는 과거와 같은 부모와 자식의 관계가 아니라 소셜 미디어가 매개하는 관계로의 변화를 보여준다.

**[그림 4-17] '우리가 네 블로그를 읽을까, 아니면 직접 우리한테 학교생활에 대해 말해줄래?'**

* 출처: Cincinnati Enquirer(October 2004)

**92** 5천만 명의 사용자가 유입되는 데 걸리는 시간은 라디오는 38년, TV 13년, 인터넷 4년, iPod 3년이며, 페이스북이 1천만 가입자를 유치하는 데 들었던 시간은 9개월, iPhone 어플리케이션이 10억 개가 되는 데 걸리는 시간도 9개월이다.

이와 같은 소셜 미디어가 표현하는 일반적인 일곱 가지 특징으로는 대화와 커뮤니케이션 속성(conversations), 콘텐츠와 정보를 공유하기 위한 속성(sharing), 내 상태와 현황을 알리기 위한 속성(presence), 관계의 깊이와 친밀도를 관리하는 속성(relationships), 내 명성을 대외적으로 알리고 셀프 브랜딩하는 속성(reputation), 커뮤니티 속성(groups), '나'의 주체성을 확고히 하는 속성(identity)을 들 수 있다.[93]

[그림 4-18] 소셜 미디어 활용의 예

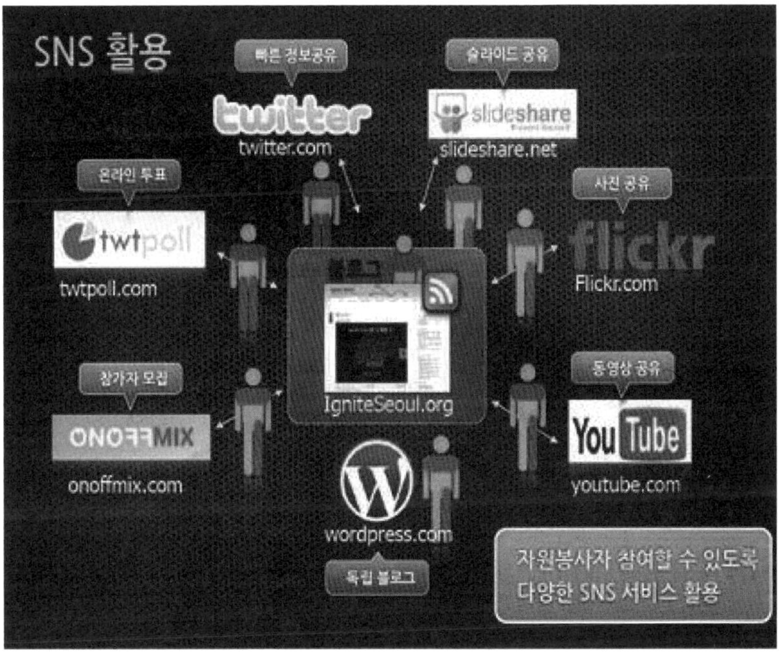


* 출처: 정진호(2009: 68, 「체인지온」 발표문)

93 김지현(2009: 204).

### 2) 방식: 자기 조직적이고 상향 연동적인 방식으로 변화

#### (1) 모니터 시민의 문화적인 정치 수용

산업사회의 시민과는 다른 속성을 가지는 시민이 네트워크 사회에서 등장하고 있다. 산업사회의 합리적으로 '생각하는 시민'으로부터 네트워크를 통해[94] '참여하는 시민'으로 발전하고 있다. 또한 '차가운 인지'(cool cognition)라기보다는 '뜨거운 인지'(hot cognition)에 기반한 모니터 시민(monitor citizen)[95]이 등장하면서 '감성의 정치'가 '이성의 정치'에 못지않게 중요해졌다.

이들은 정치를 정치적으로 수용하는 것보다는 '정치를 문화적으로 수용하는 것'에 보다 익숙해 있다. 또한 산업사회의 시민이 계급 혹은 이익 등에 기초한 '강한 연대'(strong ties)에 의해 정치적으로 동원되었다면, 정보사회의 시민은 '약한 연대'(weak ties)에 기초하지만 네트워크를 통해 독립적인 참여시민으로 재구성된다.

#### (2) 프로듀시지의 출현

네트워크 시민사회의 또 다른 방식은 프로가 아닌 대중 아마추어의 출현이다. 아마추어는 '어떤 것을 사랑하는 사람'이라는 뜻으로 라틴어에서 그 어원을 찾을 수 있는데 자신의 활동에 대한 대가를 경제적인 보상

94 "네트워크 환경에서 개인은 네트워크화된 개인으로 변화한다. 네트워크는 온라인과 오프라인에서도 존재하는 느슨한 연계이지만 서로 친밀한 조직을 구성할 수 있는 토대가 된다. 그리고 이는 이곳저곳에서 서로 연결되어 끌리고 쏠리고 들끓는, 조직 없이 조직된 대중의 탄생을 촉발한다"(Shirky 2008).

95 "감시하는 시민(monitorial citizen)은 선행적이라기보다는 주로 방어적인 경향이 있다. [……] 감시하는 시민은 정보 수집보다는 환경을 자세히 관찰하는 데 중점을 둔다. 동네 수영장에서 아이들을 바라보는 부모의 모습을 떠올려보자. 그들은 활동적이지 않은 것처럼 보이지만, 행동이 필요한 순간 바로 행할 준비가 되어 있다. 감시하는 시민은 방관자적 시민이 아니라 다른 일을 하고 있을 때도 세심한 관심을 유지한다"(젠킨스 2006: 336).

에서 찾는 프로페셔널과 달리 활동하는 것 자체에서 오는 열정과 즐거움에서 의미를 찾는 사람을 의미한다.

아마추어라는 단어가 부정적으로 사용될 때에는 프로페셔널의 사회에서 인정받을 만한 능력을 갖추지 못한 사람을 뜻하기도 하지만 네트워크 사회에서 보편화되는 새로운 부류의 아마추어들은 기존의 아마추어와 달리 순수성과 열정은 그대로 유지하면서 프로페셔널의 세계를 넘나들 수 있는 수준의 완성도를 자랑하는, 기존의 프로와 아마추어를 혼합해놓은 형태의 아마추어로서 이와 같은 대중 아마추어의 등장은 프로앰 혁명(Pro-Am-Revolution) 평가되기도 한다.[96] 프로앰은 거의 전문가 수준의 작업이 가능한 지식을 보유한 이들을 의미한다.

이미 앨빈 토플러에 의해 경제적인 영역에서는 프로수머(prosumer)라고 개념화된 이들은 아마추어의 순수성과 열정 그리고 전문성을 보유하고 네트워크 내에서 자유로운 정보 유통을 촉진시킨다. 델(Dell)[97]이나 캐논(Canon)[98]과 같은 거대 기업들은 프로수머의 활발한 참여에 의해 기업경영에 긍정적 혹은 부정적 영향을 받기도 하였는데, 이와 같은 적극적인 관여는 이후 제도 영역이나 정당 영역으로 환산될 가능성이 매우 높아지고 있다.

---

**96** 김태우(2008: 56~57).

**97** 2009년 12월에 델사는 트위터에서의 활발한 활동을 통해 650만 달러어치의 판매 이익을 거두었다고 발표하였다. 현재 델의 트위터 판매 계정에는 150만 명의 구독자가 가입되어 있으며 델에서는 100명이 넘는 직원이 고객에서 트윗(twit, 트위터에 올라온 글)을 발송하고 있다.

**98** 캐논은 EOS7D 모델 출시에서 시야율 100%라는 광고가 과대광고라는 비난을 받으면서 우리나라와 일본에서 거센 저항에 직면하여 '캐논의 굴욕'이라고도 평가되는 사건을 겪었다.

[그림 4-19] 네트워크 사회에서 권위 주체의 이동

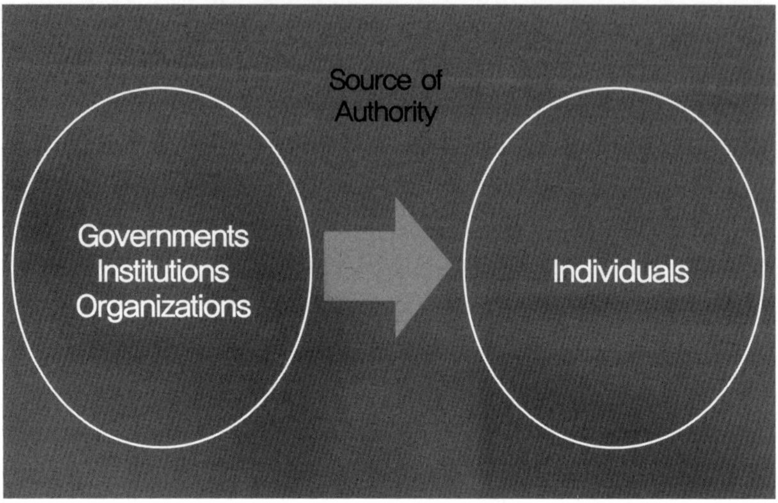


* 출처: 박남호(2009: 6, 「체인지온」 발표문)

한편으로는 프로수머이자 프로앰인 사용자들의 콘텐츠 생산을 '프로듀시지'(produsage)라는 표현으로 사용하는 것이 적합하다는 주장도 설득력이 있다.[99] 악셀 브룬스가 제시한 이 용어는 생산(production) 겸 사용(usage)을 의미하는 것으로서 일정한 소비자나 공급자를 전제로 한 '생산'이라는 표현보다는 반복적이고 진화적으로 발전한 사용자 주도의 창작물을 표현하는 프로듀시지라는 용어가 적합하다는 것이다. 소비라는 의미를 포함한 프로수머보다는 인터넷에서의 정보 콘텐츠의 사용에는 프로듀시지가 훨씬 적합한 용어가 된다. 즉, 네트워크 사회에서는 산업사회적인 생산양식이 아니라 콘텐츠 창작의 양식으로 이동하고 있으며 프로듀시지의 과정은 과거의 위계적인 방식이 아닌 유동적이고 유연하며 복합질서적(hetearchical)인 과정으로 구성된다. 따라서 계서적인 구조의 원

---

**99** Axel Bruns(2008).

리가 아니라 사회공동체의 조직 원리를 기반으로 하며 이러한 프로듀시지를 구현하고 있는 사례가 웹2.0과 소셜 소프트웨어[100]라는 것이다. 오픈소스 · 위키피디아 · 블로그 · 폭소노미 · 시민저널리즘 등이 이와 같은 프로듀시지의 대표적인 적용 사례가 될 수 있다.

### 3) 의제: 시민권 확대 이슈의 확산

#### (1) 시민권 확립의 과정

시민은 이미 21세기의 중요한 정치 주체이자 민주주의의 가치가 되었다. 무엇보다 시민은 공화정에서 정치의 근본이자 주인으로 자각하고 등장했다는 점에서 시민문화 형성과 새로운 정치적 실험을 하게 되었다. 시민이 커다란 사회정치적 의미를 부여받게 된 것은 지난 수백 년 동안 자의식과 지향성을 가진 사람들이 확산되었기 때문이다. 따라서 시민은 공동체의 관심사를 공유하고 자유롭고 평등한 주체로서 관계를 형성하고 공동의 문제를 해결한다는 의미에서 시민의 현대적 의미는 사회적인 성격을 가진다.[101]

그렇지만 시민이 현재와 같은 의미로 사용되기까지는 무수한 정치적인 격변이 있었고 그 결과로서 소수의 특권층에 대항하는 정치공동체의 일원으로서 스스로 자리매김하게 되었다. 초기 시민이란 용어가 도시나 국가의 한 구성원으로서 정치적인 권리를 갖고 있는 주체를 한정하던 개념에서 점차 그 의미가 확장된 것이다.

시민의 역할은 이미 19세기 프랑스의 토크빌(Tocqueville, 2004)이 강조하듯이, 적극적이고 자발적인 역동성을 가진 존재로서 협력적인 결사체

**100** 사회적 소프트웨어는 Tom Coates가 제시한 개념이다.

**101** 신진욱(2008: 13~16).

를 형성하여 시민사회의 다양성을 보장하는 민주주의의 원동력이다. 좀 더 거슬러 올라간다면, 근대적인 의미에서 로크(Locke)의 자유주의적이고 합리적인 존재로서 시민이 재산권을 중심으로 국가와 계약을 하는 자유인으로서의 시민에서 삶과 국가의 주인으로서 적극적인 역할을 하는 시민으로 발전한 것이다. 이를 신진욱(2008)은 시민성의 시대적 구분에 따라 자유로운 시민과 연대하는 시민, 참여하는 시민으로 구분한다.

근대적인 차원에서 연대하는 시민은 필연적으로 함정에 빠질 우려도 존재한다. 그것은 토크빌이 경고한 다수에 의한 폭정, 전체주의의 가능성이다. 즉 정치권력이 다수를 장악함으로 소수자를 위협하고 지배할 경우에 오히려 시민의 기본권은 유린될 수밖에 없으며 이는 현대 국가가 가지고 있는 관료제로 인해 강화될 가능성이 있다. 따라서 시민의 참여는 선거라는 제도적 틀 내에서 제한적이어야 한다는 대중 민주주의적인 관점에서의 시민에 대한 접근이 전개된다. 사실 이들의 견해는 대중의 정치참여가 높았지만 파시즘으로 치달은 바이마르공화국의 몰락 경험과 다수 시민의 참여를 보장한다는 전후 공산주의 · 전체주의의 등장과 무관하지 않다.

물론 시민의 참여를 제한하고자 하는 시도는 근대적인 생각만은 아니다. 고대 그리스의 플라톤은 다수의 어리석은 민중이 이끄는 정치를 이르는 말로서 '중우정치'라고 이미 통찰한 바 있다. 중우정치는 올바른 민주제가 시행되지 못하고, 하나 또는 몇몇 집단이 수를 앞세워 정치를 이끌어가는 형태로, 민주주의의 단점을 지적한 것이다.

#### (2) 시민권 확대 이슈의 확산

그러나 이러한 시민에 대한 인식은 1960년대 이후 시민의 역할에 주목한 참여민주주의론자들이 등장하면서 전환기를 맞이한다. 아무리 훌륭한

법과 제도가 있다고 해도 이를 움직일 수 있는 사람이 존재하지 않으면 아무 소용이 없는 것이다. 그런 맥락에서 시민에 대한 인식은 새롭게 부각되었으며 대표적인 연구가 알몬드와 버바 등이 주장한 다원주의 시각의 시민사회론이다.[102]

이 시각은 근대성에 바탕을 둔 시민사회의 발전을 상정하고 있으며 전통적인 논의에서 시민사회를 정치 과정에서 게이트키퍼인 정치 매개 집단으로 평가하고 있던 것을 하나의 구조와 행위를 결정하는 주요한 요인으로서 평가한다. 그들은 민주주의 훈련장으로서 자발적 조직에의 참여와 지방적 정치제도가 중요하다고 했고, 이는 참여적 시민을 만드는 데 중요한 역할을 수행한다고 증명했다. 그리고 이러한 연구는 이후 사회적 자본 접근법(social capital approach)으로 계승되면 시민사회의 역동성에 주안점을 두는 네오 토크빌리안으로 계승된다.[103]

페이트먼(Pateman)과 맥퍼슨(Macpherson) 등은 민주주의를 위해서 시민들의 참여를 극대화시켜야 한다고 강조한다. 페이트먼은 교육적인 측면을 강조하여 참여를 정치적인 영역에 한정하는 것이 아니라 참여적 사회를 통해 국가정부 밖의 모든 영역을 망라할 만큼 확장됨을 역설했다.[104]

또 참여민주주의자인 바버도 전통적인 대중사회의 시민과는 다른 개념으로 토론하고 논쟁하며 공공선(public good)을 실현하는 시민으로서 공적 시민(public citizen)에 주목한다.[105] 그는 '강한 민주주의'(strong democracy)를 주장하며 시민의 변화가 이루어지는 과정의 중요성에 주목하고 공적 시민이 주도하는 민주주의가 필요하다고 보았다. 시민 참여를

---

**102** Almond, Verba(1965).

**103** Putnam(2000).

**104** Pateman(1970: 167~175).

**105** Barber(1998, 2000).

통해 사회의 구성원들은 공공선의 달성과 자아실현이라는 효과를 얻을 수 있어 사회의 불필요한 갈등과 오해의 소지를 감소할 수 있다고 본 것이다. 그는 ICT를 이용한 거버넌스의 강화도 주장한다. 미네소타 전자민주주의 프로젝트(E-Democracy project), 현명한 투표 프로젝트(Project Voter-Smart) 등 공적으로 선거와 정치 정보제공을 위한 인터넷의 효과는 시민의 참여와 투표율 제고에 양의 상관성(positive correlation)이 있음을 주장한다.

이와 같은 참여하는 시민으로의 사고의 변화는 근대 시민에 대한 인식론적인 차원에서 전환을 요구하고 있다. 20세기 이후 사회적인 변화가 세계화·정보화로 상징되지만 내재된 사회 변화는 상상할 수 없을 정도로 다중적이다. 예컨대, ① X세대로 대변되는 세대의 변화, ② 생존에서 웰빙(well-being)으로의 변화, ③ 대졸 이상의 고학력층 증가, ④ 블루칼라에서 지식 노동자로 변화, ⑤ 여성의 사회 참여 증가, ⑥ 이러한 총합으로서의 사회적인 다양성과 소수자에 대한 인식 제고 등은 근대적인 의미로서의 자유민으로서의 시민에서 참여하는 시민으로 전환시킨 것이다.[106]

그렇지만 시민에 관한 최근 논의에서 또 다른 중요한 이론적 전환은 1990년대 이후 새로운 현상에 주목한다. 이들은 1990년대 이후 시민참여에 대한 확장된 시각을 바탕으로 세계화·정보화로 인한 시민운동의 다양화에 주목한다. 시민들의 참여가 투표나 시위참여를 벗어나 의사 표현과 반대 행위를 하는 것, 나아가서 선거에 참여하지 않는 것도 시민적인 의사 표시의 하나로 간주한다.

대표적으로 잉글하트는 고학력의 젊은 탈권위 세대의 등장에 주목한다. 그는 과거 대중사회 시민이 저학력의 노동자 계급이었던 반면 90년대

---

**106** Dalton(2009: 4~7).

에 X세대를 거친 새로운 세대는 경제적 · 신체적으로 안전한 탈물질 · 탈권위주의적 가치관을 가진 세대로 규정한다.[107] 이들 시민은 자기 표현과 자기실현에 주목하고 다수는 점점 기성의 권위에 도전한다고 주장한다. 특히 기존 정당이나 정치 매개 집단은 시민들을 재조정할 수 있는 능력이 약하기 때문에 결국 시민들의 관심은 관습적인 참여 행태는 줄어들고 구체적인 이슈를 중심으로 하는 참여운동으로 이행하고 있다고 보았다.

오렌도 시민의 변화상을 두 가지로 규정하는데 그것은 엘리트가 지도하는 형태의 투표나 정당 가입은 줄어드는 반면 개인적으로 기성 권위에 도전하는 참여가 증가하고 이런 시민이 새롭게 등장하고 있다고 보았다.[108] 그는 이러한 저항적 참여, 비관습적인(unconventional) 참여는 시민의 권능 강화와 대의제 민주주의의 대표성 약화 문제를 해결할 수 있을 것으로 보았다.

노리스는 시민을 새롭게 해석해야 한다고 주장한다.[109] 그녀는 시민의 행위를 정부 인사 선임과 그들에게 영향을 미치는 제한된 참여로 한정하는 것을 비판하고 이를 협소한 개념화의 함정에 빠질 수 있다고 보았다. 즉 21세기적 상황과 변모하는 정치참여 운동의 모습과 경향을 고찰하여 국민국가(nation-state)의 쇠퇴와 정보화로 새로운 참여의 방식이 등장했고 그것을 "저항적 시민"으로 해석한 것이다. 그녀는 저항하는 시민으로부터 1950년대 이후 인권이나 반핵과 같은 시민불복종운동 등 조직화된 저항의 정치가 싹을 틔었고 60년대 반전시위, 68운동에서 잠재적 저항(protest potential)에서, 본격적으로 90년대 이후 피플 파워와 반세계화 시위 등에서 표출되었다고 보았다.

**107** Inglehart(1997: 231~236).

**108** Orren(1997; 윤선영 · 이강형 2008: 27)에서 재인용.

**109** Pippa Norris(2002).

## 2. 네트워크 시민사회의 발전 조건

네트워크 시민사회의 발전을 위해서는 각 발전 단계에서의 시민권을 제약하는 요인이 해결되어야 한다는 것을 전제로 한다. 즉, 정보 습득, 대화, 연결 단계에서 핵심으로 등장하는 시민권의 내용을 구현하기 위한 조건이 마련되어야 한다는 의미이다.

다음에서는 이러한 세 가지 시민권을 중심으로 핵심 이슈가 제한되는 현실과 극복 방안을 모색한다.

### 1) 정보 습득 단계의 시민권: 자유로운 정보접근권 구현

정보 습득 단계에서의 시민의 권리를 구현하는 부분은 무엇보다 자유로운 정보접근권과 연관이 있다. 아무리 인터넷이나 핸드폰이 보편화된 세상이라고 하지만 정보를 자유롭게 습득할 수 있는 것과 그 많은 정보 가운데 실제로 자신에게 '정보'인 것을 찾아 습득할 수 있는 능력을 갖출 수 있는 것은 언제나 중요한 사안이기 때문이다.

인터넷의 보편화를 위해 주력하던 시기에는 기기의 보급과 인터넷망 구축이라는 인프라의 한계를 극복하기 위해 정보 격차, 즉 디지털 디바이드(digital divide)가 정책적으로 중요한 쟁점이었다. 이 시기의 정보 격차의 문제는 심리적 접근성 문제(정보화에 대한 관심 부족, 컴퓨터 사용에 대한 두려움, 새로운 기술에 대한 거부감), 물질적 접근성(정보화를 습득할 수 없는 재정적 한계, 빈곤), 기술적 접근성(프로그램 사용 능력), 사회 기회의 접근성(기회 부족)으로 논의되거나,[110] 접근성 격차(활용 차이), 기술적 격차, 경제적 기회의 접근성 격차(사회적 성취나 발전의 목적으로 개인이 정보를 이용할 수 있느냐의

---

**110** 반 디크와 해커(2003).

여부에 따른 불평등), 민주적 격차(정치참여와 정치적 영향력의 확대를 위해 인터넷을 사용하는 것의 차이)[111]라고 분류되었다.

거시적인 차원에서의 정보접근권[112]이란 사람들이 정치 · 경제 · 사회적 이슈에 대한 다양한 종류의 정보와 견해와 논쟁에 대해 접근할 수 있어야 하며 동시에 주어진 이슈들에 대한 자신들의 견해와 비판을 제기하고 대안적 정책이나 행동 지침을 제안할 수 있는 커뮤니케이션 매체를 사용할 기회를 가져야 한다는 것을 의미하며 기존 매체뿐만 아니라 새롭게 발전되고 있는 정보 테크놀로지를 통해 사회계층 · 계급집단의 대표성이 보장될 수 있는 제도적 장치가 필요하다는 것을 의미한다.[113]

정보접근성은 매우 다차원적인 문세이며 다차원의 접근을 모두 최대한으로 충족시키기 위해서는 무엇보다 정보접근권이 기본권이라는 인식이 기반이 되어야 한다. 일개 기업의 독점으로 인해 사용자가 부당한 요금을 몇 년 동안 지불해야 한다거나 정부의 공급자 중심적인 시각으로 인해 시민의 정보접근권이 무시되어서는 안 된다는 의미이다. 또한 사용자 입장에서도 정보를 분별하여 습득하는 능력을 키우기 위한 정보문화의 기반도 마련될 필요가 있다.

정보 격차가 지속적으로 질적 변화를 거쳐 재생산되는 상황에서 단순히 기술적 · 경제적 이유로 정보접근권이 없는 디지털 정보 격차(digital divide)는 정보 검색 능력과 활동성(activity) 혹은 정치적 활용 능력의 차이를 의미하는 민주적 격차(democratic divide), 강대국과 약소국과의 정보 격차인 글로벌 격차(global divide), 나아가 융합적 기술 활용의 인지와 능력이 부족한 네트워크 격차(convergence) 등으로 다양하게 증가하고 있는 것

**111** 모스버거 외(Mossberger et al, 2003).

**112** McQuail(1986).

**113** Curran(1991), Keane(1991), 강명구(1995)에서 재인용.

이 현실이다.

따라서 네트워크에 속하지 못한 혹은 속할 수 있는 기회조차 주어지지 않은 다수에 대한 제도적이고 문화적인 배려가 필요하다는 의미이다. 네트워크 사회에서의 자원은 물질적 자원에 한정되는 것이 아니며 사회적 자본과 네트워크 연결 능력이라는 자원도 대단히 중요하다. 따라서 이러한 모든 자원에 접근할 수 있고 생활에 유용하게 활용할 수 있도록 정보의 공공재로서의 성격을 신장시킬 필요가 있으며, 인프라 확보에서 머문 물리적 기반 확대를 위한 교육이 아닌 좀 더 차원 높은 교육도 병행되어야 한다.

정보민주주의의 문제 틀은 새로이 발전하는 ICT를 통해 어떻게 시민들의 정치 · 경제 · 사회 · 문화적 참여를 북돋우고, 참여에 요구되는 정보를 습득하고 교육을 받을 권리를 신장시키는 데에 그 핵심이 있다. 따라서 정보민주주의는 시민들이 참여할 수 있는 공공 영역을 확보하는 문제와 밀접하게 연관되어 있다. 보편적 서비스는 누구에게나 무료 혹은 싼 가격으로 경제 · 정치 · 사회적 활동에 참여할 수 있는 최소한의 기회를 보장하는 정책적 선택[114]이야말로 정보 습득을 통한 정보민주주의의 구현의 토대가 된다고 할 수 있다.

### 2) 대화 단계에서의 시민권: 표현의 자유와 선순환 평판 체계 마련

#### (1) 표현의 자유와 문화의 시너지

2007년 대통령선거에서 우리나라의 정보사회를 위축시켰던 것은 선거법 93조의 참여 제한 조항이었다. 2010년 6월의 지방선거를 앞두고는 트위터 규제에 대한 중앙선거관리위원회와 검찰의 규제가 논란의 대상이

114 강명구(1995: 202).

되었다. 하나의 제도가 사회의 문화에 어떤 영향을 미칠 수 있는가를 여실히 보여주었던 이 사건들을 통해 우리나라의 정보문화는 정체되었으며 근대사회의 형성 이후 표현의 자유에 대한 논란은 현재의 네트워크 사회로 가는 길에서도 중요한 쟁점이 되고 있다.

우리나라에서 제도적인 노력 외에 인터넷의 대중적인 발전에 기여를 한 것 중의 하나는 PC방과 성인사이트 그리고 P2P(Peer to Peer) 기술[115]이었다. 입시 지옥을 개인적으로 우회하는 전략으로써 청소년들은 PC방을 해방구처럼 활용하였고, 성인 남성들의 성인사이트에 대한 집착은 그들을 숙련된 ICT 기술자(?)로 만들었다. 과거의 오락실에서 문제아로만 평가되던 청소년들은 이제 프로게이머라는 선망 받는 전문가로 재평가되고 있으며, 성인사이트의 무수한 폐단을 개인적으로 해결하는 과정에서 원치 않았던(?) ICT 지식을 습득할 수 있게 되었으며, 불법 다운로드를 각오하고 자신이 찾는 음악과 영화를 검색하던 사람들은 이제는 검색왕이나 해커정신을 자연스럽게 습득하게 되었다.

이러한 현상은 문화적으로는 하나의 기회이지만 제도적으로는 하나의 큰 재앙이다. 다양한 사용자들이 자신의 권리를 합리적으로 주장하고 이성적으로 사회에 참여하기 위해서는 다양하고 자유로운 문화적 에너지를 시민권으로 승화시킬 수 있는 제도적 고려가 반드시 필요하다. 또한 그 정점에 표현의 자유에 대한 사회의 관용을 마련해야 한다는 필요성이 자리 잡고 있는 것이다.

115 라인골드는 수많은 P2P 기술이 재미삼아 개발되었다는 것이 중요하다고 지적한다. 이는 PC와 웹이 처음에는 비영리적 공동체에서 출현했던 것과 같은 이유이다. P2P 방법론의 힘은 기계적인 힘이 아니라 인간의 사회적 힘이라는 사실도 중요한데 새로운 컴퓨터를 굳이 따로 제작하지 않고도 지금까지 낭비되어왔던 자원을 거두어들이는 것만으로도 연산 능력은 배가 될 수 있다는 것이다. 따라서 P2P의 사회기술적 협력 조합은 영리한 군중 퍼즐의 다른 조각들의 힘을 증대시킨다고 주장하고 있다(Rheingold 2002: 141~143).

본질적으로 인간의 자유로운 표현을 가로막는 규제 일변도의 제도만으로는 아무런 생산적인 사회 발전도 기대하기 어렵다. 이제 제도적 규제는 사전에 이루어질 경우에 문화를 위축시킬 수 있으며, 사후에 이루어질 경우에 그야말로 사후약방문에 불과하게 되는 딜레마에 처해 있다. 더구나 대부분의 법이 과거의 정치사회적 경로 의존성에 근거한다는 점을 고려해본다면 네트워크 사회에서의 법제도는 그야말로 패러다임의 대전환이라는 과제를 해결해야만 한다.

또한 사용자를 규제의 대상이 아닌 정책을 함께 구성하는 거버넌스의 파트너로 인식하기 위해서는 먼저 네트워크 사회에서의 다양한 현상에 대한 문화적 이해가 선행될 필요가 있다. 즉, 제도적인 제로섬 게임으로서 어느 한쪽을 객체화시키는 것이 아니라 모두가 주체인 상황에서 시너지효과를 거둘 수 있는 문화적 협의의 가능성을 열어둘 필요가 있는 것이다.

사용자들이 정보를 습득하고 타인과 대화하며 자기조직적으로 집단지성을 이루거나 공동체를 형성하는 대화의 시대에는 정보의 흐름과 의견소통을 자유롭게 할 수 있는, 즉 표현의 자유를 구현할 수 있는 사회가 전제되어 있어야 한다. 인터넷 실명제, 사이드카 제도 등의 아이디어는 규제 정책의 이중성, 비대칭성, 국가 주도성을 나타내는 데 여전히 그러한 제도 아이디어의 협의 과정에는 가장 중요한 행위자로서 시민이 배제되어 있다는 사실은 매우 우려할 만한 부분이다.

인터넷은 지워지지 않을 개인의 과거 잘못을 기록함으로써 주홍글씨를 디지털판으로 재현한다.[116] 즉, 왜곡된 정보의 빠른 전달 가능성만큼 개인정보의 무분별한 확산과 전방위적인 감시가 강화될 수 있는 측면이 있

---

**116** 솔로브(2007: 27).

다. 따라서 네트워크화되는 과정에서의 평판 체계 구축이 매우 시급한 과제이다. 특히 잘못된 정보 유통을 통해 나타날 수 있는 법적 문제는 수많은 명예훼손 관련 소송으로 나타날 수 있으며, 개인적으로는 회복되기 어려운 심각한 심리적 상처를 입을 수 있는 위험성에 무방비 상태로 노출되어 있는 것이나 마찬가지이다.

그러나 기존의 정보사회에서의 개인정보 보호의 경우에는 다양한 위험 가능성에 대한 제도적 대응 방안이 미흡하며 사회에서도 그러한 개인의 상처에 대해서는 막연한 심리적 치료 등의 개인적 구제로 한정시켜 무관심하게 방치하고 있을 뿐이다. 따라서 네트워크형 위험에 대한 사회적 공론화와 연구가 이루어져야 하며 제도적 대응 및 교육 차원의 안전장치도 모색될 필요가 있다.

### (2) 선순환적인 평판 문화의 구현

표현의 자유 문제와 함께 대화 단계에서의 시민권 구현에 장애가 되는 것은 선순환적인 평판 체계(reputation system)의 부재이다. 사회학자 스티븐 녹(Steven Nock)은 "평판은 한 사람에 관한 집합적이고 공유된 개념"이라고 정의하였으며, 온라인 평판은 사람들의 디지털 족적(digital footprint)에 근거하여 인터넷에서 갖게 되는 인식을 의미한다.[117] 그런데 이러한 평판을 생산하는 모든 영리한 군중이 현명한 군중은 아니라는 사실을 유념할 필요가 있다.[118] 평판에 대한 중요한 평가를 제시한 라인골드나 솔로브와 같은 연구자들은 집단행동의 핵심으로서의 평판과 오랜 기간 평판을 통한 관계를 유지한 인류의 역사에 주목한다. 그러나 익명성이 기반

---

**117** 이호영 · 김사혁(2010: 9).

**118** Howard Rheingold(2002: 8).

이 되는 네트워크 사회에서는 평판의 유지나 획득이 매우 어렵다. 기본적으로 웹사이트의 인기가 사용자들의 평판에 의해 유지되는 것은 사실이지만 수많은 사람이 괴로워하는 악플(악성 댓글)또한 평판의 또 다른 이름이기 때문이다.

전방위적인 모바일 네트워크까지 구현된다면 평판의 네트워크에서 자유로울 수 있는 사람은 없다. 그러나 기본적인 평판을 토대로 대화가 이루어지기 위해서는 드러나거나 가시적이지 않은 암묵적인 평판을 잘 관리할 수 있는 선순환적인 평판 시스템이 마련되어야 한다. 즉, 정확한 평판을 근거로 정보가 유통되고 대화가 촉진될 수 있는 네트워크의 구성이 이루어져야 한다는 것이다.

인터넷의 발전을 통해 웹 자체가 거대한 평판 시스템으로 자리 잡았으며 구글의 검색 결과나 전자상거래에서의 상품평, 인물에 대한 다수의 평가, 콘텐츠에 대한 평가가 존재하지만[119] 평가 내용의 진위나 품질을 재평가할 수 있는 필터링 시스템은 매우 부족한 것이 현실이다. 따라서 네트워크의 발전을 촉진하고 올바른 평판을 통해 신뢰가 형성되고 대화가 촉진될 수 있는 방안을 마련하기 위한 사회적 관심이 필요하다.

**119** 이호영(2009: 82).

[그림 4-20] 다양한 형태의 인터넷 평판 유형

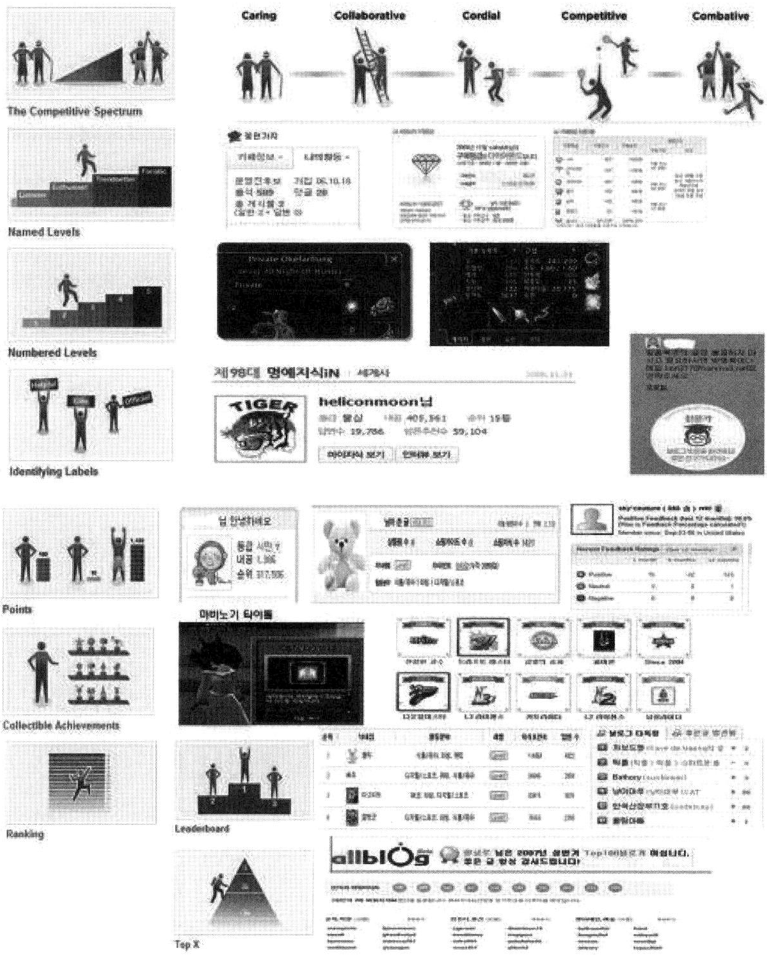


* 출처: 이호영 · 김사혁(2010: 13)

### 3) 연결 단계의 시민권: 개인정보 보호체계 마련

라인골드는 온라인에 존재하는 15억 명에게 권한이양을 할 때 발생하는 어두운 면은 서로가 서로를 감시하게 된다는 것으로서 지금까진 큰 정부를 걱정해왔지만 지금은 이웃 그리고 지하철에 같이 탄 사람들을 두려워한다고 지적하였다. 또한 기술 협력 체제가 드리우는 가장 짙은 그늘은 사생활의 상실로서 조지 오웰의 빅브라더 사회보다 현재의 네트워크 사회에서 커져만 가는 전방위적인 감시 가능성에 대한 깊은 우려를 표명하였다. 이런 부정적인 상황에 덧붙여 집에서나 직장에서나 '항시 접속 중인' 통신 장비를 소유하고 있는 수백만의 사람들의 모습을 전망할 때, 삶의 질과 의미에 대한 심오한 문제가 제기된다.[120]

네트워크 내에서 유통되는 정보 가운데 가장 중요한 것은 개인정보이다. 소셜 네트워크 서비스를 통한 개인정보 유통은 신상정보에 관한 것뿐만 아니라 사생활의 지속적인 노출의 상태라고 볼 수 있다. 이러한 경향은 모바일과 연동되어 네트워크 서비스로까지 확대될 경우 다수에 의한 다수의 감시 상황이 될 수도 있다.

따라서 사회 내에서 준비되어야 하는 것은 개인정보의 관리 능력의 고양과 노출될 때 발생할 수 있는 위험에 대한 대처 방법이다. 즉, 자신도 모르게 자신에 관한 객관적이고 주관적인 정보가 네트워크상에 방치될 수 있는 위험, 타인이 그것을 악용할 수 있는 위험, 프라이버시가 위축될 수 있는 위험 등 다차원적인 위험에 대한 예방 대책도 모색되어야 한다.

---

**120** Howard Rheingold(2002: 29).

제5부

# 결론과 전망: 네트워크 사회의 정치와 민주주의

# 제1장
# 네트워크 사회의 특성

네트워크 사회의 주요 세력을 넷 세대[1]로 부르며 이들의 능력과 가능성에 대해 대단히 긍정적인 평가를 하고 있는 돈 탭스콧은 기술에 능숙하지 못한 과거의 세대가 겪은 일화를 다음과 같이 묘사한다.

> 마우스를 발로 밟는 페달로 생각해 밟아댔더니 작동하지 않았다거나, 디스크를 복사해 달라는 부탁을 받은 비서가 복사기를 이용해 디스크를 종이에 복사해 갖고 왔다는 일화가 대표적이다. 또 키보드를 너무 세게 두드려서 부숴 버렸다는 이야기나 AS직원이 윈도우를 갖고 있느냐고 묻자 한 여성은 "아니요, 우리는 창문(윈도우)은 없고, 에어컨은 있어요."라고 대답했다는 이야기, 수정펜을 갖고 디스크에 들어 있는 파일들을 지우려고 했다는 일화도 있다. 마우스가 TV 리모컨인 줄 알고 컴퓨터 스크린을 겨냥한 채 마우스를 열심히 누른 적도 있다. 이러

**1** 탭스콧이 정리한 넷 세대의 여덟 가지 특징은 다음과 같다. ① 최고의 가치는 선택의 자유다. ② 내 개성에 맞게 맞춤 제작한다. ③ 철저하게 조사 · 분석한다. ④ 약속을 지키고 성실함을 중시한다. ⑤ 협업에 익숙하다. ⑥ 일도 놀이처럼 즐거워야 한다. ⑦ 매사에 속도를 추구한다. ⑧ 혁신을 사랑한다(Don Tapscott 2008: 154~193).

한 성인들의 실수에 얽힌 일화들은 나름 충분히 일리가 있다. 베이비 붐 세대는 TV 리모컨, 발 페달, 복사기, 창, 수정펜, 문 등에 익숙하기 때문이다. 이러한 것들은 수십 년에 걸쳐 형성된 각각에 얽힌 의미와 반응 방식이 있다. 반면 넷 세대 사람들은 그 부분에서 거의 물들지 않았다. 따라서 디지털 미디어를 흡수하기 쉬웠다. [……] 베이비 붐 세대는 TV 기술을 보고 놀라거나 TV가 화면과 음성을 어떻게 전달하는지 알고도 놀라지 않았다. 그들은 그냥 TV 스크린을 볼 뿐이었다. TV는 그들 인생의 단면에 불과했다. 넷 세대는 컴퓨터에 대해서 같은 방식으로 생각한다. 그리고 매달 기술이 무자비할 정도로 발전하면서 젊은이들은 그것을 대기 중의 공기처럼 그냥 빨아들일 뿐이다.[2]

이렇듯 PC통신에의 열광에는 비할 수 없는 인터넷에의 몰입으로 세대의 의식과 문화가 변화하고 있고 새로운 실험들이 나타나고 있다. 이 모든 변화는 단지 기술 수준이 높기 때문에 발생하는 변화가 아니라 기술 활용 능력의 문화가 형성한 사회의 변화이다. 이제는 문화 수준의 변화를 정치 부문에도 적용하고자 하는 시민의 열망이 형성되고 있으며 바로 그 시점에서 민주주의란 무엇인가라는 화두가 근본적인 정보사회의 문제로 자리매김 되었다.

우리나라 정부는 '산업화는 뒤졌지만 정보화는 앞서가자'라는 정보화 초기의 구호를 통해 과거의 개발독재 시기의 경제개발계획과 같은 정보사회를 이룩하였다. 정보화가 기술 발전만으로 가능한 것이라면 현재 우리나라의 수준은 정보화의 반열에 높이 올라와 있으며 정부의 정책도 매우 성공적으로 달성되었다고 평가할 수 있을 것이다.

그러나 정보화의 이면에서 변화하고 있는 문화와 정치의 원리를 담지

---

**2** Don Tapscott(2008: 56~59).

하지 못한 정보화로 인해 우리나라의 정보사회는 더 이상 성장을 기대하기 어려운 안타까운 지체 현상을 경험하고 있다. 산업사회식 정책 추진은 사회의 창의성과 자유로움에 반사적으로 규제 정책을 들이밀었고, 오로지 많이 쓰기만 하면 된다는 단선적인 사고방식을 요구하였다.

## 1. 시민이 주체로 부상하는 사회

인간은 외로워진 것이 아니라 집단이라는 익명성 속에서 스스로 걸어나와 개인과 개인이 서로 마주하게 된 것이라는 관점의 변화가 신(神) 중심에서 인간 중심으로 변화된 르네상스 혁명의 핵심이다. 현재 우리가 맞이하고 있는 신(新)르네상스 혁명, 즉 소셜 미디어 혁명에서는 인간이 개인화되는 만큼, 인간이 외로워지는 만큼, 자신이 속한 집단과 상관없는 자신의 솔직한 생각으로 빠져나오게 되며, 이런 생각을 자유롭게 표현할 수 있는 인프라가 갖추어지면서 인류가 새로운 '나 자신으로의 르네상스'를 맞이하게 된다는 지적은 현재의 변화를 거시적인 관점에서 가장 잘 설명하고 있는 표현이다.[3]

다소 거창하더라도 이제 세계는 신에게서 인간으로, 그리고 인간에서 개인으로의 패러다임 변화를 경험하게 된다는 것이다. 근대라는 축만을 잘라서 평가해본다면 지배의 대상이었던 시민은 그 많은 민주주의 담론의 유행에도 불구하고 언제나 '대상'으로서의 지위에서 변화될 수 없는 존재였지만, 네트워크 사회에서는 매스미디어보다 빨리 소식을 전파하고, 의견을 나누면서 참여의 정체성을 획득하는 진정한 '시

3 송인혁 · 이유진 외(2010: 57).

민'으로서의 위상을 갖추게 되었다.

2008년 촛불집회 현장에서 동영상을 취재하여 자발적으로 올리던 비디오자키들은 전문가나 기자가 아니었다. 그저 순수하게 '이런 일은 다른 사람들에게 알리는 것이 좋겠다'고 생각한 소박한 시민이었다. 정치와는 전혀 관련이 없을 것 같은 화장과 성형과 패션에 대한 정보를 교류하는 삼국 카페(화장발, 소울 드레서, 쌍코)의 수십만 명에 달하는 젊은 여성 회원들은 자발적으로 집회에 참여하였고, 그들 스스로 '우리는 엣지 있게 정치를 한다'고 외쳤다. 전경과 화염병과 짱돌이 대치하던 시대에서 분명히 변화한 자발적인 시민이 등장하였음에도 불구하고 여전히 억압적인 대응을 하였던 당시 정치의 모습은 대단히 실망스러운 것이었다.

물론 아직은 시민의 권리가 그렇게 격상하였다고 단정하기 어렵다. 수많은 극단주의자와 정치 무관심 혹은 부동층 그리고 여전히 문화나 어학 애플리케이션만 수위를 차지하고 있는 앱스토어를 살펴보지 않더라도 시민의식을 가진 시민이 보편화되었다고 보기 어려운 측면은 여전히 존재한다. 그러나 현재의 가능성이 집단지성으로 구현되고 이타심의 확장으로 이어지며 순수한 정치참여를 생활화할 수 있는 가능성이 충분히 있다는 것만큼은 매우 분명한 사실이라고 할 수 있다.

## 2. 연결과 관계로 형성되는 사회

이 책에서 네트워크 사회를 강조하는 이유는 이러한 성장 위주의 계량적 접근이 사회의 본질적인 변화와 조화를 이루기 어렵기 때문이다. 네트워크 사회가 강조하는 가치는 '연결'과 '관계'를 통한 사회의 유지와 발전이다. 인터넷의 쌍방향성과 이것으로 인해 나타나는 다양한 정보제공 능력만큼 중요한 것은 사회성이라고 할 수 있는데, 서로 모르는 사람 사이에 아이디어와 경험을 공유하게 할 수 있는 능력이야말로 양적인 기기 사용 확대의 능력만큼 중요하다는 사실이 간과되고 있는 것이다.

칼 폴라니는 세기적인 역작 『거대한 변환』(*Great Transformation*)에서 사회라는 가치를 외면하고 있는 시장의 허구성에 대한 깊이 있는 역사적 고찰을 제시하였다.[4] 이의 연장선상에서 21세기 네트워크 사회에서 '연결'과 '관계'의 가치는 폴라니가 고민했던 20세기의 '사회'라는 가치를 다시 되돌아볼 수 있는 기회를 제공한다.

ICT 인터페이스(interface)에 대한 이해를 통해 사고력이 증진되고 창의적 아이디어를 익히게 된 시민들은 이제 수동적인 고립이나 개인주의화의 단계에 머물러 있지 않게 되었다. 인터넷 때문에 사람들이 고립될 것이라는 주장이 인터넷 회의론자들 사이에서 힘을 얻고 한때 이슈화되기도 하였지만, 지난 몇 년간 인터넷에서 가장 큰 붐을 이룬 것은 인적 교류 서비스(소셜 네트워크 서비스)들이었다. 구글이 우리 머릿속의 메모리를 확장시켰다면 네트워크 형성 애플리케이션은 인맥을 만들고, 서로 모르는 이들간에 아이디어와 경험을 공유하게 해주었다.[5] 정치적으로는 전자정부 서비스에서 시민참여 공간의 발전, 정당에서는 온라인 선거운동의 진화, 시민사회에서는 다양한 네트워크형 참여 속에서 그와 같은 '관계'와 '참여' 확장의 의미를 관찰할 수 있다.

네트워크를 '상호 연결된 결절(node)의 세트(set)'라고 정의한 카스텔은 네트워크 사회는 흐름의 공간으로서 과거의 관료제나 수직적이고 계층적인 조직체계와는 대비되는 동일한 가치와 수행 목적을 가진 수많은

4 Karl Polanyi(1994).

5 Steve Jones(2005: 121).

결정들과 연결되는 무한 확장의 구조를 가진다고 정의하였다.[6] 카스텔의 네트워크가 갖는 특성은 다음과 같다.[7] 첫째, 포함과 배제의 속성을 가진다. 즉, 동일한 네트워크에 속해 있을 경우 물리적 · 사회적 · 정치적 · 경제적 · 문화적 거리는 제로에 가깝게 된다. 그러나 네트워크 외부에 있을 경우에는 아무리 물리적 거리가 인접해 있어도 거리는 무한대가 될 수 있다.

둘째, 분산과 멤버십이라는 특성을 보인다. 네트워크의 구성 부문들은 독자적으로 다른 네트워크와 연결될 수도 있지만 그 자신이 역동성과 경쟁력을 갖기 위해서는 소속 네트워크의 체계에 의존할 수밖에 없다.

셋째, 역동적인 공개성을 가진다. 네트워크는 동일한 가치와 수행 목적을 갖는 한 무수한 결절들에 의해 연결될 수 있는 조직이기 때문에 무한정 확장될 수 있다.

이미 시민사회는 자기조직적인 방식으로 네트워크 시민을 형성하며 시민권 확장을 주장하고 있으며 이와 같은 흐름은 국제적 영역에까지도 확대되고 있음에도 불구하고 제도 영역에서의 대응력은 현실과의 가치 괴리를 양산하며 더 이상 생산적인 의제를 표출하지 못하고 있다. 아래로부터의 높은 정보 생산 능력과 자기조직화 방식의 분출은 제도적 기득권이라고 할 수 있는 정부와 정당의 능력에 심각한 영향을 미칠 수 있다. 그러나 그러한 영향에 대한 대응이 단순히 관성적인 근대사회적인 규제와 단속으로만 이루어지기는 현실적으로 이젠 거의 불가능한 상황이라고 할 수 있다.

수단과 방식과 의제가 더욱더 정교하고 복합화된 ICT에 의해 추동될

**6** Manuel Castells(2000: 6장).

**7** Manuel Castells(2001: 4장).

경우 네트워크 사회에서의 정치적 의제는 시민의 관여를 높여 전혀 다른 새로운 정치적 패러다임을 요구할 수 있다. 따라서 정부와 정당은 새로운 패러다임의 의제를 먼저 제시하고 사회 내에서 정보의 흐름이 원활하게 소통할 수 있는 과제를 해결하며 소통의 촉진을 통한 신뢰 회복의 가치를 구현해야 할 것이다.

## 3. 네트워크로 구성되는 시민의 사회

어젠다 셋팅, 즉 의제의 제시는 네트워크 사회의 모든 갈등의 근원이다. 오랜 세월 우리의 정치 역사에서 '명분'이 언제나 중요한 파괴력을 가져왔지만 네트워크 사회에서의 의제 권력은 그 어느 때보다 커질 수 있다. 물론 의제의 영향력만큼 의제의 본질이 중요하다는 것은 말할 나위 없다. 그러나 의제의 본질이 검증되지 않은 상태에서도 네트워크 공간을 통한 의제의 확산은 그 어느 때보다 강력하게 이루어질 수 있으며 그것이 연결과 관계의 힘, 롱테일의 힘의 근원으로 작용한다.

기존의 제도정치에서의 의제는 정부나 정당 그리고 의회만이 제시할 수 있는 배타성이 강했다. 이에 비해 시민사회의 의제는 반(反)정부, 반(反)정당, 반(反)의회의 반응적(reactive) 의제로 평가되었다. 그러나 네트워크 사회에서의 의제는 상황을 앞서 주도하는(proactive) 성향이 훨씬 강하다. 그저 투표권 획득에 만족하고 매스미디어를 통해 획일적인 정보를 취하던 시민이 아닌 정보를 찾아 나서고 다양한 정보를 취득하며[8] 의견의

8 네트워크 사회에서의 정보 취득에 대해 중요한 시사점은 블로그의 인기 원인을 생각하면 잘 알 수 있다. 즉, 블로그에 대해 일반인들이 가지고 있는 이미지는 개인 일기인 반면, 현실적으로 인터넷에서 가장 있기 있으며 상업적으로 영향력이 있는 블로그는 주제별 블로그라는 점

공론장을 구성하고 자신의 창의력을 표출하는 것이 훨씬 자연스럽다고 생각하는 시민이 되었기 때문이다.

정치 · 경제 · 사회 · 문화의 모든 분야에서 발휘되는 수동성의 능동성으로의 변화는 예측하기 어려운 의제의 확산을 추동한다. 이 책에서 제시한 네트워크 사회의 자원(resource)을 최대한 습득한 정부와 정당 그리고 시민이라면 누구나 의제의 생산을 선점할 수 있다. 즉, 네트워크 자원의 속성과 활용이라는 필요조건이 이루어지는 만큼 의제 선점이 가능하며, 그에 따라 네트워크 사회의 정치는 네트워크 자원을 필요조건으로 의제의 선점과 영향력을 충분조건으로 하여 형성된다. 필요조건인 자원의 차원은 역사와 공간을 두 축으로 하여 다양한 형태로 나타날 수 있으며 정치문화의 역사와 정치문화의 발전 수준이 높은 만큼 바람직한 의제의 형성이 가능하다는 의미이다.

다만 일상의 권력과 제도 권력이 분리되어 있는 상태에서 이제는 일상의 권력이 정부나 정당의 권력을 능가할 가능성이 높아졌다는 점이 네트워크 사회의 핵심적인 특징이라고 할 수 있다. 권력의 간극에 대한 깔끔한 정리를 한 하나의 동영상[9]에서 지적된 바로는 고대와 중세 시대의 물리력이나 인간의 지능 그리고 교권이라는 자원을 중심으로 기사 · 왕 · 성직자 등이 대중과 괴리된 배타적 권력을 소유한 것으로 묘사한다. 그 후 근대화의 과정에서는 정치적 권리인 투표에 의해 나타난 정치가와 자본을 소유한 자본가가 그러한 자원을 가지지 않은 대중과 괴리된 엘리트의

이다. 블로그는 개인적인 목소리를 담고 있지만 그 주제 면에서는 많은 사람이 주목하지 않을 수 없다. 그리하여 블로그는 시의 적절하고, 포괄적인 의견 제시를 강조하는 저술 행위라는 것이다. 이와 같이 블로그를 통한 사소한 정보제공이 순식간에 의제가 되고 사회 이슈화될 수 있는 것이다(Gillin 2007: 33).

**9** http://www.youtube.com/watch?v=Tkjz5JMCU1A&feature=player_embedded

위치를 점유하였다. 그러나 그러한 배타적 권력의 자원으로서 정보 · 지식 등의 권한은 이제 평등한 시민도 점유할 수 있는 것으로 평가되었으며 역사의 진행 과정에서 권력의 간극(The Power Gap)은 줄어가고 있다는 것이 이 동영상의 핵심 주제이다. 의제 설정의 권한이 이제는 배타성과 독점에서 벗어나 누구에게나 확산되고 보편화될 수 있다는 것이다.

# 제2장
# 네트워크 사회의 정치와 새로운 민주주의의 조건

## 1. 새로운 민주주의의 특징

그간 정보화와 정치의 관계를 논의하였던 전자민주주의의 비관론과 낙관론의 대당 구조는 대의제의 변화된 위상을 반영한다. 비관론이 대의제의 강화를 고수하는 입장이라면 낙관론은 대의제를 대체하는 직접민주주의의 구현 가능성을 시사한다. 그러나 이러한 대당 구조조차 네트워크 사회에서는 새로운 민주주의로 대체될 가능성이 높다. 새로운 민주주의의 전체적인 그림은 결론적으로, 정부 · 정당 · 시민사회간의 협력과 협업에 기반한 네트워크 거버넌스 형성으로 나타나야 하며 이것이 네트워크 사회의 중요한 정치적 과제라고 할 수 있다. 이와 함께 네트워크 사회에서 나타날 새로운 민주주의의 특징을 정리하면 다음과 같다.

우선, 새로운 민주주의의 첫 번째 특징은 시민권의 확장이다. 이미 2008년 이후로 ICT 환경은 모바일이나 유비쿼터스를 활용한 공공 영역의 변화 사례가 활발하게 늘어나고 있다. 선진국과 후진국에 관계없이 다수의 정부가 적극적인 시민참여형 민주주의를 구현한다는 점에서 새로운 민주주의의 모습은 시민의 관여도를 높이고 시민권을 더욱 확대하는 관점, 즉 대의제를 적극적으로 보완하는 방향으로 진행될 가능성이 매우 높다.

두 번째 특징은 다차원의 민주주의이다. 대의제의 보완 가능성은 사실이기도 하고 규범이기도 하다. 즉, 마땅히 그래야 하며, 그렇게 되고 있는 것이다. 반면 직접민주주의는 복잡다단한 현대사회의 의제를 책임질 수 있는 주체가 구현되기 어렵고 포퓰리즘으로 진행될 가능성도 있기 때문에 로컬 차원에서는 가능할 수 있어도 중앙정치 차원에서는 불가능하다고 볼 수 있다. 즉, 새로운 민주주의의 두 번째 특징은 중앙정치 차원에서의 대의제 보완과 지역단위나 소단위에서 나타나는 직접민주주의의 강화라는 두 가지 차원으로 존재할 수 있다. 따라서 정치적으로 중요한 문제는 대의민주주의라는 큰 틀 내에서 이 두 차원의 민주주의를 얼마나 효과적으로 매개하고 완충시키는 능력이 있는가이다.

마지막으로 새로운 민주주의의 특징은 경계 없는 네트워크화라고 할 수 있다. 이제까지 나타난 모든 사례와 징후는 언제나 매우 단시간에 광범위한 속도로 증폭된다는 특징을 보였다. 이와 같은 현상의 기저에는 정보의 흐름을 가속화하는 연결성, 즉 네트워크의 메커니즘이 가장 강력한 추동력으로 작동하고 있었다. 따라서 향후에는 시민-정부 협력의 다양한 사례를 분석하여 효과적인 민주적 장치를 구현 가능성을 모색해야 하며, 아울러 구현의 성공과 실패의 조건에 대한 과학적인 분석을 통해 새로운 민주주의의 조건을 구성해나가야 할 것이다.

아직까지 현재의 변화는 지진이 일어나고 있는 상황에 비유할 수 있다. 정확하게 네트워크 사회가 구현되었다고 단정하기에는 이른 지각 변동이 진행되는 시기라는 의미이다. 정치의 구성은 사회 내 모든 행위자의 적극적인 의지와 능력에 의해 구성되어야 하는 것이 때문에 우리는 언제나 존재할 수밖에 없는 사회를 위해 이러한 변화의 지진으로 야기되는 피해를 최소화하고 생산적으로 공존할 수 있는 구체적인 방안에 대해 좀 더 고민해야 하는 것이다.

## 2. 새로운 정치의 출현?

[그림 5-1]과 같이 산업사회의 정치관계는 정당의 매개 기능과 정부의 대표 기능이 어느 정도는 안정적으로 유지되어왔다. 시민사회는 정당에 요구를 하였고 정당은 시민사회의 요구를 정부에 대변하였다. 정부는 이들 요구를 수렴하여 독립된 국가 단위의 행위자로 기능할 수 있었으며 그러한 국가들이 글로벌 사회를 구성하였다. 이 시기는 정치적 패러다임의 변화와는 거리가 먼 고정된 균열의 공간이자 정치관계가 형성되던 시기였다고 할 수 있다.

**[그림 5-1] 산업사회에서의 정치관계**

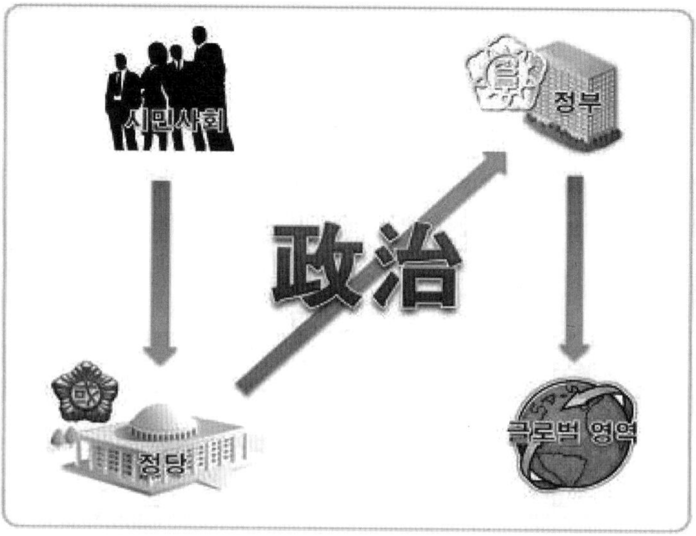

그러나 정보사회에 접어들면 산업사회로 상징되는 대중사회에서의 대의민주주의의 위기가 나타나게 되는데, 정당을 통하지 않은 방법으로도 정부와 시민간의 의견수렴과 정책제안이 가능해져 정당의 역할과 능력에 대한 의문이 제기되고, 온라인 공간에서 폭발적으로 나타나는 논의에 대한 정부의 반응은 오프라인에서의 정책을 홍보하는 수준 정도에 머물러 있기 때문에 대응력의 필요성이 커지게 되었다([그림 5-2] 참조).

현재의 대의민주주의의 위기에 대한 모색은 정치적으로 매우 중요한 과제이다. 이미 세계 각국에서는 시민의 참여를 높이거나 아예 시민의 정책제안을 실제 정책으로 수용하는 방안에 더욱 적극적이다. 나아가 투표율의 저하로 표상되는 대의제 위기를 타개하기 위한 효과적인 방안으로 유무선을 함께 활용할 수 있는 전자투표 방법도 모색되고 있다.

[그림 5-2] 정보사회에서의 정치관계

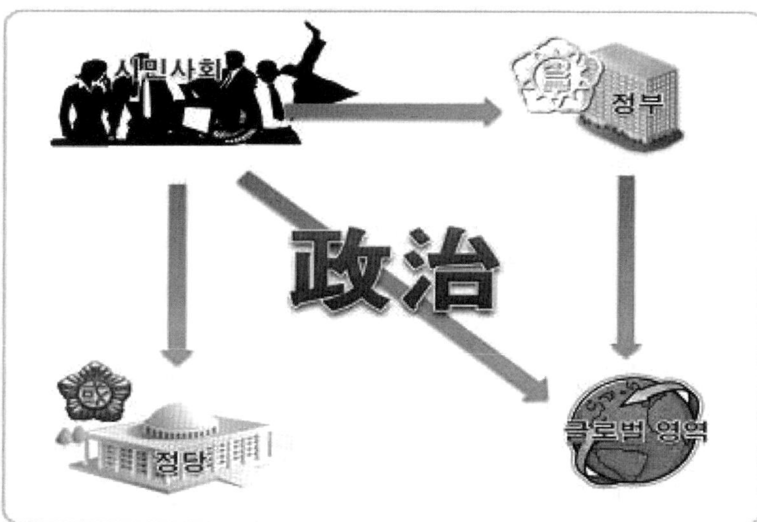


따라서 네트워크 사회에서는 기존의 대의민주주의 위기를 보완하거나

극복할 수 있는 새로운 민주주의의 실체를 고찰하고 그것이 구현 가능한 조건에 대한 탐색이 필요하다. 종래의 민주주의 담론은 대개 실체보다 관념이 앞선 형태로 제기되어왔지만 네트워크 사회에서 요구되는 새로운 민주주의는 담론으로서의 이념형이기보다는 모든 정치 행위자들의 정치적 관여를 확대하여 효율적인 거버넌스를 창출할 수 있는 실천형에 가깝다고 볼 수 있다.

[그림 5-3] 네트워크 사회에서의 정치관계

[그림 5-3]에 나타난 바와 같이 네트워크 사회에서의 정치관계는 시민사회의 높은 관여도, 정당의 매개 기능 약화에 따라 정부로의 요구가 집중되는 경향이 나타난다. 이럴 경우, 기존의 대의제의 기반은 매우 약화되는 것과 동시에 정부는 기회와 위기를 동시에 부여받게 된다. 즉, 정부는 시민사회 · 정당 · 글로벌 사회의 요구를 모두 해결해야 하는 위치이기

때문에 효과적으로 요구를 수렴하고 해결할 경우에는 정부의 권한이 강화될 수 있지만 현실 정치의 메커니즘에서는 정부 단독으로 요구 수렴이 어려운 과부하 상태이기 때문에 모든 책임이 정부에 쏠릴 수도 있다.

따라서 정부는 대의제의 약화된 기반을 회복시키면서 요구도 적절하게 해결할 수 있는 방안을 모색해야 하며, 그것은 정부의 기존 역할과 능력을 변화시킬 때만이 가능하다고 할 수 있다. 네트워크 사회에서의 정부는 과도한 요구를 정당이나 글로벌 사회와의 공조 체제를 통해 해결해야 하고, 요구의 특성과 차원에 따라 과부하를 분산시킬 수 있는 반응력을 높여야 한다. 즉, 위계적 거버넌스가 아닌 자율적 거버넌스를 어느 정도 수렴하는 선에서 정당의 책임과 위상을 재부여하고, 글로벌 이슈의 경우에 국제적 거버넌스의 연계 체제를 강화해야 하며, 무엇보다 유연한 정치적 대응력의 신장에 주력해야 하는 것이다.

한편으로 톰린슨이 제시한 국가의 미래와 관련한 사회 변화의 네 가지 시나리오는 새로운 사회 변동을 분석하기 위해 참고할 필요가 있다. 배제와 포함 그리고 이에 대한 규제와 탈규제를 중심으로 나타날 수 있는 정치적 갈등의 미래 시나리오는 [표 5-1]과 같다.

[표 5-1] 정치적 갈등에 대한 미래의 시나리오

| 구분 | 규제의 맥락 | 탈규제의 맥락 |
|---|---|---|
| 배제의 정치 | 〈A〉<br>**국민(민족)국가 체제**<br>민족주의<br>주권<br>문화적 보호주의<br>문화 제국주의<br>국경(경계)의 치안유지 | 〈B〉<br>**국민(민족)국가의 붕괴**<br>'정체성의 정치'<br>'새로운 전쟁'(New Wars)<br>위험한/사악한 특수주의<br>낭만주의적 혹은 근본주의적 지방주의<br>다(多)공동체주의(multi-communitarianism) |
| 포함(포괄)의 정치 | 〈C〉<br>**세계주의의 보편화**<br>전지구적 책임성의 극대화<br>인권(human right)<br>전지구적 거버넌스<br>INGOs<br>'전지구적 공유'(Global Commons)<br>생태-정치<br>윤리적 개입주의<br>기능주의 | 〈D〉<br>**세계주의의 다원화**<br>지역 자율성의 극대화<br>문화적 권리(cultural right)<br>문화적 다치성(cultural polyvalence)<br>혼성(잡종, hybridity)의 정치<br>지역주의적 환경주의<br>실용주의(예: 로티) |

* Frank Webster ed.(2001 : 55)

여기에서 포괄성과 배제성은 세계화에 의해 형성되는 근접성의 강화와 연관된 이데올로기, 제도 정치 및 정치적 행동을 규정하는 정치문화적 원칙과 태도를 의미한다. 배제성이란 강력한 정치적 분리를 야기하는 문화간의 분할을 유지하고 제도화한 것이며 포괄성은 공통성, 문화간 거래와 흐름, 상호 개입과 책임 공유, 혼합과 혼성화, 문화적 차이에 대한 존중에 관한 원칙을 의미한다.[10]

**10** 유형 분류와 각 시나리오에 대한 설명은 Frank Webster ed(2001 : 54~59) 참조.

규제와 탈규제는 앞의 두 원칙에 비해 더 광범위하고 덜 엄밀한 범주이긴 하지만 규제의 맥락은 합리적인 제도적 수단(규칙 · 협정 · 거버넌스 등)에 의해 조화로운 정치적 통제를 추구하는 계몽주의적 사고를 지향하며 탈규제의 맥락은 그러한 규제의 단순한 부재(혹은 철회)를 함축하거나 사회적 삶의 특정한 형태(예컨대 문화적 진보)가 더 이상 규제되어서는 안 된다는 관념(규제의 완화/탈제도화/유동화)을 의미한다.

A영역은 배제의 정치와 규제의 맥락)으로서, ① 높은 수준의 근대성 하에서의 민족국가 체제, ② 강력한 국가에 의해 제도적 후원, 유지 및 보호를 받는 하나의 지배 문화(예: 민족문화), ③ 주권적 영토 내에서의 모든 문화적 관행에 대한 국가의 규제, ④ 보다 강력한 민족문화를 통해 정치문화적 영토를 공고히 하고 외부의 문화적 침략 그리고 외국인과 경쟁 국가를 배제(혹은 엄격한 감시와 통제)하는 것(예: 강력한 이민법, 경제적 보호주의 등), ⑤ 그러나 세계화의 압력에 의해 탈영토화가 가속화됨에 따라 더 이상 강력한 통합적 민족문화에 유지되던 강력한 민족국가는 존립하기 어렵게 되는 경우이다.

B영역은 배제의 정치와 탈규제의 맥락으로서, ① 제1영역의 규제 정치(regulatory politics)의 실패 결과 강력한 민족국가 체제 붕괴, ② 보스니아–헤르체고비나, 코소보, 르완다와 같이 세계화 시대의 '새로운 전쟁'(new wars), 즉 위험한 형태의 '정체성 정치'(identity politics)에 의해 발생하는 세계화에 대한 파괴적 반응, ③ 분열과 배타성 위에 중앙집중화되는 정치를 지향하는 사악한 형태의 특수주의이며, 정체성 정치의 궁극적 목표는 국가권력의 장악이기 때문에 결국 제1영역의 규제 정치로 회귀하려는 경향이 강하게 나타난다.

C영역은 포괄의 정치와 규제의 맥락으로서, ① 세계화에 따른 파편화(분절화) 경향에 대한 합리적 · 진보적 문화–정치적 반응으로서 세계주의

적 전지구적 거버넌스에 기반한 새로운 유형의 규제 체제를 의미, ② 세계주의의 보편화에 기반한 규제주의적 입장, ③ 보편적 인권의 보호뿐만 아니라 전지구적 환경보호를 위한 공동개입도 포함하는 포괄(포함)의 정치를 지향하기 때문에, 전통적인 주권의 정치를 뛰어넘어 INGOs의 광범위한 어젠다를 다룸, ④ 포괄주의 정치의 위험성이 나타난다.

마지막으로 D영역은 포괄의 정치와 탈규제의 맥락으로서, ① 지방적 자율성의 극대화가 이루어져 보편적 인권과는 구별되는 고유한 문화적 권리의 보호를 지향하지만 A영역이나 B영역과 같은 배타주의적 문화보호주의를 의미하지 않으며, ② 탈근대적 문화에 내재된 혼성성(잡종성)을 강조하는 개념으로 개방적으로 짜여진 혼합적 문화를 구성하게 된다.

## 3. 네트워크와 민주주의

기술로 인한 사회 변화에 대한 초기 예측은 언제나 과도한 낙관론과 비관론의 이분법적인 대립으로 나타났다. 전신 · 인쇄술 · 라디오 · TV에 이어 인터넷 역시 1990년대 후반 우리사회에 막 받아들여지기 시작하던 시기에는 누구나 정보를 손쉽게 습득할 수 있고 그만큼 대중의 능력과 영향력이 확대될 수도 있다거나 부정적인 사용으로 인해 많은 폐해가 양산될 것이라는 우려어린 비관론이 매우 단적인 평가 틀로 제시되어왔다.[11]

11 역사적으로 새로운 기술이 등장할 때 사회의 반응은 인터넷 초창기의 반응과 매우 유사하며, 그 폐단조차도 놀라울 정도로 반복되는 양상을 보이고 있다. 일례로 1850년대에는 전신이 우편처럼 일상화되어 모든 지역을 연결하고 세계 평화의 도구로 활용되거나 세수 증대를 가져올 것이라는 낙관론과 주가 조작, 절도, 기만을 근거로 한 반대론이 대립되었는데, 결과

그러나 기술이 어느 정도 대중적으로 확산되면 낙관론과 비관론의 예측을 초월한 현상들이 발생했고 이에 대한 대응으로서 언제나 사후적인 제도적 규제론에 의해 사태가 근시안적으로 봉합되어 근본적인 문제 해결은 요원해지는 악순환의 역사가 되풀이되었다. 그 과정에서 정치 행위자간 갈등은 그대로 잔존하며 기술을 통한 사회 발전의 장애요인으로 내재되어 이후의 상황을 더욱 어렵게 만들곤 했다.

포스트인터넷(Post-Internet) 환경이라고 할 수 있는 네트워크 사회의 경우도 마찬가지이다. 비즈니스 영역을 중심으로 논의되는 네트워크 · 콘텐츠 · 기기를 중심으로 네트워크 기술 구현에 대한 낙관론이 대세인 상황이지만 진화 과정에서 적극적인 정책 대응은 대단히 미진한 상황이고, 물질적 수익의 극대화가 아닌 가치 만족과 신뢰 회복이라는 또 다른 가치에 대한 고민은 매우 부족하다.

또한 이제는 하나의 기술 영역에 제한되어 있는 것이 아니라 모든 것이 동시다발적으로 혹은 하향식(top-down)이 아닌 상향 연동식으로 이루어질 수 있는 복잡한 네트워크 구조 속에서 기술 적용과 변화가 진행되고 있기 때문에[12] 이러한 구조 변화의 패러다임에 대응하는 정치적 패러다임 변화의 원리에 대한 연구가 절실히 요청된다.

---

적으로 가장 큰 혜택을 본 것은 과거의 뉴스가 아닌 실시간 속보를 전할 수 있게 된 신문사들이었다.

**12** 과거에는 게시판 중심의 정보 교환과 의견 공유 형태의 서비스만이 가능했다면 네트워크 사회에서는 서비스 내 커뮤니케이션 기반 툴(tool)과 콘텐츠 퍼블리시 시스템(contents publishing system) 및 에디터(editor) 등이 제공되어 다양한 서비스를 혼합할 수 있다(김지현 2009: 81). 이와 같은 과정에서는 당연히 쌍방향의 커뮤니케이션 역할이 확대될 수 있다.

[그림 5-4] 기술 발전 과정과 사회 변화

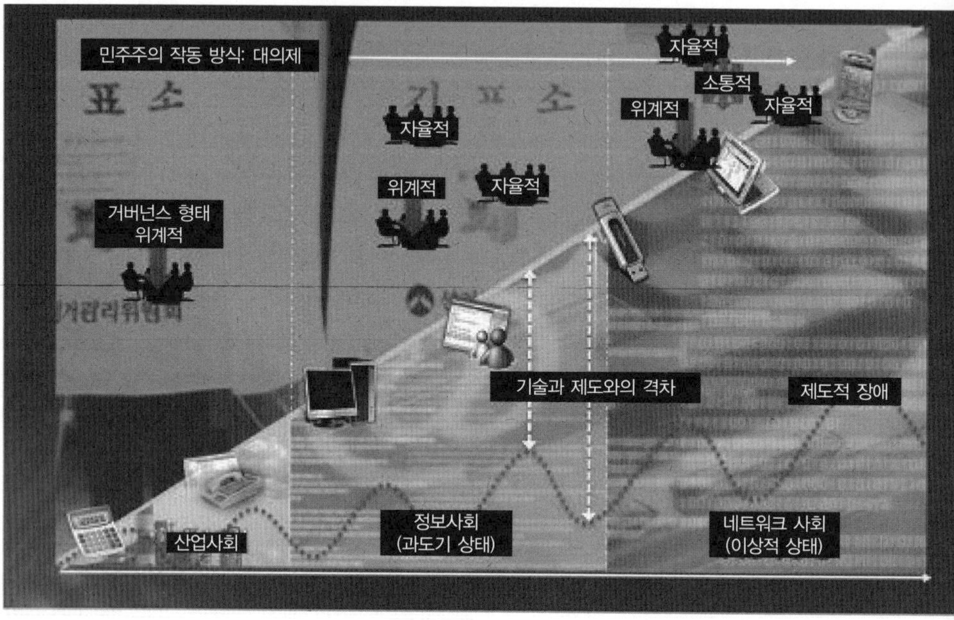


[그림 5-4]에 제시되어 있는 바와 같이 기술 발전의 속도는 더욱 가속화되고 있지만 산업사회에서 네트워크 사회에 이르는 사회 변화는 중간의 과도기적인 정보사회를 거쳐 이상적인 상태라고 할 수 있는 네트워크로 진행됨에도 불구하고, 산업사회에서의 대의제 작동 방식은 여전히 본질적으로 이어지고 있으며, 기술 변화를 현실이 따라가지 못할 때 간극의 정도에 따라 사회 균열이나 갈등 요인은 매우 증폭되어 나타날 수 있다.

또한 사회 내 행위자는 위계적 거버넌스에서 점차적으로 자율적 거버넌스를 지향하기 때문에 이러한 변화에 대한 적절한 제도적 대응이 이루어져야 하는 필요성은 더욱 커지고 있다. 따라서 문제는 결과가 아닌 과정에 있고 중요한 것은 정치적 의지와 능력으로서 사회 변화의 지향점에 대한 원리 분석과 근본적인 가치의 제시를 통해 정치적 패러다임 구축이 필요하다. 한편으로는 기술은 네트워크로 융합(convergence)되어 나타나지만 권력은 분산(divergence)될 수 있다는 사실을 유념할 필요가 있다. 따라서 네트워크 사회의 정치에서는 다양한 융합과 분산의 균열에 대한 대응과 매개가 중요하다.[13]

사회 변화를 통한 균열은 필연적이다. 다양한 행위자의 다양한 이념과 이익을 조율하기 어렵기 때문이다. 그러나 사회 균열에 대한 적극적인 대응이 이루어지지 못할 때 균열은 늘어가고 위기는 심화될 것이다. 위기는 항존할 수밖에 없지만 우리는 위기의 해결에만 급급한 나머지 위기의 원인과 해결 가능성에 대해서는 어느새 거의 무방비에 가까운 무뇌의 상태에 머물러 있다.

산업사회에서 정보사회로 다시 네트워크 사회로 진행되는 추동력은 비단 기술 분야에만 한정된 것이 아니다. 기술 발전이 사회에 연착륙되기 위해서는 적절한 제도가 뒷받침되어야 하며 기술을 활용하는 시민의 요구가 증폭되기 때문에 적절한 정치적 조치도 필연적이다.

정부는 의제를 효율적으로 생산할 수 있는 가장 강력한 정치적 주체이고, 정당은 의제를 가장 효율적으로 대변할 수 있는 가장 강력한 정치적 매개자이다. 그러나 정부나 정당에 대한 시민사회의 낮은 신뢰는 매우 심각한 수준이다. 네트워크 사회의 수단 · 방식 · 의제를 정부와 정당이 수용할 의지와 능력이 대단히 부족한 상황에서 의제 확산의 속도와 범위가

---

**13** 한편, 퍼트남 · 선스타인 · 카스텔과 같은 연구자들은 온라인 사회의 균열에 대해 개념 구성, 계량화 등의 연구를 실시하였다. 그러나 이들이 제시한 사이버발칸화(cyberbalkanzation)나 끼리끼리현상(like-minded people) 등의 개념이 설명하는 온라인의 유사 부류간의 결집과 상이한 그룹간의 갈등은 온라인 사회의 한 단면일 뿐이다. 이러한 지적이 정치적으로 의미 있는 고찰이 되기 위해서는 이러한 갈등이 발생하는 정치문화적인 원인과 그 모든 갈등에도 불구하고 융합이나 가능성을 보이고 있는 중간 단위 집단의 활성화 조건을 모색하는 것이다.

넓고도 빠른 네트워크 사회의 속성상 미래 사회에서는 정부로의 의제 요구가 폭발적으로 증대될 가능성이 매우 높다. 따라서 사회의 의제를 파악하고 적극적으로 수렴하고 신속하게 대응하는 능력의 신장은 그 어느 때보다 절실하게 요청된다.

이와 같은 새로운 사회로의 변화를 임혁백은 소속연개포(小速連開包) 사회로의 변화로 정의한다. 즉, 과거의 영토 국가 시대의 정주형 정부가 이동성이 강한 유목적 시대에 접하게 되면서 대의제 민주주의는 유목민의 요구에 부응하여 조직을 경량화하고, 이동성을 높이고(小), 가벼운 몸집을 가지고 국민의 요구에 빠르게 응답하고(速), 다양한 유목 시민들을 연결시켜주며(連), 다양한 유목 시민에게 언제, 어디서나 참여를 개방하고 있으며(開), 주어진 가치를 분배하기보다는 새로운 가치를 창조하여 권력을 정합적으로 분점함으로써 국민 통합과 포용을 추구하는(包) 신유목형 민주주의로 변화하고 있다는 것이다.[14]

이 책을 통해서는 네트워크에 대한 기술편향적 이해를 지양하고 정치적 측면, 특히 정부 · 정당 · 시민사회라는 핵심 정치 행위자를 중심으로 각 부문의 정치적 네트워크 활용 능력과 실제 사회에의 효과 그리고 변화 양상을 분석하였다. 이와 같은 과정을 통해 네트워크 정치의 개념화를 시도하고 사회의 흐름이 수직에서 수평으로, 위계에서 자율로, 단일에서 복합으로 변화하는 거시적인 속성의 변화를 정리하여 단순히 현실 추수적인 관점에서의 제도적 대응이 아닌 내재적인 이해를 통한 사회 내 모든 행위자의 거버넌스를 중심으로 하는 제도와 문화 형성의 필요성을 강조하였다.

사회를 구성하고 상시적으로 결정을 내려야 하며, 그 과정에서 다양한

**14** 임혁백(2009: 174).

행위자간의 갈등이 양산된다는 정치의 기본 가정과 본질은 기술 적용과 확산의 과정에도 작용하고 있다. 더구나 기술 확산 과정에서는 예견하기 어려운 많은 이슈들이 제기될 수 있기 때문에 기존의 기술결정론과 사회구성론을 모두 수용한 '기술사회구성론'으로 유연하게 접근하는 관점에서 정치의 본질과 속성을 환경 변화와 연동시켜 변화하는 정치적 패러다임의 원리를 파악하는 것은 매우 중요한 시대적 과제로 부상하고 있다.

# 참고문헌

## 제1부


Anderson, Chris, 2006, *The Long Tail: Why the Future of Business is Selling Less of More*, Hyperion; 이노무브 그룹 외 역, 2006, 『롱테일 경제학』, 서울: 랜덤하우스코리아.

———, 2009, *Free: The Future of a Radical Price*, Hyperion; 정준희 역, 2009, 『프리: 비트 경제와 공짜 가격이 만드는 혁명적 미래』, 서울: 랜덤하우스코리아.

Au, Wagner James, 2008, *The Making of Second Life*.

Barabási, Albert-László, 2002, *Linked: The New Science of Networks*, Perseus, Cambridge, MA; 강병남 · 김기훈 역, 2002, 『링크: 21세기를 지배하는 네트워크 과학』, 서울: 동아시아.

Berners-Lee, Tim, 1999, *WEAVING THE WEB: The Orginal Design and Ultimate Destiny of the WORLD WIDE WEB by Its Inventor*, Harper SanFrancisco; 우종근 역, 2001, 『당신이 꿈꾸는 인터넷세상 월드와이드웹』, 서울: 한경 BP.

Brooks, David, 2001, *Bobos In Paradise: The New Upper Class and How They Got There*, Simon & Schuster, 형선호 역, 2001, 『보보스』, 서울: 동방미디어.

Buchanan, Mark, 2002, *Nexus: Small Worlds and the New Science of Networks*, W. W. Norton & Co, New York; 강수정 역, 2003, 『넥서스: 여섯 개의 고리로 읽는 세상』, 서울: 세종연구원.

Castells, Manuel, 2000, *The Rise of the Network Society, The Information Age: Economy, Society and Culture* Vol. I, Cambridge, MA: Oxford, UK: Blackwell; 김묵한 · 박행웅 · 오은주 역, 2008, 『네트워크 사회의 도래』, 서울: 한울.

———, 2000, *The Internet Galaxy: Reflection on the Internet, Business, and Society*, Oxford University Press; 박행웅 역, 2004, 『인터넷 갤럭시』, 서울: 한울.

———, 2000, *End of Millennium(The Information Age: Economy, Society and Culture*, Volume III), Wiley-Blackwell; 박행웅 외 역, 2003, 『밀레니엄의 종언』, 서울: 한울.

———, 2005, *The Network Society: A Cross-Cultural Perspective*, Edward Elgar Pub; 박행웅 역, 『네트워크사회: 비교문화 관점』, 서울: 한울.

———, 2007, *Mobile Communication and Society: A Global Perspective*, The MIT Press; 김원용 · 성혜령 역, 2009, 『이동통신과 사회』, 서울: 커뮤니케이션북스.

———, 2008, *The Power of Identity(The Information Age: Economy, Society, and Culture* Volume II), Wiley-Blackwell; 정병순 역, 2008, 『정체성 권력: 정보시대 경제 · 사회 · 문화 2』, 서울: 한울.

Cairncross, Frances, 1997, *The Death of Distance*, Harvard Business School Press; 홍석기 역, 1999, 『거리의 소멸 ⓝ 디지털 혁명』, 서울: 세종서적.

Coleman, Stephen, 2001, "The Transformation of Citizenship", in Axford, Barrie, Huggins, Richard eds, 2001, *New Media and Politics*, Sage.

Comm, Joel, 2009, *Twitter Power: How to Dominate Your Market one Tweet at a Time*, Wiley & Sons, Inc; 신기라 역, 2009, 『트위터: 140자로 소통하는 신인터넷 혁명』, 서울: 예문.

Gladwell, Malcolm, 2000, *The Tipping Point: How Little Things Can Make a Big Difference*, Little Brown; 임옥희 역, 2004, 『티핑 포인트』, 서울: 21세기북스.

Jenkins, Henry, 2006, *Convergence Culture: Where Old and New Collide*, New York University; 김정희원 · 김동신 역, 2008, 『컨버전스 컬처』, 서울: 비즈앤비즈.

Johnson, Steven, 2005, *Everything Bad is Good for You*, Riverhead Books; 윤명지 · 김영상 역, 2006, 『바보상자의 역습』, 서울: 비즈앤비즈.

———, 2002, *Emergence: The Connected Lives of Ants, Brains, Cities and Software*, Penguin Books Ltd; 김한영 역, 2004, 『이머전스: 미래와 진화의 열쇠』, 서울: 김영사.

Ogle, Richard, 2007, *Smart World: Breakthrough Creativity And the New Science of Ideas*, Harvard Business School Press; 손정숙 역, 2008, 『스마트 월드: 세상을 놀라게 한 창조성의 아홉 가지 법칙』, 서울: 리더스북.

Qualman, ERik, 2009, *Socialnomics: How Social Media Transforms the Way we Live and do Business*, New Jersey: Wiley; inmD 역, 2009, 『소셜노믹스』, 서울: 에이콘출판.

Tapscott, Don, 2008, *Grown Up Digital: How the Next Generation Is Changing Your World*, McGraw-Hill; 이진원 역, 2009, 『디지털네이티브』, 서울: 비즈니스북스.

Waldrop, Mitchell, 1992, *Complexity: The Emerging Science at the Edge of Order and Chaos*, Simon & Schuster; 김기식 · 박형규 역, 2006, 『카오스에서 인공 생명으로: 복잡성의 과학』, 서울: 범양사.

Watts, Duncan J., 2003, *Small Worlds: The Dynamics of Networks between Order and Randomness*, Princeton University Press; 강수정 역, 2004, 『Small World』, 서울: 세종연구원.

김사승 · 박한우, 2008, 「포털 뉴스의 저널리즘적 의미에 관한 분석: 뉴스 정보원 네트워크 분석을 중심으로」, 『정보화정책』 15(2), pp. 25~42.

김상배, 2005, 「정보화 시대의 제국: 지식/네트워크 세계정치론의 시각」, 『세계정치』 26(1), pp. 93~120.

———, 2006, 「네트워크 지식국가론: 정보화시대의 국가변환의 개념화」, 『국제정치논총』 13(3), pp. 7~29.

김태우, 2008, 『미코노미: 웹2,0과 플랫폼 경제학』, 서울: 한빛미디어.

김효용, 2007. 7, 「가상세계에서 꿈을 이루다」, 한국소프트웨어진흥원, pp. 22~37.

류석진 · 조희정, 2009, 『디지털 컨버전스 환경에서의 정치제도와 시민사회 변화 연구』, 정보통신정책연구원.

민병원, 2002, 「복잡계로서의 국제정치: 새로운 패러다임의 모색을 위한 실험」, 『한국정치학회보』 36(2), pp. 425~446.

———, 2005, 「인지 공동체와 제국의 지식네트워크: 채텀 하우스와 외교협회의 사례연

구」, 『한국정치학회보』 39(2), pp. 255~275.

———, 2006a, 『복잡계로 풀어내는 국제정치』, 서울: 삼성경제연구소.

———, 2006b, 「불확실성 속의 질서: 복잡계 이론과 국제정치학」, 『한국정치학회보』 40(1), pp. 201~221.

———, 2006c, 「문화의 국제관계: 네트워크 개념을 통한 이해」, 『국제정치논총』 46(1), pp. 7~30.

민병원 · 김승현 · 서대성, 2008, 「네트워크 국가의 정책결정 거버넌스」, 『한국행정학회 2008년도 춘계학술대회 발표논문집』 (3), pp. 401~416.

박은주, 2006. 2. 2, 「가전 정보기기 혁명 디지털 컨버전스」, 『2003년 정보산업 민간백서』 발표문.

박지훈, 2005, 『누가 소프트웨어의 심장을 만들었는가』, 서울: 한빛미디어.

박한우, 2005, 「제16대 및 제17대 국회의원 웹사이트의 링크 분석」, 『의정연구』 11(1), pp. 193~221.

———, 2008, 「LexiURL을 이용한 동시링크 분석: 정치웹진 · 정치포럼 사이트」, *Journal of the Korean Data Analysis Society*, Vol. 10, No. 2 (B), pp. 1089~1101.

복잡계 네트워크, 2006, 『복잡계 워크샵』, 서울: 삼성경제연구소.

송인혁 · 이유진 외, 2010, 『모두가 광장에 모이다: 소셜이 바꾸는 멋진 세상』, 서울: INU.

오정연, 2006, 『롱테일과 나노 경제』, 서울: 한국정보화진흥원.

윤영수 · 채승병, 2005, 『복잡계 개론』, 서울: 삼성경제연구소.

이성호, 2009, 『IT 컨버전스의 진화』, 서울: 삼성경제연구소.

이연호 · 조화순, 2008. 12, 『가상현실 내에서의 사회구조의 형성과 변화』, 서울: 정보통신정책연구원.

이재관, 2002, 『사이버공동체의 성공요인』, 서울: 집문당.

이재영, 2006, 『디지털 컨버전스의 현황과 이슈』, 정보통신정책연구원 발표문.

이재현, 2000, 『인터넷과 사이버사회』, 서울: 커뮤니케이션북스.

———, 2004, 『모바일미디어와 모바일 사회』, 서울: 커뮤니케이션북스.

장용호, 2002, 『사이버공동체형성의 역동적 모형』, 서울: 집문당.

조희정 · 강장묵, 2008, 「네트워크 정치와 온라인 사회운동: 2008년 '미국산 쇠고기 수입반대 촛불집회' 사례를 중심으로」, 『한국정치학회보』 제42집 3호, pp. 311~332.

라인골드, 하워드, 「가상 공동체에서의 삶의 단편」, 린다 하라심 엮음, 박승관 외 역, 1997, 『글로벌 네트워크』, 서울: 전예원, 제4장.

하영선 · 김상배 엮음, 2006, 『네트워크 지식국가: 21세기 세계정치의 변환』, 서울: 을유문화사.

최병삼, 2007, 『컨버전스의 성공 조건』, 서울: 삼성경제연구소.

한국정보화진흥원, 2007. 4, 「현실과 가상세계의 통합 '웹 리얼리티' 진화: 'second life'로 본 주요 이슈 및 현안」.

황주성, 2008, 「방송통신융합의 철학과 비전」, 서울: 정보통신정책연구원.

Albert-László Barabási http://www.nd.edu/~alb

Malcolm Gradwell http://www.gladwell.com

Oracle of Bacon http://oracleofbacon.org

세컨드 라이프 커뮤니티 http://cafe.daum.net/joywin

컴퓨터 역사박물관 http://www.computerhistory.org

사이버인터넷 역사박물관 http://www.i-museum.or.kr

TV 역사 등 각종 기술 및 현대 물품의 역사 정보 http://inventors.about.com

전화의 확산과 관련된 수치 정보 http://www.triotel.net

미국 라디오 역사 http://earlyradiohistory.us

박한우 http://www.hanpark.net

사이람 http://www.cyram.com

정하웅 http://stat.kaist.ac.kr

## 제2부

Accenture, 2001, *eGovernment Leadership: Rhetoric vs Reality*, Closing the Gap.

———, 2006, *Leadership in Customer Service: Building the Trust*.

APSA, 2009, *U. S. States E-Governance Report(2008): An Assessment of State Websites*, National Center for Public Performance.

Baum, C., Maio, A. D. 2000, *Gartner's four Phases of E-government Model, E-government Strategies, State & Local*, Gartner Group.

Deloitte Consulting Co., 2001, *At the Dawn of e-Government: The Citizen as Customer*.

Gartner Research, 2001, *E-Government: What are Citizens Really Looking for?*

Gemalto, 2009. 6, *e-Gov 2.0: The Key to Success*, White Paper.

Holmes, Douglas, 2001, *eGov: e-Business Strategies for Government*, London: Nicholas Brealey Publishing; 박기준 · 김규영 역, 2002, 『c.gov』, 서울: 도서출판 물푸레.

Kauver, G., 1998, "Electronic Government: Concept, Visions and Strategies", *Proceedings of International Symposium on Electronic Government, Korean Association for Public Administration*.

Kooiman, J., Ed, 1993, *Modern Governance*, London: Sage.

Leadbeater, Charles, 2008, *We-think: Mass Innovation, Not Mass Production*, Profile Books; 이순희 역, 2009, 『집단지성이란 무엇인가』, 서울: 21세기북스.

OECD, 2001, *Citizens as Partners: Information, Consultation and Public Participation in Policy-Making*, OECD/Paris.

Osborne, David, Gaebler, Ted, 2003, *Reinventing Government: How the Entrepreneurial Spirit is Transforming the Public Sector*, Plume.

Peters, B. Guy, 1996, *The Future of Governing: Four Emerging Models*, University Press of Kansas.

Sander, Todd, 2008, *Government 2.0: Building Communities with web 2.0 and Social Networking*, Digital Communities(digitalcommunities.com).

Shirky, Clay, 2008, *Here Comes Everybody*, Brockman; 송연석 역, 2008, 『끌리고 쏠리고 들끓다』, 서울: 갤리온.

Shirota, Makoto, 2009, *Cloud no Shougeki*, Tokyo: Toyo Keizai Inc; 진명조 역,

2009, 『클라우드의 충격』, 파주: 우일미디어.

Snellen, Ignace, 1990, *Information Strategy for Public Policy*, Elsevier Science.

UN, 2006, *Global E-government Readiness Report 2005*.

Venkatraman, N., 1991, *IT-induced Business Reconfiguration: The Corporation of the 1990s*, London: Oxford University Press.

Verba, Nie, 1972, *Participation in America: Political Democracy and Social Equality*, New York: Harper and Row.

Department of Economic and Social Affairs Division for Public Administration and Development Management, 2009, *UN E-government Survey 2008: From E-government and Connected Governance*, UN.

권기현, 2007, 『전자정부론: 전자정부와 국정관리』, 서울: 박영사.

국가경영연구원, 2009. 6, 『정부기관 콜센터의 효율적 운영을 위한 정책 연구』.

국민권익위원회, 2009, 『2008년도 고충민원 분야 운영상황 보고서』.

국회예산정책처, 2009. 4, 『전자정부 지원사업 평가』.

김구, 2002, 「지방 정부의 시민참여 활성화를 위한 정보통신기술의 영향요인 연구: 광주광역시를 중심으로」, 『한국행정논집』 Vol. 14, No. 2, pp. 373~398.

김석주, 2000, 「전자민주주의의 확보를 위한 사이버 정부정책포럼의 활성화방안」, 『한국행정학회 동계학술대회 발표논문집』.

———, 2008, 『차세대 전자정부 서비스의 이용 활성화』, 서울: 한국정보화진흥원.

김성태, 2007, 『신전자정부론: 이론과 전략』, 서울: 법문사.

김종호 · 김강민, 2004, 「IT 활용을 통한 정책과정의 시민참여 활성화 방안: 경기도 홈페이지 평가를 중심으로」, 『한국행정연구』 제13권 제3호, pp. 85~115.

류석진, 「세계화와 국가주권」, 국제정치경제연구회 편저, 2008, 『20세기로부터의 유산: 세계 경제와 국제정치』, 서울: 사회평론, pp. 315~336.

류석진 · 조희정, 2009, 『디지털 컨버전스 환경에서의 정치제도와 시민사회 변화 연구』, 서울: 정보통신정책연구원.

문정욱, 2009. 9, 「미국의 IT를 활용한 열린 정부 구현 전략 소개: 'Data.gov'를 중심으로」, 서울: 정보통신정책연구원.

박석희 외, 2009. 12, 『웹2,0 시대의 사회협력 패러다임과 디지털 협력정부 구축방안』, 서울: 한국정보화진흥원.

백인수, 2009. 12. 14, 『3대 IT 신기술에 기반한 정부 서비스 선진화 방향』, 서울: 한국정보화진흥원.

서울특별시, 2009. 3, 『120 콘서트: 120 다산콜센터 시작부터 오늘까지』.

안문석, 2008, 『한국전자정부론』, 서울: 박영사.

윤상오, 2003, 「전자정부 시민참여에 관한 연구」, 『한국정책과학학회보』 제17권, No. 1, pp. 79～105.

윤영민 · 김동욱 · 조희정, 2007, 『온라인 국민참여 확대』, 서울: 정부혁신지방분권위원회.

유종현, 2007, 「전자적 시민참여 활성화를 위한 정부활동과 시민참여정도 간의 경로분석 연구」, 『한국거버넌스학회보』 제14권 제1호, pp. 287～314.

이정현, 2009. 10. 7, 『사이버 망명의 원인과 과제: 한국 인터넷에 신뢰와 책임의 의미를 묻다』, 2009 정책자료집.

이혜정, 2007. 7. 11, 「미래 유비쿼터스 정부의 진화, Government 3.0」, 서울: 한국정보화진흥원.

정국환 외, 2007, 『가상정부로의 진화』, 서울: 정보통신정책연구원.

정충식, 2007, 『전자정부론』, 서울: 서울경제경영.

조영임, 2008, 「차세대 국민생활 밀착형 전자정부 서비스: My e-Gov」, *E-Government Focus*, No. 3.

조영재, 2008, 「정보통신기술의 발전과 시민의 정책참여의 상관관계에 대한 경험적 연구」, 『시민사회와 NGO』 제6권 제1호, pp. 187～212.

최영훈 외, 2006, 『전자정부론』, 서울: 대영문화사.

추병주 · 정상기 · 정윤수, 2007, 「국민참여 포털의 운영실태 분석: 참여마당 신문고를 중심으로」, 『정보화정책』 제14권 제3호, pp. 81～99.

한국정보화진흥원, 2003. 6, 『미국 전자정부법 분석 및 시사점』.

한국정보화진흥원, 2009. 11, 『정보사회의 사회통합구조와 정부-시민간 소통활성화방안』.

행정안전부, 2006, 『2006 전자정부 사업 연차보고서』.

———, 2007, 『차세대 전자정부 추진계획』.

———, 2009, 『2008년도 정보공개 연차보고서』.

행정안전부 · 한국정보화진흥원, 2008, 『2003~2007 전자정부 사업 백서』.

황주성 외, 2005, 『21세기 한국 디지털 트렌드: e-Government와 정부의 변화』, 서울: 정보통신정책연구원.

KISTI, 2008. 6. 19, 「IT 인력 수급에 초점을 맞춘 Gov. 2.0」, 『글로벌 동향 브리핑』.

KBS 「시사기획 쌈」, 2008. 2. 18, 「그건 몰라도 돼! 정보공개율 91%의 허상」.

「세계일보」, 2009. 2. 8, 기획시리즈 「뒤로 가는 정보공개 1~3」.

### 제3부

Alvarez, R. Michael, Hall, Thad E., 2004, *Point, Click and Vote: The Future of Internet Voting*, Washington, D. C.: Brookings Institution Press.

Arterton, Christopher, 1987, *Teledemocracy*; 한백연구재단 편역, 1994, 『텔레데모크라시: 21세기 정보화시대의 정치혁명』, 서울: 거름.

Axford, Barry, Huggins, Richard eds, 2001, *New Media and Politics*, Sage.

Barabási, Albert-László, 2002, *Linked: The New Science of Networks*, Perseus, Cambridge, MA; 강병남 · 김기훈 역, 2002, 『링크: 21세기를 지배하는 네트워크 과학』, 서울: 동아시아.

Bimber, Bruce, 1998, "The Internet and Political Transformation: Populism, Community and Accelerated Pluralism", *Polity* 31(1).

Bonchek, Mark Seth, 1997, *From Broadcast to Netcast: The Internet and the Flow of Political Information*; 원성묵 역, 1997, 『브로드 캐스트에서 넷 캐스트로: 인터넷과 정치정보의 흐름』, 서울: 커뮤니케이션북스.

CALTECH, MIT, 2001. 3, *Residual Vote Attributable to Technology: An Assessment of the Reliability of Existing Voting Technologies*.

Castells, Manuel, 김묵한 · 박행웅 · 오은주 역, 2003, 『네트워크 사회의 도래』, 서울: 한울.

Confield, Micheal, Rainie, Lee, "The Impact of the Internet on Politics", http://www.pewinternet.org/ppt/PIP_
Internet_and_Politics.pdf(검색일: 2008년 11월 8일).

Dannen, Chris, "How Obama Won It With the Web", Fast Company Nov. 4, http://www.fastcompany.com/articles
/2008/11/how-obama-won-it-with-the-web.html(검색일: 2008년 11월 16일).

Davis, Steve, Elin, Larry, Reeher, Grant, 2002, *Click on Democracy: The Internet's Power to Change Political Apathy into Civic Action*, Westview.

Farrel, David M., Webb, Paul, 2000, "Political Parties as Campaign Organization", in Russel J. Dalton & Martin P. Watternberg(eds), *Parties without Partisans: Political Change Advanced Industrial Democracies*, Oxford: Oxford Univ, Press.

Felchner, Morgan E. eds, 2008, *Voting in America I*, Westport, conn: Praeger.

———, 2008, *Voting in America II*, Westport, conn: Praeger.

Felchner, Morgan E. eds, 2008, *Voting in America III*, Westport, conn: Praeger.

Hague, Barry, Loader, Brian, 1999, *Digital Democracy: Discourse and Decision Making in the Information Age*, New York: Rutledge.

Holmes, Douglas, 2001, *eGov: e-Business Strategies for Government*, London: Nicholas Brealey Publishing; 박기준 · 김규영 역, 2002, 『e.gov』, 서울: 도서출판 물푸레.

Gibson, R. K, Römmel, A., 2001, "Political Parties and Professionalized Campaigning", *The Harvard International Journal of Press/Politics* 6.

Gibson, Rachel, K., Ward, S. J., 1998, "UK Political Parties and the Internet: Politics as Usual in the New Media?", *The Harvard International Journal of Press/Politics* 3.

Gibson, Rachel, Nixon, Paul eds, 2003, *Political Parties and the Internet: Net gain?*, New York: Routledge,

Gumbel, Andrew, 2006. 11. 4, "The 'YouTube elections': How Campaigns are being Scrutinised as Never Before", *The Independent*.

Gulati, Jeff, Williams, Christine, 2006. 11. 2, "Study on Candidates use of Facebook", Referenced in "Bentley College Professors update Data on Candidates' use of Facebook as Campaign Heads into Final Days", *Ascribe Newswire*.

Internet Policy Institute, 2001, *Report of the National Workshop on Internet Voting: Issues and Research Agenda*, 2001. 3.

Jarvis, Jeff, 2007. 1. 29, "The YouTube Campaign: Why YouTube gets My Vote for Political Punditry", *The Guardian*.

Jenkins, Henry, 2006, *Convergence Culture: Where Old and New Collide*, New York University; 김정희원 · 김동신 역, 2008, 『컨버전스 컬처』, 서울: 비즈앤비즈.

Kersting, Norbert, Baldersheim, Harald eds, 2004, *Electronic Voting and Democracy: A Comparative Analysis*, New York: Palgrave Macmillan.

Leadbeater, Charles, 2008, *We-think: Mass Innovation, Not Mass Production*, Profile Books; 이순희 역, 2009, 『집단지성이란 무엇인가』, 서울: 21세기북스.

Lizza, Ryan, 2006. 8. 20, "The YouTube Election", *The New York Times*.

Margetts, Helen, 2001. 4. 6, "The Cyber Party", Paper to workshop "The Causes and Consequences of Organisational Innovation in European Political Parties," ECPR joint secssions of workshops, Grenoble.

Norris, Pippa, 2000a, "Internet World: Parties, Governments and Online Democracy", presented at the IPSA World Congress, Quebec City, Canada.

———, 2000b, *A Virtuous Circle: Political Communications in Postindustrial Societies*, Cambridge: Cambridge Univ. Press.

———, 2001, *Digital Divide: Civic Engagement, Information Poverty, and The Internet Worldwide*, Cambridge: Cambridge Univ. Press.

———, 2002, "The Bridging or Bonding Role of Online Communities", *The Harvard International Journal of Press/Politics* 7.

———, 2002, *Democratic Phoenix: Reinventing Political Activism*, Cambridge University Press.

———, 2004, *Electoral Engineering: Voting Rules and Political Behavior*, Cambridge: Cambridge University Press.

Painter, Anthony, Wardle, Ben, 2001, *Viral Politics: Communication in the New Media Era*, London: Politico's Publishing.

Palau, Christian, 2008, "Obama McCain Hilary web 2.0."

http://www.slideshare.net/christianpalau/obama-mccain-hillary-web20-presentation(검색일: 2008년 11월 16일).

Qualman, ERik, 2009, *Socialnomics: How Social Media Transforms the Way We Live and Do Business*, New Jersey: Wiley.

Rheingold, Howard, 2002, *Smart Mobs: The Next Social Revolution*, Golden bough; 이운경 역, 2003, 『참여군중: 휴대폰과 인터넷으로 무장한 새로운 군중』, 서울: 황금가지.

Sanson, Angela, 2008, "Facebook and Youth Mobilization in the 2008 Presidential Election", New Media, Technology and democracy(Vol. 8, No. 3, Summer).

Sartori, Giovani, 1976, *Parties and Party Systems: A Framework for Analysis*, London: Cambridge Univ. Press.

Shirky, Clay, 2008, *Here Comes Everybody*, Brockman; 송연석 역, 2008, 『끌리고 쏠리고 들끓다』, 서울: 갤리온.

Smith, Colin, 1998, "Political Parties in the Information Age: From Mass Party to Leadership Organization?", in I. Th. M. Snellen & W. B. J. H. van de Donk(eds), *Public Administration in the Information Age*, Amsterdam: IOS Press.

Solove, Daniel J., 2007, *The Future of Reputation: Gossip, Rumor and Privacy on the Internet*, Yale University Press; 이승훈 역, 2008, 『인터넷 세상과 평판의 미래』, 서울: 비즈니스맵.

Sunstein, Cass, 2000, *Republic.com*, NJ: Princeton University Press.

———, 2009, *On Rumers: How Falsehoods Spread, Why We Believe Them, What Can Be Done*, Farrar, Straus and Giroux; 이기동 역, 2009, 『루머』, 서울: 프리뷰.

The Pew Research Center, 2008. 1. 11, "Social Networking and Online Videos Take Off: Internet's Broader Role in Campaign 2008."

Trechsel, Alexander H., Mendez, Fernando, eds, 2005, *The European Union and E-Voting: Addressing the European Parliament's Internet Voting Challenge*, New York: Routledge.

Trippi, Joe, 2004, *The Revolution will Not be Televised: Democracy, the Internet, and the Overthrow of Everything*, New York: Harper Collins Publishers; 윤영미 · 김정수 역, 2006, 『혁명은 TV로 중계되지 않는다』, 산해.

Ware, Alan ed, 1987, *Political Parties: Electoral Change and Structural Response*, Oxford: Blackwell.

Westling, Mike, 2007. 5, "Expanding the Public Sphere: the Impact of Facebook on Political Communication."

Williams, Andrew Paul, Tedesco, John C. eds, 2006, *The Internet Election 2004: Perspective on the Web in Campaign 2004*, Oxford: Rowman & Littlefield.

Williams, Christine B., Gulati, Girish J., 2007, "Social Networks in Political Campaigns: Facebook and the 2006 Midterm Elections", *American Political Science Association Annual Meeting Paper*.

강원택, 2002, 「시민운동, 투표참여 그리고 정치이론」, 『국회보』.

———, 2007, 『인터넷과 한국 정치: 정당정치에 대한 도전과 변화』, 서울: 집문당.

———, 2008, 『web 2.0 시대의 한국 정치』, 서울: 책세상.

———, 2009, 「한국 정당연구에 대한 비판적 검토: 정당 조직 유형을 중심으로」, 『한국정당학회보』, 제8권 제2호, pp. 120~136.

고선규, 2003a, 「IT와 정치: 전자투표와 전자민주주의」, 『미래전략논단』 4월.

———, 2003b, 「일본 정당의 온라인화와 인터넷 선거운동」, 『국제정치논총』 43집 4호, pp. 421~444.

———, 2005, 「전자투표 제도의 효과와 문제점」, 제3차 NCA 정책 포럼 발표문.

고영만, 2002, 「노사모 연구: 사이버공동체의 생성 · 발전과 정치참여에 대하여」, 서강대학교 정치외교학과 석사학위논문.

곽진영, 2001,「한국정당의 사이버공간을 통한 정치 커뮤니케이션: 새천년민주당과 한나라당의 홈페이지 분석을 중심으로」,『한국정치학회보』 35집 2호.

곽진영 · 고선규, 2006,「제17대 총선 후보자의 홈페이지를 통한 인터넷 선거운동」,『21세기 정치학회보』 16권 2호.

국회입법조사처, 2008,「오바마 시대 개막의 의의와 시사점」, 현안보고서 제9호.

김용철, 2004,「한국과 미국 정당들의 인터넷 선거운동과 경쟁양상」,『한국정당학회보』 3권 1호.

김용철 · 윤성이, 2000,「인터넷의 정치적 활용과 16대 총선」,『한국정치학회보』 34집 3호, pp. 129~147.

———, 2004,「제17대 총선에서 인터넷의 영향력 분석: 선거관심도와 투표 참여를 중심으로」,『한국정치학회보』 38집 5호, pp. 197~216.

———, 2005,『전자민주주의: 새로운 정치패러다임의 모색』, 서울: 오름.

김용희, 2005,「각국의 전자투표 현황과 한국에서의 적용 가능성 진단」,『지역정보화』, 30호.

김정곤, 2003,「전자투표는 요원한 과제인가」,『국회보』, 3월호.

김재광, 2002,「전자투표의 도입에 따른 관련법제 정비방안」, 서울: 한국법제연구원.

김혁, 2005,「e-거버넌스 구현을 위한 전자투표의 가능성과 한계」, 전자선거포럼 1차 세미나 발표문.

김형진, 2004,「대의민주주의에서의 전자투표에 관한 고찰: 영국과 미국의 사례를 중심으로」, 건국대학교 정치학과 석사학위논문.

라도삼, 2000,「16대 총선에 나타난 네트워크 활용 및 운영에 관한 연구」, 한국언론정보학회 봄철 정기학술대회 발표문.

류석진, 2004,「대학생의 온라인 정치활동과 투표행태: 제17대 총선을 중심으로」,『한국정치연구』 13권 2호, pp. 87~116.

류석진 · 조희정, 2009,『디지털 컨버전스 환경에서의 정치제도와 시민사회 변화 연구』, 서울: 정보통신정책연구원.

박기수, 2000,「사이버 選擧에 관한 小考」,『선거관리』, 제46호.

———, 2002,「전자투표제의 도입방안」,『인터넷법연구』 제1호.

박선희, 2004,「16대 대통령 선거에서 인터넷 대안언론의 영향력」,『한국언론학보』 48-

5호, pp. 214~242.

방석호, 2003, 「전자투표의 법제도적 문제와 도입 전망」, 국제정보정책전자정부 연구소 발표문.

선거관리위원회, 2003. 10. 2, 「전자투표 시행을 위한 소고」, 성균관대 국제정보정책전자정부연구소 주관, '전자투표실현전략' 발표문.

송종길 · 박상호, 2007, 「국내 선거 관련 커뮤니케이션 연구의 개관: 연구주제, 연구대상, 커뮤니케이션 수준, 이론적 배경, 연구방법을 중심으로」, 『커뮤니케이션이론』 3권 1호.

윤성이, 2002, 「인터넷 투표, 정치문화 바꿀까?」, 『주간조선』, 2002. 1. 22.

———, 2003, 「16대 대통령선거와 인터넷의 영향력」, 『한국정치학회보』 37집 3호, pp. 71~87.

———, 2007a, 「인터넷과 대통령선거」, 『사이버커뮤니케이션학보』 22호.

———, 2007b, 「인터넷과 선거정치의 변화」, 『신아세아』 14권 2호, pp. 163~183.

———, 2008a, 「온라인 정치참여 연구의 동향과 쟁점: 인터넷 선거 연구를 중심으로」, 『정보화정책』 15권 3호.

———, 2008b, 「17대 대선에 나타난 온라인 선거운동의 특성과 한계」, 『한국정치학회보』 42집 2호, pp. 203~230.

윤성이 · 류석진 · 조희정, 2008, 「인터넷 정치참여와 대의민주주의: 2008년 촛불집회를 중심으로」, 국회입법조사처.

이영제, 2006, 「시민운동의 정치참여와 정당의 변화에 관한 연구」, 『시민사회와 NGO』 제4권 제2호, pp. 247~275.

이원태, 2007, 「동영상 UCC와 대통령선거」, 『사이버커뮤니케이션학보』 22호.

이현우, 2000, 「사이버 선거 캠페인」, 『저널리즘비평』 30권, pp. 24~28.

———, 2002, 「인터넷과 사회자본의 강화를 통한 선거참여」, 『한국정치학회보』 36집 3호.

이준한, 2006, 「5.31 지방선거와 인터넷의 이용」, 『쟁점과 진단』, pp. 1~24.

이중대, 2009, 「오바마를 통해 배우는 소셜 미디어 활용 성공 전략」, 『비즈니스앤미디어』 1월호.

임명재, 2002, 「사이버선거 실현의 법적 한계와 가능성」, 새천년민주당 국민선거인단.

임소혜 외, 2007, 「UCC 노출이 공직자 선거에 미치는 영향에 관한 연구」, 『한국언론학보』 51권 6호, pp. 267~287.

장우영, 2007, 「ICTs와 정당의 "적응": 정치인 팬클럽의 역할을 중심으로」, 『국제정치학회보』 47권 1호, pp. 95~119.

———, 2008, 「인터넷과 선거캠페인: 17대 대통령선거 UCC 활용을 중심으로」, 『한국정치학회보』 42집 2호, pp. 171~201.

장우영 · 송경재, 2007, 「정보화시대의 선거와 유권자」, 『사이버커뮤니케이션학보』 22호, pp. 237~262.

전학선, 2007, 「2007년 프랑스 대통령선거와 인터넷」, 『외법논집』 27집.

정병기, 2003, 「독일 정당의 온라인 활동과 인터넷 선거운동: 당내 민주주의와 참여민주주의의 발전을 위한 전략」, 『한국정치연구』 제12집 제2호, pp. 193~211.

정연정, 2002, 「인터넷 선거운동의 쟁점과 전망」, 『인터넷법연구』 1호, pp. 255~272.

———, 2003, 「선거에서 인터넷의 활용과 한계」, 『한국정당학회보』 2권 1호, pp. 303~336.

———, 2004, 「17대 국회의원 선거에서의 후보자 인터넷 활용과 유권자 참여」, 『한국정당학회보』 3권 2호, pp. 43~78.

조정관, 2004, 『인터넷 선거운동, 인터넷 정치 헌금, 디지털 정당의 실태와 발전방향』, 정보통신정책연구원.

조희정, 2007, 『미국 전자투표와 기술수용 정치: 브라질 · 에스토니아와 비교를 중심으로』, 서강대학교 정치외교학과 박사학위 논문.

———, 2009, 「네트워크 사회의 선거운동 전략에 관한 연구: 2008년 미국 대통령 선거를 중심으로」, 『국가전략』 제15권 2호, pp. 89~121.

조희정 · 강장묵, 2008, 「네트워크 정치와 온라인 사회운동: 2008년 '미국산 쇠고기 수입반대 촛불집회' 사례를 중심으로」, 『한국정치학회보』 제42집 3호.

하영선 · 김상배 엮음, 2006, 『네트워크 지식국가』, 서울: 을유문화사.

카스텔, 마누엘, 김묵한 · 박행웅 · 오은주 역, 2003, 『네트워크 사회의 도래』, 서울: 한울.

한국정보화진흥원, 2003, 『전자투표 도입을 위한 주요 이슈 분석』.

———, 2007, 「2007 대선과의 관계를 통해 본 UCC 발전 방향」.

황용석, 2001, 「인터넷 이용과 정치참여에 관한 탐색적 연구: 제16대 총선 기간 동안 인터넷 정치 사이트 이용을 중심으로」, 『한국언론학보』 45권 3호.

사이트 히스토리 정보 서비스

'웨이백머신'(WayBackMachine) http://archive.org/web/web.php

인터넷 통계 '컴스코어' http://www.comscore.com

정치뉴스서비스 '폴리티코'(Politico) http://www.politico.com

정치자금 정보 서비스 '오픈 시크릿'(Open Secrets) http://www.opensecrets.org

정치2.0 정보 사이트 '테크프레지던트' http://www.techpresident.com

다큐멘터리 'Blog Wars'(Fremantle 2006년 제작, EBS 2007년 12월 17일 방영, 「다큐 10: 블로그 선거전」, 러닝 타임 46분).

### 제4부

Bruns, Axel, 2008, *Blogs, Wikipedia, Second Life and Beyond: From Production to Produsage*, New York: Peter Lang.

Castells, Manuel, 2000, *The Rise of the Network Society* (*Second Edition, The Information Age: Economy, Society and Culture* Vol. 1), Blackwell, 김묵한·박행웅·오은주 역, 2003, 『네트워크 사회의 도래』, 서울: 한울.

———, 2001, *The Internet Galaxy: Reflection on the Internet, Business, and Society*, Oxford University Press.

Comm, Joel, 2009, *Twitter Power: How to Dominate Your Market One Tweet at a Time*, Wiley & Sons, Inc; 신기라 역, 2009, 『트위터: 140자로 소통하는 신인터넷 혁명』, 서울: 예문.

Evans, Hagiu and Schmalensee, 2006, *Invisible Engine: How Software Platforms Drive Innovation and Transform Industries*.

Fountain, Jane, 2001, *Building the Virtual State: Information Technology and Institutional Change*, Washington, DC: Brookings Institution Press.

Gibson, William, 1984, *Neuromancer*, Ace Books; 노혜경 역, 1996, 『뉴로맨서』, 서울: 열음사.

Jenkins, Henry, 2006, *Fans, Bloggers and Gamers: Exploring Participatory Culture*, New York University, 정현진 역, 2009, 『팬, 블로거, 게이머: 참여문화에 대한 탐색』, 서울: 비즈앤비즈.

Jones, Steve ed, 1999, *Doing Internet Research: Critical Issues and Methods for Examining the Net*, Sage; 이재현 역, 2000, 『인터넷 연구 방법』, 서울: 커뮤니케이션북스.

Kahn, Richard, Kellner, Douglas, 2004, "New Media and Internet Activism: from the 'Battle of Seattle' to blogging", *New Media & Society* Vol. 6(1), pp. 87~95.

Li, Charlene, Bernoff, Josh, 2008, *Groundswell: Winnning in a Transformed by Social Technologies*, Forrester Research Inc; 이주만 역, 2008, 『그라운드스웰, 네티즌을 친구로 만든 기업들』, 서울: 지식노마드.

Ling, Rich, 2008, *New Tech New Ties: How Mobile Communication is Reshaping Social Cohesion*, The MIT Press; 배진한 역, 2009, 『모바일 미디어와 새로운 인간관계 네트워크의 출현』, 서울: 커뮤니케이션북스.

Levy, Pierre, 전재연 역, 2002, 『디지털 시대의 가상현실』, 서울: 궁리.

Norris, Pippa, 2002, *Democratic Phoenix: Reinventing Political Activism*, Cambridge University Press.

Rheingold, Howard, 2002, *Smart Mobs: The Next Social Revolution*, Golden bough; 이운경 역, 2003, 『참여군중: 휴대폰과 인터넷으로 무장한 새로운 군중』, 서울: 황금가지.

Solove, Daniel J., 2007, *The Future of Reputation: Gossip, Rumor and Privacy on the Internet*, Yale University Press; 이승훈 역, 2008, 『인터넷 세상과 평판의 미래』, 서울: 비즈니스맵.

강명구, 1995, 「정보통신 혁명과 정보 민주주의」, 『사상』, 가을호, pp. 186~213.

강원택, 2007, 『인터넷과 한국 정치: 정당정치에 대한 도전과 변화』, 서울: 집문당.

———, 2008, 『web 2.0 시대의 한국 정치』, 서울: 책세상.

김국현, 2009, 『웹 이후의 세계』, 서울: 성안당.

김기창, 2009, 『한국 웹의 불편한 진실』, 서울: 디지털미디어리서치.

김상배, 2005, 「정보화 시대의 제국: 지식/네트워크 세계정치론의 시각」, 『세계정치』 26(1), pp. 93~120.

———, 2006, 「네트워크 지식국가론: 정보화시대의 국가변환의 개념화」, 『국제정치논총』 13(3), pp. 7~29.

김용철, 2008, 「정보화시대의 사회운동: 온라인 사회운동의 유형과 특징」, 『사이버커뮤니케이션학보』 제25권 1호, pp. 5~40.

김은미 · 김현주, 2004. 2, 『인터넷상에서 사회적 의사소통 양식과 합의 형성』, 정보통신정책연구원.

김중태, 2009, 『대한민국 IT사 100: 파콤 222에서 미네르바까지』, 서울: e비즈북스.

김지하, 「줄탁을 생각한다」, 「프레시안」, 2008년 7월 3일.

민병원, 2005, 「인지 공동체와 제국의 지식네트워크: 채텀 하우스와 외교협회의 사례연구」, 『한국정치학회보』 39(2), pp. 255~275.

———, 2006a, 「불확실성 속의 질서: 복잡계 이론과 국제정치학」, 『한국정치학회보』 40(1), pp. 201~221.

———, 2006b, 「문화의 국제관계: 네트워크 개념을 통한 이해」, 『국제정치논총』 46(1), pp. 7~30.

민병원 · 김승현 · 서대성, 2008, 「네트워크국가의 정책결정 거버넌스」, 『한국행정학회 2008년 춘계학술대회 발표논문집』 3, pp. 401~416.

백선기, 2003, 『정치담론과 인터넷: 한국사회의 주요 정치의제와 인터넷 작용』, 서울: 커뮤니케이션북스.

서이종, 2002, 『인터넷 커뮤니티와 한국사회』, 한울.

세교연구소 외, 2008. 6. 16, 「긴급 시국 대토론회: 촛불집회와 한국 민주주의」.

송인혁 · 이유진 외, 2010, 『모두가 광장에 모이다: 소셜이 바꾸는 멋진 세상』, 서울: INU.

송현주 · 나은경 · 김현석, 2008. 12, 『공론장과 집단행동의 변화』, 서울: 정보통신정책연구원.

유승호, 2000, 『사이버커뮤니케이션론: 공동체, 지역 그리고 윤리』, 서울: 녹두.

윤홍근, 2008, 「전문가 인식공동체 주도의 정책 수렴: '국제경쟁정책 네트워크'(ICN) 사례 연구」, 『한국정치연구』 17(1), pp. 371~395.

이기형, 2004, 『인터넷 미디어: 담론들의 '공론장'인가 '논쟁의 게토'인가』, 서울: 한국언론재단.

이영제, 2006, 「시민운동의 정치참여와 정당의 변화에 관한 연구」, 『시민사회와 NGO』 제4권 제1호, pp. 247~275.

이원태, 2009. 11. 26, 「인터넷 참여문화의 성숙을 위한 정책방향」, 『정보통신정책연구원 '한국 인터넷의 역동성과 다양성' 심포지엄 발표문집』, pp. 107~130.

이재신 · 이민영, 2008. 12, 『시민문화의 형성과 생활세계의 변화』, 정보통신정책연구원.

이호영, 2009. 11. 26, 「인터넷 세상의 평판과 명성」, 『정보통신정책연구원 '한국 인터넷의 역동성과 다양성' 심포지엄 발표문집』, pp. 77~101.

이호영 · 김사혁, 2010. 2. 8, 『온라인 평판시스템의 사회적 영향력』, 서울: 정보통신정책연구원.

임종수, 2004, 「미디어로서의 포털: 포털, 저널리즘, 변화」, 『한국언론학회 가을학술대회 발표문집』, pp. 192~193.

전국교수노동조합 외, 2008, 「촛불과 한국사회 2차 국민대토론회: 촛불, 어디로 갈 것인가」.

전철, 2008, 「2008년 촛불문화제 리포트」(http://theology.kr 검색일: 2008년 8월 15일).

팔란티리, 2020, 2008, 『우리는 마이크로 소사이어티로 간다: 세상의 변화를 읽는 디테일 코드』, 서울: 웅진윙스.

하영선 · 김상배 엮음, 2006, 『네트워크 지식국가』, 서울: 을유문화사.

한국정보화진흥원, 2008, 「플랫폼으로서 인터넷 포털의 경제적 이해: 인터넷 포털에 대한 새로운 시각과 산업적 시사점」.

황용석, 2008. 9. 26, 「인터넷 포털을 통한 뉴스 생산과 소비에 대한 최근 논쟁: 규제 논의의 비합리성을 중심으로」, 『연세대학교 커뮤니케이션연구소 학술세미나 발표문집』.

황현수, 2007. 3, 「모바일 웹2.0 동향 및 서비스방안」.

WIRED의 디지털 백과사전의 '커뮤니티' 항목
위키피디아의 '온라인 커뮤니티' 항목
사이트 히스토리 정보 서비스 '웨이백머신'(WayBackMachine)
http://archive.org/web/web.php

### 제5부

Atton, Chris, 2007, *An Alternative Internet: Radical Media, Politics and Creativity*, Edinburgh University Press; 민인철 · 반현 역, 2007, 『얼터너티브 인터넷: 래디컬 미디어, 정치성과 창조성』, 서울: 커뮤니케이션북스.

Castells, Manuel, 2000, *The Rise of the Network Society, The Information Age: Economy, Society and Culture* Vol. 1, Cambridge, MA: Oxford, UK: Blackwell; 김묵한 · 박행웅 · 오은주 역, 2008, 『네트워크 사회의 도래』, 서울: 한울.

———, 2000, *The Internet Galaxy: Reflection on the Internet, Business, and Society*, Oxford University Press, 박행웅 역, 2004, 『인터넷 갤럭시』, 서울: 한울.

———, 2000, *End of Millennium* (*The Information Age: Economy, Society and Culture*, Volume III), Wiley-Blackwell; 박행웅 외 역, 2003, 『밀레니엄의 종언』, 서울: 한울.

———, 2005, *The Network Society: A Cross-Cultural Perspective*, Edward Elgar Pub; 박행웅 역, 2009, 『네트워크사회: 비교문화 관점』, 서울: 한울.

———, 2007, *Mobile Communication and Society: A Global Perspective*, The MIT Press; 김원용 · 성혜령 역, 2009, 『이동통신과 사회』, 서울: 커뮤니케이션북스.

———, 2008, *The Power of Identity* (*The Information Age: Economy, Society, and Culture* Volume II), Wiley-Blackwell; 정병순 역, 2008, 『정체성 권력: 정보시대 경제 · 사회 · 문화 2』, 서울: 한울.

Gillin, Paul, 2007, *The New Influencers*, Quill Driver Books; 최규형 역, 2008, 『링크의 경제학』, 서울: 해냄.

Horx, Matthias, 2008, *Technolution: Wie unsere Zukunft sich entwickelt*, New York, Frankfurt: Campus Verlag GmbH; 배명자 역, 2009, 『테크놀로지의 종말: 인간은 똑똑한 기계를 원하지 않는다』, 서울: 21세기북스.

Tapscott, Don, 2008, *Grown Up Digital: How the Next Generation Is Changing Your World*, McGraw-Hill; 이진원 역, 2009, 『디지털네이티브』, 서울: 비즈니스북스.

Webster, Frank ed, 2001, *Culture and Politics in the Information Age: A New Politics?*, London & New York: Routledge.

김지현, 2009, 『웹 트렌드 & 전략 리포트』, 서울: 북앤라이프.

임혁백, 2009, 『신유목적 민주주의: 세계화 · IT혁명 시대의 세계와 한국』, 파주: 나남.

조석장, 2009, 『인터넷과 한국의 민주주의』, 서울: 한국학술정보.

최두진, 2006, 『2006 정보문화 트렌드와 정책과제』, 서울: 한국정보화진흥원.

최항섭 외, 2006, 『사회적 신뢰제고를 위한 IT 정책연구』, 서울: 정보통신정책연구원.

황주성 외, 2005, 『IT 기반 미래국가발전전략 연구 총괄보고서』, 서울: 정보통신정책연구원.

## 찾아보기

* 보편적인 용어로서 기술(ICT), 네트워크, 인터넷, 온라인, 웹 등의 용어는 색인에서 제외함.